마지막
비상구

마지막 비상구

기후위기 시대의 에너지 대전환

제정임
엮음

오월의봄

차례

'멸종저항'을 위한
'마지막 비상구'

제정임 세명대 저널리즘스쿨대학원장

벨기에의 조용한 대학도시 루벤의 거리에서 행진 중인 수백 명학생 무리를 만난 일이 있다. 날이 꽤 차가웠던 2019년 2월이었다. 중고생 정도로 보이는 아이들은 빨간 물감으로 지구 모양을 그려넣은 마분지와 네덜란드어로 구호를 적은 손팻말 등을 흔들며 진지한 표정으로 걷고 있었다. 연두색 형광조끼를 입은 어른들도 대열 중간중간에 보였다. 행렬을 죽 따라갔더니, 고색창연한 시청 건물 앞에 모여 있던 시민들이 장갑을 벗고 아이들에게 박수와 환호를 보냈다. 대열 마지막에 머리가 희끗희끗한 '할머니·할아버지 부대'가 깃발을 앞세우고 광장에 들어서자 박수 소리가 더 커졌다. 호위부대처럼 따라온 경찰차에도 환호가 쏟아졌다. 유럽을 휩쓸고 있는 '기후를 위한 등교 거부(School Strike for Climate)'의 한 장면이었다. 환경과 인권에 대한 감수성이 높은 유럽 시민사회는 스웨덴의 10대 환경운동가 그레타 툰베리가 시작한 등교 거부 시위를 뜨겁게 응원하고 있었다.

유럽과 미주, 호주 등 세계 곳곳의 많은 중고생들이 매주 목요일, 혹은 금요일 수업을 빼먹고 '기후위기(Climate Crisis) 대응'을 외치는 동안 이들의 언니, 오빠, 형뻘인 20~30대는 이보다 과격한 '기후행동(Climate Action)'에 나서고 있다. '멸종저항(Extinction Rebellion)'이라는 환경단체 회원들은 2019년 10월 초 27개국 60개 도시에서 도로와 광장, 교량을 점거하고 아예 드러누워 기능을 마비시키는 시위를 벌였다. '기후위기를 막기 위해 긴급조치를 취하라'는 메시지를 강렬하게 전달하기 위해서라고 한다. 런던 자연사박물관 점거 등 곳곳에서 산발적으로 시작된 이들의 시위는 점점 동시다발적으로 커지고 있다. 이 과정에서 운동가들은 경찰에 무더기로 체포되기도 하지만, 눈도 꿈쩍하지 않는다. 이들은 화산 폭발 등으로 일어난 지구 역사상 다섯 번의 대멸종에 이어 인간이 자초한 기후변화로 여섯 번째 대멸종이 진행되고 있다며 '이를 막기 위해 급진적 행동에 나서지 않을 수 없다'고 외친다.

'멸종저항이라니, 너무 오버(over)가 아니냐'고 생각하는 사람도 있을 것이다. 그러나 국제연합(UN) 연설에서 "(지구라는) 집에 불이 났으니, 우리는 공포를 느껴야 마땅하다"고 일갈한 그레타 툰베리의 주장처럼, 멸종저항이라는 이름에도 과학적 근거가 있다. 전 세계 과학자 수천 명이 참여하는 기후변화에관한정부간협의체(IPCC) 등 국제기구와 연구 기관들은 최근 '기후변화가 통제하기 어려운 국면에 이르렀다'는 보고서를 앞다투어 내고 있다. 오는 2030년까지 각국이 석유·석탄 등 화석연료 사용을 획기적으로 줄이지 못하면 수십 년 안에 지구 평균온도가 '산업혁명 이전 대비 1.5도(℃) 상승'이라는 '마지노선'을 넘어설 것이라고 경고한다. 그러면 빙하가 급속도로 녹고 해수면이 높아져 섬과 해안에 사는 사람들은 난민이 되고, 극단적인 홍수·가뭄·산불·폭설·폭염·태풍 등이 수시로 닥치며, 물 부족과 식량난, 신종 전염병 등으로 곳곳에서 갈등과 전쟁이 일어날 것으로 예측되고 있다. 호주의 국립기후복원센터는 '2050년 무렵 10억 명가량의 난민이 발생할 수 있다'고 전망했다. 이미 남태평양의 섬나라 투발루는 국가 전체가 물에 잠기고 있어 뉴질랜드, 호주에 이민을 받아달라고 사정하고 있다. 시리아 내전과 참혹한 난민 사태 배경에 기후변화로 인한 식량난이 있다는 것도 잘 알려진 이야기다. 이대로 가면 불과 수십 년 안에 지구가 '사람이 살지 못하는 곳'으로 바뀐다는 얘기는 허무맹랑한 시나리오가 아니다.

그래서 '기후파업'과 '기후행동'이 유럽 전역과 미주, 호주, 아시아, 아프리카 등 전 세계로 퍼져나가고 있지만, 우리나라에선 아직 국민적 관심사가 되지 못하고 있다. 우리는 기후변화의 영향과 책임에서 떨어져 있는 나라여서 그럴까? 천만의 말씀이다. 기후 문제의 심각성이 부각될 때마다 '세계의 굴뚝'으로 불리는 중국과 '파리기후변화협정 탈퇴자' 미국이 손가락질을 당하는데, 알고 보면 우리도 엄청나게 욕을 먹고 있는 나라다. 영국의 기후변화 전문 언론 〈클라이밋홈〉은 2016년 환경연구단체인 기후행동추적(CAT)의 분석을 토대로 우리나라를

'세계 4대 기후 악당' 반열에 올랐다. 1인당 온실가스 배출량 증가 속도가 빠르고, 국책은행이 석탄 산업을 지원하며, 2020년 탄소 감축 목표가 뒷걸음질했다는 등의 이유에서다. 2019년 12월 스페인 마드리드에서 열린 제25차 기후변화협약 당사국 총회에서는 한국의 기후위기대응지수(CCPI)가 61개국 중 58위로 '바닥권'이라는 조사 결과가 발표됐다. 다른 선진국들이 온실가스 배출량을 줄일 때 한국은 오히려 늘었고, 2030년 감축목표도 파리기후협정 기대 수준에 한참 못 미치기 때문이라고 한다. 우리나라는 세계에서 7번째로 온실가스를 많이 배출하고, 1인당 플라스틱 사용량은 세계 1위를 기록하고 있다. 이런 화석연료 남용과 에너지 과소비는 세계 최악 수준의 미세먼지로 돌아와 국민에게 고통을 안긴다.

더구나 우리나라는 세계에서 첫손 꼽히는 '원전 밀집 지역'이라는 위험까지 안고 있다. 반경 30킬로미터 내에 부산과 울산 시민 수백만 명이 살고 있는 고리 원전단지에는 가동 중이거나 건설 중인 원전이 10기나 몰려 있다. 과학자들은 '다수호기 안전성'이라는 개념으로 '원전이 몰려 있으면 사고 위험성이 더 커진다'고 경고한다. 월성원전이 있는 경주 일대는 2016년 5.8 규모 지진이 일어난 후 '더 큰 지진이 발생해서 원전 사고로 이어지는 것 아니냐'는 우려가 계속되고 있다. 여기에 부실 공사, 가짜 부품, 사고 은폐 등 허술한 원전 관리 실태까지 속속 드러나면서 '후쿠시마급 재난'에 대한 불안감이 증폭되고 있다.

이 책 《마지막 비상구》는 이런 현실을 집중 조명한다. 원전·석탄·석유 등 우리가 살아가는 데 없어선 안 될 에너지가 어떻게 우리의 생존과 안전을 위협하게 됐는지 파헤치고, 위기에서 벗어날 대안을 모색한다. 1부에서는 원자력발전소와 석탄발전소로 인해 일상이 무너진 현장을 찾아간다. 원전 인근 동네에서 지진을 겪은 후 매일 '생존배낭'을 챙기며 불안에 떠는 초등학생, 핵발전소 부근에서 수십 년 '물질'을 했다가 무더기로 암에 걸린 해녀 할머니들을 만난다. 원전에 쌓인 핵폐기물 때문에 마음을 졸이다가, 자녀 몸에서 방사성 물질인 삼중수소까지 검출되자 '원전 가까이 산 죄'라며 가슴을 치는 어머니의 탄식을 듣는다. 공기 좋고 물 좋았던 마을에 석탄발전소가 들어선 후 생계수단이었던 조개와 게는 탄가루투성이가 되고 주민들은 줄줄이 폐질환으로 숨지는 현장도 찾아간다.

2부에서는 우리나라 에너지 구조가 원전·석탄 등 '위험한 에너지'에 치우치게 된 배경과 구조를 고발한다. 수도권 등에 '값싼 전기'를 공급하기 위해 어촌에 발전소를 짓고 산골에 송전탑을 세우면서 약자의 삶을 무너뜨린 '에너지 비민주주의'의 민낯을 드러낸다. 체르노빌과 후쿠시마 참사를 낳은 '핵마피아의 거짓말'이 한국 원전의 안전도 위협하고 있음을 폭로한다. 사고 위험과 방사능 오염 가능성을 감춘 채 원전을 '싸고 안전하고 깨끗한 에너지'로 포장하기 위해 언론과 지역 주민, 전국 초중고생에게까지 막대한 돈을 뿌려온 '원전 프로파간다'의 실상도 파헤친다.

3부에서는 기후변화가 얼마나 심각한 수준까지 왔는지 국내외 상황을 살펴보고, 지속 가능한 에너지 구조로 전환하기 위한 노력을 제안한다. 특히 빠른 속도로 탈원전을 추진하면서도 태양광 등 재생에너지로 만든 전기를 원전 대국 프랑스에 수출까지 하고 있는 독일 등의 사례를 통해 '우리도 할 수 있다'는 가능성을 확인한다. 새 사옥 전체를 재생 에너지 발전소로 만든 애플 등 선진국 기업의 혁신과 태양광 고속도로·제로 에너지 하우스 등의 첨단 사례를 통해 인간의 창의성이 '에너지 대전환'의 원동력이 될 수 있음을 보여준다. 전국 곳곳에서 풍력과 태양광발전소 건설을 둘러싼 갈등이 벌어지고 있지만, 제주도가 '바람은 모두의 것'이라는 '공풍화 정신'을 보여준 것처럼 주민이 이익을 공유하는 구조를 만들면 극복할 수 있다는 사실도 조명한다.

결론적으로 이 책은 '위험한 에너지'를 벗어나 '깨끗하고 안전한 에너지'로 전환할 수 있다는 것, 기후 붕괴와 원전 재앙을 피할 '마지막 비상구'가 있다는 것을 보여준다. 이 땅에 쏟아지는 햇빛·바람 등을 공짜로 활용하는 재생에너지, 전기 소비지에서 생산도 하는 분산 발전과 에너지 민주주의, 제로 에너지 건축과 같은 에너지 효율화, 그리고 자원 절약과 재활용 확대 등이 이 책에서 제시하는 '로드맵'의 골자다.

이 책은 세명대 저널리즘스쿨대학원의 학생과 교수진이 만드는 비영리 대안 매체 〈단비뉴스〉가 2017년 9월부터 2019년 1월까지 연재한 탐사보도 〈에너지 대전환, 내일을 위한 선택〉을 묶은 것이다. 세명대 저널리즘스쿨은 우리나라 유일의 실무 중심 언론대학원이며, 〈단비뉴스〉 기자들은 모두 언론인을 지망하는 대학원생들이다. 이들은 '기성 언론이 충분한 관

심을 기울이지 않는 중요 사회 현안을 탐사보도한다'는 〈단비
뉴스〉정신에 따라 '기후 붕괴와 원전 재난의 위협'을 파헤치
기 시작했다. 지도교수인 필자와 3개 기수 대학원생 18명이 사
전 취재 기간을 포함, 2년 가까이 심혈을 기울여 보도했다. 기
사가 연재되는 동안 '원전 재난의 위험성과 미세먼지 등 화석
연료의 폐해, 기후변화의 심각성을 가장 생생하고 정밀하게 알
려준 기사' 등의 찬사가 쏟아졌다. 취재팀은 민주언론시민연
합의 '2018년 올해의 좋은 보도상'과 데이터저널리즘코리아의
'데이터저널리즘어워드' 등 권위 있는 언론상도 받았다. 《마지
막 비상구》는 2012년 〈가난한 한국인의 5대 불안〉 시리즈를
묶은 《벼랑에 선 사람들》, 2013년 〈대한민국 노인보고서〉를 묶
은 《황혼길 서러워라》를 잇는 〈단비뉴스〉의 역작이라고 감히
소개드린다. 책은 〈단비뉴스〉에 나간 기사에서 날짜와 신원 표
기 등을 출판에 맞게 손질하고, 최신 상황을 편집자 주로 덧붙
이는 등 최소한의 보완을 했다.

　배우겠다는 열정만 가득할 뿐, 지식도 경험도 부족했던 팀
원들은 취재보도론, 언론윤리, 경제사회쟁점토론 등 관련 수
업에서 공부를 해가며 강원·충남·제주 등 전국을 발로 뛰었
다. 방대한 온라인 자료·전문서적과 씨름하고 해외 취재원까
지 찾아 이메일로 인터뷰하는 등 초인적 활약을 펼쳤다. 이들
의 눈물겨운 이야기는 이 책 마지막 부분 취재기와 수상 소감
에서 자세히 볼 수 있다. 필자에게도 그 2년은 잊을 수 없는 시
간이었다. 밤낮으로 데스크 작업에 매달려야 했던 힘겨움도 있
었지만, '어려울 텐데' 했던 장벽을 기어이 돌파하는 학생들의

패기, 자발적으로 인터랙티브(반응형 콘텐츠) 등을 기사에 접목하는 실험 등을 지켜보며 가르치는 기쁨을 듬뿍 느낀 시간이었다. 이 과정에서 팀원들은 놀랄 만큼 성장했다. 저학년은 아직 대학원에서 공부하고 있지만 졸업생 대다수는 전국의 신문·방송사에 진출, 남다른 기사와 프로그램으로 언론의 새로운 지평을 열어가고 있다.

여러 영화잡지들이 '2019년 최고의 드라마'로 꼽은 HBO 시리즈 〈체르노빌〉은 실수와 오판을 할 수 있는 인간이 과학기술의 '완벽성'을 주장하는 게 얼마나 위험한 것인지, 실화를 기반으로 생생하게 보여준다. 여전히 '한국 원전의 기술적 완벽성'을 주장하며 탈원전 정책을 공격하는 사람들이 영화 〈체르노빌〉과 함께 《마지막 비상구》를 꼭 봐주길 바란다. '기후위기는 나와 상관없는 일'이라고 여기는 사람들도 거의 매일 외신에 등장하는 초대형 산불, 기상 재난 뉴스와 함께 이 책을 읽어주길 희망한다. '요즘 유치원 아이들은 하늘을 회색으로 칠한다'는 이야기와 창밖 희뿌연 미세먼지가 속상한 사람도 이 책을 꼼꼼히 들여다봐주길 기대한다. 그리하여 미세먼지 가득한 하늘도, 생명과 생계를 위협하는 기후재난도, 후쿠시마·체르노빌 같은 참사도 걱정할 필요가 없는 세상을 함께 만들어가면 좋겠다. 부디 '마지막 비상구'를 지나치지 말기를.

2019년 12월

1부

비상경보, 위험한 에너지의 역습

"아이들 미래 위해 원전 말고 안전!"

신고리 5·6호기 현장

서지연, 강민혜, 박진홍, 윤연정, 박희영

"지진은 예고 없다!"

"원전 말고 안전!"

2017년 9월 9일 오후 4시, 울산 남구 삼산로 롯데백화점 앞 광장에서 시민 수천 명이 일제히 목청을 높였다. 국내 관측 역사상 최강의 5.8 규모 지진이 경주에서 일어난 지 1년(2016년 9월 12일)을 맞아 최대 원전 밀집 지역인 울산에서 열린 탈핵 집회였다.

❂ 노인부터 어린이까지 목청 높여 '탈핵'

'안전한 사회를 위한 신고리 5·6호기 백지화 시민행동'이

울산 롯데백화점 앞에서 열린 탈핵 집회에서 "원전 말고 안전" 등이 적힌 손팻말을 들어올리는 참가자들. © 서지연

이끈 이날 행사에서 시민 5,000여 명(주최 측 추산)은 집회에 앞서 남구 번영로 울산문화예술회관에서부터 삼산로 롯데백화점까지 1.6킬로미터가량 가두행진을 벌였다. "핵발전소 14기도 모자라서 2기를 더 짓나"라고 쓴 현수막 뒤로 액운을 막아준다는 '삼두매' 조형물이 바람에 흔들리며 뒤따랐다. 그 뒤로 핵발전소를 덮칠 수 있는 해일, 붉은 악마 얼굴의 쓰나미, 멸종 위기종인 긴 다리 저어새, 방독면을 쓴 학생 등 다양한 상징물로 분한 참가자들이 발걸음을 이어갔다. '핵발전소 14기'는 울산

반경 30킬로미터 내에서 이미 가동 중이거나 건설 중인 원전을 말한다.

탈핵 대회, 탈핵 콘서트 등 3부로 나뉘어 저녁 9시까지 이어진 집회에는 환경운동연합·전국YWCA연합회 등의 활동가뿐 아니라 80대 노인에서 초등학교 어린이까지 다양한 세대가 참가했다. 이들은 전인권, 안치환, 크라잉넛 등 가수들과 사물놀이패의 공연에 맞춰 어깨춤을 추고 손뼉을 치며 '신고리 5·6호기 백지화' 등 탈핵 구호를 외쳤다.

다양한 상징물로 분한 시민들이 가두행진에 나섰다. 왼쪽 위부터 시계 방향으로 방독면을 쓴 학생들과 저어새, 해일, 개구리로 분장한 참가자들. 일본 후쿠시마 원전 인근 개구리에서 고농도 세슘이 검출된 바 있다. ⓒ 서지연

❂ 원전 밀집 지역에 지진 공포, 수백만 시민 어쩌라고

참가자들은 수백만이 살고 있는 울산, 경주, 부산 일대가 '세계 최대의 원전 밀집 지대'가 됐고 지진 등 재난 가능성이 있는데도 핵발전소를 더 짓는 것은 용납할 수 없다고 주장했다. 장다울 그린피스 활동가는 "부산과 울산에 위치한 고리원자력발전소는 전 세계 186개 원전단지 중 이미 가장 큰 규모이고 원전 인근에 세계에서 가장 많은 사람들이 살고 있다"고 지적했다. 그는 "원전을 짓지 않아도 안정적인 전력 공급이 가능하며, 향후 5~10년 내에 대체에너지의 경제성이 원전을 웃돌 것"이라고 덧붙였다. 국제원자력기구 원자로정보시스템(IAEA PRIS)을 보면 건설 완료된 신고리 4호기가 가동될 경우 고리·신고리 원전단지는 캐나다 브루스 원전단지와 함께 각 8기의 원전을 보유한 세계 최대 원전 밀집 지역이 된다. 여기에 신고리 5·6호기를 포함하면 총 10기로 캐나다 브루스를 밀어내고 단독 1위가 된다.

초등학생 아들의 손을 잡고 집회에 나온 조영 씨는 "지금 당장 우리가 사는 데는 문제가 없을지 몰라도 (위험은) 우리 아이, 그다음 세대, 그다음 세대가 짊어져야 할 몫이 된다"며 "아이들을 살리기 위해서는 지금 탈핵을 해야 한다"고 말했다. 서울에서 버스로 3시간을 달려왔다는 곽이경 씨는 "세계의 흐름이 탈핵인데 우리는 왜 거꾸로 가는가"라고 되물었다.

신고리 5·6호기 건설 지역인 울산시 울주군 서생면의 이

종원 상가발전협의회장은 "(과거에) 신고리 3·4호기가 건설되면 관광객이 연 1,000만 명 들어올 것이라고 한수원(한국수력원자력)이 말했지만, 실제로는 발전소가 들어선 후 지역 경제가 다 죽었다"고 울분을 토했다. 그럼에도 탈핵에 반대하는 주민들이 많은 데 대해 윤종오(민중당) 울산 북구 국회의원은 "한수원 등이 지역 언론을 매수해 여론을 호도하는 경향이 있다"고 말했다.

아이슬란드 부근의 섬나라 페로제도에서 온 케니스 폰슨(조선해양 엔지니어) 씨는 "우리나라엔 원전이 없고 수력, 풍력 등을 사용한다"며 "해로운 에너지는 사용하지 않는다는 시민적 합의가 되어 있다"고 말했다. 길 가다 집회를 지켜보는 중이었다는 그는 "가장 걱정되는 것이 핵폐기물(사용후핵연료)인데, 처리하지 못할 거면 원전을 짓지 않는 게 맞다"고 덧붙였다.

● 찬핵 집회에선
   삭발 결의까지

그러나 탈핵을 외치는 목소리만큼 찬핵 주장도 거셌다. 비슷한 시각 울산 남구 태화강역 광장에서는 신고리 5·6호기 건설 중단에 반대하는 단체가 맞불 집회를 열었다. 한수원 노조원·가족과 울주군 서생면 주민 등 7개 단체가 참여한 집회에는 주최 측 추산 8,000여 명이 모였다.

무대에 오른 김병기 한수원 노조위원장은 "원전 시공사와

신고리 5·6호기 공사 현장. 왼쪽으로 보이는 건물은 신고리 3·4호기다. ⓒ 강민혜

협력사, 원전을 자율 유치한 주민들 모두 나라를 생각한 죄밖
에 없다"며 "원전을 없애면 에너지 안보가 무너진다"고 주장했
다. 김 위원장과 이상대 서생면주민협의회장 등 4명은 신고리
5·6호기 건설 중단 저지를 결의하며 현장에서 삭발을 하기도
했다. 참가자들은 이후 "전기요금 폭등으로 국민요금 배가된
다" 등의 구호를 외치며 태화강역에서 터미널사거리까지 2.3킬
로미터 구간을 행진했다.

　　찬핵 집회의 구호가 '에너지 안보'나 '전기요금 폭등 우려'
등이었던 것과 달리, 신고리 5·6호기 건설 예정지인 울주군

　서생면 신암리 신리마을 주민 다수의 걱정은 '이주와 보상 무산'이었다. 2017년 8월 취재진이 마을을 찾았을 때, 한 달여 전(7월 14일) 공사가 중단된 78만 평(257만 4,002제곱미터)가량의 부지에는 수십 미터 높이의 크레인 9대가 멈춰 선 채 흙먼지만 일고 있었다.

　공정률 30퍼센트에서 중단된 건설 현장은 땅바닥이 파헤쳐진 채 방치됐거나 파란색 비닐이 덮여 을씨년스런 모습이었다. 자줏빛으로 녹슨 철근들이 여기저기 널브러져 있고, 깨진 돌무더기와 잡초 사이로 물이 고인 웅덩이는 폐수에 녹조가 엉

신고리 5·6호기 현장인 골매마을의 빈집들이 헐린 자리에 한수원이 주민들에게서 사.
들인 어선들이 방치돼 있다. © 박진홍

겨 거무죽죽했다. 농지와 집이 수용돼 이주한 골매마을 주민들
에게서 한수원이 어업 보상으로 사들인 어선 20여 척은 공사
장 한편에 방치돼 있었다. 인기척 없는 현장에는 세찬 파도소
리만이 적막을 깨고 있었다.

　　가까이에 이미 신고리 1·2호기와 3·4호기가 있는 신리마
을의 주민 500여 명은 원전으로 인해 일상이 거듭 무너졌다.
이곳이 고향이라는 정옥진(가명) 씨는 "(2008년 공사가 시작된)
신고리 3·4호기 때부터 근 10년간 공사 분진 때문에 빨래를
널면 새카맣게 먼지가 묻었다"며 "호흡기도 좋지 않다"고 말했
다. 2016년 6월 신고리 5·6호기 공사가 시작되고부터는 매일
밤 돌 깨는 소리(기초 굴착 작업)에 잠을 못 이루었을 정도라고
주민들은 입을 모았다.

마을 중간쯤에 있는 박봉남 씨의 식품잡화점은 곧 무너질 듯한 모습이었다. 기초 굴착 작업 이후 지반이 흔들리면서 무너진 천장 틈으로 빗물이 새어들어와 내부 모서리마다 검푸른 곰팡이가 슬었다. 건물 외벽에는 슬레이트 지붕을 타고 녹물이 흘러내려 언뜻 보면 폐가처럼 느껴졌다.

그런데도 박 씨는 집을 수리하지 못한다. 이 마을은 지난 2016년 집단 이주 및 보상을 조건으로 신고리 5·6호기를 자율 유치했는데, 아직 협상과 보상 절차가 마무리되지 않았기 때문이다. 박 씨는 "집이며 농지며 다 가격 책정을 해놓은 상태라 이러지도 저러지도 못한다"며 "지금껏 참고 살아온 대가로 이주 비용을 대주겠다고 했는데, 건설 중단이 웬 말이냐"고 목청을 높였다.

● **땅도 바다도 잃고,
떠날 수밖에 없는 사람들**

"신고리 1~4호기가 들어설 때는 우리 지역 주민들이 생업 전폐하고 매일 반대 시위를 했습니다. 그런데 정부가 국책사업이라는 이유로 밀어붙였잖아요. 우리는 40년간 원전을 끼고 살면서 피해 본 사람들입니다."

이상대 서생면주민협의회장은 지난 2013년 신고리 5·6호기 자율 유치에 앞장섰다. 어차피 지어질 원전이라면 1,500억 원의 '자율 유치 인센티브'를 받는 것이 낫다고 생각해서다. 이

회장은 "솔직히 원전 8개 있으나 10개 있으나 뭐가 다르냐"며 "우리 주민들 좀 잘살게 하려고 했다"고 말했다. 그는 "주민들 설득해서 자율 유치하는 데 5년 걸렸는데, 공론화위원회에서 3개월 만에 신고리 5·6호기 건설 중단(백지화) 여부를 결정한 다고 하니까 납득이 가겠냐"며 "신고리 5·6호기는 예정대로 건설해야 한다"고 주장했다.

이 회장은 현재 신고리 5·6호기 건설 중단 반대 울주군 범군민대책위원회 위원장을 맡아 반대 집회를 주도하고 있다. 한국수력원자력 노동조합, 주한규 서울대 원자핵공학과 교수 등과 함께 서울중앙지방법원에 공론화위원회 활동 중지 가처분 신청을 내기도 했다.

"신리마을은 '반농 반업(반은 농업, 반은 어업)'이에요. 배 과수원을 비롯해 농가 소득이 괜찮았는데, 3·4호기부터 5·6호기까지 지으면서 부지에 과수원, 농지가 거의 다 편입됐어요. 바다 역시 마찬가집니다. 현재 우리 주민 생계수단이 없는 거예요. 이주 준비를 거의 다 했는데, 먹고살 방도가 없어요."

최해철 신리마을 임시 이장의 말이다. 그의 말대로 마을에는 '먹고살 길이 없어진' 주민들이 많다. 최성근 씨는 1970년 고리 1호기가 들어서면서 고리에서 골매로, 신고리 3·4호기가 들어서면서 골매에서 신암으로 이주했다. 고기 잡던 배를 한수원에 팔아 어업 보상을 받았다. 지금은 바다에 어망 몇 개를 던져두는 것 외에 벌이가 없어 "있는 돈을 까먹고 있다"고 말했다.

40여 년째 해녀 일을 해온 장금자 씨는 "예전엔 바다에 전복, 해삼 등 해물이 많아서 돈을 잘 벌었다"고 회고했다. 하지만 신고리 3·4·5·6호기 유치 이후로는 발전소에서 8킬로미터 거리의 바다에 울타리를 쳐 못 들어가게 막는다고 한다. 장씨는 "물질 할 수 있는 해역이 줄어 생계가 어려운 형편"이라며 "발전소를 마저 지어서 이주와 보상을 해주길 원한다"고 말했다.

그렇다고 신리마을 주민들이 원전의 안전성을 믿는 건 아니다. 3대째 신리마을에 산다는 이병철(가명) 씨는 기자에게 울분을 터뜨렸다. 그는 정부가 탈핵을 추진하려면 먼저 원전 지역 주민들의 피해를 살피고 대책을 마련해야 한다는 것을 일깨웠다.

"일본 원전 사고 지역 사람들도 방사능 묻었다고 (다른 지역) 사람들이 근처에 못 오라 한단다. 원전 옆에 살고 싶은 사람이 어데 있노? 경북에서 쓰는 발전소 경북에다 짓고, 전국에 쓸 발전소 전국에 지어야 하는 거 아니가. 3·4호기 들어올 때 반대 시위도 했는데 안 되더라. 정부 정책이니 별수 있나. 우리 주민들도 같은 나라 사람인데, 대책을 내줘야지."

'블랙스완' 부인하다 일본도 당했다

신고리 5·6호기 백지화 공방

강민혜, 박진홍, 서지연

❂ **찬핵 진영**
　"싸고 안전한 에너지" 주장

　"원전보다 더 값싸고 (발전량이) 충분한 청정에너지가 있다면 굳이 원전을 계속 주장할 이유가 없을 겁니다. 하지만 그만한 에너지가 없기 때문에 현 시점의 탈원전은 국가적 손해입니다."

　김병기 한국수력원자력(이하 한수원) 노조위원장은 원전의 경제성과 공급 안정성, (탄소를 적게 배출하는) 청정성을 강조하며 "신고리원전 5·6호기의 건설은 재개되어야 한다"고 주장했다. 그는 〈단비뉴스〉와의 전화 인터뷰에서 원자력이 '기저부하(고정적인 전력 수요)용 발전원'이라는 점을 강조했다. 바람이 불어야 돌아가는 풍력, 햇빛이 있어야 전기를 만드는 태양광 등은 '파트타임(시간제)' 발전원일 뿐이며, 고정 생산이 가능한 원자력이 있어야 전력을 안정적으로 공급할 수 있다는 주장이다.

그는 또 "우리 한수원 노조는 솔직히 일자리도 걱정하지만 세계 최고 수준인 우리나라의 원전 기술이 사장되지 않길 바란다"며 "(신고리 5·6호기가 백지화하면) 우리나라의 원전 수출에도 타격을 줄 것"이라고 말했다. 김 위원장은 울산에서 열린 신고리 5·6호기 건설 중단 반대 집회에서 다른 참가자들과 함께 "원전 건설이 중단되면 전기요금이 대폭 오를 것"이라고 주장하기도 했다.

2017년 6월 1일 원자력 전공 교수들의 탈원전 반대 성명을 주도한 주한규 서울대 원자핵공학과 교수는 일본 후쿠시마 원전 사고 후 커진 원전 재난 우려를 일축하며 "원전은 안전하다"고 강조했다. 주한규 교수는 2017년 8월 〈단비뉴스〉와의 전화 인터뷰에서 "환경단체의 원전 위험성 우려는 과장됐으며, 특히 지난해 발생한 경주 지진과 원전을 연결지어 사고 가능성을 부각하는 것은 비과학적이고 감성적인 주장"이라고 꼬집었다.

주한규 교수는 "세계 원전 역사상 지진이 원전 사고의 직접적인 원인이 된 경우는 없었다"고 지적했다. 후쿠시마 사고는 쓰나미(지진해일)가 원인이었고, 당시 원전은 진도 9.0의 대지진도 견뎌냈다는 설명이다. 만약 쓰나미에 대비한 방벽을 철저히 쌓았더라면 사고를 막을 수 있었다는 것이 그의 주장이다. 그는 특히 《한국탈핵》 등의 저서와 강연을 통해 '다음 원전 사고는 한국에서 날 가능성이 높다'고 주장한 김익중 동국대 의대 교수에 대해 "(의학 전공인) 김 교수와 같은 사람은 원전 전문가로 볼 수 없다"고 말했다.

신고리 5·6호기 건설 중단에 반대하는 '찬핵' 진영은 이처럼 원전이 싸고 안전한 에너지이며 수출 산업으로서 국가 경제에 중요한 역할을 하기 때문에 포기해선 안 된다고 주장한다. 신규 원전 건설을 중단하면 국민들이 '전기요금 폭탄'을 맞을 것이며, 원전 종사자의 일자리 상실과 건설업체들의 손실 등 지역 경제 타격도 클 것이라고 경고한다. 그러나 신고리 5·6호기 건설 백지화를 주장하는 '탈핵' 진영은 이런 주장을 조목조목 반박하고 있다.

◎ 탈핵 진영
"재생에너지 경제성, 원전 추월 중"

환경단체인 그린피스의 제니퍼 리 모건 국제본부 공동사무총장은 2017년 7월 12일 서울 용산구 그린피스 서울사무소에서 가진 기자간담회에서 "재생에너지 가격은 급격히 떨어지고 있다"며 풍력과 태양광 등의 경제성이 원전을 이미 넘어섰거나 곧 추월할 것이라고 진단했다. 그는 2016년을 기준으로 전 세계 태양광의 평균 발전 단가는 2015년 대비 17퍼센트, 육상풍력은 18퍼센트, 해상풍력은 28퍼센트나 낮아졌다고 소개했다.

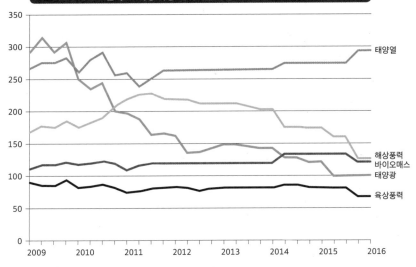

2009~2016년 주요 재생 가능 에너지별 균등 화력발전 비용 (MWH/달러)

태양열
해상풍력
바이오매스
태양광
육상풍력

위 그래프는 육상풍력, 해상풍력, 태양광의 발전 단가가 매년 빠른 속도로 하락하고 있음을 보여준다. 출처: 블룸버그 뉴에너지파이낸스

모건 사무총장이 인용한 에너지 단가는 에너지 시장 분석업체인 블룸버그 뉴에너지파이낸스(BNEF)와 유엔환경계획(UNEP), 독일 프랑크푸르트경영대학원 등이 공동으로 펴낸 〈재생에너지투자 국제 추세 2017〉 보고서에 나온 것이다. 이 보고서에 따르면 현재 아랍에미리트연합(UAE)에서는 태양광이 가장 저렴한 에너지원이며, 미국, 브라질, 아르헨티나 등에서는 풍력의 발전 단가가 원전보다 싸다.

이에 앞서 2017년 6월 7일에는 유엔환경계획 산하 비영리 국제단체인 국제재생에너지정책네트워크(REN21)가 〈2017 재생에너지 세계 동향 보고서〉를 통해 "지난해 재생에너지 투자

액은 2,416억 달러로 전년보다 23퍼센트 줄었지만, 신규 설비 용량은 161기가와트(GW)로 전년보다 9퍼센트 증가했다"고 발표했다. 이는 2015년보다 2016년에 더 적은 비용으로 더 많은 재생에너지 설비를 보급했다는 뜻이다.

REN21은 "이는 일부 국가에서 (석탄·석유) 화력이나 원자력보다 재생에너지의 발전 단가가 낮아졌기 때문"이라고 분석했다. 보고서에 따르면 이집트, 인도, 멕시코, 페루 등에서 체결된 최근 계약에서 재생에너지 전력은 킬로와트시(kWh)당 5센트(약 56원) 이하에 공급됐다. 이 가격은 해당 국가의 화력, 원자력의 발전 단가보다 낮은 수준이다. 한국은 이들 국가와 속도에 차이가 있지만, 신재생에너지 전기의 생산 단가가 낮아지는 추세는 같다고 에너지 전문가들은 말한다.

전력의 안정적 공급을 위해서는 원자력·화력과 같은 전통적 발전원의 기저부하가 필요하다는 것도 "신화"에 지나지 않는다는 지적이 나왔다. REN21은 같은 보고서에서 "전력 시스템이 정보통신기술(ICT), 에너지저장장치(ESS), 전기자동차, (지열)히트펌프 등과 충분히 결합한다면 기저부하 전력이 없어도 재생에너지 비중을 상당한 수준으로 끌어올릴 수 있다"고 강조했다.

● 돈보다 더 중요한 가치는 안전

그런데 '탈핵' 진영이 이런 경제적 요소보다 훨씬 중시하는 명분은 '안전'이다. 울산, 경주, 부산 등 인구 밀집 지역에 이미 많은 원전이 몰려 있는데, 또 짓겠다는 것은 주민의 안전을 외면한 처사라는 것이다. 특히나 2016년 9월 경주에서 규모 5.8의 강진이 발생한 후로는 지진으로 인한 대규모 원전 재난

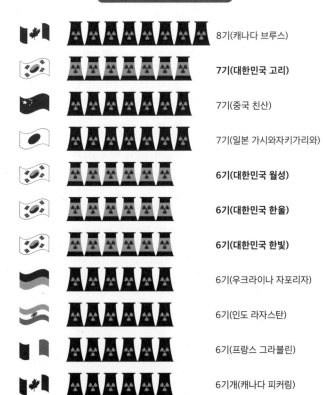

세계 원전 밀집 단지 현황

8기(캐나다 브루스)

7기(대한민국 고리)

7기(중국 친산)

7기(일본 가시와자키가리와)

6기(대한민국 월성)

6기(대한민국 한울)

6기(대한민국 한빛)

6기(우크라이나 자포리자)

6기(인도 라자스탄)

6기(프랑스 그라블린)

6기개(캐나다 피커링)

신고리 4호기(2019년 2월부터 시험 가동)를 감안하면 고리·신고리는 캐나다 브루스와 함께 원전 밀집 단지 공동 1위이고, 신고리 5·6호기까지 건설하면 단독 1위가 된다. 출처: 국제원자력기구(2016년 말 기준)

이 '현실적 공포'로 다가왔다고 이들은 주장하고 있다.

"울산 시청을 기준으로 반경 30킬로미터 이내에 핵발전소가 총 14기(고리 1~4호기, 신고리 1~4호기, 월성 1~4호기, 신월성 1~2호기)가 있어요. 울산 시민이 약 120만 명인데, 그중 100만 명 이상이 방사선비상계획구역(사고 대비 지역) 내에 거주 중이에요. 그런데 여기다 2기를 또 짓겠다고 하는 것은…… 우리처럼 이렇게 인구 밀집도가 높은 한 지역에 핵발전소를 몰아 짓는 사례는 전 세계 어디에서도 찾아볼 수가 없어요."

탈핵울산시민공동행동의 용석록 사무국장은 신고리 5·6호기 공사를 중단해야 하는 이유로 먼저 '세계 최대 원전 밀집도'를 들었다. 그린피스와 국제원자력기구에 따르면 2016년 말 기준 전 세계 원전단지 내에 원자로가 6개 이상 있는 곳은 총 11군데인데, 그중 4곳(고리, 한울, 한빛, 월성)이 우리나라에 있다. 나머지는 캐나다 2곳(브루스·피커링), 우크라이나(자포리자), 프랑스(그라블린), 중국(친산), 인도(라자스탄), 일본(가시와자키가리와) 각 1곳이다. 이들 중 반경 30킬로미터 내 인구수가 가장 많은 곳 1, 2위가 고리(382만 명)와 월성(130만 명)이다.

● **세계 최대 원전 밀집 단지에**
   지진 공포까지

환경단체들은 원전이 몰려 있으면 자연재해 등 중대 사고에 따른 연쇄 폭발 확률이 높아진다고 주장한다. 환경운동연합

2011년 3월 24일 촬영한 후쿠시마 제1원전 1~4호기(오른쪽부터). ⓒ 일본 에어포토
서비스

양이원영 에너지국 처장은 "원전이 8개가 있을 때와 10개가 있을 때는 위험도가 달라질 수밖에 없다"고 말했다. 원자로가 밀집될수록 하나의 원자로에서 문제가 생겼을 때 이웃한 원자로에서 연쇄 파장을 일으킬 가능성이 높아진다는 것이다. 실제로 일본 후쿠시마 원전은 인접한 원자로 4기에서 연쇄 수소 폭발이 발생했다. IAEA는 이 사고를 계기로 개별 원자로 사고 때 인접한 원자로에 얼마나 영향을 주는지 연구하는 '다수호기 안전성 평가'를 모든 회원국이 실시하도록 지침을 내렸다. 한수원이 다수호기 안전성 평가 연구용역을 발주한 것은 2016년 6월 23일 신고리 5·6호기 건설 허가가 나온 후였다.

　2011년 3월 동일본대지진 당시 후쿠시마 제1원전은 총 6기의 원자로 중 1~4호기에서 수소 폭발이 일어났다. 쓰나미가 원전을 덮치면서 원자로의 전원이 끊겨 노심(爐心)을 식혀주는 냉각수 유입이 중단됐고, 이 때문에 연료봉이 녹으면서 수소가 발생했다. 이 수소가 격납용기 밖으로 새어나와, 격납용기를 둘러싼 직육면체 콘크리트 구조물 내부에 쌓였다가 폭발한 것이다. 일본 정부 사고조사·검증위원회는 사고 당시 점검을 위해 가동 중지 상태였던 4호기에서 일어난 수소 폭발은 3호기에서 나온 수소 때문에 발생한 것으로 추정했다. 3호기와 4호기의 콘크리트 구조물이 서로 연결돼 있었기 때문이다.

당시 핵연료가 녹아내린 1~3호기는 6년이 지났어도 사람이 접근하지 못할 정도로 방사선 수치가 높으며, 2017년 2월 기준 원전 인근 주민 중 8만 명이 아직 피난 생활을 하고 있다. 일본 정부와 도쿄전력은 녹아내린 노심의 상태조차 아직 파악하지 못하고 있으며, 사고의 최종 수습 비용은 수백조 원에 이를 것으로 보도되고 있다.

● 지진 우려 지대에
   몰려 있는 원전

"우리나라는 지진 안전지대가 아니에요. 울산은 작년(2016년) 7월 5일 규모 5의 지진이 발생했고, 9월 12일에는 경주에서 규모 5.8 지진이 발생했거든요. 5.8 지진이 났을 때는 울산 시민들이 다 느낄 수 있는 정도의 지진이었어요. 제가 있던 곳에서도 탁자 위 컵이 미끄러지고, 책장의 책이 떨어지고, 벽에 금이 갔어요."

용석록 국장은 2016년 직접 체험했던 경주 지진을 회고하며 "당시 원전 사고에 대한 공포감이 굉장히 구체적으로 다가왔다"고 털어놓았다. 환경운동연합이 2016년 10월 전국 성인 남녀(만 19세 이상) 1,078명을 대상으로 실시한 여론조사에서 응답자의 79퍼센트가 "지진 위험 지역에 지어진 원전을 중단하고 안전점검을 해야 한다"고 답했을 만큼 경주 지진의 파장은 컸다.

문제는 앞으로 더 큰 규모의 지진이 발생할 가능성이 있는가 하는 것이다. 특히 고리·월성·한울 원전에서 20~30킬로미터 떨어져 있는 양산단층이 활성단층인지 여부가 논란이 됐는데, 2016년 10월 5일 국회 국정감사에 출석한 신중호 한국지질자원연구원장은 "양산단층은 활성단층이 맞다"고 답변했다. 지진이 일어날 가능성이 높은 단층 주위에 원전을 지었음이 확인된 것이다.

환경단체들은 신고리 일대에 60여 개 이상의 활성단층이 있다는 내용의 논문이 학술지에 발표됐는데도 한수원이 신고리 5·6호기 건설 허가 심의 당시 이를 무시했다고 주장하고 있다. 이들은 주한규 교수 등 원전 전문가들이 '지진이 나도 원전 사고가 일어나진 않는다'고 주장하는 것에 대해서도 강력히 반박한다. 후쿠시마 참사는 지진 때문에 쓰나미가 덮쳐 일어난 것인데, 아무도 이런 상황을 예측하지 못했다. 지진이 발생했을 때 원전이 어떤 영향을 받을지 알 수 없다는 게 핵심이라는 것이다.

"체르노빌 원전에서 사고가 났을 때, (일본은) 격납용기가 있는 자기네 원전은 괜찮다고 했어요. 하지만 격납용기가 있는 후쿠시마 원전에서도 사고가 났어요. 안전하다고 생각했지만 결국 예상치 못한 자연재해를 원전이 견디지 못한 거잖아요. 우리나라에 그런 일이 발생하지 않으리라는 보장이 없습니다."

후쿠시마 지역은 동일본대지진 이전에는 큰 지진이 없는 곳으로 알려졌다고 한다. 그래서 대형 쓰나미를 고려하지 않았고, 방벽 대비와 침수 방지에 소홀했다. 하지만 규모 9.0의 거대 지진이 동반한 쓰나미로 인해 원전 사고가 터졌다. 용석록 국장은 후쿠시마 원전 사고를 "예측 못한 상황이 부른 대참사"라고 말했다.

중요한 것은 원전 사고의 원인이 지진이냐 쓰나미냐가 아니라, 우리가 예상하지 못했던 원인으로 언제든 원전 사고가 발생할 가능성이 있다는 사실이다. 1979년 미국의 쓰리마일 원전 사고는 기계의 오작동이 원인이었고, 1986년 구소련의 체르노빌에서는 운전원의 실수로 사고가 일어났으며, 2011년 일본 후쿠시마는 자연재해가 원인이었다. 만일 한국에 대규모 지진이 일어난다면, 땅이 갈라지고 흔들리며 화재, 지진해일, 산사태 등이 발생하는 상황에서 원전에 문제가 없을 것이라고 그 누구도 장담할 수 없다는 게 탈핵운동가들의 지적이다.

○ 불가능하다고 여겼던 것들이
   일어나는 세상

시장조사 회사인 비주얼캐피탈리스트(Visual Capitalist)는

2016년 10월 '세계 금융에 격변을 일으킨 9대 블랙스완 사건'을 발표했다. '블랙스완(검은 백조)'이란 불가능하다고 여겼던 현상이 일어나는 것으로, 미국의 투자전문가인 나심 탈레브가 저서《블랙스완》에서 "과거의 관측과 경험을 토대로 미래를 완벽하게 예측하는 것은 불가능하다"고 강조하면서 유명해진 개념이다. 비주얼캐피탈리스트의 9대 사건에는 2000년 3월의 닷컴버블 붕괴, 2008년 글로벌 금융 위기와 함께 후쿠시마 원전 사고가 포함됐다(1위 1997년 아시아 금융 위기, 2위 2000년 닷컴 버블 붕괴, 3위 2001년 9·11테러, 4위 2008년 글로벌 금융 위기, 5위 2009년 유럽발 국가 부채 위기, 6위 2011년 후쿠시마 원전 사고, 7위 2014년 오일쇼크, 8위 2015년 중국 블랙 먼데이, 9위 2016년 브렉시트).

디스커버리채널의 〈체르노빌의 전투〉와 독일 공영방송 체트데에프(ZDF)의 〈후쿠시마의 거짓말〉 등 기록영화에 따르면 구소련의 핵발전 기술자들은 "원전은 사모바르(물주전자)만큼이나 안전해서 (모스크바) 붉은 광장에 세워도 된다"고 호언장담했다가 체르노빌을 맞았다. 일본 정부는 체르노빌 참사를 보고도 "일본 원전은 다르다"며 발전소 증설을 강행했다. 모두 '블랙스완'을 부인했다가 참화를 당한 셈이다. 그리고 한국의 찬핵 전문가들은 "우리 원전은 일본보다 안전해서 사고가 날 가능성이 없다"고 주장하고 있다.

탈핵 진영은 이 밖에 전기요금 상승과 지역 경제 충격에 대한 찬핵 진영의 우려도 과장됐다고 지적한다. 용석록 국장은 "신고리 5·6호기는 5년 후 완공 예정이었으므로 백지화한다고 해도 당장 전기요금이 오를 일은 없다"며 "2022년에 이를 대체할 가스발전소를 가동한다고 했을 때 가구당 월 286원이 오르는 정도"라고 추산했다. 현대경제연구원이 2017년 8월 22일 발표한 〈친환경 전력 정책의 비용과 편익〉 보고서에 따르면 신규 원전을 짓지 않고 2030년에 원전 20퍼센트, 석탄화력 24퍼센트, 재생에너지 20퍼센트, 천연가스 35퍼센트를 가동할 경우 가구당 매월 5,572원의 전기요금이 추가되는 정도다. 이 보고서는 "친환경 전력 정책으로 국민 안전, 재생에너지 산업 육성 기회 등 편익도 함께 발생한다"고 밝혔다.

신고리 5·6호기 백지화로 인한 일자리 영향에 대해 박종운 동국대 원자력에너지시스템공학과 교수는 지난 2017년 9월 11일 〈단비뉴스〉와의 전화 인터뷰에서 "아직 가동 전인 원전이라 인력을 투입하지 않았기 때문에 한수원 직원들이 일자리를 잃는 것은 아니다"라고 말했다. 박종운 교수는 탈원전 정책에 따라 원전 수가 줄면서 발생하는 일자리 감소 역시 심각한 문제는 아니라고 진단했다. 예를 들어 고리 1호기처럼 수명을 다한 원전의 경우 폐로 문제가 남아 있기 때문에 이곳에 근무하던 인력 일부는 폐로 과정에 투입되고, 남은 인력은 가동 중인 다른 원전에서 흡수할 수 있다. 박종운 교수는 "이 경우 10명이 담당하던 부분을 11명이 담당하는 식의 잉여 인력이 생겨날 테지만, 오히려 그편이 지금보다 원전을 안전하게 관리할 수 있어 바람직하다"고 덧붙였다.

"원자력은 에너지 밀도가 굉장히 높은 산업이라 많은 인력을 필요로 하지 않습니다. 오히려 신재생에너지 산업이 5~10

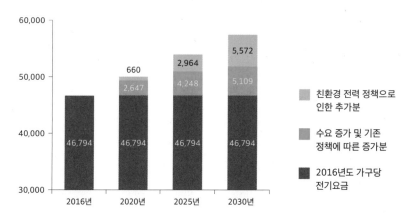

친환경 전력 정책에 따른 가구당 전기요금 인상(추정) (단위: 원)

친환경 전력 정책으로
인한 추가분

수요 증가 및 기존
정책에 따른 증가분

2016년도 가구당
전기요금

원전 비중을 줄이는 방향으로 친환경 전력 정책을 추진하면 앞으로 13년 후인 2030년에 가구당 전기요금은 5,572원 더 오르게 된다. 출처: 현대경제연구원

배 정도 고용 효과가 높아요."

박종운 교수는 정부 방침대로 향후 60년에 걸쳐 서서히 원전을 줄이면서 신재생에너지에 투자를 늘린다면 에너지 산업의 전체 일자리 수는 현재보다 훨씬 늘어날 것이라고 전망했다.

생존배낭 챙겨두고 '쿵' 소리에도 깜짝

지진 1년 후 경주

윤연정, 박희영, 장현석

"원전 없는 곳으로 빨리 도망가고 싶었어요. 너무 무서웠어요."

지난 2017년 4월 20일 오후 8시 무렵 경북 경주시 양남면 나아리 월성원자력홍보관 앞의 대형 농성천막. 원전 인근 주민들이 이주 대책을 요구하며 장기 시위 중인 이곳에 가족을 찾아 나온 강주현(가명) 어린이가 이마를 잔뜩 찌푸리며 말했다. 주황·분홍이 어우러진 윗옷과 검은색 운동복 바지 차림인 주현이의 얼굴은 볕에 그을린 듯 가무잡잡했지만 눈빛은 초롱초롱했다. 주현이는 2016년 9월 12일, 땅이 흔들리던 그 순간을 잊을 수 없다. 그날 경주에는 저녁 7시 44분 무렵 규모 5.1의 1차 지진이 났고, 이어 8시 32분쯤에 규모 5.8의 2차 지진이 발생했다.

● '이러다 원전 무너지는 것 아니냐' 공포

집이 심하게 흔들린 2차 지진 때, 주현이는 어머니, 아버지, 할머니 등 가족들과 함께 앞마당으로 뛰어나왔다. 가족들은 지진으로 놀란 것에 더해 '이러다 원전이 무너지는 것 아니냐'는 공포에 사로잡혔다. 주현네 집에서 5킬로미터도 떨어지지 않은 나아리 해변에는 설계수명 30년을 넘겨 연장 운전 논란을 빚어온 월성 1호기를 포함, 4기의 원자로가 가동되고 있다. (편집자 주: 월성 1호기는 2018년 6월 20일 영구 정지되었다.)

지진이 난 지 한참 뒤에야 나온 안내방송은 "모두 인근 학교로 대피하라"고 했지만, 정작 학교 문은 잠겨 있어 들어갈 수 없었다. 동네 사람들은 인근 공원 등 건물이 별로 없는 곳에 모

경주시 양남면 나아리 해변을 따라 들어선 월성원전 1, 2, 3, 4호기(왼쪽부터). © 윤연정

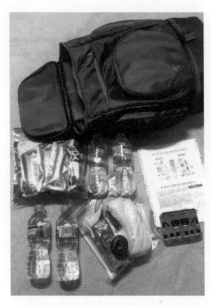

주현이가 직접 챙긴 생존배낭에는 생수, 조리된 밤, 응급처치 도구, 방사능 대피요령 안내문, 돈지갑 등이 있었다. ⓒ 강주현

여 불안한 시간을 보냈다.

"(또 지진 날까봐) 생존배낭 안에 필요한 거 다 챙겨서 준비해뒀어요."

주현이는 지진 당일 집에 있던 가방에 생수 4병과 조리된 밤, 응급처치 도구, 방사능 대피 요령 안내문 등을 넣어 생존배낭을 만들었다. 예전에 학교에서 재난에 대비할 생존배낭이 필요하다는 얘기를 들었던 게 생각나 스스로 챙겼다고 한다. 이후 수백 회의 여진이 이어지는 동안 주현이는 배낭을 항상 현관문 앞에 놔두고, 유통기한이 지난 식품 등 필요한 내용물만 바꿔 채웠다.

학교에서도 주현이와 친구들은 신경이 곤두서 있다. 차 소리만 좀 시끄럽게 나도 "지진인가?" 하고 주위를 둘러본다. 하지만 학교 차원에서 아이들을 위한 심리치료나 체계적인 재난 대비 훈련 등 후속 조치는 없다. 지진 대비 차원에서 각 반 교사의 인솔 아래 계단으로 대피해 운동장에 모이는 연습을 몇 번 한 게 다였다.

○ **원자로 6기에**
방폐장까지 몰린 동경주

"5.8 지진 일어났는데, 더 무서운 건 뭔지 아나? 이거 터지면 다 죽는 거야. 지진 나면, 땅이 갈라져도 갈라진 대로 어떻게든 살 수 있잖아. 근데 핵발전소가 고장 나거나 터지면 그냥 사람이 살 수 없는 땅이 되는 거잖아. 지금 여진이 600번 넘게 계속 나고 있어. 그게 걱정이야."

나아리 이주대책위원회에서 부위원장으로 활동하는 황분희 씨는 지진으로 동네 사람들의 불안감이 부쩍 커졌다고 말했다. 양남면, 양북면, 감포읍을 통칭하는 동경주 주민들은 지진 발생 1년이 된 시점에도 트라우마(외상 후 스트레스 장애)에 시달리고 있었다.

동경주는 월성원전 반경 20킬로미터 안에 있는 지역으로, 월성원전 1~4호기와 신월성 1·2호기, 그리고 중저준위 핵폐기물 처리장이 몰려 있다. 지진이 나면 6기의 원자로와 방폐장에 과연 문제가 없을지, 이들은 밤잠을 설칠 만큼 불안해한다.

나아리 해변을 오른쪽에 끼고 월성원전을 향해 올라가다 보면, 왼쪽 언덕 위에 부부가 운영하는 '빨봉분식점'이 있다. 자갈밭 주차장이 있는 1층 건물 밖 파라솔 아래 의자에서 바다를 바라보던 안주인 김경희 씨는 지진 당시를 묻자 짧게 몸서리를 쳤다.

"저 멀리 바다가 검은색으로 변하면서 이따만 한 용이 구비 치듯이 (파도가) 다가왔어요. 너무 무서웠어요. 바닷물 물살이 계속 치면서 다가왔어요. 그게 아마 지진 오기 두어 시간 전쯤이었던 거 같아요. 설거지도 못하고 갔다니까……"

빨봉분식 신동열 사장은 울산의 한 화학 공장에서 정년퇴직하고 동경주로 넘어와 분식집을 시작했다. 화학 공장에서 운전요원(오퍼레이터)으로 일했던 사람으로서 원전 기술력에 대한 의심은 없다고 했다. 하지만 지진 같은 자연재해 때문에 원전에 닥칠 수 있는 위험이 걱정되지 않느냐고 묻자 "방법이 없다"고 답했다.

"어쩔 수 있나. 문제 생기면 다 죽는 거죠. 불안하지만 어쩔 수 없는 거잖아요. (괜찮을 거라고) 믿어야지……"

분식집에서 월성원전 방향으로 5분가량 차를 타고 가면 나아리 노인복지회관이 있다. 이곳에도 지진이 몰고 온 공포가 남아 있었다. 노인들은 여기저기서 언성을 높이며 지진 났을 당시에 느꼈던 두려움을 회고했다.

"여기서 죽는구나 하는 생각밖에 안 했어. 지금도 불안에 떨고 살지."

박정선 씨는 처음 겪는 지진에 움직이질 못했고, 원전까지 있으니 꼼짝 없이 죽는 줄 알았다고 말했다.

"(무서워서) 온몸이 구부러지는데 어딜 어떻게 대피하노!
(집에서) 아예 나가질 못했다…… 원전이 있으니까 꼼짝 없이
죽는 줄 알았지…… 바로 원전 앞에, 우리가 아주 원전을, 불안
한 걸 안고 살고 있잖아."

● 지진 직후 관광객도
   부동산 거래도 '뚝'

동경주 지역 상인들은 원전이 지역 경제를 살릴 거라는 말
을 믿었지만 헛된 기대였고, 이젠 지진 여파에 원전 사고 우려
까지 제기되면서 관광객도, 부동산 거래도 뚝 떨어졌다고 한숨
을 쉬었다. 거리 곳곳엔 "고준위 핵폐기물 저장 시설 건설 결사
반대" 등 여러 현수막이 걸려 있어 스산한 분위기를 자아냈다.

"원전이 지역 경제 살린다고요? 다 거짓말이에요. 기껏해
야 젊은이들 갖다 쓰는 일이 뭔데요? 경비 서거나 하는 용역이
에요. 지역 경제 완전 죽었어요."

백민석 양남면발전협의회장은 원전이 마을공동체를 망쳐
놨다고 말했다. 젊은이들이 일할 수 있는 좋은 일자리가 생기
기는커녕, 약속했던 지역 복지 지원도 제대로 이뤄지지 않고
있다는 것이다. 여기에 지진 여파로 동경주 지역 경제는 더 무
너지게 됐다고 탄식했다.

"울산 지역에 고소득자가 많아서 양남면 쪽으로 전원주택

지 생각하고 오는 사람들이 많았어요. 그런데 지진 나고 나서는 올스톱 됐어요. 사람들은 고준위 문제(핵폐기물 저장 시설 유치 논란)는 당연히 모르고, 지진만 가지고도 안 들어와요. 주민 일부는 현수막 붙이는 것도 두려워합니다. 장사 안 되고 문제될까 싶어서."

양남면 나아리 바른부동산 김봉권 소장은 지진 이후 동경주 집값이 정체 혹은 하락 추세라고 말했다. 매수자가 없어 가격이 떨어질 수밖에 없다는 것이다. 그는 "토지 거래는 전무한 수준이고 꾸준히 있었던 펜션(전원주택지) 거래도 줄었다"고 말했다. 감포읍 감포리의 동경부동산 채성헌 소장은 "지진 이후 7개월 넘도록 거의 폐점 상태였다"며 "지진이 심리적으로 사람들에게 영향을 많이 줬다"고 주장했다. 그는 "2011년 후쿠시마 원전 사고가 터졌을 때도 동경주 부동산의 매수세가 실종돼 그 여파가 한 2년쯤 갔다"고 회고했다.

동경주 감포읍 대본리에서 횟집을 하는 김승욱 사장은 지진 이후 6개월가량 매출이 3분의 1로 줄었다가 최근 다소 회복됐지만 여전히 지난여름 수준에는 미치지 못한다고 말했다.

● 사고 나면
'오도 가도 못하는' 동경주

동경주 주민들은 예기치 못한 재난이 닥쳤을 때 과연 국가와 지방정부가 제대로 대응할 태세를 갖추고 있는지에 대해서도 의문을 품고 있었다. 더불어민주당 소속 정현주 경주시의원은 경주 지진에 이어 2016년 10월 5일 태풍 차바가 경주, 포항, 울산 일대를 덮쳤을 때의 기억을 되살렸다.

"양남에는 바닷길을 월성 발전소가 건립되면서 막고 있어서 외부로 나갈 수 있는 길이 두 군데밖에 없어요. 경주 시내로 이어지는 봉길터널 쪽과 외동과 울산으로 빠지는 길이죠. 이틀이나 막혀 있었어요. 지난해 태풍 당시 (양북면과 감포읍에서) 시내로 이어지는 토함산 터널도 막혔죠. 토사가 내려와 버스나 차량이 움직일 수 없었고요. 그날 학교 갔다가 아이들이 (다음 날 새벽까지) 집에 못 돌아오는 불상사가 생겼습니다. 하지만 시청에서는 별도의 대책도 없었고 시민들은 두려움에 떨고만 있었죠. 일부 도로나 터널은 시의 관할이 아니라 국토부나 도의 관할인 부분이 있다는 이유를 대면서요."

양남면 나산리에 살고 있는 김해준 씨는 지진 당시에도 무서워서 대피하려고 했지만 아무 데도 갈 수 없었다고 말했다.

"지진이 드르르 거리면서 (땅이) 흔들렸어. 집에 있다가 시간이 좀 지나서 울산으로 대피할라고 차 가지고 나갔는데, 차들이 막혀 있어서 아무 데도 못 갔어! 뒤로도 몬 가고 앞으로도 몬 가고! 해서 그냥 도로에 서 있었지. 라디오 들으면서 괜찮은지만 기다렸지. 우리는 그래서 느꼈지. 갈 데가 없으니께 집에서 그냥 죽는 것과 똑같구나 하는 거야."

동경부동산 채성헌 소장도 "경주에 방재시스템 하나도 제대로 작동되는 것 없다"며 "경주 지진보다 더 큰 지진이 오면 그 결과는 상상을 못할 것"이라고 고개를 흔들었다.

정현주 의원은 "지진과 지진해일이 동시에 와서 원전이 터지면 동경주 사람들을 어떻게 대피시킬 것인지에 대한 대비가 하나도 되어 있지 않다"고 지적했다.

"특히 양남에 있는 주민들은 지진이 났을 때 안전한 곳으로 대피할 수 있는 곳이 없어요. 시내에 있는 사람들은 넓은 공터로라도 갈 수 있죠. 근데 (지진이나 지진해일로 원전의 방사능이 누출됐을 때) 지진을 피해 밖으로 나가야 할지, 방사능 때문에 안으로 들어가야 할지조차 판단을 세울 수가 없어요. 경주시청의 안전정책과와 원전정책과가 같이 대응해야 하는데 안 하잖아요. 따로 만들어진 통합 매뉴얼도 없어요."

경주시청에서 지진에 대한 문제는 안전정책과가 담당하고, 방사능과 관련된 문제는 원전정책과가 책임을 진다. 통합 대응이 되지 않는다는 지적에 대해 원전정책과 박대선 원전방재팀장은 "당시엔 지진 대응만 해도 괜찮다고 판단했다"며 "평상시 안전정책과와 소통을 하고 있고, 재난방송시스템과 대피소를 갖추고 방재 훈련도 하고 있다"고 말했다.

하지만 횟집 김승욱 사장은 지진 당시 통신이 끊겨 힘들었던 상황을 떠올리며 얼굴을 붉혔다. "감포에서 회의하고 있었어요. 지진 났을 때 바깥으로 나오는 것밖에 할 수 없었죠. 10초 동안 누가 멱살 쥐고 슬로우로(천천히) 흔드는 것과 똑같았어요. 놀래서 집으로 전화하고 그랬죠. (내가 놀래서) 원자력에 몇 번을 전화했는지 아나. 통신 두절이다, 통신 두절. 옛날이나 지금이나 마찬가집니다. 여기에 컨트롤타워가 있다고 생각하나? 다 지 살기 바쁘지."

○ '원전 안전'에 조금씩 의문을 제기하는 시민들

지진 직후인 2016년 10월, 경주는 2015년 같은 달의 관광객 수(178만 명)보다 100만 명가량 줄어들었다가 서서히 회복되었다. 하지만 원전 안전에 관심을 갖고 환경단체에 가입하는 사람들이 늘어나는 등 시민들의 분위기는 크게 달라졌다. 경주 환경운동연합 이상홍 사무국장은 "예전보다 회원이 많이 늘어 놀랐다"며 "경주 사람들이 원전에 대해서 잘 몰랐다가 지진을 계기로 관심을 많이 갖게 된 것 같다"고 말했다.

정현주 시의원은 원전과 함께 수십 년을 살아온 경주 시민들이 이제야 조금 문제의식을 가지게 된 배경에는 광고비 등의 이해관계 때문에 경주시장과 한수원 측에 유리한 보도만 해온 지역 언론의 문제도 있다고 지적했다.

반면 지진과 원전을 별개로 생각하고 원전 안전을 신봉하는 시민들도 여전히 많은 게 현실이다. 경주 신라문화원에서 일하는 30대의 강민성 간사는 2016년 발생한 지진으로 경주에 대한 생각이 바뀌었지만, 원전에 대해서는 걱정해본 일이 없다고 했다. 그는 "예전엔 지인들보고 경주 와서 살라고 얘기했는데, 지금은 조금 고민 중"이라며 "아직도 트라우마가 커서 KTX 들어오는 소리만 들어도 덜덜거린다"고 말했다. 하지만 원전에 대해 묻자 조금 머뭇거리는 표정으로 답했다. "따로 생각은 안 해봤어요. 근데 그거 안전하겠죠…… 당연히 안전해야 하는 거 아닌가요?"

동해안 원전에 쓰나미 덮칠 수도

지진 나면 핵발전소는 어떻게 되나

박희영, 윤연정, 장현석

2017년 어린이날 오후 4시쯤, 하얀색 중형 승용차 한 대가 추적추적 내리는 비를 뚫고 경주 시내 첨성대 부근에서 약 10킬로미터 떨어진 현곡면 가정리 구미산 계곡으로 달렸다. 운전대를 잡은 사람은 부산대 지질환경과학과 김광희 교수. 그는 학부생인 두 제자와 함께 공터에서 내린 뒤 차 트렁크에서 삽, 호미 등 연장과 방수비닐을 꺼내 들고 군데군데 잡초가 무릎까지 올라오는 풀밭으로 들어갔다.

○ 비 오는 날 구미산 계곡으로
   달린 이유는

작업복 소매를 걷어붙인 두 남학생이 장갑을 끼고 민첩하게 움직였다. 최동형(부산대 지질환경과학3) 씨는 풀밭 한쪽에서 파란 방수용 덮개에 싸인 채 땅에 고정돼 있던 큰 상자의 뚜껑을 열었다. 아이스박스처럼 보이는 이 상자에 들어 있는 것은 지진계측기 배터리와 기록계. 최동형 씨는 기록계 등이 제대로 작동하는지 확인했다. 이찬서(부산대 지질환경과학4) 씨는 박스 왼쪽으로 연결된 고무 튜브를 따라 "감자 캐듯 이렇게 해야 한다"며 호미로 땅을 파헤쳐나갔다. 잠시 후 투명 방수비닐에 싸인 지진계측기가 모습을 드러내자 조심스럽게 땅에 올려놨다. 일행은 지진계측기를 연구실로 옮기기 위해 차에 싣고, 유쾌한 분위기로 현장을 복구했다.

"지난해 지진 후 여러 차례 발생한 여진을 측정하기 위해 경주 지역 39곳에 지진계측기를 설치했습니다. 여기서 주기적으로 나온 데이터들을 모아 땅의 움직임을 보려고 하는 것이죠."

김광희 교수는 "우리나라에서 기계로 지진을 관측한 기간이 100년도 채 되지 않기 때문에, 그런 (빈약한) 자료를 토대로 한반도에 큰 지진이 안 일어난다고 단정하는 건 옳지 않다"고 말했다. 한국의 지진 활동 자료는 1905년 인천에 지진계가 설치되기 전까지의 '역사 지진 자료'와 그 이후의 '계기 지진 자료'로 구분된다. 역사 지진 자료는 《삼국사기》, 《고려사》, 《조선왕조실록》 등의 사료에서 찾을 수 있다. 사료에 따르면 한반도에는 서기 2년부터 사람이 느낄 수 있는 규모의 지진이 약 1,800회 발생했다. 특히 신라 혜공왕 때인 779년에는 경주에서 발생한 지진으로 100여 명이 숨졌다는 기록이 있다.

김광희 교수는 "역사 지진을 고려해 과거 2000년 동안 우리나라에서 발생했던 지진이 앞으로도 발생할 수 있다고 보는 게 합리적이고 과학적인 추론"이라며 "앞으로 이 지역에 규모 6.5 이상의 지진이 발생할 것으로 보는 게 맞다"고 말했다. 그는 특히 한국 해양에서 발생하는 지진에 주목할 필요가 있다고 말했다. "경주 지진이 나기 전 우리나라는 바다에서 지진이 자주 났어요. 2004년도에 경북 동해 울진 앞바다에서 규모 5.2 지진이 발생했어요. 2014년도에는 서해에서 규모 4.9, 5.1 정도 규모의 지진이 여러 개 났었죠. 한두 해 사이에 원인을 알 수 없는 작은 지진들이 엄청 많이 났어요."

　　김광희 교수는 "(해양 지진을 함께 고려했을 때) 우리나라에서 발생할 수 있는 최대 지진 규모는 6.5~6.8 정도"라고 말했다. 그는 한국도 후쿠시마처럼 해양에서 발생한 지진이 쓰나미를 일으켜 동해안 원전을 덮칠 가능성이 있다고 진단하며, "다만 현재 기술로서는 그게 언제가 될지 정확히 알 수 없다"고 덧붙였다.

● 지질학적 특성 때문에
　더 무서운 경주 지진

　　전문가들은 경주 지역의 지반이 '연약층'이어서 지진에 특히 취약하다고 지적한다. 경주와 같은 평야지대는 큰 강과 하천이 오랫동안 흐르면서 날라 온 흙이 강 주변에 쌓여서 형성

1978~2016년 국내 지진 발생 추이

발생횟수

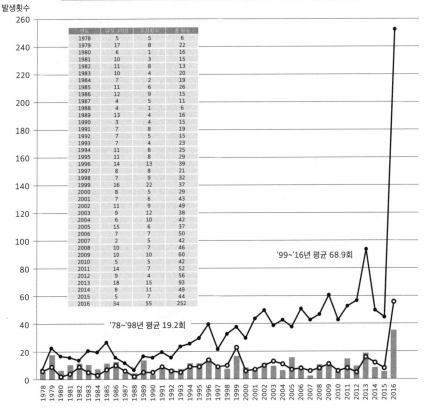

연도	규모 3이상	유감횟수	총 횟수
1978	5	5	6
1979	17	8	22
1980	6	1	16
1981	10	3	15
1982	11	8	13
1983	10	4	20
1984	7	2	19
1985	11	6	26
1986	12	9	15
1987	4	5	11
1988	4	1	6
1989	13	4	16
1990	3	4	15
1991	7	8	19
1992	7	5	15
1993	7	4	23
1994	11	8	25
1995	11	8	29
1996	14	13	39
1997	8	8	21
1998	7	9	32
1999	16	22	37
2000	8	5	29
2001	7	6	43
2002	11	9	49
2003	9	12	38
2004	6	10	42
2005	15	6	37
2006	7	7	50
2007	2	5	42
2008	10	7	46
2009	10	10	60
2010	5	5	42
2011	14	7	52
2012	9	4	56
2013	18	15	93
2014	8	11	49
2015	5	7	44
2016	34	55	252

'99~'16년 평균 68.9회

'78~'98년 평균 19.2회

시간이 흐를수록 지진의 빈도와 규모가 커지는 추세를 보여주고 있다. 출처: 기상청

되었다. 부유물이 차곡차곡 쌓여 만들어진 평야의 지반은 대부
분 연약층이다. 김광희 교수는 "경주처럼 사람이 많이 사는 평
야 지역일수록 지진 피해를 크게 입을 수 있다"고 말했다. 진앙
지에서 멀리 떨어져 있더라도 지반 조건이 취약하면 작은 여파
에도 큰 피해가 생길 수 있다는 것이다. 동경주에 위치한 월성

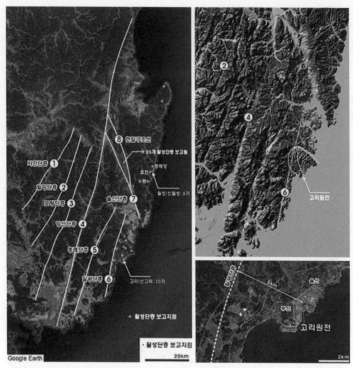

고리원전과 월성원전 인근에 한반도 동남부의 주요 활성단층이 모여 있음을 보여주는 지도. © 환경운동연합

1~4호기와 신월성 1·2호기 등 6기의 핵발전소 반경 30킬로미터 내에는 경주, 울산, 포항 일부 지역 등의 주민 110만여 명이 살고 있다.

남한 지역에 어느 정도 지진이 발생할 수 있느냐를 판단하는 데는 북한 지역의 지진 자료도 참고가 된다. 2017년 7월 13일 함경북도 나진 남동쪽 194킬로미터 해역에서 규모 6.3의 지진이 발생했다. 지질조사업체인 ㈜지아이 부설 지반정보연구소 김성욱 소장은 "신고리나 신월성원전 설계 당시에는 계기 지진으로 최대 잠재 지진 규모를 예측했을 때 5.0 정도가 산출됐다"며 최근 발생한 5.8 규모 경주 지진과 6.3 규모 나진 지진은 원전 설계 당시 예측되지 않은 것임을 환기했다.

김성욱 소장은 "2009년 시행된 지진화산재해대책법은 계기 지진 등을 토대로 최대 잠재 지진을 예측해 원전을 설계하도록 했는데, 단순히 이번에 발생한 (경주) 지진이 내진설계 당시 기준이 된 설계 지진(최대 규모 6.5)을 넘지 않았으니 안전하다는 것은 안이한 대처"라고 꼬집었다. 그는 "이번에 발생한 5.8 규모 경주 지진이나 6.3 규모 나진 지진을 반영해서 최대 잠재 지진을 재평가할 필요가 있다"고 강조했다.

● 국책 연구 기관도 '중규모 이상 지진 가능성 상존'

국책 연구 기관도 한국에서 추가적으로 '중규모 이상'의 지진이 발생할 가능성을 열어두고 있다. 정부 출연 연구소인 한국지질자원연구원의 선창국 국토지질연구본부장은 2017년 9월 7일 경주 힐튼호텔 우영미술관에서 열린 지진방재 대책 국제세미나에서 "경주 지진은 점진적으로 안정화된 것으로 판단한다"고 전제한 뒤 "다만 한반도 지진 환경을 고려할 때 중규모 이상의 지진이 발생할 가능성은 상존한다"고 덧붙였다.

한국지질자원연구원 홍보실 강현철 선임행정원은 〈단비

뉴스)와의 전화 인터뷰에서 "역사 지진은 '큰 지진으로 사람이 많이 죽었다'고 서술할 뿐, 진도와 규모 등 정확한 자료가 있는 것이 아니다"며 연구원에서 향후 지진 전망을 명확히 밝히기는 어렵다고 설명했다. 그는 "한국지질자원연구원은 1976년부터 연구를 시작했고, 지진연구센터는 2006년에 생겼으니 (지진 연구를 한 지) 얼마 안 됐다"며 "지진 자료가 최근 10년 치밖에 없기 때문에 분명한 얘기를 하기 어렵다"고 덧붙였다.

지진 연구를 위한 자료와 관련, 김광희 교수는 "지진을 발생시킬 수 있는 단층이 (원전 아래에) 있는지 먼저 봐야 하는데, 그런 지반 정보는 대외비로 처리돼 공개되지 않는다"고 비판했다. 강현철 선임행정원은 "경주 원전을 짓기 전에 미리 지진 단층 조사부터 했으면 문제가 없었을 것"이라며 "(지진 단층에 관한 면밀한 조사 없이) 먼저 지역 주민 동의를 받을 수 있느냐에 따라 부지를 선정하다 보니 문제가 발생한 것"이라고 말했다.

원전 일대의 지진 가능성에 대한 우려가 커지고 있는 것과 달리, 한수원과 일부 방재 전문가들은 '지진에 대한 대비가 잘돼 있다'며 걱정할 필요가 없다는 입장을 보였다. 경주 월성 2·3·4호기와 영광 한빛원자력발전소 전체 내진설계 심의를 봤던 세명대 소방방재학과 김준경 교수는 "우리나라 원자력 엔지니어들의 기술력은 세계 최고"라며 원전 안전성을 믿는다고 밝혔다. 그는 "(최근) 내진설계 등 기술적으로 한층 더 안전성을 강화했다"며 "후쿠시마 사고 같은 경우 (원전 자체의 문제가 아니라) 지진에 잘못 대처해서 벌어진 인위적 재난이라고 본다"고 말했다.

그는 "민간 독립 기관이 원자력발전소를 계속 감시하는 제도는 꼭 필요하지만 〈판도라〉 영화도 그렇고 사람들이 원전에 대해 너무 과도하게 걱정한다"고 지적했다. 원전의 신뢰도가 떨어진 이유는 한수원과 원자력안전위원회가 관련 정보를 투명하게 공개하지 않아서이지, 기술력에 문제가 있어서는 아니라는 것이다.

원전을 운영하는 한수원은 국회와 시민단체 등이 제기하고 있는 안전성에 대한 의구심을 모두 부인하고 있다. 2016년 9월 29일 원자력안전위원회 국정감사에서 정의당 심상정 의원은 "9·12 경주 지진 당시 월성 1호기의 자유장계측기가 제대로 작동하지 않았다"고 지적했다. 자유장계측기는 원자로 바깥에 설치한 지진계측기로, 지진이 발생했을 때 원자로 가동 중지 등에 필요한 경보를 내리는 데 필수적이다.

이에 대해 전태훈 한수원 홍보실 언론홍보2팀 차장은 2017년 8월 30일 〈단비뉴스〉와의 전화 인터뷰에서 "한국원자력안전기술원(KINS)이 2014년 월성 1호기 자유장계측기의 위치가 부적합하다고 지적해서 이를 옮기는 사이에 지진이 발생했다"며 보조 건물기초지진계측기를 대신 사용했다고 설명했다. 그러나 심 의원은 국정감사 당시 "지진이 났을 때 자유장계측기가 작동되지 않아 월성 1·2·3·4호기를 수동 정지시키는 데 4시간이나 걸렸다"며 원전 관리에 문제가 있음을 비판했다.

❖ 노후 원전,
내진설비 보강하면 안전한가

경주에 있는 원전 중에서도 30년의 설계수명을 넘긴 채 연장 가동되고 있는 월성 1호기에 대해서는 특히 우려가 많다. 월성 1호기는 1982년 가동을 시작해 35년째 전기를 생산하고 있다. 지난 2012년 설계수명 30년이 끝나 가동 중단됐다가 2015년 원자력안전위원회가 가동 연한을 2022년까지로 늘려줬다. 주민들과 환경단체들은 안전성 검증을 제대로 하지 않았다며 수명 연장 취소 소송을 제기했고, 2017년 1월 서울행정법원은 원고 측 손을 들어줬다. 그러나 한수원은 항소했고, 월성 1호기는 여전히 가동되고 있다. (편집자 주: 한수원 이사회의 폐쇄 결정으로 2018년 6월 20일 가동 정지되었다.)

박종운 동국대 교수는 2017년 8월 30일 〈단비뉴스〉와의 전화 인터뷰에서 "월성 1호기 수명 연장 당시 원안위는 '안전도를 최신 원전 수준으로 올려야 한다'는 원천 기술국(캐나다)의 수명 연장 규정을 반영한 국내 원자력법 시행령을 무시했다"고 지적했다. 그는 "최신 안전 기준은 거의 적용하지 않았고 심지어 원천 기술국이 폐기한 기준을 계속 인용하고 있다"고 비판했다. 예를 들어 핵연료봉 노출 등 중대 사고가 났을 때 격납 건물 밖으로 방사성 물질이 방출되지 않게 하기 위한 격리 요건 6가지를 충족하지 못했다는 지적이다.

이에 대해 한국원자력안전기술원 대외협력팀은 2017년 9월 11일 〈단비뉴스〉와의 이메일 인터뷰를 통해 "(이 문제는)

월성 1호기 계속 운전 소송과 관련돼 있으며 현재 항소심이 진행 중이기 때문에 답변이 재판에 영향을 미칠 수 있다"며 설명을 거부했다.

한수원은 월성 1호기 공사 당시 내진설계가 철저히 이뤄졌고, 수명 연장 과정에서 내진설비가 보강되었으므로 안전하다고 주장하고 있다. 설계 당시 부지 반경 320킬로미터 이내 지역의 지진 기록 및 지질 특성을 조사해 발생 가능한 최대 지진력을 산정했고, 여기에 안전 여유를 두어 규모 6.5 지진까지 견딜 수 있는 0.2g(지반가속도)로 내진설계가 됐다는 설명이다. 한수원 전태훈 차장은 〈단비뉴스〉와의 인터뷰에서 "월성 1호기는 안전정지, 노심냉각 등 주요 설비의 내진 성능을 0.3g(규모 약 7.0 지진에 대응) 수준으로 최근에 보강 완료했다"고 답했다.

한수원은 또 수명 연장을 추진하는 과정에서 핵심 설비인 압력관(중수로 내 핵연료를 장전하고 있는 관)과 제어전산기(발전소 주요 기기를 자동 제어하는 설비)를 포함한 노후 설비를 교체했다고 밝혔다. 그는 "월성 1호기는 국제원자력기구로부터 계속 운전에 대한 점검을 받아 안전성에 문제없음을 확인했고, 최종적으로 원안위의 계속 운전 승인을 받아 안전 운전 중"이라고 강조했다.

그러나 지아이지반연구소 김성욱 소장은 "1970년대 당시에는 컴퓨터도 없었으니 지반 조사가 지금의 수준으로 됐다고 보기 어렵다"고 지적했다. 그는 "부지 반경 320킬로미터 이내의 지진 기록을 조사하려면 동해와 남해는 물론 일본 규슈 지역까지 들어가는데, 최대 지진을 평가할 때 동해나 남해의 해양 지질이라든가 일본 활성단층, 역사 지진 등은 포함하지 않았고 육상만 고려했다"고 말했다. 내진설계 기준 자체에 문제가 있다는 것이다. 그는 한수원이 월성 1호기의 내진설비를 보강했다고 하지만 이는 부속품 등의 내진 성능을 강화한 것일 뿐, 지반과 격납 구조를 강화한 게 아니므로 완전할 수 없다고 덧붙였다. 김 소장은 "우리나라 원전은 지진이 잘 나지 않는 미국 동부 지역의 내진설계 기준을 적용했다"며 "이후 (지진 발생 상황이) 달라졌다면 뭔가 좀 바꿨어야 한다"고 말했다.

경주환경운동연합 이상홍 사무국장은 "정부가 월성원전과 주변의 단층이 어떻게 분포돼 있고 어떤 위험성이 있으며, 위험성 대비 원전의 안전성은 어떤지 설명해야 하는데, 단층 분포에 대한 조사 자체가 없다"고 지적했다. 그는 "안전성이 파악될 때까지 월성원전 가동을 중단하는 게 맞지 않느냐"고 반문했다.

한편 더불어민주당 어기구 의원(국회 산업통상자원중소벤처기업위)이 한수원에서 받아 발표한 자료를 보면 2012년 1월부터 2017년 8월까지 국내 원전 25기에서 제작 결함, 시공 결함, 부품 결함, 설계 결함 등으로 일어난 45건의 사고 중 월성 1호기 사고가 6건으로 가장 많았다. 월성 1호기는 사고로 인해 가동 정지된 날이 149일이나 됐다. 한수원의 공언과 달리 원전 관리가 '완벽'하지 못하다는 것, 낡은 원전일수록 사고가 많다는 것을 확인해준 자료였다.

100만 명 '7시간 내 대피' 가능할까

월성원전 사고 대비 실태

윤연정, 박희영

마을 단위로 웅성웅성 버스에 오른 주민들. 처음엔 대피 훈련인 줄 알고 별생각 없이 모였다가 '발전소가 터졌다'는 얘기를 듣고는 공포에 사로잡힌다. 울음을 터뜨릴 것 같은 얼굴로 어린아이를 끌어안는 젊은 엄마, 버스에 같이 타지 않은 아들 때문에 애를 태우는 노모. 버스 운전대를 잡은 처녀는 어떻게든 원전에서 멀리 가야 한다는 생각에 이를 악물고 페달을 밟지만 곧 망연자실한다. 너나없이 몰려나온 차들 때문에 다른 도시로 나가는 길이 꽉 막혀버렸기 때문이다. 멀리서 몰려오는 방사능 구름. 사람들은 차에서 내려 정신없이 달아나지만 얼마 못 가 여기저기서 토하고, 쓰러지고, 다른 이들에게 떠밀려 넘어진다.

❂ 오도 가도 못하는 상황,
   '영화 속 상상'일 뿐일까

   2016년 개봉한 영화 〈판도라〉의 일부 장면이다. 가상의 원
전 재난을 다룬 이 영화에 대해 찬핵 전문가들은 '과장이 심했
다'고 비판했다. 그러나 경주 월성원전 등 핵발전소 주변에 사
는 주민들은 '실제로 사고가 난다면 이런 일이 벌어지지 않는
다는 보장이 있느냐'고 묻고 있다.
   "제가 학술적으로 계산한 바에 의하면 원전 사고로 방사
능이 밖으로 누출되기까지 걸리는 시간은 7시간입니다. 그 안
에 대피해야 하는데, 누가 가만히 있겠어요? 세월호 사건 같은
국가 재난 사태를 겪으면서 국민들은 트라우마가 있어요. 집에
가만히 있으란다고 집에 있겠어요? 다 서울로 갑니다. (월성원
전 인근 100만, 고리원전 인근 300만) 누가 통제해요? 안 발생할
거라고 우기지 말고 논리적으로 대책을 마련해야 해요."
   경주시에 캠퍼스가 있는 동국대 원자력에너지시스템공학
과의 박종운 교수가 〈단비뉴스〉와의 전화 인터뷰에서 한 말이
다. 그는 2011년 일본 후쿠시마 사태처럼 핵발전소에서 전체
정전이 일어나 '셧다운(작동 중지)'되는 최악의 상황을 가정해
서 사고 진행 시간을 추정했다고 밝혔다. 신고리원전 5·6호기
를 기준으로 핵연료봉이 녹아 압력용기를 뚫고 나온 뒤 격납용
기 안에 쌓이는 '멜트스루'가 일어나는 데 3시간, 그곳을 둘러
싼 원자로격납고의 압력이 올라가 파손될 때까지를 10시간으
로 계산했다. 3시간과 10시간 사이, 즉 공기 중으로 방사성 물

질이 나오기까지 7시간 안에 사람들이 대피해야 피폭을 면할 수 있다는 얘기다.

그는 한국에 있는 모든 경수로(감속재로 물을 사용하는 원자로) 원전에 이런 기준을 적용할 수 있는데, 월성원전과 같은 중수로(감속재로 중수를 사용하는 원자로)의 경우 조금 더 심각하다고 지적했다. 격납고의 설계 압력이 더 낮아 더 빨리 깨지기 때문이다. 또 지역의 인구밀도와 상황에 따라 피해 규모가 다를 수 있다고 부연했다. 대체로 방사능이 대기에 누출되기 전 7시간이 '골든타임'이라고 볼 때, 월성원전의 경우 반경 30킬로미터 내에 사는 경주, 울산과 포항 일부 지역 주민 약 100만 명이 이 시간 안에 위험 지역을 벗어날 수 있는가가 문제의 초점이다.

국제원자력기구는 원전 반경 30킬로미터를 상한으로 해서 각국이 상황에 맞게 방사선비상계획구역을 지정하도록 권고하고 있으나 환경단체들은 비상계획구역 범위가 '최소 30킬로미터'가 되어야 한다고 주장하고 있다. 장다울 그린피스 선임캠페이너는 "후쿠시마는 (사고 당시) 강제피난구역이 20킬로미터, 권고피난구역이 30킬로미터였는데, 이후 실제로 보니 최대 40~45킬로미터까지 고농도로 오염된 지역이 있었다"며 "그런 현실을 감안해서 최소 30킬로미터를 주장하는 것"이라고 말했다. 일본은 현재 방사선비상계획구역을 30킬로미터로 정하고 있다.

❖ 일단 '자가용 등으로 알아서 대피'가 원칙

"대피 개념이라는 게 일차적으로 지정은 마을별로 돼 있지 만 일단 자가 대피가 원칙입니다. 스스로가 다른 지역으로 갈 수도 있는 거고, 아니면 친척 집으로 갈 수도 있는 거고. 비상 상황이 발생하면 자기 차량을 이용해서 자가 대피하는 게 일차 적인 목표고요. 예를 들어서 거동이 불편하다든가 차량이 없다 든가 이런 분들은 차량을 지정해서 또 (저희가) 2차적으로 대피 를 시키게 되는 거죠. 왜냐하면, 자기가 대피하고 싶은데 일부 러 집결지에 모여서 이렇게 갈 필요는 없잖아요."

경주시청 원자력정책과 박대선 원전방재팀장은 2017년 9월 28일 〈단비뉴스〉와의 전화 인터뷰에서 재난대피계획에 대 해 이렇게 설명했다. 박 팀장은 자가용 차량이 없는 주민들을 위해서는 관내 군부대 차량이나 관광버스 등을 동원할 수 있으 며, 이를 위해 버스 회사 연락처 등 관련 정보를 확보해두었다 고 밝혔다. 그러나 대상 주민들의 자가용 차량 보유 현황 등에 대해 파악된 자료는 없다고 말했다. 실제로 사고가 났을 때 과 연 즉각적으로 차량 수요를 파악해 신속히 대처할 수 있을지 의문을 갖게 하는 대목이다. 특히 대피구역 내 주민들이 개별 차량으로 일제히 이동할 때 영화 〈판도라〉와 같은 도로 정체가 일어나지 않으리란 보장이 없다.

지난 1986년 구소련의 체르노빌 원전 사고 당시 비상조치 구역인 30킬로미터 반경 내 주민은 13만 5,000여 명이었다. 또

경주시 양남면 나아리 해변에 위치한 월성원전 3·4호기. 밖에서 보이는 반구형 콘크리트 건물이 원자로격납고다. 그 안에 격납용기가 있다. © 박수지

후쿠시마 원전 사고 당시 30킬로미터 반경 내 주민은 16만 명이었다. 후쿠시마의 경우 일본 정부가 원전 사고의 심각성을 부인하다 점진적으로 대피 명령 구간을 확대했기 때문에 주민들의 대피는 3월 중순부터 4월까지 두 달여 동안 점진적으로 이뤄졌다. 현대 도시에서 100만 명가량의 대규모 대피가 몇 시간 안에 이뤄진 전례는 아직 없는 셈이다.

비상대피구역 내 주민들이 유사시 '어디로' 갈 것인가도 문제다. 경주시가 지정한 20개의 구호소 중 원전에서 30킬로미터 반경 밖에 위치한 곳은 8개소뿐이다. 예를 들어 3,050명의 이재민을 수용할 수 있는 경주실내체육관은 원전에서 불과 25킬로미터 떨어진 곳에 있다. 긴급보호조치계획구역(UPZ) 설정이 지자체별로 재난 대비의 효율성 등을 고려해 원전 반경

20~30킬로미터 범위에서 유동적으로 이뤄졌기 때문에, 경주의 경우 원전 반경 22~28킬로미터 밖에 구호소를 정한 것이란 설명이다. 경주시가 긴급보호조치계획구역을 25킬로미터로 할 경우 피난 대상 주민은 5만 3,000여 명이지만 30킬로미터로 할 경우 19만여 명으로 급증한다.

◉ 부족하기만 한
방사능 방재 훈련 예산

원전에서 심각한 사고가 발생할 경우, 주민들은 어떻게 행동해야 하는지 잘 알고 있을까. 경주시의회 정현주 의원은 "유사시에 본능적으로 대피할 수 있도록 해야 하지만, (지난해) 경주 지진 후에도 구호소 리스트만 뿌릴 뿐 세부적으로 시행해보는 등의 변화는 없다"고 말했다. 주민 신용화(경주시 양남면 나아리) 씨는 "한수원에서 아이들한테 대피 훈련을 시킨다고 몇 번 한 것은 기억나는데 별로 실질적인 소득이 없었다"고 말했다. 그는 "(우리는) 외곽 지역에 있어서 마을 방송이 잘 들리지도 않고 훈련한다는 공지도 제대로 못 받았다"며 "한수원 사람들 많이 사는 양북면은 방송 시설이 좋은데 우리 양남은 힘이 없으니 방송 시설 개선해달라고 해도 아무 변화가 없다"고 덧붙였다.

반면 경주시청은 2016년 지진 후 방사능 방재 훈련을 강화했다고 밝혔다. 박대선 원전방재팀장은 2017년 8월 22일 실

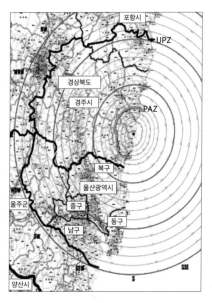

(신)월성원전 방사선비상계획구역 전체 지도. 가장 안쪽 선은 월성원전에서 3~5킬로미터 내의 '예방적보호조치구역(PAZ)'으로 방사능이 누출되기 전 주민들을 미리 대피시켜야 하는 지역이다. 월성원전에서 반경 20~30킬로미터 내 '긴급보호조치계획구역(UPZ)'은 방사능 영향 평가 결과 등에 따라 대피 등의 조치를 하기 위해 정한 구역이다. ⓒ 경주시청

시한 을지 대피 훈련에 '방사능 누출에 따른 주민 대피' 등 원전 방재 관련 항목을 추가했다고 말했다. 비상계획구역 내 주민 중 300여 명을 선정한 뒤 환자 후송 등 필요한 훈련을 했다는 것이다. 그러나 많은 주민을 대상으로 한 실제 대피 훈련 등에 대해서는 "막대한 예산이 들기 때문에 지자체 수준에서는 어렵다"는 입장을 보였다. 경주시의 방사능 방재 예산은 교육·훈련 집행액이 2016년 9,152만 5,000원에서 2017년 1억 6,525만 원으로, 장비 구입 집행액이 4억 5,713만 원에서 5억 1,640만 원으로 늘어난 정도다. 2017년 8월 300여 명을 대상으로 한 훈련에 이미 4,000여만 원이 들었다고 박 팀장은 밝혔다.

2016년 연말 기준으로 경주시가 갖추고 있는 방사능 방호 물품 및 방재 장비를 보면 주민보호장구가 2만 9,310세트, 방재요원보호장구가 70세트, 갑상선방호약품(요오드) 45만 7,990정, 방사선(능) 측정기 360대, 고정형 환경 방사선 감시기 25대, 이동형 환경 방사선 감시 차량 1대, 공기 시료 채집기 1대 등이다. 박 팀장은 "2013년부터 개당 1만 5,000원 상당의 방재복을 마을회관 등에 비치해놨다"며 "방사능 피폭으로부터 100퍼센트 보호는 불가능하지만, 공기 중 오염으로부터 보호하는 역할은 할 수 있다"고 말했다.

방재 계획에 따르면 비상 상황이 발생한 경우 원전 인근 주민들은 일단 방호 물품이 있는 마을회관 등 집결지에서 보호장구와 약품 등을 받아 마을별로 배정된 구호소로 이동한다. 박 팀장은 방재복을 개별 가정에 나눠주지 않는 이유에 대해 "소중한 소지품도 집 안 어디다 뒀는지 잊어버리기 쉬운데, 방호 물품은 매년 전수 조사해야 하기 때문에 관리하기 쉽지 않다"며 "유사시에도 마을회관 등에 보관했다가 전달할 시간이 충분하다"고 말했다.

● 근본적 대책은
  원전을 줄이는 것

그러나 정현주 의원은 경주시의 방사능 방재 대책이 불충분하다며 "(월성원전 인근) 동경주 주민을 대상으로 실제 소개

(피난) 훈련을 해봐야 한다"고 주장했다. 또 "(유사시에) 이들을 수용할 수 있도록 광역 지자체를 총괄할 수 있는 협조 체계도 만들어야 한다"고 강조했다. 정 의원은 특히 "지난해 경주 지진과 태풍 당시 도로, 터널, 상하수도 등의 관리 책임이 각 기관에 분산돼 있어 주민들 입장에서 문제 해결이 어려웠다"며 "관련 기관 간 소통을 원활히 해야 한다"고 덧붙였다.

박종운 교수는 '7시간 내 대피'를 주장하는 자신과 달리 한수원 측에서는 방사능이 대기에 누출될 때까지의 시간을 '30시간에서 50시간까지'로 잡는다며 "최악의 상황을 가정한 시나리오를 제대로 만들어야 한다"고 역설했다. 그는 "자동차를 살 때 정면충돌하면 어떻게 될까를 걱정하지, 시속 30킬로미터로 달려 벽에 부닥쳤을 때 어떨지를 생각하는 사람은 없다"며 "어느 정도가 최대의 위험인지를 보고 거기에 대비해야 한다"고 강조했다.

"(원전 재난을 막는 데는) 다른 방도가 없습니다. 원전을 줄이는 수밖에 없어요. 발전소가 많아지면 사고 확률이 높아집니다. (한 군데) 몰아 지으면 안 됩니다. 국가가 철학을 가지고 '이것은 위험해서 안 된다'고 말을 해야 합니다. (당장 원전을 다 닫자는 게 아니고) 천천히 줄이면서 재생에너지로 대체해가자는 것, 국민들 안전하게 하자는 것인데 왜 이걸 반대하나요."

그들에게 원전을 맡길 수 있을까

원전 부실 관리 실태

강민혜, 박진홍, 서지연

2017년 6월 19일 오전 10시 부산 기장군 장안읍 한수원 고리원자력본부에서 열린 고리1호기 영구 정지 선포식. 무대에 오른 문재인 대통령과 인근 월례초등학교 학생 8명이 나란히 놓인 9개의 버튼을 동시에 누르자 '더 안전한 대한민국'이라고 한 글자씩 적힌 하늘색 대형 풍선들이 행사장 스크린 위로 둥실 떠올랐다. 지역 주민과 한수원 임직원 등 참석자 200여 명이 힘찬 박수로 호응했다.

● "과거 정부 원전 운영
   투명성 부족했다"

문재인 대통령은 이날 연설에서 "고리 1호기는 지난 40여 년간 전력 생산으로 경제 발전에 기여했으나 이제 국민의 생명과 안전이 무엇보다 중요하다는 게 확고한 사회적 합의로 자리 잡았다"며 "(노후 원전 등) 국민의 생명과 안전, 건강을 위협하는 요인들은 제거해야 한다"고 말했다. 문 대통령은 이어 "새 정부 원전 정책의 주인은 국민"이라며 "원전 운영의 투명성도 대폭 강화하겠다"고 약속했다. 그는 "지금까지 원전 운영 과정에서 크고 작은 사고가 있었고, 심지어는 원자로 전원이 끊기는 블랙아웃 사태가 발생하기도 했지만 과거 정부는 이를 국민에게 제대로 알리지 않고 은폐하는 사례도 있었다"며 "새 정부에서는 무슨 일이든 국민의 안전과 관련된다면 투명하게 알리는 것을 원전 정책의 기본으로 삼겠다"고 덧붙였다.

문재인 대통령이 이날 언급한 '블랙아웃 사태'는 지난 2012년 2월 9일 저녁 8시 34분에 일어난 '완전 정전' 사고를 말한다. 작업자의 실수와 비상 발전기 고장이 겹치면서 고리 1호기의 전원이 12분간 완전히 꺼졌다. 그날 고리 1호기는 계획발전정비기간이라 원자로가 멈춰 있었지만, 핵연료를 식히는 시스템이 작동하지 않으면 냉각수가 증발하고 연료봉이 녹아내리는 대형사고가 발생할 수 있었다. 당시 12분간의 정전으로 냉각수 온도가 36.9도에서 58.3도로 21.4도나 올라갔던 것으로 조사됐다. 에너지정의행동 이헌석 대표는 "당시 사고는 7단계(후쿠시마 급)까지 구분되는 원전 사고 중 2단계로, 우리나라에서 일어난 것 중에는 가장 큰 '역대급' 사고였다"며 "더 심각한 것은 그런 사실이 한 달이나 은폐됐다는 것"이라고 지적했다.

이런 사고는 법에 따라 원자력안전위원회에 즉각 보고해야 한다. 그러나 당시 발전소장 등 관리자들은 '없던 일로 하자'고 입을 모은 뒤 사고 사실을 숨겼다. 이 사건은 고리원전 인근 식당에 갔던 김수근 당시 새누리당 소속 부산시의원이 옆자리에서 오가는 이야기를 우연히 듣고 문제를 제기하면서 그해 3월 12일 세상에 알려졌다. 원안위는 은폐를 모의한 문모 발전소장 등 핵심 관계자 5명을 고발하고 한수원에 대해서는 과태료(300만 원) 및 과징금(9,000만 원) 부과 처분을 했다. 그러나 법원의 최종 판결이 벌금형 등에 그쳐 처벌이 미온적이었다는 논란을 낳았다.

● 후쿠시마 원전
'오래된 것부터' 폭발

정전 은폐 사건은 1978년 상업 운전을 시작한 뒤 30년 설계수명을 1차 연장(10년)해 가동 중이던 고리 1호기의 추가 수명 연장 논의에 찬물을 끼얹었다. 지난 2011년 3월 일본 후쿠시마 원전 사고가 터지면서 노후 원전의 안전성이 도마에 오르자 환경단체들은 국내 최고령 원전인 고리 1호기의 수명을 더 이상 연장해선 안 된다는 목소리를 높이고 있었다. 쓰나미가 닥친 후쿠시마 원전에서 6기의 원자로 중 오래된 순서대로 1~4호기가 폭발하자 '노후 원전일수록 자연재해에도 더 취약하다'는 사실이 부각됐기 때문이다. 후쿠시마 원전 1~4호기는

1971년부터 1978년 사이에 상업 운전을 시작했다.

2015년 고리 1호기의 2차 수명 연장 신청 기한이 다가오자 부산환경운동연합, 부산YWCA 등 120여 개 지역 시민단체가 '고리원전 1호기 폐쇄 부산범시민운동본부'를 결성했다. 정전 은폐 사건 후 더 나빠진 주민 여론을 의식한 지역 정치인들도 여야 할 것 없이 폐로를 촉구했다. 결국 산업통상자원부 에너지위원회는 2015년 6월 한수원에 고리 1호기 영구 정지를 권고했고, 한수원은 이를 수용하는 절차를 밟을 수밖에 없었다.

● 국내 가동 원전 24기, 밀집도 높아 안전 우려 증폭

고리 1호기는 전기 생산을 중단했지만 한국엔 여전히 24기의 원전이 가동되고 있다. (편집자 주: 2019년 7월 기준 폐로 절차를 밟고 있는 월성 1호기를 제외하면 23기의 원전이 가동 중이다. 단 2019년 2월부터 시험 가동에 들어간 신고리 4호기를 포함하면 가동 중인 원전은 24기다.) 또 추가로 11기를 건설(5기) 중이거나 계획(6기)하고 있다. (편집자 주: 문재인 정부는 탈원전 로드맵에 따라 건설 계획 단계인 천지 1·2호기와 대진 1·2호기를 사업 취소하고 신한울 3·4호기 건설 중단 조치를 했다.) 한국은 원전 밀집 단지(가동 원전 6기 이상) 보유수, 원전 반경 30킬로미터 이내 인구수에서 모두 세계 1위를 달린다. 특히 부산과 울산은 세계 최대 원전 밀집 지역이다. 부산 기장군에는 사용후핵연료가 남아

2017년 6월 19일 0시를 기해 영구 정지된 고리원전 1호기(맨 오른쪽). 원자로는 가동 정지되었지만 앞으로 약 5년간 사용후핵연료의 열을 식혀야 하며, 이후 수십 년이 걸리는 폐로 과정을 밟아야 한다. ⓒ 강민혜

있는 고리 1호기, 가동 중인 고리 2·3·4호기와 신고리 1·2호기 등 원전 6기가 자리하고 있다. 울산 울주군에는 가동 중인 신고리 3호기, 2019년 8월부터 상업 운전을 시작하는 신고리 4호기, 건설이 중단됐다가 공론화위원회 결정으로 2017년 공사가 재개된 신고리 5·6호기가 있다. 신고리 5·6호기까지 완공되면 약 380만 명이 사는 30킬로미터 반경 안에 원전 10기가 들어서는 것이다.

양이원영 환경운동연합 에너지국 처장은 "한 지역에 원전 10기가 밀집하게 되면, 하나의 원자로에서 사고가 터졌을 때 옆에 있는 원자로에서 연쇄적으로 사고가 발생할 가능성이 높다"고 말했다. 수백만 주민이 사는 도시 지역에서 후쿠시마급 사고가 발생할 경우 그 파장은 상상하기조차 어렵다. 그런데 한국의 원전은 지진처럼 불가항력적 재해의 가능성 외에 일

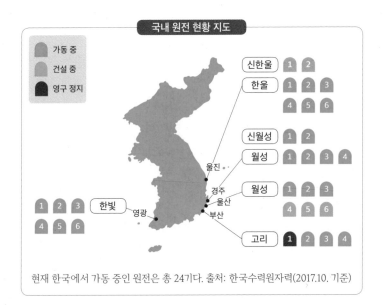

현재 한국에서 가동 중인 원전은 총 24기다. 출처: 한국수력원자력(2017.10. 기준)

가동 중인 원전을 6기 이상 보유한 원전 밀집 단지가 한국에는 4곳이나 존재한다.
출처: 국제원자력기구, 그린피스

상적인 운영에서도 '과연 안전하게 관리되고 있는지' 의구심이 크다는 데 문제가 있다.

국내 원전에서는 지금까지 크고 작은 사고가 끊이지 않았다. 예를 들어 지난 2017년 3월 28일에는 고리 4호기에서 냉각수가 지나치게 많이 새는 사고가 일어나 원자로 가동을 수동으로 정지시켰다. 냉각수는 핵분열 과정에서 발생하는 뜨거운 열을 식혀주는데, 정상적인 상태라면 시간당 1.5리터 정도의 물이 원자로 건물 내부 바닥의 수집조(저장탱크)에 고인다. 그런데 이날 고리 4호기의 경우는 정상치의 6배인 시간당 9리터의 냉각수가 수집조로 흘렀고, 총 과다누출량은 300리터를 넘었다고 한수원 측이 발표했다.

한수원의 이만희 홍보실 차장은 2017년 10월 13일 〈단비뉴스〉와의 전화 인터뷰에서 "증기발생기 하단부 밸브에 금이 가서 누설이 있었고, 원전운영기술지침에 따라 가동 정지시켰다"며 "(원전 설비 내에서 발생한 누설이라) 방사선 외부 누출은 없었다"고 설명했다. 밸브에 왜 금이 갔는지에 대해서는 "현재 원안위에서 조사 중인 사항이라 자세한 답변이 어렵다"고 말했다.

이에 대해 박종운 동국대 교수는 "방사성 물질이 포함된 냉각수가 원전 설비 외부로 누출되지 않았다면 300리터 정도의 과다 누설이 위험한 수준은 아니다"며 "문제는 한수원이 (냉각수 과다 누설이 발생할 정도로) 밸브 검사를 제대로 하지 않았다는 점"이라고 지적했다. 한수원의 원전 관리가 소홀함을 보여준 사건이라는 얘기다.

● 사용후핵연료 낙하 등
아찔한 사고 이어져

고리 4호기가 정지되기 하루 전날인 3월 27일에는 경주의 월성 4호기에서 핵연료 다발 낙하 사고가 일어났다. 핵연료를 장전하기 위해 작업자가 손으로 옮기다가 바닥에 떨어뜨렸다고 한다. 이만희 차장은 "월성 4호기는 중수로형 원전이기 때문에 운전 중에 연료를 계속 교체해줘야 하는데 작업자가 실수로 연료 한 다발을 놓친 것"이라며 "아직 사용하지 않은 신핵연료, 즉 방사선이 나오지 않는 천연 우라늄이기 때문에 위험한 상황은 아니었다"고 해명했다. 당시 사고에 대해 조사한 한국원자력안전기술원(KINS)의 보고서는 사고 원인을 '작업 절차 및 작업 환경 미흡 등의 복합적 작용'이라고 분석했다. KINS는 재발 방지를 위해 핵연료 다발 취급 작업자 교육 실시, 미끄럼 방지용 장갑 착용 등의 단기 조치와 수작업 범위 축소를 위한 설비 개선 등의 중장기 대책 수립을 권고했다.

경주의 월성원전 1호기에서는 지난 2009년 사용후핵연료 낙하 사고가 있었다. 핵연료를 교체하는 과정에서 장비를 잘못 작동하는 바람에 사용후핵연료 다발이 파손됐고, 2개의 핵연료가 연료방출실 바닥과 저장수조로 떨어진 사고였다. 사용후핵연료는 방사성 물질이 맹렬하게 방출되는 덩어리이기 때문에 훨씬 위험하다. 이 일은 사고 5년 만인 2014년 11월 3일, 당시 국회 산업통상자원위원회 소속 김제남(정의당) 의원을 통해 폭로됐다.

김제남 의원은 기자회견에서 "사고 당시 1만밀리시버트 (mSv)가 넘는 방사선이 누출됐기 때문에 떨어진 연료봉을 수습한 작업원의 피폭이 우려된다"고 지적했다. 이에 대해 윤청로 당시 한수원 월성원자력본부장은 "해당 사고는 방사성 물질의 외부 누출이 원천 차단된 격납 건물과 사용후핵연료 저장 건물 사이에서 발생해 방사성 물질이 원전 밖으로 누출되지 않았고 작업원의 피폭량은 컴퓨터단층촬영(CT) 수준인 6.9밀리시버트에 불과했다"고 해명했다. 사고 은폐 의혹에 대해서는 "당시에는 해당 사고가 (원자력안전위원회 고시상) 정보 공개 대상이 아니었다"고 밝혔다. 그러나 핵없는사회를위한공동행동 등 시민단체들은 이 사건의 심각성을 강조하며 진상규명과 책임자 처벌을 요구하는 시위를 벌였다.

● 원자로 격납 건물
   철판 부식도 여러 건 발견

원자로의 격납용기를 감싸고 있는 격납 건물에서 철판이 부식(삭아 손상됨)된 사례도 여러 건 발견됐다. 2016년 5월 전남 영광의 한빛원자력본부 계획예방정비 중 한빛 2호기의 격납 건물 원형 돔과 하부의 경계 부위인 높이 68미터 지점 격납 철판에서 부식 현상과 함께 1~2밀리미터 크기의 미세 구멍 2개가 발견됐다. 당시 한빛원전 측은 건설 당시 비에 노출된 철판에 습기가 스며들어 부식이 일어났다며 해당 부분을 잘라내고 새 철판을 용접했다고 밝혔다.

이어 2016년 10월에는 한빛 1호기에서 역시 격납 건물 상부의 원형 돔과 하부의 경계 부위에 철판의 부식 현상이 발견됐다. 비슷한 사례가 2016년 11월 경북 울진의 한울 1호기, 2017년 3월 부산 기장군의 고리 3호기에서도 발견됐다. 전문가들은 철판 부식이 방사성 물질 유출을 막는 격납 건물의 기능을 떨어뜨리기 때문에 심각한 결과로 이어질 수 있다고 지적한다.

2017년 10월 2일 더불어민주당 어기구 의원이 한수원에서 제출받은 '발전기 고장으로 인한 손실내역' 자료에 따르면 최근 5년간(2012.1~2017.8) 국내 원전에서 발생한 고장 건수는 총 45건, 고장으로 운전을 정지한 일수는 1,063일, 손실액은 수리비와 발전손실을 합해 총 7,543억 원이었다. 한수원은 45건 중 34건의 고장 원인을 자연적·인적 하자가 아닌 제작·설계·시공 결함 등 원천적 하자로 분류했다. 현재 운영 중인 원전 가운데는 가장 오래된 월성 1호기 고장이 6건으로 가장 많았다. 어기구 의원은 "현재 가동 원전의 45퍼센트인 11기가 20년 이상 된 노후 원전임을 고려하면 고장 정지에 의한 추가 손실과 안전사고가 우려된다"며 "노후 원전의 안전성을 확보할 특단의 대책을 마련해야 한다"고 지적했다.

● 부품 시험서 조작 등
　 비리로 줄줄이 사법 처리

　전문가들은 원자력발전소를 종종 '거대한 기계'로 표현한다. 수많은 부품이 결합되어 돌아가는 장치이고, 오래될수록 고장 날 가능성이 높아진다는 의미에서다. 지난 2013년 일어난 '원전 부품 시험성적서 조작 사건'은 이 거대한 기계들이 불량 부품으로 조립됐을 가능성을 드러내 국민들에게 충격을 안겼다. 그해 4월, '신고리 3·4호기에 사용된 케이블의 시험성적서가 위조됐다'는 내용의 제보가 원자력안전신문고에 접수됐다. 원자력안전위원회가 조사를 해보니 납품업체인 제이에스(JS)전선이 국내 검증업체인 새한티이피(TEP), 승인 기관인 한전기술과 짜고 불량 케이블이 정상인 것처럼 시험성적서를 조작해 한수원에 납품했다. 한수원 직원들은 위조 사실을 눈감아줬다.

　조사를 확대해보니 가동 중인 신고리 1·2호기와 신월성 1·2호기의 경우 시험환경과 시험성적서가 모두 위조된 것으로 밝혀졌다. 제어 케이블은 원전에서 사고가 났을 때 원자로의 냉각과 방사선 차단 등을 위해 안전 설비에 신호를 전달하는 핵심 장치다.

　수사와 재판 결과 신고리 1·2호기 등 원전 6기에 불량 케이블을 납품하고 시험성적서를 위조한 JS전선 엄모 고문에게 징역 10년이 최종 선고되는 등 납품업자, 검증업체 및 승인 기관 임직원, 한수원 임직원 등 수십 명이 사법 처리됐다. 또 대규모 금품 로비와 한수원 인사 청탁 등 원전업계의 고질적 비리가 드러나 이명박 정권의 실세였던 박영준 전 지식경제부 차관과 김종신 전 한수원 사장 등 관료, 정치인, 기업인 수십 명도 징역형 등 처벌을 받았다. 이 사건의 여파로 신고리 1·2호기와 신월성 1호기의 가동이 7개월 동안 중단됐고, 새로 지은 신월성 2호기와 신고리 3·4호기는 상업 가동이 연기되기도 했다.

당시 시험성적서 조작 등으로 납품된 불량 부품 중 일부는 아직도 교체되지 않은 채 원전에서 사용되고 있다는 지적도 나왔다. 2016년 10월 한수원 국정감사에서 산업통상자원위원회 소속 김규환 새누리당(현 자유한국당) 의원은 "한수원의 '해외 품질 시험 위조 의심 조사 현황'에 따르면 해외에서 품질 시험을 받은 1만 1,740개 원전 부품 중 가짜로 의심되는 부품이 총 369개이며, 원전에 실제 사용된 부품 135개 중 96개 부품이 별도 교체 작업 없이 계속 사용되고 있다"고 말했다.

● 당직근무 중 필로폰 투약, 노조 공금으로 도박도

원자로를 빈틈없이 관리해야 할 한수원 임직원의 기강에 문제가 있음을 보여주는 사건도 일어났다. 지난 2012년 9월 고리원전의 재난안전팀 직원(당시 35세)이 두 차례 필로폰을 투약한 사실이 밝혀져 체포됐다. 그는 사무실에서 당직근무를 하던 중 필로폰을 투약한 일도 있었던 것으로 조사됐다. 재난

안전팀은 청경대, 소방대, 관리직원 등으로 구성되며 건물 화재 등 비상 상황에 신속히 대응하는 임무를 맡고 있다. 2015년 4월에는 한수원 노동조합의 공금을 빼돌려 스포츠토토 등 도박에 쓴 혐의로 노조 전임 간부가 구속되기도 했다.

탈핵 전문가들은 한수원 내부에 '도덕 불감증'이 만연했다고 꼬집었다. 에너지정의행동 이헌석 대표는 "부품 시험성적서 조작은 은폐되었던 고질적 문제가 드러난 것이고, 단순한 비리가 아니라 핵발전소 안전으로 이어지는 문제였다"고 지적했다. 그는 또 "마약 사건의 경우 발전소 내부 인적 관리가 전혀 되지 못하고 있음을 의미한다"고 덧붙였다.

과거 야당 추천으로 원자력안전위원을 지낸 김익중 동국대 의대 교수는 "한수원의 몸에 밴 '비밀주의'가 가장 우려되는 지점"이라고 지적했다. 그는 "한수원 측에서 사고를 은폐했다가 들킨 것만 해도 10번이 넘는다"며 "만약 후쿠시마 같은 큰 사고가 난다면 주민들이 빨리 대피할 수 있도록 조치를 취해야 하는데, 한수원이 앞선 사건들처럼 은폐하고 있다가 대피가 늦어질 가능성이 있다"고 말했다.

◉ 원전 안전관리, 독립성과 투명성 높여야

원전 기술 전문가 단체인 원자력안전과미래 이정윤 대표가 제공한 자료에 따르면 선진국들은 안전 전문가, 시민단체 등의 적극적인 참여를 통해 가동 중인 원전의 운영 실태를 감시한다. 독일은 정부보다 많은 전문 인력을 확보하고 있는 다수의 독립 기관이 지방자치단체와 함께 원전의 안전검사와 심사·평가를 맡는다. 토마스 리커트 독일 원자로안전위원회 위원은 2016년 9월 13일 탈핵에너지전환국회의원모임 주최로 서울 여의도 국회에서 열린 '한국 원전 안전규제 이대로 좋은가' 세미나에서 "독일은 독립 전문 기관 덕분에 집권 정당이 달라져도 영향을 받지 않고 원자력 안전 평가를 할 수 있다"고 소개했다.

미국은 독립적인 전문가 조직인 원자력안전규제위원회 (NRC)가 원전 안전관리 감독과 규제를 전담한다. NRC는 독립성을 확보하기 위해 어느 정부 부처에도 소속되지 않으며, 의회에서 직접 예산 배정을 받는다. 원전 안전 정보 공개, 위원회회의 속기록 전문 공개 등을 통해 투명성을 높이고 있는 점도 특징이다. 국제 환경단체인 그린피스는 지난 2013년 〈원자력안전위원회: 국민의 안전을 위해 존재하는 기관인가?〉 보고서에서 "NRC는 원전 관련 산업계와 인력 교류가 없다"며 원자력 이익집단과의 관계가 깨끗하다고 인정했다. 이 밖에도 미국에는 일반 시민단체, 민간 조직 등 다양하고 자발적인 원전 안전관리 감시 조직이 존재한다.

프랑스에서는 원전 안전관리 감시에 지역사회의 참여가 두드러진다. 원전 지역의 지방의원, 환경단체, 노조원, 의료 전문가 등이 참여하는 지역정보위원회(CLI)가 독립 규제 기관인 원자력안전청(ASN)과 원전 사업자에게 원전 관련 정보를 받을 수 있도록 법으로 정해놓았다. 방사성폐기물관리계획에 관한 법률(TSN)은 원전 시설과 관련한 모든 사업 계획에 CLI가 참여하도록 규정하고 있다.

반면 한국의 원전 안전 감독 기관인 원안위는 대통령 직속 중앙행정기관으로서 형식적인 독립성을 갖추고 있으나, 실제로는 그렇지 못하다는 평가를 받고 있다. 원안위 예산 중 절반가량이 원전 사업자인 한수원이 부담하는 원자력기금에서 나온다. 또 지금까지 원안위 위원 9명 중 다수가 원전 산업계와 긴밀한 이해관계를 가진 인사들로 구성됐다는 지적이 많았다.

김익중 교수는 "원전 사고가 발생하면 가장 큰 피해를 보는 것은 국민이므로 원전 안전관리에 대한 정보를 국민들에게 알리는 것은 당연한 일"이라며 원전 안전 관련 정보와 위원회 회의록, 업무 진행 사항을 공개해야 한다고 주장했다. 박종운 교수도 "한수원이 좀 더 투명하게 원전 관리 정보를 공개해야 여러 전문가들이 데이터에 기반한 사고 대처 방안을 마련할 수 있을 것"이라고 강조했다.

핵폐기물, 저걸 다 어찌 처리할 것인가

핵쓰레기가 두려운 주민들

김민주, 박수지

"처리할 방법도 없는 핵폐기물을 계속 만들면 어쩌자는 건지 모르겠어요. 사용후핵연료를 (원전 외부) 임시 저장 시설에 쌓아두고 있는 건 우리가 보기엔 완전히 바깥에 그냥 방치해놓은 상태로 보여요. 원전보다 더 위험한 게 핵폐기물인데 도대체 저걸 다 어쩔 거냔 말이에요."

경주 월성원전 인접 지역 주민의 이주를 요구하는 나아리 이주대책위원회 황분희 부위원장은 2017년 5월 4일 경주시 양남면 나아리 월성원전홍보관 앞 농성천막에서 얼굴이 붉어질 정도로 목소리를 높이며 이렇게 말했다. 그는 "이런 위험한 것들을 손자들에게까지 물려주고 싶지 않다"며 주민들이 멀리 이사할 수 있도록 한수원이 집과 땅을 매입하는 등 대책을 세워달라고 요구했다.

신고리원전 5·6호기 공론화위원회가 2017년 10월 20일 정부에 '건설 재개'를 권고하면서 한국의 탈원전 완료 시기는 문재인 대통령의 당초 공약인 '60년 후'에서 '65년 후'로 미뤄졌다. 울산시 울주군에 지어질 신고리 5·6호기의 완공 시기가 2021~2022년이며, 설계수명이 60년이라 2082년까지 가동될 전망이기 때문이다. 이 일정대로라면 앞으로 65년간 원전에서 새로운 핵폐기물이 계속 나오게 된다.

이 중 사용후핵연료는 가까이서 피폭되면 순식간에 목숨을 잃을 만큼 강렬한 방사선을 내뿜기 때문에 최소 10만 년을 안전하게 관리해야 한다. 하지만 이 '고준위 핵폐기물'(사용후핵연료)의 안전한 영구 처분 방법은 아직 어느 나라도 찾지 못했고, 한국은 최종 처분 방식에 대한 결정을 미룬 채 각 원전 인근의 임시 저장 시설에 계속 쌓아가고 있다.

한수원 등 원전 관련 기관들은 사용후핵연료 임시 저장 시설이 안전하다고 주장한다. 한국원자력환경공단은 2016년 발행한 〈사용후핵연료 이야기 70〉에서 "사용후핵연료 습식 저장 시설인 저장수조는 두꺼운 콘크리트 구조물에 내벽이 스테인리스강인 이중 구조로 설계하여 운영되고 있다"며 안전성을 강조했다. 월성원전의 경우 사용후핵연료를 건식 저장 시설에 보관하고 있는데 "규모 6.5의 지진에 견딜 수 있도록 설계되어 있으며, 주기적인 방사선량 측정과 구조물 건전성 검사를 하고 있다"고 설명했다. 한국원자력환경공단 곽상수 중저준위정책팀장은 "건식 저장 시설의 경우 콘크리트 내부의 여러 겹 금속 저장용기 안에 사용후핵연료를 안전하게 보관하고 있다"고 말했다.

그러나 탈핵을 주장하는 전문가들의 의견은 다르다. 사용후핵연료는 가동되고 있는 원전만큼 사고 가능성이 높고, 사고의 파장은 더 클 수도 있다는 것이다. 원자력공학자인 이정윤 원자력안전과미래 대표는 2017년 9월 27일 〈단비뉴스〉와의 전화 인터뷰에서 "현재의 임시 저장소는 무방비 상태"라고 말했다. 현재 원자로 바깥을 둘러싼 격납 건물은 120센티미터로 두껍게 설계되어 있지만, 사용후핵연료 임시 저장소의 콘크리트 두께는 40센티미터밖에 안 된다는 것이다. 그는 "안에서 과압이 발생한다거나 미사일 공격 등의 테러가 발생하는 경우 취약할 수밖에 없는 구조"라며 "(사용후핵연료를) 바깥으로 빼내서 안전하게 보관해야 한다"고 주장했다.

한병섭 원자력안전연구소장도 2017년 9월 25일 〈단비뉴스〉와의 전화 인터뷰에서 "(한국의) 사용후핵연료 저장소는 그야말로 '임시' 시설이기 때문에 테러나 미사일 공격 등에 준비되어 있지 않다"며 "1등급 보안 시설이고 군사 공격 대상이기 때문에 테러에 대한 준비를 충분히 했어야 하지만 그렇지 않다"고 우려했다. 그는 "미국은 월성원전처럼 모든 다발을 한 곳에 몰아 저장하는 것이 아니라 50~100개씩을 넣은 조그만 왕릉 같은 것을 여러 곳에 분산시키는 방식을 권고하고 있다"고 소개했다. 한 소장은 또 "콘크리트 벽을 2~3미터 정도로 두껍

월성원전 건식 저장 시설 '콘크리트 사일로'의 모습. 월성원전은 건식 저장 시설인 콘크리트 사일로와 맥스터를 건설하여 운영하고 있다. © 한국원자력환경공단

게 만들거나 갱도 같은 지하터널 혹은 산 중간 터널에 저장 공간을 만들어 미사일과 테러에 대비하는 방식이 세계적으로 사용되고 있다"고 소개했다.

　　미국 자연자원방어위원회(NRDC)의 강정민 원자력분과 선임연구위원은 2017년 〈경향신문〉 기고를 통해 "원전은 국가안보에 있어서 급소"라고 지적했다. 그는 "과거 북한이 김정은의 미사일 발사 관련 배경 사진에서 보여주었듯이 남한 내의 원전들은 북한 미사일의 타깃"이라며 "국내 원전은 북한의 미사일 공격을 막을 수 없다"고 주장했다. 이어서 "북한 미사일 공격 등에 의해 격납 건물 내 원자로 용기 또는 원자로 냉각 장치가 손상받거나, 격납 건물 옆 일반 콘크리트 건물 속의 사용후핵연료 저장조 또는 저장조 냉각 장치가 손상되면 핵연료에 포함된 고독성의 방사성 물질이 누출되어 주변 환경으로 퍼져나간다"며 "체르노빌, 후쿠시마보다 훨씬 대규모의 중대 사고가 발생하게 된다"고 덧붙였다.

한수원 최득기 사용후핵연료사업팀장에 따르면 2017년 6월 기준 전국의 경수로 원전 내에 저장돼 있는 사용후핵연료는 1만 7,575다발(7,200톤)이다. 월성원전 1~4호기의 경우 연료봉 교체가 자주 필요한 중수로이기 때문에 사용후핵연료가 저장수조와 건식 저장 시설에 43만 576다발(8,000톤) 쌓여 있다. 원전 인근 주민들은 2016년 9월 경주에서 발생한 규모 5.8의 지진보다 더 큰 지진이 닥칠 경우 과연 사용후핵연료 임시 저장 건물과 냉각시스템 등이 한수원 말대로 '문제없이' 버틸 수 있을 것인가를 걱정하고 있다. 지역 주민들이 한수원을 불신하는 것은 중·저준위 방폐장 건설 과정에서 이미 '단단히 속은' 경험이 있기 때문이다.

◉ '물렁한 암반, 지하수 흐르는 땅'에 방폐장

"나는 경주 중·저준위 방폐장 설치 찬성 운동을 했던 사람입니다. 그래서 사실 주민들 앞에서는 양심상 방폐장 이야기를 못합니다. 대신 내가 이렇게 말합니다. 그때는 방폐장이 이렇게 위험하다는 것도, 경주 암반이 튼튼하지 않다는 것도 말해

독일 네카르베슈타임(Neckarwestheim) 원전의 터널형 건식 저장 시설. 2006년에 건설된 이 시설은 발전소 뒤편 산지의 경사면에 갱구를 조성하고, 2개의 원형 터널을 나란히 뚫어 심부암반 내에 건설됐다. 터널의 벽은 콘크리트로 되어 있으며, 저장 시설이 암반 내에 건설돼 외부 공격으로부터 안전을 보장할 수 있고 방사선 차폐 효과도 우수하다. © EnBW

준 사람이 없었기 때문이라고."

　　월성원전 인접 지역 이주대책위에서 초대 위원장을 맡았던 김정섭 씨는 지난 2005년 중·저준위 방폐장 후보지 선정 투표 당시 찬성 운동을 했다고 털어놓았다. 2017년 4월 20일 농성천막에서 만난 김 씨는 "억울하다"고 토로했다. 그는 "당시 정부는 경주 암반이 튼튼하지 않다는 말도 안 했고 그냥 우리 지역 발전시켜준다고 해서 나는 찬성했다"며 "그런데 알고 보니 경주는 암반도 안 좋았다"고 말했다.

　　원전에서 나오는 사용후핵연료 외에 작업자의 장갑, 방호복이나 기계 부품처럼 방사성 물질의 농도가 낮은 중·저준위 폐기물을 영구 저장하기 위해 참여정부는 2005년 3월 지방자치단체들로부터 방폐장 유치 신청을 받았다. 특별지원금 3,000억 원과 연평균 85억 원의 폐기물 반입 수수료, 한국수력원자력 본사 이전 등 혜택을 내걸었다. 유치 의사를 보인 경주, 군산, 포항, 영덕 네 지역에서 그해 11월 주민투표가 실시됐고 89.5퍼센트로 가장 높은 찬성률이 나왔던 경주시가 방폐장을 유치하게 됐다. 그러나 경주 주민들 사이에서 곧 '속았다'는 탄식이 나오기 시작했다.

"중·저준위 폐기물을 튼튼한 암반에 묻는다면서 1차로 땅을 팠는데 암반이 약하고 지하수가 터지고 난리가 났어요. 결국 공사가 계속 늦춰졌죠."

황분희 부위원장의 말이다. 알고 보니 경주는 암반이 얼마나 튼튼한가를 보여주는 암질 지수가 21~31퍼센트로, 방폐장을 지을 수 없는 '불량' 또는 '매우 불량'에 해당하는 지역이었다. 그런데 2005년 당시 산업자원부 산하 부지선정위원회(위원장 한갑수 전 농림부 장관)가 원본 대신 배포한 부지 조사 결과 요약본에는 암질지수가 '대체로 60~80퍼센트의 범위'라고 나와 있었다. 이는 '보통' 또는 '양호' 구간이다. 이 같은 사실은 지난 2009년 조승수 당시 진보신당 국회의원이 밝혀냈다. 누가, 왜 이런 왜곡을 했는지에 대해 당시 정부 당국은 별다른 설명을 하지 않았다.

⊙ 공사비 2배로 늘고
콘크리트 균열 가능성도

10만 드럼 규모의 폐기물을 저장하게 돼 있는 경주 방폐장은 원래 2009년 6월 완공 예정이었다. 그러나 무른 암반을 보강하고, 넘쳐흐르는 지하수를 퍼내며 공사하느라 5년 뒤인 2014년 6월에야 준공됐다. 완공된 후에도 지하수를 뽑아내는 배수 장치에 문제가 생겨 교체하는 등의 우여곡절을 거쳐 2015년 7월 폐기물 최초 처분을 시작했다. 한국원자력환경공단 홍보실 관계자는 "당초 2,842억 원이던 공사비가 보강 공사를 거쳐 5,944억 원으로 늘어났다"고 밝혔다. 이 방폐장에는 여전히 지하수가 나온다. 원자력환경공단 곽상수 팀장은 "현재도 (하루) 1,500톤가량 지하수가 나오지만 사일로(폐기물 저장고) 외부에서 발생하는 거라 문제없다"고 말했다.

그러나 탈핵 전문가들은 배수가 완벽하게 되지 않을 경우 지하수가 사일로 등 방폐장 시설에 균열을 내서 방사성 폐기물이 물에 잠기고, 결국 지하수와 토양 등에 방사성 물질이 퍼질 수 있다는 우려를 제기하고 있다. 에너지정의행동 이헌석 대표는 "콘크리트 구조물이라는 게 사람이 만든 인공적인 건축물인데, 이게 물속에 계속 있으면 당연히 균열이 생길 수밖에 없다"며 "수백 년 가야 하는 건물이기 때문에 지금은 안전하다고 할지라도 시간이 지나면 당연히 균열이 생길 것"이라고 말했다.

인근에 6기의 원자로(월성 1~4호기, 신월성 1~2호기)와 중·저준위 방폐장을 두고 있는 경주 시민들은 원전과 방폐장

한국원자력환경공단이 전시하고 있는 중·저준위 폐기물 모형. 원전 내 방사선 관리구역에서 작업자들이 썼던 작업복, 장갑, 기기 교체 부품 등이 드럼통에 담겨 있다. © 박수지

의 안전을 걱정하는 데 더해 '이러다 사용후핵폐기물 영구 처분장까지 들어오는 것 아니냐' 하는 두려움을 갖고 있다. 이주대책위 총무 최관두 씨는 "1년 반마다 연료봉을 교체하는 경수로와 달리 월성원전은 연료봉이 하루에도 여러 개 들어오고 나가는 중수로라 원전들 중에서도 폐기물이 가장 많다"며 "자기들 말은 임시라고 하지만 이러다 영구 시설이 될 것 같아 두렵다"고 말했다.

한수원 최득기 팀장에 따르면 월성원전은 하루에 16개의 핵연료 다발을 교체해야 하며, 사용후핵연료 저장수조와 건식 저장 시설은 2019년이면 포화 상태가 될 예정이다. 그래서 한수원은 현재 건식 저장 시설을 추가하는 공사를 추진 중인데,

주민들 사이에서는 결국 임시 저장 시설이 영구 처분장으로 전환되는 것 아니냐는 의구심이 확산되고 있다. 황분희 부위원장은 "우리는 발전소 하나하나 지을 때마다 지역 경제가 살아날 거라고 매번 생각했지만 중·저준위 핵폐기장이 지어진 후 오히려 동네가 더 후퇴했고, 이제 고준위 핵폐기장을 지으려 하는 것을 보며 주민들은 더 겁이 나고 있는 상황"이라고 말했다.

● 월요일마다 상여 메고
　동네를 도는 주민들

　　이주대책위 신용화 사무국장은 "원래 이곳은 새누리당(현 자유한국당) 지역이라 정부를 믿는 성향이 강했고, 주민들은 핵발전에 의문이 생겨도 한수원에 묻고 '괜찮대~' 하고 살았다"며 "후쿠시마 사고 후 생각이 바뀌었다"고 털어놓았다. 신 씨는 지난 2004년 경주에 터를 잡은 후 원전의 위험성에 대해 전혀 모른 채 점점 원전과 가까운 동네로 이사를 했다. 2007년에 양남면으로 들어갔고, 2010년에는 원전과 고작 1킬로미터 거리에 있는 양남면 나아리에 집을 장만했다.

　　"2011년 후쿠시마 원전 사고가 터지고 2012년 국내 원전의 '짝퉁 부품' 비리가 터지면서 '죽을 수도 있겠구나'라는 위협을 느꼈어요. 그래서 주민들과 함께 이주대책위원회를 만들었어요."

　　이주대책위는 원전의 위험성이 알려지면서 집과 땅의 가

월성원자력홍보관과 한수원 월성본부 두 건물에서 열 발자국만 걸어 나오면 2017년 당시 3년 넘게 농성을 하고 있는 월성원전 인접 지역 이주대책위 천막이 있다. © 박수지

치가 '영'이 됐다며 한수원이 이를 매입해줄 것을 요구했다. 최관두 총무는 "마을 상가들이 거의 운영이 안 되고 셋방 주던 가정집들도 거의 다 방이 비어 있다"고 말했다. 신용화 사무국장은 "집이나 땅을 사려는 사람이 없으니까 팔지도 못하고, 다른 데로 가려면 버리고 가야 하는데 그럴 수 없어서 한수원에게 우리의 집과 땅을 사라고 하고 있는 것"이라고 설명했다.

양남면 바른공인중개사 김봉권 소장은 "급매물이고 매물이고 거의 거래가 없다"고 말했다. 김진인 이주대책위원장은 "우리 지역 사람들은 소변 검사를 하면 삼중수소가 나오고 방사능 때문에 갑상선암이 다른 지역보다 많다"며 "지금이라도 우리가 다른 지역으로 이주할 수 있게 해줘야 한다"고 말했다.

3년째 이주 대책을 요구하고
있는 월성원전 인접 주민
이주대책위는 매주 월요일
'월성 상여'를 끌고 양남면
일대를 도는 집회를 연다.
ⓒ 월성이주대책위원회

농성천막까지 치고 (2017년 당시) 3년째 이 같은 요구를 하고 있지만 한수원이 들어주지 않자 주민들은 매주 월요일 '월성 상여'를 끌고 동네를 한 바퀴 도는 시위를 한다. 신고리 5·6호기 공론화로 탈핵 토론이 활발했던 기간 중에는 매주 목요일 '탈핵', '고준위 핵폐기물 처리장 건설 반대' 등의 손 팻말을 들고 경주 시내에서 도보행진도 했다.

● 관광객 발길도 끊기고
지쳐가는 주민들

　정부는 경주에 방폐장을 세울 때 '문무대왕릉과 무열왕릉 등 호국 통일의 성지와 묶어 명품 관광지로 조성해 관광객이 많이 찾도록 하겠다'고 공언했다. 하지만 주민들은 방폐장 때문에 오히려 관광업도 망가졌다고 말한다.

　황분희 부위원장은 "월성은 문무대왕릉과 굉장히 가까운 곳이라 만약 월성에 핵발전소가 안 들어왔다면 관광지로 더 발전했을 것"이라며 "이제는 원전 근처 펜션이나 바다에 사람이 아무도 안 오고 청정 지역이 완전 망가졌다"고 탄식했다. 신용화 사무국장도 "최근 해수욕장에 사람이 눈에 띄게 줄었다"고 말했다.

　이주대책위의 투쟁이 길어지면서 주민들의 응집력도 떨어지고 있다. 김진인 위원장은 "한수원에서 이주대책위 모임을 와해시키려 개인적 접촉을 하고 있다"고 말했다. 산업통상자원부 용역으로 지난 2015년 11월 실시한 '원전 인근 주민 집단이주제도 타당성 조사'에 따르면 나아리 주민의 71퍼센트가 '이주 요구가 타당하다'고 답했지만, 나서는 사람은 많이 줄었다. 나아리 주민 830여 명 중 2017년 10월 현재 이주대책위 회원은 30명이며 실제 활동하는 사람은 15명 정도다.

'핵쓰레기통' 10만 년 보관할 땅 있을까

버릴 곳 없는 핵폐기물

김민주, 박수지

"이곳은 우리가 당신을 보호하기 위해 무언가를 묻은 곳입니다. 큰 고통을 치르면서 말이에요. 이곳은 당신이 살 수 있는 곳이 아닙니다. 건들지 말아야 하는 곳이죠. 절대 가까이 오면 안 돼요."

느리고 낮은 목소리의 내레이션과 함께 카메라가 어두컴컴한 지하터널 안으로 천천히 들어간다. 잠시 후 어둠 속에서 '탁' 하고 성냥불을 켠 남자가 카메라를 응시하며 비밀을 털어 놓듯 말한다.

"여기는 당신들이 와서는 안 되는 곳, '온칼로(Onkalo)'입니다. 은신처(hiding place)라는 뜻이죠."

지난 2010년 마이클 매드슨 감독이 덴마크·핀란드·스웨덴·노르웨이 합작으로 만든 다큐멘터리 〈영원한 봉인〉의 첫 장면이다. 이 다큐는 핀란드 남서부 발트해역의 올킬루오토섬에 건설되고 있는 핵폐기물 처분장 온칼로를 다뤘다. 핀란드는 세계에서 유일하게 핵폐기물 영구 처분장 부지를 확보해 공사를 진행하고 있는 나라다. 지난 2004년 첫 삽을 떴고, 오는 2020년까지 지하 100층 규모의 시설을 지은 뒤 100년간 9,000톤가량의 사용후핵연료를 저장하게 된다. 그리고 2120년에는 이 공간을 콘크리트 등으로 완전히 메운 뒤 폐쇄할 예정이다.

사용후핵연료 처분을 위해 핀란드 올킬루오토섬에 건설되고 있는 온칼로의 내부. © Posiva

다큐에 등장하는 각 분야 전문가들은 사용후핵연료의 방사선량이 자연 상태로 줄어드는 데 필요한 '최소 10만 년'간 어떻게 해야 미래 인류가 온칼로에 '침입'하지 않을 것인가를 고민한다. 영화의 도입부에서 말한 '당신들'은 바로 미래의 인류다. 까마득한 훗날 인간이 지금과 같은 언어를 그대로 쓴다는 보장이 없고, 어딘가에 기록을 남겨도 그대로 남아 있을 것이라 장담할 수도 없다. 자칫 잘못했다간 인류의 후손들이 사용후핵연료통을 '숨겨놓은 보물'로 오해하고 열어, 치명적인 방사성 물질이 대기 중에 퍼지는 사태가 일어날 수도 있다고 이들은 걱정한다.

다양한 아이디어가 도마에 올랐다. 핵폐기물 전문 회사인 포시바(Posiva)의 엔지니어링 담당 부사장 티모 아이카스는 "비석에 국제연합(UN)의 여러 공용어로 메시지를 적어 세워놓는 건 어떠냐"는 감독의 질문에 "일정 기간은 유효할 것"이라고 말했다. 뒤집어 말하면 장기적으로는 유효하지 않을 것이란 뜻이다. 전문가들은 "여기에 당신들에게 유용한 물건은 없다. 위험한 장소이니 물러나라" 하는 의미를 그림으로 표시하자는 아이디어도 제시했다. 또 에드바르트 뭉크의 그림 〈절규〉처럼 공포나 절망의 감정을 불러일으키는 회화를 활용하자는 의견도 나왔다.

미국 〈월스트리트저널〉 등의 보도에 따르면 이런 문제 외에도 핀란드의 환경단체들은 '오랜 세월이 지난 후 지하수의 영향으로 폐기물의 방사성 물질이 바다로 새어나가진 않을지', '빙하기가 닥쳐서 암반이 갈라지진 않을지' 등을 걱정하고 있다. 올킬루오토섬의 암반이 매우 단단한 화강암이고 지하수도 적어 현재로선 핵폐기물 처리장으로 적합하지만, 과연 10만 년 동안 이런 조건에 변화가 없을지 알 수 없다는 얘기다. 사용후 핵연료 처분장 건설을 시작도 하지 못한 다른 나라 입장에서 보면 핀란드의 이런 논의는 사치스러울 수도 있다. 그러나 다큐 〈영원한 봉인〉은 '최소 10만 년의 관리'가 필요한 맹독성 위험물질을 현재의 인류가 만들어낸다는 게 얼마나 무책임한 일이 될 수 있는지 되돌아보게 만든다.

● 발전소마다 임시 저장소는 포화 상태

한국은 최초의 원전인 고리 1호기가 1978년 상업 가동을 시작한 후, 1983년부터 핵폐기물 영구 처분 시설 부지 확보를 9차례 시도했지만 모두 실패했다. 1990년에는 정부가 충남 태안군 안면도에 방사성 폐기물 처리장(방폐장)을 몰래 건설하려다 주민들의 저항에 부딪혀 백지화했다. 1994년엔 정부가 일방적으로 인천 굴업도를 방폐장 부지로 선정했으나 지질 조사 과정에서 지진이 날 수 있는 활성단층이 발견돼 중단했다. 2004년 전북 부안에서도 방폐장 추진 시도가 주민들의 반대로 무산됐다. 이후 정부는 고준위 폐기물(사용후핵연료)과 중저준위 폐기물(작업복, 기계부품 등)을 분리해서 저장한다는 방침을 세우고 주민 반발이 덜한 중저준위 폐기장을 경주에 건설, 2015년

포화 예상 연도 및 포화율

월성
84.6%

한빛
66.1%

한울
72.5%

고리
72.9%

신월성
24.1%

2019년　　2024년　　2037년　　2024년　　2038년

원자력발전소별 사용후핵연료 임시 저장수조 포화 예상 연도와 저장률. 출처: 산업통상자원부(2016년 말 기준)

부터 운영하고 있다.

　　인체에 치명적인 방사선을 내뿜는 사용후핵연료는 현재 각 원전 내부의 임시 저장소에 보관 중이다. 가동 중이거나 가동 정지 상태(고리 1호기)인 25기 모두 원전 내에 수영장처럼 생긴 습식 저장 시설을 만들어 사용후핵연료의 열을 식히고 있다. 매일 일정한 핵연료 다발을 교체해주어야 하는 중수로인 월성 1~4호기의 경우 습식 저장 후 건식 저장소에 옮겨 보관한다.

　　산업통상자원부에 따르면 발전소마다 한 개씩 있는 임시 저장소는 거의 포화 상태에 이르렀다. 2019년 월성원전을 시작으로 2024년 한빛과 고리, 2037년 한울, 2038년 신월성원전의 임시 저장 시설이 포화 상태에 이른다. 사실 월성원전의 경우

2017년이 포화 시점이었으나 한수원이 수조에 사용후핵연료를 더 조밀하게 저장함으로써 포화 시점을 미뤘다.

조밀 저장이란 사용후핵연료의 간격을 좁혀 원래보다 많은 양을 넣을 수 있도록 하는 것이다. 녹색연합 윤기돈 전 사무처장(현 한국에너지정보문화재단 대표)은 "저장을 하는 단계에서는 조밀하게 저장해도 안전하다고 볼 수 있으나, 사고가 나서 냉각 장치가 작동하지 않으면 더 많은 양의 사용후핵연료가 같은 수조 안에 있는 만큼 더 많은 열이 발생하고, 더 빠른 속도로 녹아내리며 방사능 누출량도 많아질 것"이라고 우려했다.

한수원은 조밀 저장으로도 2019년이면 포화 상태가 되는 월성원전의 임시 저장 능력을 확충하기 위해 맥스터(조밀 건식 저장 시설) 7기 건설을 추진하고 있다. 한수원 최득기 사용후핵연료사업팀장은 "원래는 21기를 지으려 했는데, 새 정부 들어와서 설계수명이 지난 원전을 계속 운전하지 않는다는 방침이 있어서 7기만 신청했다"고 말했다. 그는 "그런데 7기를 지어도 2027년이면 다시 포화되기 때문에 월성 4호기 설계수명인 2029년까지 나오는 연료를 저장하기 위해 2020년쯤 추가로 지을지, (4호기의) 가동을 중단할지 다시 논의할 예정"이라고 덧붙였다.

이상홍 경주환경운동연합 사무국장은 "고준위 핵폐기물은 저장고가 다 차면 설계수명과 상관없이 원전을 멈춰야 한다"고 주장했다. 활성단층 조사도 제대로 되어 있지 않고, 2016년 경주에 지진까지 난 상황에서 임시 저장 시설을 추가 건설해 원전을 운영하는 것은 위험하다는 뜻이다.

● 중간 저장과 최종 처분 시설은
아직 논의도 못해

　정부는 임시 저장소에 있는 사용후핵연료를 중간 저장 시설을 거쳐 최종 처분 시설로 옮긴다는 기본 계획만 정해놓고 있다. 2016년 7월 박근혜 정부가 심의하고, 확정한 '고준위 방사성 폐기물 관리 기본 계획'에 따르면 중간 저장 시설과 영구 처분 시설을 동일 부지에 확보하는 방안이 추진된다. 중간 저장은 영구 처분 시설이 건설될 때까지 지상에서 50~60년간 사용후핵연료를 안전하게 보관하는 것이고, 영구 처분은 10만 년 이상 갈 수 있는 지하 저장 공간을 만들어 사용후핵연료를 인간의 생활권에서 완전히 격리하는 것이다.

　산업통상자원부는 2016년 '기본 계획'을 발표하면서 사용후핵연료 최종 처분 시설을 건설하는 데는 부지 선정 단계부터 총 36년이 걸려, 2017년 부지 확보를 시작한다 해도 2053년에야 완료할 수 있다고 설명했다. 이렇게 핵폐기장을 짓고 장기간 관리하기 위해서는 천문학적인 예산이 드는데, 한수원은 이를 감추고 원자력발전 단가에도 반영하지 않는다는 지적이 나오고 있다.

　지난 2017년 10월 24일 국회 산업통상자원중소벤처기업위원회의 한수원·한국원자력환경공단에 대한 국정감사에서 홍의락(더불어민주당) 의원은 "고준위 폐기물 처리장의 건설과 운영에 64조 1,301억 원이 소요될 전망이지만 한수원이 사용후핵연료 관리비로 적립한 금액은 4조 7,384억 원에 불과하다"

고 지적했다. 홍 의원은 "중간 저장 비용으로 2035년까지 26조 3,565억 원, 2053년까지 영구 처분 비용으로 37조 7,736억 원이 드는데, 한수원이 계상한 사용후핵연료 관리비에는 사고 위험에 대비한 보험비만 반영돼 있다"고 주장했다.

문재인 대통령은 2017년 7월 국정 운영 5개년 계획을 발표하면서 "공론화를 통해 사용후핵연료 정책을 재검토할 것"이라고 밝혔다. 정부가 공론화를 다시 추진하는 이유는 지난 2013년부터 2015년까지 이뤄진 사용후핵연료 공론화위원회 (위원장 홍두승)의 활동이 민주적이지 못했다는 지적이 있기 때문이다. 당시 시민사회단체 추천위원들은 위원회 구성이 편향적이라고 이의를 제기하며 불참을 선언했다. 이와 함께 탈원전 정책으로 고준위 폐기물 발생량이 줄어들 것으로 예상되기 때문에 기본 계획을 보완할 필요가 있다는 게 정부 입장이다. 백운규 전 산업부 장관도 2017년 9월 12일 경주 월성원전을 방문한 자리에서 지역 주민들에게 "사용후핵연료 재공론화 정책을 통해 주민 의견을 충분히 수렴하고 문제를 해결하겠다"고 말했다.

◉ 한국에서 적합한 부지 찾을 수 있을까

전문가들은 사용후핵연료 처리의 공론화가 필요하다고 보면서도 과연 해결책을 찾을 수 있을지에 대해 비관적인 입장을 보였다. 원자력안전위원을 지낸 김익중 동국대 의대 교수는 "심층 처분에 적합한 부지를 찾기 위해서는 전 국토를 조사해야 하는데, 아직 심지층이 어떻게 생겼는지 조사를 시작도 하지 않았다"며 "(적합한 땅이) 한반도에 존재할지도 알 수 없는 일"이라고 말했다. 그는 "설사 적절한 부지가 있다 하더라도 지역 주민들이 동의할 리가 없다"고 덧붙였다.

김익중 교수는 핵폐기물 처분에 대해 "풀 수 없는 문제라 생각한다"며 "원자력을 추진하는 사람들이 답을 내놓아야 하는데, 이들 역시 답을 내놓지 못하고 있다"고 말했다. 그는 "원자력은 시작하지 말았어야 옳았다고 생각한다"며 "핵폐기물은 이 땅의 후손들에게 영원히 경제적 부담을 줄 것이고, 위험 또한 떠안겨줄 것"이라고 덧붙였다.

양이원영 환경운동연합 에너지국 처장은 "독일은 암염이라는 소금덩어리 땅인데 그 단단한 땅에도 핵폐기물을 묻을 결정을 쉽게 못하고 건식 저장하면서 더 좋은 기술이 나올 때까지 지켜보고 있다"며 "최종적으로 안전하게 보관할 수 있는 기술이 나올 때까지 (영구 처분장 건설은) 기다려야 한다"고 말했다.

탈핵에너지교수모임을 이끌었던 이원영(수원대·국토미래연구소장) 교수는 "산업자원부가 핵발전소 추진과 사용후핵연료 문제를 동시에 다뤘다면 함부로 원전 건설을 추진하지 못했을 것"이라며 "이를 따로 다루는 것 자체가 직무 유기"라고 말했다. 그는 "공론화에 들어가기 이전에 산업자원부가 주민들과 일반 국민에게 여러 대안을 내놓을 의무가 있다"고 주장했다.

"핵 재처리는 원전 수백 년 더 짓자는 것"

핵폐기물 재처리 논란

김민주, 박수지

"과학이 파이팅만으로 될까요?"

지난 2017년 11월 7일 서울 여의도 국회 과학기술정보방송통신위원회 공청회장. '파이로프로세싱(건식 재처리)' 사업의 타당성에 대한 전문가 의견을 듣는 자리에서 신경민 더불어민주당 의원이 황일순 서울대 원자핵공학과 교수에게 따지듯 물었다. 앞서 황 교수는 국내 원전에서 나오는 핵폐기물을 재처리해서 부피와 독성을 줄이기 위해, 파이로프로세싱과 고속로 기술 개발에 계속 예산을 지원해야 한다고 주장했다. 그는 "신재생에너지나 반도체 개발 비용의 10분의 1 혹은 100분의 1만 투입해도 굉장한 발전을 이룰 수 있다"고 자신했다. 반면 신경민 의원은 "한두 푼이 아니고, 다음 단계는 예산을 예측할 수 없을 정도로 너무나 큰돈이 들고 너무 오랜 시간이 걸리는데…… 이것을 계속해야 한다는 투지와 할 수 있다는 자신감

외에는 (구체적 근거를) 읽지 못하겠다"고 꼬집었다.

● 세계적으로 60년간
  110조 원이나 썼는데도

황일순 교수에 앞서 진술자로 나선 강정민 미국 자연자원
방어위원회(NRDC) 선임연구원은 "지난 60여 년간 세계적으로
110조 원 이상을 투자했는데도 고속로를 상용화한 나라가 없
다"며 "일본과 프랑스조차도 상용화 가능 시기를 2050년 이후
로 보고 있다"고 지적했다. 일본 도쿄대학에서 핵물리학 박사
학위를 받을 때 연구 주제 중 하나가 파이로 고속로였다고 밝
힌 그는 "연구를 하면 할수록 경제성, 환경적 측면, 핵확산성,
시큐리티(안전) 등에 문제가 많아 최소한의 연구 외에 (파이로
프로세싱의) 실용화나 상용화에 대해서는 반대 입장을 계속 취
해왔다"고 밝혔다.
그는 "한국원자력연구원은 (파이로프로세싱으로) 사용후핵
연료의 양을 20분의 1로, 처분장 면적은 100분의 1로, 방사성
독성은 1,000분의 1로 줄일 수 있다고 말하지만 자세한 내막을
보면 이런 주장은 많은 부분 거짓이거나 가정"이라고 비판했
다. 그는 만일 방사성 독성을 1,000분의 1로 줄이겠다면 고속
로(원전)로 초우라늄을 조금씩 반복해서 태워야 하는데, 고속
로 수명은 40~50년밖에 안 되기 때문에 수백 년간 이를 계속
지어야 한다고 지적했다.

강정민 연구원은 이와 함께 "경수로 원전 1기에서 나오는 사용후핵연료를 파이로프로세싱으로 처리하려면 부지 확보 비용을 빼고도 30조 원 이상이 든다"며 "건설 중인 원전을 포함해 30기 가까운 국내 원전의 핵폐기물을 모두 처리하려면 천문학적 비용이 든다"고 지적했다. 그는 "결론적으로 원자력연구원이 하고 있는 파이로프로세싱-고속로 연구는 전면 재검토되어야 하며, 사용후핵연료 처리는 금속 통에 건식 저장해서 과학적으로 설계된 지하 깊은 곳에 묻는 (직접 처분) 방법을 택해야 한다"고 강조했다.

그러나 이런 공방에도 불구하고 과방위는 2017년 11월 10일 전체회의에서 파이로프로세싱 연구에 133억 6,500만 원, 소듐냉각고속로 개발 사업에 323억 3,400만 원 등 총 456억 9,900만 원을 2018년 예산안에 반영해 본회의에 넘기기로 했다. 지난 1997년부터 시작된 파이로프로세싱과 소듐냉각고속로 개발 연구에는 이미 총 6,765억 원이 투입됐다.

● "성과 없는 연구비 수천억,
　핵마피아 쌈짓돈 아닌가"

"고속로가 또 다른 핵발전소인데요, 이것을 몇 십 년 단위로 수백 년 동안 계속 재건설해야 한다는 것입니다. 결국 탈핵과는 영영 거리가 멀어지는 것입니다. 이런 사기와 범죄, 거짓말에 수천억 원의 국민 혈세를 쓰시겠습니까?"

공청회가 열린 2017년 11월 7일 오전 국회 정문 앞에서는 지난 2017년 1월 출범한 '핵재처리실험저지30킬로미터연대'가 기자회견을 열고 재처리 연구 예산 전액 삭감을 촉구했다. 30킬로미터연대는 고속로 관련 연구가 진행되고 있는 대전 원자력연구원으로부터 반경 30킬로미터 내 거주민을 대표하는 80여 개 시민단체와 소수 정당의 연합체다.

　　이날 회견에서 정상훈 노동당 서울시당 위원장은 "핵 재처리는 결국 수백 년간 원전을 더 짓겠다는 얘기"라고 성토했다. 김주온 녹색당 공동운영위원장은 정부가 지난 20년 동안 핵재처리 연구 사업에 수천억 원을 쏟아부었지만 이렇다 할 연구 내역과 성과가 없다며 "이 막대한 돈은 핵마피아들의 쌈짓돈으로 사용되었을 가능성이 높다"고 주장했다.

　　30킬로미터연대는 원자력연구원이 한수원의 의뢰로 사용후핵연료를 반입해 핵 재처리 실험을 하는 과정에서 핵연료봉의 피복을 벗기거나 절단하는 등 방사선 유출 위험이 큰 작업을 하고 있어, 280만 주민의 안전을 위협하고 있다고 주장했다.

　　논란이 되고 있는 파이로프로세싱은 원전의 사용후핵연료를 처리해서 플루토늄, 우라늄 등 핵물질을 뽑아낸 뒤 차세대 원자로인 고속로의 연료로 다시 활용하는 기술이다. 이미 프랑스 등이 상용화한 습식 재처리 기술(퓨렉스법)이 있는데도 한국이 건식 재처리인 파이로프로세싱을 추진하는 이유는 '핵비확산성' 때문이다. 퓨렉스법은 핵무기에 쓰이는 순수 플루토늄을 따로 뽑아낼 수 있기 때문에, 한미원자력협정의 제약을 받는 한국은 활용할 수 없다. 현재 한국은 파이로프로세싱과 소듐냉

1998년 폐쇄된 프랑스의 고속 증식로 슈퍼피닉스. © flickr

각고속로 연계형 방식을 개발하고 있다.

소듐냉각고속로는 중수로나 경수로 원전과 달리 냉각재로 물 대신 액체 소듐(나트륨)을 쓰는 '제4세대 고속로'다. 핵반응의 속도를 높여, 투입한 연료보다 더 많은 연료를 만들어낸다는 의미에서 '꿈의 원자로'로 불린다. 원자로 개발은 '실험로-원형로-실증로-상업로'의 4단계로 이뤄지는데 국내 소듐냉각고속로 기술은 아직 첫 번째인 실험로 단계에 있다.

한국보다 먼저 소듐냉각고속로 개발에 나섰던 나라들은 대부분 실패하고 포기를 선언했다. 한국원자력연구원의 〈후행연료주기 정책 방안을 위한 기초 연구〉 보고서 등 국내외 연구에 따르면 미국은 1963년 고속로 페르미 1호를 완공했지만 가동 3년 만에 연료 다발 손상과 소듐 화재가 발생해 1972년 폐쇄했다. 원전 대국 프랑스는 한국 돈으로 약 7조 원을 들여

1986년 고속로 슈퍼피닉스를 건설해 운전했지만, 1990년에 소듐이 산화하고 지붕이 붕괴되는 등 사고가 나면서 1998년 폐쇄했다.

일본은 핵무기를 갖지 않은 나라 중 유일하게 재처리 정책을 추진, 고속 증식로 '몬주'를 개발했다. 1985년 착공해 약 1조 엔(약 10조 2,000억 원)을 투입한 뒤 1995년 8월 가동을 시작했지만 3개월 만에 소듐 누출로 화재가 발생하면서 가동이 중단됐다. 이후 14년 6개월 만인 2010년 5월 시험 가동이 재개됐으나 8월에 핵연료봉 교환 장치가 원자로 내부에 떨어지는 사고가 나면서 또 정지했다. 결국 몬주는 21년 동안 고작 250일 가동한 채 2016년 12월 21일 문을 닫았다. 이 원자로의 폐로 작업은 오는 2047년에야 완료될 것으로 알려졌다.

통일 전 서독은 1986년 약 50억 달러(약 6조 원)를 들여 노르트라인-베스트팔렌주에 고속로 칼카르를 건설했지만, 그해 체르노빌 원전 사고로 반핵운동이 확산되면서 안전 문제에 대한 우려가 커지자 가동 한 번 못한 채 1991년 폐쇄했다. 또 영국, 독일, 프랑스, 벨기에, 이탈리아는 1984년 유럽고속증식로(EPR)를 공동 개발하기로 합의했지만 개발 타당성 논란으로 1993년 백지화했다. 중국은 2011년 소규모로 파일럿 고속로를 가동했지만 20킬로그램의 플루토늄을 생산한 뒤 경제성이 없다는 판단으로 중단했다.

이처럼 여러 국가들이 소듐냉각고속로를 포기한 주된 이유는 냉각제인 소듐의 잦은 누출 사고 때문이다. 소듐은 열 전달력이 뛰어나 원자로 가동력을 한층 끌어올릴 수 있지만, 공

10조 원 이상의 돈을 들였으나 2016년 폐로가 결정된 일본의 고속증식로 몬주. © 국제원자력기구

1991년 폐쇄된 독일의 고속로 칼카르는 짓는 데 약 6조 원이 들었지만 1995년 네덜란드 사업가에게 약 30억 원의 헐값에 팔려 놀이동산 분더란트 칼카르(Wunderland Kalkar)로 개조됐다. © Flickr

기와 닿으면 화재가 발생하고, 물과 닿으면 폭발이 일어나는 치명적 약점을 갖고 있다.

● '취약점 개선됐다'
핵 재처리 고집하는 원자력계

한국 원자력계는 이런 상황에서도 파이로프로세싱과 소듐 냉각고속로 개발 의지를 고수하고 있다. 원자력연구원 소듐냉각고속로개발사업단 박원석 사업단장은 지난 2017년 11월 6일 〈단비뉴스〉와의 전화 인터뷰에서 "그동안 실패한 나라들의 사례를 통해 고속로의 취약점을 보완했다"고 주장했다. 그는 "지금 우리나라에서 연구 중인 소듐냉각고속로는 소듐이 흘러가는 배관을 이중으로 설계해 누출 가능성이 적고, 배관 밖은 질소로 채워 소듐이 이중 배관을 뚫고 누출된다고 하더라도 산소와 반응할 일이 전혀 없다"고 강조했다.

송종순 조선대학교 원자력공학과 교수는 지난 2017년 9월 4일 〈단비뉴스〉와의 전화 인터뷰에서 "사용후핵연료를 지하 등에 직접 처분하면 방사능이 사라지는 데 10만~100만 년이 걸리지만, 재처리를 하면 그 기간이 1,000년으로 줄고 처분해야 할 폐기물의 양도 굉장히 준다"며 재처리의 필요성을 강조했다. 그는 또 재처리를 하면 우라늄 등 원료 수입 비용이 줄어들기 때문에 에너지 안보를 확보할 수 있다고 덧붙였다.

그러나 박종운 동국대 교수는 재처리해서 생긴 플루토늄

을 연료로 쓰면 (천연) 우라늄을 농축해서 바로 쓰는 것보다 훨씬 비싸기 때문에 경제성이 없다고 반박했다. 또 재처리를 위한 고속로 건설비가 경수로 원전 건설비보다 2배 비싸다고 덧붙였다.

《재처리와 고속로》를 쓴 일본 마쓰야마대학 경제학부 장정욱 교수도 2011년 일본 원자력위원회가 '재처리 비용이 직접 처분 비용보다 2배 비싸다'고 발표한 내용을 소개했다. 그는 지난 2017년 11월 5일 〈단비뉴스〉와의 이메일 인터뷰를 통해 "파이로프로세싱은 소듐냉각고속로가 상용화되지 않으면 무용지물인데 직접 처분 방식보다 경제성이 없다"며 "고속로는 개발을 시작한 지 70년이 됐지만 미국, 독일, 영국 등이 이미 개발 작업에서 철수할 정도로 경제성, 안전성 등 모든 측면에서 합리성이 없다"고 말했다.

파이로프로세싱에 반대하는 전문가들은 특히 재처리를 해도 고준위 핵폐기물은 여전히 발생하기 때문에 지하 매장 등 직접 처분이 이중으로 필요하다는 점을 강조했다. 원자력안전위원을 지낸 김익중 동국대 교수는 "재처리를 해서 사용할 수 있는 것은 플루토늄뿐이고, 우라늄 238은 자연계에 있기 때문에 재처리로 굳이 뽑아낼 필요가 없다"며 "(96퍼센트가 줄어든다는 원자력계 주장과 달리) 재처리로 줄어드는 사용후핵폐기물 양은 1퍼센트에 불과하다"고 말했다.

특히 재처리는 경수로의 사용후핵연료만이 대상일 뿐 월성원전에서 나오는 중수로 사용후핵연료는 경제성이 더욱 낮아 재처리 대상이 되지 않는다. 2016년 기준 한국의 누적 사용후핵연료는 중수로가 약 8,000톤, 경수로가 약 7,100톤이다. 즉 경수로 사용후핵연료를 재처리한다고 하더라도 거기서 남은 폐기물과 중수로 사용후핵연료 8,000톤 이상은 직접 처분장을 마련해야 한다는 얘기다.

● "재처리 연구 포기하고
   영구 처분장 제대로 찾아야"

김익중 교수는 "재처리 연구비는 모두 고준위 방폐장 부지 선정과 관련된 기초 연구, 기술 연구로 돌려야 한다"고 주장했다. 그는 전 국토를 대상으로 지질 조사를 실시해 영구 처분장 부지를 과학적으로 찾을 것을 제안했다. 장정욱 교수는 사용후핵연료 처분을 제대로 하려면 먼저 탈핵 일정을 확실히 정해서 최종 처분해야 할 사용후핵연료의 양을 정확히 가늠해야 한다고 지적했다. 이어 중간 저장 시설을 건설해 수십 년에서 수백 년은 육지 저장을 하고, 그동안 국민 동의를 얻어서 지하에 최종 처분장을 만들어 영구 저장해야 한다고 덧붙였다.

핀란드와 스웨덴 두 나라는 모두 부지 선정 과정에서 국토 전역을 대상으로 한 지질 조사와 주민 의견 수렴, 지방의회 동의 등의 단계를 거쳤다. 특히 스웨덴의 경우 사용후핵연료 처리 기술 연구 개발을 1970년에 시작했으며 2009년 포스마크 지역에 (중·저준위 폐기물) 최종 처분장을 확보하기까지 1만 번 이상의 주민 토론회와 설명회를 반복해 신뢰를 쌓았다.

올킬루오토에 최종 처분지를 마련한 핀란드는 1994년 원자력법을 개정하면서 "어떤 원자력 시설도 주민이 반대하는 지역에는 영구히 건설하지 않는다"는 조항을 명문화했다. 핀란드는 방폐장 부지 선정 과정에서 지자체의 의견을 적극 반영했고, 사업 주체인 포시바는 주민들에게 적극적으로 정보를 공개하고 소통했다.

환경운동연합 안재훈 탈핵팀장은 "최종 처분장을 짓기에 적합한 암반을 찾는 데도 충분한 조사와 연구가 필요하고, 조사 결과를 주민들에게 투명하게 공개해 설득하는 시간도 충분해야 한다"고 말했다. 그는 "경주에 중저준위 핵폐기장을 지을 때처럼 (경제적 지원을 미끼로) 주민들의 경쟁을 부추겨 부지를 선정하는 것이 아니라 암반의 적합성과 주민 수용성을 최우선으로 고려해야 한다"고 강조했다.

"내 손으로 원전 짓고 암 환자 됐소"

핵발전소 주민 건강 피해 소송

나혜인, 남지현

전간술 씨는 1960년 강원도 울진군(현 경북 울진군)에서 태어나 초등학교 5학년 무렵까지 살았다. 이후 서울에서 대학과 군복무까지 마친 뒤 1985년 2월 고향으로 돌아왔다. 건축공학을 전공한 그는 당시 울진원자력발전소(현 한울원전)를 짓느라 인력이 많이 필요했던 그곳에서 동아건설 울진지사 사원이 됐다. 만 스물다섯의 신입사원이었지만, 울진원전 1호기 토건 공사 중 철골 부문 관리직을 맡아 인부들의 작업을 감독했다.

● **갑상선암 진단,**
   방사성 물질과 관련 있을까

"그때가 한창 국가에서 원전 건설을 밀어붙이던 땐데, 막

경북 울진군 북면에 있는 한울원자력발전소. 오른쪽 둥근 지붕부터 원자로 1~6호기가 나란히 서 있다. ⓒ 나혜인

상 기술자들이 없어서 나라에서도 (사람 찾아) 헤매고 그랬어. 울진 그 촌구석은 더했지. (원자력에 대해 잘 몰라도) 건축과 나왔다고 하니까 그냥 데려다가 현장감독을 시킨 거야."

울진원전 1·2호기는 부산 기장군에 있는 고리 1~4호기, 경북 경주시에 있는 월성 1호기, 전남 영광군에 있는 영광(현 한빛) 1·2호기에 이어 한국에서 8~9번째로 계획된 원자력발전소다. 1982년 3월에 동시 착공해 1호기는 1988년 9월, 2호기는 그 이듬해 9월에 상업 운전을 시작했다. 전 씨는 그중 1호기 공사에 약 1년 6개월 참여했다.

"(공사) 현장 투입되기 전에 한전(한국전력공사)에서 건축 전공 기술자들을 데려다놓고 원자력에 대해 교육을 시켰어. 그때 언뜻 들은 것만으로도 '야 이거는 위험한 거구나, 시한폭탄이구나' 싶었지. 처음으로 프랑스 기술을 들여온 거라는데, 자기들 말로는 방사능이 하나도 안 샌다고 하는데 진짜 그렇다는 보장이 있나. 또 온배수가 유출되면 주변 바닷물 온도가 5도 올라간다는데, 그건 정말 큰 문제거든. 그래도 찜찜하지만 별 수 있나. 먹고사는 게 중요하니까 그냥 했지."

울진 1호기 공사를 마친 후 전간술 씨는 회사를 나와 개인 사무실을 낸 뒤 지역에서 건설업을 했다. 그러다 1999년부터 다시 2년간 동아건설 하청 사업자로 울진원전 5·6호기의 철골 공사에 참여했다. 그의 사무실과 집이 있는 울진군 죽변면은 원전에서 직선거리로 3킬로미터가 채 안 되는 곳이다.

울진 지역 6기의 원자로 중 3기를 짓는 데 참여했고 인근 마을에서 30여 년을 살아온 전간술 씨는 2014년 12월부터 전 국 4개 원전 주변 지역(부산 기장, 경북 경주, 경북 울진, 전남 영광) 주민들과 함께 한수원을 상대로 손해배상 공동소송을 벌이 고 있다. 그는 그해 8월 갑상선암 진단을 받았는데, 자신의 병 이 원전에서 나온 방사성 물질과 관련 있다고 주장한다.

● '미래'가 아닌
  '현재'의 위험

전간술 씨에게 처음 갑상선 질환이 발견된 건 2013년 말 이다. 건강검진 차 지역 병원을 찾았다가 갑상선에 작은 혹이 있다는 것을 알게 됐다. 독립유공자의 외손인 그는 경북 보훈 병원에서 정밀검사를 받았는데, '암은 아니다'는 진단이 나와 약물 치료만 받았다. 신체 기초대사 조절 호르몬을 분비하는 갑상선에 이상이 생기면 쉽게 피로를 느끼고, 약을 먹지 않으면 정상 생활이 어려워진다. 전간술 씨는 약을 먹어도 피로감과 우울 증세가 심해지자 이듬해 8월 강릉 아산병원을 찾아갔다.

결과는 갑상선암. 이미 주변 임파선까지 암세포가 퍼진 상태였다. 전간술 씨는 5시간에 걸친 대수술로 갑상선은 물론 주변 임파선까지 모두 들어냈다. 수술 후엔 서울 아산병원으로 후송돼 일주일간 방사선 집중 치료를 받았다. 그는 "평생 그렇게 큰 수술을 해본 적이 없어서 겁이 많이 났다"고 회고했다.

암 수술의 후유증도 크다. 피로감은 여전하고 면역력이 약해져 각종 합병증에 시달린다. 지난 2017년 5월부터는 신장투석도 받고 있다. 10여 년 전부터 앓았던 신장 질환이 갑상선암 투병 과정에서 악화됐다. 앞으로도 3개월마다 한 번씩 정기검진을 받고, 평생 약을 먹어야 한다. 전간술 씨는 "(갑상선암에) 안 걸려본 사람은 모른다. 위암하고 바꾸자면 난 바꿀 것"이라며 "지금도 세상만사가 다 싫다. 평생 우울증을 안고 살아야 하는 게 갑상선 병"이라고 말했다.

많은 사람들이 지진과 같은 자연재해 등으로 장차 원전에서 사고가 날지 모른다고 걱정하지만, 핵발전소 주변에 사는 전간술 씨 같은 사람들에게 원전은 '미래'가 아닌 '현재'의 위험이다.

● 4개 원전 지역 갑상선암 환자
618명 공동소송

전간술 씨가 자신의 병이 원전 탓이라고 주장하는 근거는 울진을 비롯한 원전 주변 지역에 유독 갑상선암 환자가 많다는 사실이다. 현재 한수원을 상대로 공동소송을 낸 원전 인접 지역 갑상선암 환자(반경 10킬로미터 이내 5년 이상 거주자)는 4개 지역을 모두 합쳐 618명이다. 그중 울진군의 울진읍, 죽변면, 북면 주민이 147명인데, 이들 3개 읍면 지역 인구는 2016년 기준 2만 9,622명이다. 이를 10만 명당 환자 수로 환산하면 496명이다. 국립암센터가 내놓은 2013년 통계에서 한국 인구 10만 명당 갑상선암 환자 수는 84명이다. 울진원전 주변의 갑상선암 환자가 전국 평균의 5.9배나 된다는 얘기다.

"내가 사는 죽변면에만 (소송에 참여한) 갑상선암 환자가 70명 이상인데, 여기 인구는 6,500명 정도밖에 안 돼. 이렇게 집단적으로 (암 환자가) 있는 데는 없단 말이야. 어떤 집은 스물일곱 먹은 청년이 엄마랑 같이 암에 걸렸어. 갑상선암은 보통 남자들은 잘 안 걸린다고 하는데, 여긴 남자(환자)들도 꽤 있어. 걔네들(한수원) 얘기는 우리가, 인간이 잘못해서 (병에) 걸렸다는 얘기야. 그럼 대한민국에, 인간이 잘못해서 걸렸는데 인구 6,500명짜리 면에 70명 (암 환자) 있는 데 있으면 나와보라고 해. 아니 30명 있는 데만 나와도 나는 승복을 하겠어."

전간술 씨가 사는 죽변면의 2016년 기준 실제 인구는 7,709명으로, 환자 70명을 계산할 경우 10만 명당 무려 908명

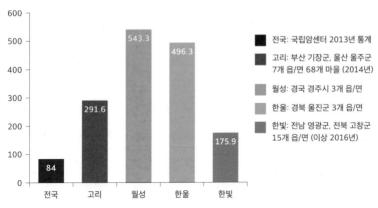

| 10만 명당 갑상선암 환자 수 (단위: 명, 공동소송 원고 수 기준) | | | | |

전국: 국립암센터 2013년 통계

고리: 부산 기장군, 울산 울주군
7개 읍/면 68개 마을 (2014년)

월성: 경국 경주시 3개 읍/면

한울: 경북 울진군 3개 읍/면

한빛: 전남 영광군, 전북 고창군
15개 읍/면 (이상 2016년)

원전 주변 지역 인구 10만 명당 갑상선암 환자 수(공동소송 원고)와 전국 평균 비교.

꼴로 갑상선암이 발병한 셈이다. 이는 전국 평균의 11배가 넘는다.

● 2014년에 처음
'원전 건강 피해 인정' 판결

지난 2014년 10월 부산지방법원은 부산 기장군 고리원전 10킬로미터 내에서 20년간 살아온 이진섭 씨 가족이 한수원을 상대로 낸 손해배상 청구소송에서 원고 일부 승소 판결을 내렸다. 당시 법원은 이진섭 씨의 아내 박모 씨의 갑상선암에 대해 원전의 발병 책임을 인정하고, 관리 기관인 한수원이 1,500만 원을 배상하라고 판결했다. 원전 주변의 여성 갑상선암 발병률이 높다는 역학 조사 결과를 근거로 삼았다.

2011년 4월 서울대 의학연구원 안윤옥 교수팀은 원전 반경 5킬로미터 이내에 사는 여성의 갑상선암 발병률이 30킬로미터 밖에서 거주하는 여성보다 2.5배 높다는 연구 결과를 내놨다. 판결 당시를 기준으로 최근 3년 6개월간 고리원전이 있는 부산 기장군의 암 진단 비율(3.1퍼센트)이 수도권(1.04퍼센트)의 3배가량 되고, 이 중 갑상선암 환자가 가장 많았다는 동남권원자력의학원 통계도 판결에 영향을 끼쳤다. 동남권원자력의학원은 과학기술정보통신부 산하 한국원자력의학원(서울시 노원구)의 분원이다.

법원은 이진섭 씨의 직장암과 아들(25)의 자폐증에 대해서는 배상 책임을 인정하지 않았다. 갑상선암과 달리 이들 질병은 원전과의 관련성을 입증할 만한 근거가 없다는 이유였다. 그럼에도 당시 판결은 원전 주변 지역 주민들의 건강 피해를 인정한 첫 사례가 됐다는 점에서 의의가 컸다. (편집자 주: 반면 2019년 8월 14일 부산고등법원은 이진섭 씨 가족의 손해배상 청구 항소심에서 한수원 측 주장을 대부분 받아들여 원고의 청구를 모두 기각했고, 양측은 대법원의 최종 결론을 기다리고 있다.)

이진섭 씨 가족의 1심 승소는 전간술 씨가 참여하고 있는 전국 4개 원전 주변 지역 주민 공동소송의 기폭제가 됐다. 2014년 11월 부산환경운동연합 등이 주도해 1차 공동소송인단을 모집했고, 2017년 11월 현재 4차에 걸쳐 모집된 갑상선암 환자 618명과 그 가족 등 총 2,516명이 소송에 참여하고 있다. 소송단은 갑상선암 피해자에게 치료비와 함께 1인당 1,500만 원을, 배우자와 부모 자녀에게는 각각 300만 원과 100만 원을 위자료로 지급하라고 요구했다. 소송 대리인을 맡고 있는 법무법인 민심의 서은경 변호사는 "공동소송 원고를 '갑상선암 피해자와 그 가족'으로 한정하고 '원전 반경 10킬로미터 이내에 5년 이상 거주' 조건을 정한 것은 이진섭 씨 소송의 영향"이라고 설명했다. 원전 주변 지역 주민들이 다양한 암 증세를 보이고 있지만 법원이 인과관계를 인정한 것은 갑상선암뿐이므로 여기에 집중하기로 했다는 뜻이다.

동국대 김익중 교수의 저서 《한국탈핵》에 따르면 가동 중인 원전에서 배출되는 주요 방사성 물질은 삼중수소, 요오드131, 스트론튬, 플루토늄, 세슘137, 코발트 등이다. 이런 방사성 물질은 원전 지역 주민들의 호흡기, 음식 등을 통해 몸속에 들어가 '내부 피폭'을 일으킬 수 있다. 그러면 각종 암, 불임·유산·기형 등 유전병, 그리고 심장 질환 등이 발병할 수 있다. 특히 세계 모든 인종에서 여성 갑상선암 발병이 두드러지는데, 그 이유는 아직 밝혀지지 않았으나 여성 호르몬의 작용과 관련이 있는 것으로 추정되고 있다.

● '수십 년 피폭' 주장에 한수원은
　'기준치 이하' 응수

원전 주변 지역 주민들의 공동소송에서 쟁점은 원전에서 유출된 방사성 물질과 갑상선암 발병 사이에 인과관계를 규명할 수 있느냐는 것이다. 보통 손해배상 소송에서 가해자의 불법행위를 입증할 책임은 피해자에게 있지만, 이번 사건처럼 일반인이 쉽게 입증하기 어려운 사안인 경우 피고인 기업 등에 입증 책임이 넘어간다. 지난 2012년 대법원의 공해소송 관련 판례에 따른 것이다. 따라서 이번 소송은 피고인 한수원 측이 먼저 피해 보상 책임이 없다는 것을 주장하고, 원고 측이 이를 반박하는 방식으로 진행된다.

서은경 변호사에 따르면 한수원 측은 지금까지 '원전에서 방사성 물질이 유출된 건 맞지만 이는 극히 미량에 불과하며, 자연 상태에 존재하는 양과 비슷한 (기준치 이하) 방사선량을 갑상선암 발병의 주범으로 볼 수 없다'고 주장하고 있다. 전태훈 한수원 홍보팀 차장은 지난 2017년 8월 18일 〈단비뉴스〉와의 인터뷰에서 "저희들은 아니라고(원전이 갑상선암 발병에 영향을 끼치지 않았다고) 생각하고 있지만, 재판 중인 사안에 대해 별다른 입장을 밝힐 게 없다"고 말했다.

반면 원고 측은 원전에서 배출된 방사성 물질의 양이 한수원 주장보다 많으며, 한수원이 내세우는 '피폭 기준치'는 비합리적이라고 주장한다. 월성원전 주변 지역 공동소송인단을 지원하고 있는 이상홍 경주환경운동연합 사무국장은 "2015년부터 우리 측 증인으로 소송에 참여한 크리스토퍼 버스비(영국) 유럽방사선위험위원회(ECRR) 과학위원장은 한수원이 내세우는 국제방사선방호위원회(ICRP) 기준치 산정 방식 자체가 잘못됐다고 주장한다"고 말했다. 그는 "ICRP 기준 이하의 저선량(소량) 방사선도 수십 년간 지속적으로 노출되면 충분히 암을 유발할 수 있다는 게 버스비 박사와 우리 측의 주장"이라고 덧붙였다.

버스비 박사는 또 지난 2015년 8월 부산지법 법정에서 "(ICRP 기준을 따른다 하더라도) 이미 지난 1970년대 고리원전 주변에서 한수원이 주장한 것보다 많은 양의 방사성 물질이 배출됐다"고 지적했다. ECRR는 1997년 유럽의회 내 녹색당이 주도해 설립한 단체로, 그간 국제 기준으로 사용돼온 ICRP의 방사선 위험 측정 방식에 대해 비판적인 목소리를 내왔다. 반면 1928년 창립된 ICRP는 국제원자력기구 등으로부터 운영 자금을 받아 방사선 안전 기준을 설정하는 국제방사선학회의 위탁 기관이다.

2014년 12월부터 시작된 공동소송은 그간 재판부가 계속 바뀐 탓에 아직도 1심 심리가 진행 중이다. 지난 2017년 6월 새 재판부 아래 다시 심리가 시작됐고, 원고 측 대리인들은 갑상선암 피해자 618명 각각에 대한 의학적 소견을 담은 진료기록 감정서를 새로운 증거로 준비했다.

울진 지역 소송인단 주민 대표도 맡고 있는 전간술 씨는 "지역 주민들이 이렇게 집단적으로 암에 걸리는 건 100퍼센트 원전과 관련이 있다"며 반드시 한수원의 책임을 밝히겠다고 다짐했다. 그는 "걔네들(한수원)은 변호사가 9명이나 재판에 오고, '너희 돈 때문에 소송하는 거지' 하고 비웃는데, 내가 꼴랑 돈 1,500만 원 받아 뭘 하겠냐"며 "우리가 이렇게 소송하는 것은 다음 세대 애들을 위해 잘못된 건 고쳐야 된다는 생각 때문"이라고 힘주어 말했다.

● 국가의 '가해자 심리'가
진상규명 걸림돌

　원전에서 유출된 방사성 물질이 인체에 미치는 건강 피해에 대해 의학 전문가들은 엇갈린 의견을 보이고 있다. ICRP 의료방사선분과위원인 강건욱 서울대 핵의학과 교수는 지난 2017년 11월 24일 〈단비뉴스〉와의 전화 인터뷰에서 "방사선량과 암 발생률이 비례 관계에 있는 건 맞지만, 원전에서 유출됐다는 방사성 물질의 양이 자연 방사능이나 의료 방사능에 비해 낮은 것 역시 엄연한 사실"이라고 주장했다. 원전 주변 지역 주민들에게 영향을 미친 방사선량이 자연 상태에 존재하는 방사선이나, 컴퓨터단층촬영(CT) 등의 의료 방사선량 수치에 비해 낮다는 얘기다. 강건욱 교수는 방사선량 수치가 낮은데도 원전 주변 지역에 갑상선암 환자가 많다면 제3의 원인을 찾아 예방책을 강구할 일이지, 원전 탓을 하는 건 무책임하고 논리적이지도 않다고 지적했다.

　그러나 김익중 교수는 지난 2017년 11월 22일 〈단비뉴스〉와의 전화 인터뷰에서 아무리 적은 양의 방사선이라도 암 발병 가능성을 높인다는 것은 '교과서에도 나와 있는' 분명한 사실이라고 말했다. 그는 "피폭량이 적으면 위험성이 상대적으로 적은 거고, 많으면 위험성이 비례해서 늘어나는 거지 (이 정도면 안전하다는 기준치인) 역치(threshold)는 없다"고 강조했다. 김 교수는 "특히 암과 유전병은 피폭량과 정비례 관계에 있고 역치값이 없다"고 덧붙였다.

그는 또 자연 방사선과 의료 방사선에 견주어 '원전에서 유출된 방사선량이 무해하다'고 주장하는 것에 대해 "전형적인 물타기 수법"이라고 비판했다. 김익중 교수는 "자연 방사선은 인간이 피할 도리가 없고, 의료 방사선 역시 위험 대비 이익이 크기 때문에 인간이 '이용'하는 것이지 그 수치가 미미하다고 해서 암 발병 위험이 없다는 뜻은 아니다"라고 잘라 말했다.

김익중 교수는 대규모 역학 조사를 통해 원전 주변 지역 주민들의 건강 피해를 규명할 수 있는 곳은 정부밖에 없는데, 국가 기간산업으로 운영되는 원전의 특성상 문제가 생기면 국가가 '가해자' 입장에 놓이기 때문에 미온적으로 대처해왔다고 꼬집었다. 그는 "원전 인근 주민들의 갑상선암 발병 비율이 높다는 (서울대 등의) 역학 조사 결과가 나왔으니, 이제 국가가 나서서 제대로 추적 조사를 해야 한다"며 적극적인 진상규명을 촉구했다.

원전 주변 지역에 살고 있는 죄

월성원전 주민 건강 피해

나혜인, 장현석

경북 경주시 감포읍 대본1리는 100가구 남짓 사는 작은 마을이다. 해변도로를 기준으로 육지 쪽엔 슬레이트 지붕을 인 허름한 집들과 야트막한 콘크리트 건물이 듬성듬성 서 있다. 바다 쪽으로는 인적이 드문 횟집과 어선들이 늘어서 있고, 미역을 말리는 노인들 모습이 보인다. 월성원전에서 북쪽으로 4킬로미터 정도 떨어진 이 마을에는 수십 년간 바다에서 '물질'을 해온 해녀도 20여 명 있다. 이들은 이미 상당수 갑상선암 진단을 받았거나, 언제 자기 차례가 올지 모른다는 불안을 안고 산다.

지난 2017년 8월 16일 마을회관 인근의 한 횟집에서 만난 감복순 씨는 갑상선 질환으로 수술을 받은 이웃들을 줄줄이 꿰고 있었다. 단숨에 기억해낸 것만 해도 아홉이다. 감복순 씨 자신도 지난 2008년 10월 갑상선암 수술을 받았다. 그는 "(월성)

원전이 들어온 지 30년이 지났는데, 암에 걸려보니 이제야 '시한폭탄을 안고 살았구나' 싶더라"며 "마을 사람 중 갑상선 때문에 병원에 가보지 않은 이가 아마 없을 것"이라고 말했다.

● 핵발전소 옆에서
30여 년 '물질'한 결과

이 마을에서 나고 자란 감복순 씨가 '물질'이라 부르는 해녀 일을 시작한 건 스물한 살 때부터다. 함께 인터뷰에 응한 김추자, 신정숙 씨도 스무 살 무렵부터 물질을 했다. 두 사람 역시 각각 2012년과 2008년에 갑상선암 수술을 받았다.

이곳 해녀들은 보통 1년에 60일 정도 물질을 한다. 대개 본업은 농사라, 논밭 작업이 없고 날이 좋을 때 물에 들어간다. 여름엔 하루 6~7시간, 겨울에는 4~5시간 동안 수심 10미터까지 드나들며 미역, 전복, 해삼 등을 캔다. 잠수를 하다 보면 숙련된 해녀라도 바닷물을 조금씩은 먹게 된다. 주민들은 핵연료봉을 식히고 바다로 흘려보낸 온배수에 방사성 물질이 섞이는 등 원전으로 인한 수질과 토양, 공기 오염이 각종 암과 관련이 있다고 의심하고 있다.

1983년 월성원전이 가동되기 전까지만 해도 이곳은 깨끗하고 평화로운 바다였다. 원전이 들어선다는 소식이 알려진 건 1975년 6월의 일이었다. 바로 아랫동네인 양남면 나아리(당시 경북 월성군)가 월성 1호기 부지로 확정됐다. 감복순 씨에 따르면 서슬 퍼렇던 박정희 군사정권 아래서도 주민들은 반대 목소리를 냈다. 하지만 2년 후인 1977년 5월, 월성 1호기 공사는 시작됐다. 시민이 계속 저항하기 어려운 시절이기도 했지만 '약'을 받아먹은 탓도 있다고 감복순 씨는 말했다.

"(월성 1호기가) 처음 들어온다고 할 때 동네 사람들이 들고일어났지. 위험하다고. 데모도 하고 그랬어. 물론 정부에서는 안전하다고 했지. 그래도 그때가 1970년댄데, 정부를 이길 수 있나? (우리가) 바다 보상 타먹고 그냥 지어라 한 거야. 일단 '약'을 먹었으니까 나쁘다 하면서도 (원전을) 받은 거지. 그 이후로 30년을 그냥 산 거야."

당시 보상을 얼마나 받았는지에 대해 이들은 구체적인 얘기를 꺼리거나 기억이 명확치 않았다. 60대인 감복순 씨와 신정숙 씨가 생계를 위해 지금도 가끔 물질을 하는 바다 3킬로미터 남쪽에는 이제 원자로가 6기나 가동되고 있다. 월성 1호기 가동 후 14년 만인 1997년부터 매 3년간 2~4호기가 들어섰고, 2012년에 신월성 1호기, 2015년 신월성 2호기가 운전을 시작했다.

◉ 80킬로 미역 포대
번쩍 들던 해녀, 몸져누워

대본1리 해녀들 중 가장 먼저 갑상선암 진단을 받은 사람은 신정숙 씨다. 2008년 6월 극심한 피로감에 병원을 찾았다가 암 판정을 받았다.

"나는 다른 해녀들보다 힘이 좋은 편이었어. 미역 한 포대 (생미역으로 약 80킬로그램)를 혼자 날라도 힘든 걸 몰랐으니까. 그런데 한 10년 전부터는 일을 하는데 너무 피곤한 거야. 세상 만사가 귀찮고 가만히 누워 있지 않으면 안 되고. 일을 많이 해서 그런가 보다, 나이 탓인가 보다 했는데 갑자기 암이라니까 죽는 줄 알았지. 너무 겁이 나서 다리가 후들후들 떨리고 그랬어. 갑상선암 아무것도 아니라고 하지만 그래도 이제 다 살았다 싶더라. (다른 데로 암이 전이될까봐) 부갑상선까지 다 들어 냈어."

감복순 씨가 암 진단을 받은 것도 그해 10월이다. 신정숙 씨 수술 소식을 듣고 비슷한 증상에 겁이 나 병원을 찾았다가 암을 발견하게 됐다. 감복순 씨는 "(수술 이후에도) 하루라도 약을 먹지 않으면 못 버틴다"며 "의사가 그러더라. 죽을라고 작정하면 일주일만 약 안 먹어도 죽는다고"라고 말했다. 감복순 씨는 하루 한 번 먹는 호르몬보충제를 사는 데 한 달 7~8만 원을 쓴다. 기타 영양제와 관절강화제 등 건강을 위해 챙겨먹는 약값까지 합치면 10만 원이 훌쩍 넘는다. 암이 재발했는지 확인하기 위해 1년에 한두 번 하는 초음파 검사에도 수십만 원이 든다. 2012년 갑상선암 수술을 받은 김추자 씨 역시 "(수술 이후) 약을 먹어도 항상 피곤하다"며 "면역력이 약해져 온몸이 안 아픈 데가 없다"고 말했다. 김추자 씨는 인터뷰 당일에도 허리와 팔다리 관절이 아파 읍내에서 물리치료를 받고 돌아오는 길이었다.

세 사람은 모두 한수원을 상대로 한 원전 지역 주민 건강 피해 공동소송에 참여하고 있다. 신정숙 씨는 "우리가 암에 걸렸는데도 나라에서 녹을 먹는 사람들은 한마디 말이 없다"며 "누구한테 원망할 곳도 없고 그냥 여기 사는 죄"라고 말했다. 옆에서 듣고 있던 감복순 씨는 "우리가 똑똑하지 못해 당한 것"이라며 한숨을 내쉬었다.

　　"잘 생각해봐요. '안전'이라는 말이 있는 곳은 전부 위험한 곳이에요. 아무리 안전하다고 해도, 의심해보는 게 당연한 거 아닌가요?"

　　지난 2017년 5월 4일 대본1리 집실마을에서 만난 김승욱 전 경주환경운동연합 사무국장은 국가가 현재진행형인 (건강) 피해를 외면하면서 '(원전) 안전을 의심하지 말라'고 강요해온 것이 가장 큰 문제라고 역설했다. 마을에서 횟집을 운영하고 있는 김 전 국장은 김추자 씨의 아들이다. 그는 "우리 마을 해녀 20여 명 중 절반 이상이 갑상선 질환으로 수술을 받았다"며 "월성 1호기 가동이 1983년부터인데, 60대가 훌쩍 넘을 때까지 오랜 세월 삼중수소가 녹아 있는 바다에서 물질을 해온 해녀들이 병에 안 걸리는 게 이상하지 않느냐"고 반문했다.

　　월성원전 인근에서 삼중수소는 오랫동안 논란이 돼왔다. 월성원전 1~4호기는 국내 다른 원자로들과 달리 경수로가 아닌 중수로다. 중수(D_2O)란 수소($1H$)보다 무거운 중수소($2H=D$)와 산소(O)가 화합해 만들어진 물인데, 이를 냉각재로 사용하는 중수로는 보통 물(경수)을 쓰는 원자로에 비해 많은 삼중수소를 생성한다. 방사성 물질의 하나인 삼중수소가 위험한 이유는 인간 세포의 디엔에이(DNA) 염기서열을 끊거나 훼손할 수 있기 때문이다. 염기서열이 끊어지거나 훼손되면 우리 몸이 이를 바로잡는 과정에서 암세포 등 비정상적인 세포가 생길 수 있다.

김승욱 전 국장은 "(원전에) 초미세 입자인 삼중수소를 제어할 수 있는 설비는 없다고 봐도 무방하다"며 "원전을 멈추지 않는 한 주민들의 삼중수소 피폭은 막을 수 없다"고 말했다. 삼중수소는 원전에서 배출되는 100여 종 이상의 방사성 물질 중 입자가 가장 작은 축에 속한다.

2016년 12월 경주시월성원전·방폐장민간환경감시기구(위원장 최양식 경주시장)가 월성원전에서 2킬로미터 떨어진 양남면 나아리 주민 13명의 체내 삼중수소 농도를 자체 측정한 결과 13명 모두 소변에서 삼중수소가 검출됐다. 적게는 3.07리터당베크렐(Bq/L), 많게는 20.6Bq/L이었다. 민간환경감시기구는 '발전소 주변 지역 지원에 관한 법률'에 따라 지방자치단체가 스스로 원전 주변 방사성 물질을 감시하도록 설치한 기구다. 월성원전 감시기구는 2007년 출범했다.

● 5살 손주, 17살 딸 몸에
   방사성 물질 쌓여

당시 검사받은 주민 중엔 만 5세의 어린이도 있었는데, 역시 9.8Bq/L의 삼중수소가 검출됐다. 이 어린이의 할머니인 황분회 나아리 이주대책위원회 부위원장은 "지금 당장 어디 아픈 데는 없어도, 손주 몸속에 보이지 않는 방사능이 계속 뿜어져 나오고 있다고 생각하면 걱정이 태산"이라며 "어쩌다 (손자가) 코피만 한 번 나도 불안해서 어쩔 줄을 모른다"고 말했다.

정부와 한수원에 지역 주민 이주 대책을 요구하고 있는 나아리 이주대책위의 신용화 사무국장도 '엄마의 불안'을 호소했다. 신 국장은 2016년 딸(17)을 기숙사가 있는 경주 시내 고등학교로 진학시켰다. 마을에서 멀리 나가 살면 조금은 더 안전할 것이란 기대 때문이다. 지난 2015년 11월 민간환경감시기구 조사 결과 4Bq/L의 삼중수소가 신 국장의 딸 몸속에서 검출됐다. 신 국장은 "억장이 무너지는 기분이었다"고 회고했다.

하지만 한수원은 이 정도의 삼중수소가 인체에 미치는 영향은 극히 미미하다고 주장한다. 월성원전 앞 원자력홍보관의 자료는 인근 주민의 몸에서 검출된 삼중수소 최대 농도(28.8Bq/L)는 1년간 지속될 경우 바나나 6개를 먹었을 때의 방사선량과 같고, 83년간 지속된다 하더라도 흉부 엑스레이를 1회 촬영하는 것과 비슷한 정도라고 설명하고 있다. 바나나에는 자연 방사성 물질 칼륨40(K-40) 성분이 있는데, 한수원은 "바나나의 칼륨이 방출하는 베타선이 삼중수소가 방출하는 베타선보다 약 100배 강하다"며 삼중수소의 무해성을 주장하고 있다.

하지만 의료 전문가의 의견은 다르다. 백도명 서울대 보건대학원 교수는 지난 2017년 9월 3일 〈단비뉴스〉와의 이메일 인터뷰에서 "삼중수소는 일반인에게서는 거의 측정되지 않는 물질"이라며 주민들 몸속에서 삼중수소가 검출됐다는 것은 갑상선암을 유발하는 방사성요오드(I131) 등 다른 방사성 물질에도 노출된다고 볼 충분한 근거가 된다고 지적했다. 그는 월성원전 주민들의 경우 원전으로부터의 거리, 원전 가동 여부에 따라 체내 삼중수소 농도가 확연하게 달라진다는 점을 중시했다. 삼중수소가 갑상선암과 직접 연관된다는 의학적 근거는 아직 없지만, 원전 방출 물질이 완벽하게 모니터되지 않는 상황에서 원전 가동과 삼중수소 농도에 상관관계가 있다는 사실은 전반적인 방사성 물질 피해 가능성을 시사하는 근거가 될 수 있다는 뜻이다.

민간환경감시기구의 조사가 이뤄진 2016년 12월은 그해 9월 발생한 경주 지진 때문에 월성 1~4호기 가동이 3개월간 중단됐던 시점이다. 이에 앞서 모든 원자로가 가동되고 있던 2015년 11월에도 마을 주민 42명을 대상으로 같은 검사가 실시됐다. 두 차례 검사에 모두 참여한 주민 13명은 하나같이 2015년 11월의 체내 삼중수도 농도가 2016년 12월보다 높게 나왔다(5.82~28.1Bq/L). 월성 1호기가 설계수명 만료로 3년간 가동을 멈췄던 2015년 3월에도 주민 4명이 같은 검사에 참여했는데, 역시 같은 해 11월보다 체내 삼중수소 농도가 낮게 나왔다(5.64~17.1Bq/L). 원전이 가동될 때 체내 삼중수소 농도가 높아졌다는 것이다.

❷ '원전 무관' 결론,
전문가 재분석으로 뒤집혀

진상을 밝혀줘야 할 정부의 의지는 약했다. 1991년부터 2011년까지 20년간 서울대 의학연구원 안윤옥 교수팀이 정부 용역을 받아 '원전 종사자 및 주변 지역 주민 역학 조사 연구'를 진행한 일이 있다. 당시 원전 반경 5킬로미터 이내에 사는 여성의 갑상선암 발병률이 30킬로미터 밖에서 거주하는 여성보다 2.5배 높다는 사실을 밝혀냈지만, 정작 결론부에서는 "원전과 암 발병 사이에 인과관계를 입증할 수 없다"고 서술했다. 여성 갑상선암 외 다른 암의 증가 추세는 나타나지 않았고, 원전 인근 주민의 갑상선암 발병률이 높은 데는 과도한 초음파 검진도 한몫했다는 게 이유였다. 정부는 이를 끝으로 대규모 코호트 연구(특정 집단에 대한 장기 추적 조사)를 중단했다.

하지만 2015년 9월 이 연구 결과를 반박하는 주장이 나왔다. 백도명 교수 등 15명의 연구진이 안윤옥 교수팀의 데이터를 2년간 다시 분석한 결과, 원전 주변 거주 여부와 갑상선암 발병 사이에 의미 있는 연관성이 드러난다고 평가한 것이다. 백도명 교수팀은 2011년 연구에서 데이터 해석에 문제가 있었다고 지적했다. 재분석 결과 원전 반경 5킬로미터 이내에 사는 남녀 모두 갑상선암 발병 위험도가 30킬로미터 밖에서 거주하는 사람보다 3배 이상 높았다. 원전 주민들이 초음파 검진을 과도하게 받았다는 이전 분석에 대해서도 '초음파 검진은 원전 5킬로미터 밖에서 많이 이뤄졌고, 5킬로미터 이내 주민의 검진은 건강보험 통계상 특별히 많지 않았다'고 반박했다.

　백도명 교수팀의 후속 연구 발표 후 정치권과 시민단체를 중심으로 '광범위한 역학 조사를 다시 실시해야 한다'는 목소리가 높았지만, 정부는 미온적인 태도로 일관했다. 말로는 원전 지역 주민의 건강 피해 조사 필요성을 인정하면서도 실제로 움직이지 않는 정부, 주민 이주 대책도 세워주지 않은 정부에 대해 신용화 국장은 원망스런 심정을 털어놓았다.

　"우리는 생명의 기준치를 말하고 싶어요. 그 작은 (암에 걸릴) 확률이 나와 내 가족에게 해당될 수 있다는 게 겁나는 현실인 거예요. 이곳 주민들은 매일 불안에 떨며 살고 있어요. 우리의 행복권이 많은 사람의 외면 속에 핵발전소에 저당 잡히며 살고 있는 겁니다. 그저 방사능 걱정 없는 곳에서 맘 놓고 아이들을 키울 수 있길 바랄 뿐이에요."

● "건강보험 암 진단
　　자료만 분석해도 규명 가능"

　원전의 방사성 물질이 주민들의 건강을 위협하고 있다는 문제 제기는 사실 1980년대 후반부터 있었다. 양이원영 환경운동연합 에너지국 처장은 지난 2017년 5월 18일 서울 종로구 누하동 환경운동연합 사무실에서 〈단비뉴스〉와 만나 "과거 80년대부터 원전 주변에서 무뇌아, 대두아 등 기형아들이 태어나곤 했지만 과학적으로 원전에 의한 피해인지 입증하지 못했다"고 말했다.

1989년 7월 사회적으로 충격을 던졌던 '영광원전 무뇌아 사건'은 당시 전남 영광군 영광원전(현 한빛원전)에서 일하던 경비원의 아내가 무뇌아를 두 번이나 유산한 일이었다. 이후 대두아 등 기형아를 출산했다는 원전 노동자들의 증언이 잇따라 국회에서도 원전이 주민 건강에 끼치는 영향에 대해 의문을 제기하고 나섰다. 정부는 사태 수습을 위해 원전 주변 지역 주민들에 대해 역학 조사를 실시하기로 했다. 하지만 원전과 기형아 출산 간 관련성은 끝내 밝혀지지 않았다.

2015년 백도명 교수팀의 일원으로 원전 주변 주민 역학 조사 관련 후속 연구에 참여했던 주영수 한림대 의대 교수는 2017년 12월 2일 〈단비뉴스〉와의 이메일 인터뷰에서 "당시 영광 지역 외에 다른 원전 지역에서 (무뇌아 유산 등) 유사 사례가 많지 않아 역학적 방법론을 동원해 증명하기 어려웠던 것으로 알고 있다"고 말했다. 원전 탓이라고도, 아니라고도 단정할 수 없는 상황이었다는 얘기다.

양이원영 처장은 이제라도 정부가 적극적인 의지를 갖고 원전 지역 주민 건강 피해 진상규명에 나서야 한다고 촉구했다. 그는 공동소송이 진행되고 있는 갑상선암 피해에 대해 "왜 민간단체에서 주민들 상대로 값비싼 돈을 들여 소변검사를 해야 하느냐"며 "국가에서 암 통계를 기반으로 원전 주변 지역 암 환자 데이터 분석만 해도 금방 인과관계가 나올 텐데 의지가 없는 것"이라고 비판했다. 주영수 교수도 "국가적 차원에서 구축된 데이터베이스를 활용해 주기적으로 관찰하면 원전 건강 피해 문제를 잘 들여다볼 수 있을 것"이라고 말했다.

　이에 대해 익명을 요구한 국립암센터 홍보팀 직원은 "시군구 단위 국가 암 통계는 통계청을 통해 공개하고 있지만 원전 주변 지역만 따로 묶어 연구한 자료는 없고, 그런 계획도 아직까지는 갖고 있지 않다"고 말했다. 그는 "암이라는 질병이 워낙 요인이 다양한 데다, 이런 문제는 코호트 연구를 해야 하는데 오랫동안 과학적 근거를 가지고 추진해야 하는 만큼 쉬운 일은 아니다"고 덧붙였다.

'173등짜리 공기'에 병드는 한국

대기오염과 미세먼지

남지현, 나혜인, 안윤석

지난 2017년 10월 22일 오후 1시 30분쯤 서울 용산구 서울역 앞 광장. 유모차를 끌거나 유치원생, 초등학생 아이 손을 잡고 온 30~40대 여성 등 60여 명이 돗자리를 펴고 삼삼오오 모여 앉았다. 대학생으로 보이는 20대 남녀 대여섯과 가족을 따라 나온 30~40대 아빠들도 몇 명 섞여 있었다. 손에 손에 '미세먼지 측정과 예보의 정확성을 개선하라', '교육기관 공조시스템 설치', '국내 화력발전소 추가 건설 철회하라' 등이 적힌 파란 손팻말을 들었다. 회원 수 6만 7,000여 명인 네이버 카페 '미세먼지 대책을 촉구합니다(미대촉)'의 5차 집회가 열리는 현장이었다.

◉ 파란색 대신
회색 하늘 그리는 유치원생

"그저 아이들이 파란 하늘을 보며 뛰어 놀 수 있게 되면 좋겠습니다."

토요일이라 남편과 함께 나왔다는 주부가 울먹이는 목소리로 발언을 마치자 공감과 격려의 박수가 터졌다. 춘천에서 왔다는 여성 회원은 발언을 끝내며 "중국 발 미세먼지를 해결하라" 등의 구호를 선창했다.

참석자들은 주먹 쥔 손, 혹은 손팻말을 들어올리며 구호를 따라 외쳤다. 초등학생 몇몇도 목청을 보탰다. 2016년 9월 열린 2차 집회부터 매번 미대촉 행사에 참여해왔다는 주부 김선주 씨는 이날 8살 아들과 함께 왔다. 김 씨는 2016년 아이가 갑

서울 용산구 서울역 앞 광장에서 미세먼지 해결 대책을 촉구하고 있는 네이버 카페 '미대촉' 회원들. ⓒ 남지현

자기 앓게 되면서 미세먼지의 위험성을 깨달았다고 말했다. 가족 중에 담배 피우는 사람도 없고 공해가 특별히 심하지 않은 지역에 사는데도, 건강하던 아이가 어느 날 심한 기침과 함께 가래를 뱉어내기 시작했다. 특히 집밖에 나갔다 들어왔을 때 가래를 뱉고 토하는 증세가 심해졌다.

"폐렴으로 병원에 일주일간 입원했어요. 항생제도 두 달이나 먹을 정도로 심했어요. 기침이 너무 심했고, 가래 뱉고 토하느라 밤에 잠을 못 잘 정도였어요. 그때는 맞벌이를 했는데, 다음 날 회사 출근해야 하는데도 서서 아이를 안고 재워야 할 만큼 심했어요."

김선주 씨가 집 안에 공기청정기를 설치하고, 아들이 외출할 땐 꼭 마스크를 씌우는 등의 주의를 기울이자 기침과 폐렴 증상이 사라졌다. 그래서 김 씨는 미세먼지가 아이의 건강에 직접적인 위협이 된다고 믿고 있다. 유치원 교사 유은혜 씨는 아이들을 가르치다 걱정이 늘어 이날 처음 집회에 나왔다고 했다. 유 씨는 "아이들이 블록놀이를 할 때면 꼭 공기청정기를 만들고, 그림을 그릴 때 하늘을 푸른색이 아니라 어두운 색상으로 표현한다"고 말했다.

◉ 한국 '초미세먼지 노출도' OECD 1위

미국 예일대학교와 콜롬비아대학교가 매 2년마다 각국 환경오염 현황 등을 평가해 작성하는 EPI(환경성과지수) 보고서에 따르면 2016년 한국의 대기질 수준은 180개국 중 173등이었다. 중국이 179위였고, 방글라데시가 꼴찌였다. 한국은 지름 2.5마이크로미터(μm) 이하의 입자상물질인 피엠(PM) 2.5, 즉 초미세먼지 농도가 세계보건기구(WHO)의 대기질 기준을 초과한 날이 많은 것으로 지적됐다.

입자상물질이란 공중에 떠 있을 만큼 작고 가벼운 고체와 액체가 합쳐진 것인데, 각국은 이 중 인체에 흡입될 수 있는 지름 10마이크로미터 이하 입자상물질(PM10)부터 주요 대기오염물질로 분류해 관리한다.

환경부에 따르면 2015년 한국 주요 도시의 연평균 미세먼지(PM10) 농도는 서울이 46입방미터당마이크로그램(μg/m^3), 부산 49μg/m^3, 인천52μg/m^3 등으로 선진국 주요 도시에 비해 5~30μg/m^3 가까이 높다. 같은 해 연평균 초미세먼지(PM2.5) 농도는 서울 23μg/m^3, 인천 29μg/m^3, 대전 28μg/m^3 등으로 WHO 권고 기준치인 10μg/m^{3}를 2배 이상 웃돌았다.

지난 2017년 9월 17일 경제협력개발기구(OECD)가 발표한 2015년 초미세먼지 노출도 조사에서도 한국은 32μg/m^{3}으로 35개 회원국 가운데 압도적 1위를 차지했다. 초미세먼지 노출도는 각국의 연평균 PM2.5 농도에 인구 분포를 가중 계산한 값이다. OECD 국가 평균 초미세먼지 노출도는 14.5μg/m^{3}로 한국의 절반 수준이었다. 1998년부터 17번 실시된 이 조사에서 한국은 12차례나 1위를 차지했다.

◉ 대기오염 주범은
석유·석탄 등 화석연료

전문가들에 따르면 입자가 큰 미세먼지는 주로 공장, 자동차, 비행기, 선박, 건설기계 등의 연료를 태우는 과정에서 공기 중으로 직접 배출된다. 석탄화력발전소도 주요 배출원이다. 반면 초미세먼지는 공기 중으로 배출된 특정 화학물질들이 서로 화학작용을 일으켜 만들어지는 2차 생성 비중이 높다.

대기 중 화학작용으로 초미세먼지를 만들어내는 물질은 석탄, 경유, 중유 등을 태울 때 발생하는 이산화황(SO^2)과 질소산화물(NOx), 각종 유기용제와 석유정제 및 석유화학제품 제조 시설에서 배출되는 휘발성유기화합물(VOCs) 등이 있다. 자동차, 조선, 석유화학, 건설 등 주력 산업에서 석유 소비가 많고, 발전소 중 아직도 석탄을 태우는 곳이 많으며, 값싼 산업용 전기료 탓에 에너지 낭비가 심한 한국의 현실이 세계 최고 수준의 미세먼지, 대기오염이라는 '부메랑'을 낳은 셈이다.

이런 대기오염 물질이 정확히 어디서 가장 많이 나오는지 측정하는 문제는 쉽지 않다. 한미 공동의 대기질 연구에 참여했던 민경은 광주과학기술원 환경공학부 교수는 초미세먼지의 재료가 되는 휘발성유기화합물질이 특정 오염원에서 얼마나 배출되는지 항공기에서 관측한 결과가 한국 정부의 대기오염 물질 배출량 집계(CAPSS)보다 훨씬 높게 나왔다고 말했다. 민경은 교수는 "굴뚝에 대기오염 물질 측정기가 설치되어 있어도 어느 파이프에 구멍이라도 뚫리면 다 새기 때문에 이런 누출을

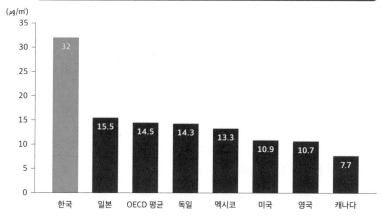

(μg/m³)

	한국	일본	OECD 평균	독일	멕시코	미국	영국	캐나다
	32	15.5	14.5	14.3	13.3	10.9	10.7	7.7

OECD가 발표한 바에 따르면 한국은 OECD 회원국 중 초미세먼지 노출도가 가장 높다. 출처: OECD

잡아내려면 규칙적으로 에어크래프트 미션(항공 측정)을 해야한다"고 말했다. 임영욱 연세대학교 환경공해연구소 부소장도한국은 정부가 측정을 시작한 지 얼마 되지 않았을 뿐 아니라'정확히 되어 있는, 쓸 수 있는 자료'가 없다고 토로했다.

대기오염 물질 배출량을 정확히 파악하기 힘들다 보니 국내 요인과 국외 요인을 구분하는 일도 쉽지 않다. 환경부는 지난 2017년 9월 발표한 미세먼지 대책 등을 통해 국내 미세먼지, 초미세먼지 중 30~50퍼센트(평상시), 혹은 60~80퍼센트(고농도 시)가 국외에서 온 것이라고 밝혔다. 특히 세계적으로악명 높은 중국 발 미세먼지가 한국으로 날아와 대기에 악영향을 주고 있다고 봤다. 그러나 민경은 교수는 한국의 대기가 어느 만큼 주변국의 영향을 받는지 정량화할 수는 없다고 말했다. 측정상의 문제 외에도 기상 상황이 영향을 미치기 때문이라는 설명이다. 민경은 교수는 "서해상에 중국 발 오염원이 있다고 생각될 때도 그 이전 움직임을 보면 우리나라에서 발생한 오염 물질이 서해로 돌아 나갔다가 중국 것과 섞여 들어오는 상황도 있다"고 지적했다.

● 미세먼지는 1군 발암 물질

WHO 산하 국제암연구소(IARC)는 2013년부터 미세먼지를 1군 발암 물질로 분류하고 있다. 이는 미세먼지가 IARC의 발암 물질 분류 기준 4개 군 중 암과의 인과관계가 가장 확실한 그룹에 속한다는 의미다.

숨을 쉴 때 코로 들어온 공기 중 먼지는 대개 코털과 기도의 섬모(미세한 털)에서 걸러지는데, 미세먼지는 입자가 작아 폐 속까지 그대로 들어간다. 체내에 침투한 미세먼지는 호흡기 계통에 염증을 일으키며 기관지염, 천식, 폐렴을 악화시키고 심할 경우 폐암으로 사람을 죽음에 이르게 할 수 있다. WHO 보고서는 "미세먼지에 노출되는 시간이 길수록 폐암 발병률이 높아진다는 것은 유럽과 북아메리카, 남아메리카, 아시아 지역 수천 건의 연구를 검토한 결과"라고 밝혔다. 또 미세먼지 속 독성이 혈액 속에 녹아들면 피가 끈적해지고, 혈관을 수축시켜 심근경색 등 심혈관계 질환을 초래할 수 있다. 면역력이 떨어지는 노약자나 호흡계, 심혈관계 질환을 이미 앓고 있는 사람들에게는 미세먼지가 더욱 위협적이다.

지난 2017년 3월에는 서울대학교 보건대학 김호 교수팀이 초미세먼지가 1㎥당 10㎍씩 늘어날 때마다 파킨슨병(신경계 퇴행성 질환) 환자의 증상이 심해져 입원하는 사례가 1.6배로 많아졌다는 연구 결과를 발표했다. 신체 발달이 진행 중인 아이들이 미세먼지에 노출되면 폐가 정상 크기로 발달하지 않거나, 심한 경우 되돌릴 수 없는 폐 기능 손상을 입을 수도 있다.

OECD가 2016년 발표한 〈대기오염으로 인한 경제적 영향에 대한 보고서〉는 한국의 대기오염으로 인한 조기 사망률이 2060년 OECD 국가 중 유일하게 100만 명당 1,000명을 넘어설 것으로 전망했다. 그런데도 국내에서 미세먼지와 초미세먼지가 건강에 어떤 영향을 미치는지 포괄적으로 살펴보기 위한 역학 연구가 진행되고 있지 않다. 임영욱 부소장은 "현재 우리나라에서 미세먼지가 전반적으로 공중보건에 미치는 영향이 어느 정도인지 들여다보는 연구는 아예 없다고 보면 된다"며 "미세먼지 저감 장치 등 기술 개발에 쓸데없이 힘을 쓸 게 아니라, 어디서 어떤 먼지가 얼마만큼 나오는지 원인 파악부터 제대로 하는 게 급선무"라고 말했다.

● 오염 관리 못한 정부에
   피해 보상 요구

국가 차원의 환경 관리가 미흡해 미세먼지 피해가 커졌다는 인식이 확산되면서, 지난 2017년 4월에는 시민 91명이 한국과 중국 정부를 상대로 손해배상 소송을 제기했다. 이 소송을 주도한 최열 환경재단 이사장과 안경재 변호사는 "정부가 국민의 안전과 행복추구권을 보호할 의무를 게을리했다"며 한국과 중국 정부 공동으로 원고들에게 각각 300만 원씩 배상할 것을 요구했다. 서울중앙지법에 따르면 2018년 8월 중 본격 심리가 시작돼 12월 중 1심 결과가 나올 예정이다. (편집자 주: 중국 정부가 소송 요건이 성립하지 않는다며 대응을 거부, 한국 정부와 원고만 참석한 가운데 2019년 8월 현재 1심 재판이 진행 중이다.)

이에 앞서 약 10년 전에도 시민들이 국가를 상대로 대기오염 피해에 대한 손해배상 소송을 낸 일이 있다. 호흡기 질환을 앓던 시민 23명이 정부와 서울시, 그리고 국내 7개 경유차 제조사를 상대로 3,000만 원의 손해배상과 과다 대기오염 물질 배출 금지를 요구하는 소송을 낸 것이다. '서울 대기오염 소송'이라 불렸던 이 재판은 대법원까지 갔지만, 2014년 원고 패소로 끝났다. 대기오염과 호흡기 질환 사이에 인과관계가 충분히 증명되지 않았고 자동차 제조사가 법령상 배출가스 규제 기준을 위반했다고 볼 증거가 없다는 이유였다.

환경 전문 로펌인 엘프스의 이소영 변호사는 "법적 인과관계는 과학적 인과관계보다 낮은 수준의 개연성을 요구하지만 환경오염 피해는 피해자가 입증하기 쉽지 않다"고 말했다. 그는 "우리나라 법원은 환경오염과 피해의 인과관계를 인정할 때 엄격한 편이라고 평가하는 사람들이 많다"고 덧붙였다.

반면 영국은 환경단체 클라이언트어스(ClientEarth)가

2015년과 2016년 두 차례나 영국 정부를 제소해 승리했다. 클라이언트어스는 영국 정부가 대기질 개선 노력을 소홀히 해 많은 시민들이 이산화질소 등의 대기오염 물질에 노출됐다고 주장했다. 고등법원은 2015년 이들의 주장을 수용해 정부에 강력한 대기오염 물질 관리 정책을 시행토록 명령했다. 그럼에도 정부 대응이 미진하자 클라이언트어스는 2016년 다시 소송을 제기했다. 이 소송에서도 클라이언트어스가 승리하면서 영국 정부는 2017년 5월 개선안을 내놓았지만, 이 역시 환경단체 요구를 조건부 수용하는 데 그친 것으로 평가됐다. 클라이언트어스는 곧바로 세 번째 소송을 냈지만 2017년 7월 5일 기각됐다. 법원은 정부의 개정 초안이 불법적이지 않다고 판단했다.

한국 법원이 환경오염 피해 배상에 대해 전향적이지 않고, 중국 측의 압력도 걸림돌이 될 조짐이 있어 원고 측이 미세먼지 소송 결과를 낙관하긴 어렵다. 당초 중국 정부에 대한 소송에서 원고 측 법률대리인을 맡았던 법무법인 바른의 손홍수 변호사는 〈단비뉴스〉와의 이메일 인터뷰에서 "(법무법인이) 중국 측 고객과의 문제로 사임을 요청하여 사임했다"고 밝혔다.

소병천 아주대 법학전문대학원 교수(국제법 전공)는 이번 재판에 대해 "소송은 최후의 수단이기 때문에 한중 양국 전문가와 이해 당사자들이 논의를 통해 (미세먼지 감축을 위한) 국가 간 협력 토대를 만드는 게 우선적인 일이라고 본다"고 말했다. 그는 "소송을 한다면 중국 발 미세먼지로 인한 피해자들을 찾아서, 중국 정부가 아닌 중국의 낙후된 오염 배출 시설을 상대로 민사소송을 하는 게 더 고려할 만하다"고 제안했다.

발암 먼지에 사람도 게도 까맣게 '속병'

보령화력발전소를 가다

남지현, 나혜인, 안윤석

"비 안 올 때 땅을 이렇게 손으로 쓸면 새까매. 사시사철
그래. 큰 차도 엄청 지나다니고, 말도 마. 요새는 그래도 비 와
서 덜한 거지. 안 아픈 양반들이 없어. 다들 심장 같은 데도 시
원치 않고, 죽었다 하면 다 암이지 뭐. 여기도 지금 항암 주사
맞으러 병원 다니는 사람이 많아."

지난 2017년 8월 21일 오후 충남 보령시 주교면 고정2리
주민회관. 빙 둘러앉아 심심풀이 화투를 치던 할머니들이 오영
혜 씨 말에 고개를 끄덕이며 맞장구를 쳤다. 이들은 주민회관
에서 2킬로미터 거리에 1983년 보령화력발전소가 들어서기 전
부터 이 마을에 살던 토박이들이다. 발전소가 가동된 후 공해
탓에 목이 아프고 눈이 따가워 괴롭다는 경험담을 앞다퉈 쏟아
냈다.

○ 주민 건강과 생계 위협하는
석탄발전소

50여 가구가 대부분 조개, 굴, 게를 채취해 생계를 꾸리고
있는 고정2리에서 발전소는 주민 생업에도 어려움을 안겨주었
다. 발전소와 회 처리장(석탄재를 묻는 곳)이 가동된 후 조개 채
취량이 줄고 조개알의 크기도 줄었기 때문이다. 최삼순 씨는
옛날을 떠올리며 한탄했다.

"(발전소 들어서기 전) 바다에서 조개가 얼마나 많이 났는
데. 옛날에는 호미만 가지면 애들도 갈치고(가르치고) 나 먹고
살고 다 했는디, 공해 때문에 다 썩어서 조개 캐면 막 새까맣게
돼가지고 수도 줄고 씨알도 없고. 이제는 경운기 타고 멀리 떨
어진 데 가서 잡어."

고정2리와 이웃한 고정1리 주민들도 발전소가 하나둘 늘
때마다 갯벌에서 잡은 게가 정체 모를 검은 물질에 점점 더 많
이 오염돼갔다고 말했다. 이곳에서 태어나고 자랐다는 최경열
씨는 게 껍질을 까서 보여주며 속상한 마음을 털어놓았다.

"여기 발전소 들오기 전에는 조개, 굴이 천지사방에 있어
서 조개를 잡으려고 가마니를 가져왔어. 근데 시방 바카지(게)
같은 것도 하나도 못 먹어. 속에 새카만 뻘이 다 끼어갖고 팔지
도 못하고, 아까워서 잡아놓고 그냥 냉장고에 있어."

에너지경제연구원의 〈에너지통계연보 2016〉에 따르면 석
탄화력발전은 2015년 핵발전(36.7퍼센트)을 제치고 한국 전력
생산의 48.3퍼센트를 차지했다. (편집자 주: 전력거래소가 발간

한 〈2018년도 발전설비 현황〉에 따르면 2018년 석탄화력발전 비중은 41.9퍼센트, 핵발전은 23.4퍼센트다.) 특히 충남에는 전국 석탄화력발전소(61기)의 절반에 가까운 30기가 몰려 있다. 서해를 끼고 있어 중국, 호주, 러시아 등에서 배로 석탄을 수입하기 쉽고, 전력 최대 수요지인 수도권과도 가깝기 때문이다. 지난 2017년 7월 영구 폐쇄된 서천 1·2호기를 빼고 당진에 10기, 태안에 10기, 보령에 10기가 있다.

환경부가 지난 2017년 7월 공개한 전국 주요 대기오염 물질 배출 사업장 573곳의 2016년 대기오염 물질 배출량을 보면 충남의 발전소와 현대제철 등에서 뿜어낸 물질이 10만 8,000톤으로 전국 배출량의 27퍼센트를 차지했다. 2015년에 이어 2016년에도 전국 1위 기록이다. 이 숫자는 굴뚝 자동측정기에 입력된 대기오염 물질만을 감안한 것이며, 측정 대상이 아닌 미세먼지와 회 처리장의 비산먼지 등을 감안하면 실제 배출량은 훨씬 더 많을 것으로 추정된다.

국립환경과학원에 따르면 석탄화력발전소에서 나오는 오염 물질 중 이산화질소는 만성 기관지염, 폐렴, 폐출혈, 폐수종을 유발할 수 있다. 또 이산화황은 기관지, 눈, 코에 염증을 일으키고 만성적으로 노출되면 폐렴, 기관지염, 천식, 폐기종 등을 일으킬 수 있다. 이 두 성분을 포함하는 황산화물과 질소산화물은 대기 중에서 화학작용을 통해 세계보건기구가 1군 발암 물질로 지정한 미세먼지를 생성한다.

❂ 충남 호흡기 질환 사망률
전국의 1.5배

석탄화력발전소가 밀집한 충남은 호흡기 질환 사망률이
전국 평균의 1.5배에 이른다. 통계청 자료를 보면 2016년 전국
의 호흡계통 질환 사망자는 인구 10만 명당 57.5명이다. 그런
데 충남은 10만 명당 84.1명이나 됐다. 지역별로 존재하는 연령
차이를 통계적으로 제거한 '연령표준화 사망률'을 봐도 충남은
폐암 사망자가 10만 명당 23.3명으로 전국 평균인 21.9명보다

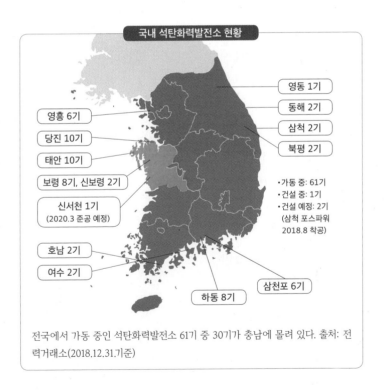

전국에서 가동 중인 석탄화력발전소 61기 중 30기가 충남에 몰려 있다. 출처: 전
력거래소(2018.12.31.기준)

1.4명 더 많고, 폐렴 등 호흡계통 질환 사망자도 전국 평균 31.2명보다 3.1명 많은 34.3명이었다.

〈단비뉴스〉는 지난 2017년 9월 서천화력발전소에서 가까운 충남 보령시 미산면 주민들의 최근 5년간 사망 원인 1~5위 자료를 정보공개청구를 통해 입수했다. 이 자료에 따르면 2012~2016년 중 2014년을 뺀 4년간의 사망 원인 1위가 폐렴이었다. 이는 2016년 전국 사망 원인 1~5위가 암, 심장 질환, 뇌혈관 질환, 폐렴, 자살 순이었던 것과 비교된다. 미산면 주민들의 사망 원인 상위권에는 폐렴 외에도 폐암, 진폐증, 호흡부전 등 호흡기 관련 질병이 두드러졌다.

석탄화력발전소가 내뿜는 미세먼지 등 대기오염 물질 피해는 충남 지역 주민에게만 국한되지 않는다. 서해안 석탄화력발전소에서 배출되는 대기오염 물질들은 남서풍을 타고 수도권까지 영향을 미치는 것으로 분석되고 있다. 2016년 5~6월 실시된 '한미대기질합동연구(KORUS-AQ)' 예비종합보고서는 경기도 화성, 수원 등 서울 남쪽 지역이 충남 석탄화력발전소의 영향을 가장 크게 받는다고 밝혔다.

● 관리 사각지대에 놓인
　석탄회 처리장

보령화력발전소에서 차를 타고 10여 분 달리면 주교면 고정리와 송학리에 걸친 해안가에 남부회처리장이 있다. 보령발

연도	순위	사망 원인	사망자 수	연도	순위	사망 원인	사망자 수
2012년	1위	폐렴	7명	2015년	1위	폐렴	5명
	2위	뇌출혈	4명		2위	노환	3명
	3위	노환	2명		3위	호흡부전	2명
	4위	뇌졸중	2명		4위	기타	각 1명
	5위	신부전	2명		5위	-	-
2013년	1위	폐렴	6명	2016년	1위	폐렴	3명
	2위	노환	3명		2위	노환	3명
	3위	폐암	2명		3위	심부전	2명
	4위	다발성 장기부전	2명		4위	심폐정지	2명
	5위	기타	각 1명		5위	기타	각 1명
2014년	1위	심부전	5명				
	2위	노환	5명				
	3위	폐렴	3명				
	4위	진폐증	2명				
	5위	호흡부전	2명				

정보공개청구를 통해 보령시에서 받은 미산면 주민들의 최근 5년 사망 원인 순위.

전소에서 석탄을 태우고 남은 재를 물과 섞어 파이프로 흘려보낸 뒤 매립하는 곳이다. 1,536만 제곱미터(약 460만 평)에 달하는 남부회처리장은 간석지를 제방으로 둘러막아 바닷물을 가둔 곳이다. 재를 바닷물 속에 가라앉혀 가루가 날리지 않도록 하기 위해서다.

지난 2017년 8월 21일과 12월 21일 두 차례 찾은 남부회처리장 곳곳에는 검은 석탄재가 사람 허리 높이의 언덕을 이루고 있었다. 도로와 회 처리장을 가르는 철조망 뒤로 석탄재를 나르는 파이프가 놓여 있었고, 파이프의 끝에서는 석탄재가 물과 섞여 쏟아져 나오고 있었다. 파이프 주변으로 석탄재가 바닷속을 꽉 채우고 수면 위로 드러난 듯한 부분이 드넓게 펼쳐져 있었다.

회 처리장까지 물과 함께 파이프로 이송된 석탄재가 바닷물 아래에 쌓이다 수면 위로 올라올 만큼 포화되면 규정상 그 위에 일반 흙을 덮어 복토하거나 덮개로 덮어 석탄재가 날리지 않도록 해야 한다. 그렇지 않으면 석탄재에 섞인 '6가크롬' 등 발암성 유해물질이 주변 환경에 악영향을 끼칠 수 있다. 환경운동연합 이지언 에너지기후팀장은 "(석탄재에는) 유해 중금속 물질이 많이 있기 때문에 외부 환경에 유출됐을 때는 먹이사슬에 의해 생물체 내에 중금속 축적이라든지 농축이 일어날 위험성이 있다"고 말했다.

보령시청 환경보호과의 오용주 주무관은 지난 2017년 8월 28일 〈단비뉴스〉와의 전화 인터뷰에서 파이프 출구 부분에서는 석탄재가 수면 위로 쌓일 수 있지만 석탄재가 점차 물이 많은 곳으로 퍼져나가며 가라앉는다고 설명했다. 그는 "발전소 측에서 회가 마르면 날리지 않게 살수를 시켜주고 표면에 약재를 뿌려준다"며 "수분을 머금고 있는 석탄재가 바람에 날릴 가능성은 낮다"고 말했다.

그러나 회 처리장 인근 마을 주민들의 말은 달랐다. 마을회관에서 만난 고정2리 주민 나순정 씨는 "까만 게 묻어나서 빨래를 밖에다 못 넌다"고 말했다. 다른 할머니들도 이구동성으로 석탄재가 날린다고 증언했다.

〈단비뉴스〉가 촬영한 사진을 통해 회 처리장 상태를 살펴본 손민우 그린피스 기후에너지 캠페이너는 "해당 회 처리장은

남부회처리장 모습. 시커먼 석탄재가 해수면 위로 노출된 채 방치되어 있다. 멀리 보령 화력발전소가 보인다. ⓒ 남지현

상당히 심각한 상황으로 보인다"며 "위와 같은 상황을 오래 방치할 경우, 지역 주민 생활에 큰 피해를 줄 수 있으며, 호흡기 질환뿐 아니라 석탄회에 포함된 중금속 때문에 다양한 질병을 유발할 위험이 있다"고 말했다.

보령화력발전소를 운영하는 중부발전의 남부회처리장 담당자는 지난 2017년 12월 20일 관리 현황에 대한 〈단비뉴스〉의 전화 문의에 "지역협력팀으로 공문을 보내 정식으로 질문을 접수하라"며 즉답을 피했다. 지역협력팀에 문의하자 언론 담당자는 자리에 없었고, 남부회처리장 담당자는 재차 연락했을 때 응답하지 않았다.

남부회처리장과 도로 하나를 사이에 두고 자리한 사토장 (공사장에서 나온 토사 등을 버리는 곳)에서도 별다른 조치 없이

야적된 석탄재를 쉽게 발견할 수 있었다. 환경운동연합 이지언 팀장은 "석탄발전소가 증설되고 가동률이 높아지면서 석탄재 처리장도 포화 상태에 이르고 있다"며 "건설 자재로 일부 재활용하고는 있지만 석탄재 같은 고체 폐기물에 대한 대책은 여전히 부족한 걸로 보인다"고 말했다.

석탄 함정에 빠진 '세계 4대 기후 악당'

미세먼지 대책의 허실

남지현, 나혜인

"우리 아이들이 마스크를 벗고 사시사철 신나게 뛰어 노는 맑은 대한민국을 원하지 않습니까?"

2017년 9월 26일 서울 세종로 정부서울청사 3층 합동브리핑룸에서 안병옥 환경부 차관이 미세먼지 관리 종합대책 발표를 마치며 호소했다. 정부의 의지만으로는 문제 해결이 어려우니 국민들의 적극적인 참여와 산업계의 협조를 부탁한다는 말이었다. 오는 2022년까지 7조 2,000억 원을 투입해 미세먼지를 2014년 배출량 대비 30퍼센트가량 줄이겠다는 내용의 이날 대책은 그러나 '정부의 의지 자체도 부족한 것 아니냐'는 의구심을 낳았다.

● 2030년에도 석탄화력이
국내 발전원 1위

정부는 미세먼지를 내뿜는 석탄화력발전을 줄이고 신재생에너지를 늘리겠다고 공언했으나 산업통상자원부의 에너지 수급 계획 등을 종합하면 문재인 정부 말까지 석탄발전의 절대량은 오히려 늘어난다. 문재인 대통령은 대선 후보 시절 공정률이 낮은 석탄화력발전소 9기의 건설을 원점에서 재검토하겠다고 밝혔지만 취임 후 7기(신서천 1기·고성 2기·강릉 2기·삼척 2기)는 그대로 진행한다는 결론을 내렸다. '최고 수준의 배출 기준을 적용한다'는 조건을 달았을 뿐이다.

정부는 대신 노후 석탄화력발전소 7기(보령 1·2호기, 삼천포 1·2호기, 영동 2호기, 호남 1·2호기)를 당초 예정보다 3년 빠른 2022년까지 차례로 폐쇄하기로 했다. 따라서 문재인 대통령 임기 말 전체 석탄화력발전소 수는 변함이 없다. 그러나 발전 설비용량은 2017년 36.8기가와트(GW)에서 2022년 42기가와트로 5.2기가와트가 더 늘어난다. 새로 짓는 발전소의 설비용량이 폐쇄되는 것들보다 크기 때문이다. 한국의 국토 면적 대비 석탄발전용량은 이미 OECD 회원국 중 가장 크다.

산자부는 전체 발전량(실제 전기 생산량) 중 재생에너지 비중을 2017년의 6.2퍼센트에서 2030년 20퍼센트로 확대하고 석탄발전은 같은 기간 45.3퍼센트에서 36.1퍼센트까지 줄이겠다고 밝혔다. 그러나 환경운동연합 등 시민단체들은 현재 국내 발전원 중 1위(설비용량 기준 31.5퍼센트)인 석탄화력이 2030년

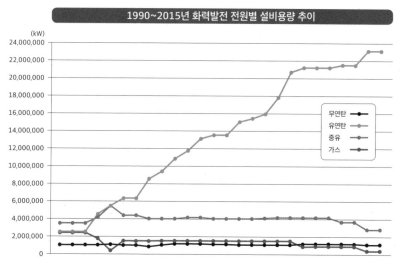

전기 생산을 위해 태우는 과정에서 연기를 많이 뿜는 유연탄 비중이 1990년대 중반 이후 급격히 늘었다. 국내에서 생산되는 무연탄은 양이 한정돼 있고, 다른 수입 에너지원 중 유연탄 값이 가장 싸기 때문이다. 출처: 한국전력통계

에도 여전히 가장 큰 비중을 차지할 것이라며 정부를 비판하고 있다.

한국이 이처럼 석탄화력발전에 크게 의존하게 된 것은 1970년대 두 차례의 석유파동을 겪은 뒤 전기 생산의 '탈석유화'를 추진하면서 값싼 유연탄 수입을 늘렸기 때문이다. 이 추세는 최근까지 이어져 2005년 39기였던 석탄화력발전소가 2017년 12월 기준 61기로 늘었다. 2017년에만 충남 보령·태안, 강원 삼척·동해(북평)에서 석탄발전소 6기가 새로 가동됐다. 문재인 정부 들어 노후 발전소인 서천화력 2기가 문을 닫고 강릉 영동화력발전소 1호기가 바이오매스 연료로 전환했지

만 결과적으로는 3개가 더 늘었다. 석탄발전을 중단한 3기의 설비용량은 525메가와트(MW)지만, 신규 발전소 6기의 설비용량은 5,114메가와트로 10배 가까이 된다.

● 초미세먼지·온실가스,
건강·환경에 치명타

석탄은 천연가스 등과 비교할 때 대기오염 물질 배출량이 압도적으로 많다. 더불어민주당 이용득 의원이 2017년 10월 23일 환경부에서 받은 자료에 따르면 '최고 수준의 저감 설비'를 갖춘다 해도 석탄화력발전소는 액화천연가스(LNG)발전소에 비해 황산화물을 100배, 초미세먼지를 4배가량 배출한다. 석탄은 또 LNG의 2배가량 이산화탄소를 뿜어내 기후변화의 주범으로 꼽히기도 한다.

환경 전문가들은 정부가 2017년 7월 노후 석탄발전소인 영동 1호기를 목재 펠릿을 쓰는 바이오매스발전소로 전환한 데 대해서도 우려를 표했다. 목재 펠릿은 기후변화를 일으키는 이산화탄소 배출량은 석탄에 비해 적지만 미세먼지, 질소산화물 등 대기오염 물질을 많이 배출하기 때문이다.

손민우 그린피스 기후에너지 캠페이너는 2018년 1월 12일 〈단비뉴스〉와의 전화 인터뷰에서 "발전 회사들이 사용하는 목재 펠릿은 페인트 등 화학물질을 제대로 제거하지 않은 폐목재를 가공한 것이 대부분"이라며 "그대로 연소했을 때 오히려 대기오염 물질이 더 나올 수 있다"고 말했다. 그는 이어 "바이오매스발전은 원래 자원 순환에 도움이 된다는 게 장점이지만 현실은 동남아에서 멀쩡한 나무를 베어 수입해오는 등 정말 친환경인지 의문이 든다"며 "그 돈으로 태양광, 풍력같이 대기오염 물질이나 온실가스를 배출하지 않는 발전 방식에 투자하는 게 옳다"고 지적했다.

이에 대해 익명을 요구한 산림바이오매스에너지협회 관계자는 "목재 펠릿은 국내외 품질 기준에 따라 유해 화학물질이 함유되지 않은 고체 바이오 연료만을 의미한다"며 "(손민우 캠페이너가 지적한) 화학물질을 함유한 폐목재나 농업 폐기물 등으로 만든 고형연료는 바이오 SRF로, 목재 펠릿과는 구분해야 한다"고 반박했다. 국내 바이오매스발전소 중 바이오 SRF를 연료로 태우는 곳도 있지만, 영동 1호기 연료로 쓰이는 목재 펠릿은 먼지, 황산화물, 질소산화물 등 대기오염 물질이 유연탄과 견줘 크게 낮은 수준이라는 것이다. 산림바이오매스에너지협회는 목재 펠릿 관련 민간 업체들과 공공 연구 기관인 한국에너지기술연구원 등을 회원사로 둔 비영리법인이다.

그는 국내에서 사용하는 목재 펠릿의 99퍼센트를 대부분 동남아에서 수입해와 자원 순환에 도움이 되지 않는다는 지적에 대해서도 "국산 목재 펠릿과 가격차가 워낙 커서 발전소들도 저렴한 수입산을 쓸 수밖에 없는 현실"이라며 "특히 동남아는 한국보다 원재료값이 절반 가까이 낮다"고 설명했다.

◉ 선진국은 '탈석탄' 박차,
한국은 역주행

한국과 달리 선진국들은 '탈석탄'에 박차를 가하고 있다. 영국, 프랑스, 덴마크, 캐나다 등 주요국들은 지난 2015년 체결된 '기후변화에 관한 파리협정'의 온실가스 감축 목표 이행을 위해 오는 2030년 무렵까지 석탄발전소를 모두 폐쇄한다는 계획을 세웠다. 특히 영국과 캐나다는 2017년 11월 독일 본에서 열린 제23차 유엔기후변화협약 당사국총회(COP23)에서 '탈석탄동맹(Powering Past Coal Alliance)' 결성을 이끌었다.

프랑스, 이탈리아, 핀란드, 덴마크, 멕시코 등 총 20개국이 참여한 이 동맹은 선언문을 통해 "세계 전력 생산 중 40퍼센트를 차지하는 석탄발전은 온실가스 배출의 주범"이라며 "석탄을 태워 발생한 대기오염으로 매년 80만 명이 사망하고 있다"고 지적했다. 동맹은 앞으로 가입국을 50개 나라 이상으로 늘려갈 계획이라고 밝혔다.

영국은 엘리자베스 여왕의 생일이던 2017년 4월 21일 석탄을 24시간 동안 전혀 사용하지 않고 전력을 공급하는 이벤트를 벌였다. 1882년 런던에 세계 최초의 석탄발전소가 들어선 이래 처음 있는 일이었다. 2015년 22퍼센트였던 영국의 석탄발전 비중은 천연가스발전이 늘면서 이듬해 9퍼센트까지 떨어졌다. 영국은 오는 2025년 석탄발전을 완전 중단할 계획이다.

2003년 전체 전력 생산의 25퍼센트를 석탄발전으로 충당

한국은 이미 OECD 회원국 중 국토 면적 대비 석탄발전용량이 가장 큰 나라인데도 초미세먼지 등을 뿜어내는 석탄화력발전소를 계속 짓고 있다. 충남 보령시 오천면에 있는 중부발전 보령화력발전소 전경. © 나혜인

했던 캐나다 역시 천연가스발전을 늘리면서 2015년 석탄발전 비중을 6.5퍼센트로 줄였다. 캐나다 연방정부는 2019년부터 석탄, 석유 등 화석연료 탄소 배출량 1톤당 20캐나다달러(약 1만 8,200원)의 탄소세를 부과하고 있다. 캐나다 정부는 매년 10캐나다달러씩 세금을 올려 2022년까지 탄소세를 50캐나다달러(약 4만 2,000원)로 올릴 방침이다. 탄소세를 많이 내게 될 석탄 및 석유 관련 업계는 '국가 경제에 타격을 줄 것'이라 반발하면서도 한편으로는 청정에너지 사업 비중 확대를 고심하고 있다.

● '친환경 석탄발전'은
국민 속이는 '거짓'

한국의 발전 회사들은 첨단기술을 활용한 고효율 발전과 오염 물질 저감 시설 등을 내세워 석탄발전도 '친환경적으로' 할 수 있다고 주장한다. 2017년 가동을 시작한 강원 삼척그린파워발전소가 대표적인 예다. 총 2,044메가와트 규모의 삼척그린파워발전소 1·2호기를 운영하는 한국남부발전주식회사는 홍보 동영상에서 옥내형 저탄장, 친환경 보일러, 이산화탄소 저감 연구센터, 발전폐수 무방류 시스템 등을 내세워 '친환경 저원가 발전소'임을 강조하고 있다. 2022년까지 문을 열게 될 강릉에코파워, 고성그린파워, 삼척포스파워발전소의 홈페이지 역시 '세계 최고 수준의 친환경 설비' '환경 영향 제로화' 등의 문구를 앞세우고 있다.

하지만 국제 환경단체 그린피스는 기업이 석탄발전에 '친환경' 이미지를 덧씌우는 것은 전형적인 '그린워싱(greenwashing)'이라고 비판한다. 본질을 가리는 허위 혹은 과장이라는 얘기다. 손민우 캠페이너는 "석탄발전은 아무리 최신 기술로 걸러낸다 하더라도 결코 오염 물질을 '제로화'할 수 없고, 따라서 친환경적일 수 없다"며 "발전소 이름에 '그린' '에코' 등을 넣어 초미세먼지와 온실가스의 주요 원인인 석탄발전의 해악을 가리는 건 국민을 속이는 것"이라고 말했다. 그린피스는 석탄발전사들의 허위·과장광고에 대해 2017년 9월 국민권익위원회와 국회에 문제를 제기했고, 현재 환경부가 환경 피해 유발 기관의 친환경 홍보를 규제하는 고시를 마련하고 있다. (편집자 주: 환경부는 2018년 9월 '환경성 표시 광고 관리제도에 관한 고시'의 일부 개정안을 입법 예고했고, 2019년 1월부터 시행 중이다. 개정안은 화석연료를 '친환경', '환경오염이 없는' 등으로 표현하는 과장 광고를 금지했다.)

국제 비영리기구 연합체인 유럽기후행동네트워크(CAN Europe)는 2017년 11월 발표한 〈기후변화이행지수(CCPI) 2018〉 보고서에서 한국을 60개국 중 최하위권인 58위로 평가했다. 한국 정부의 재생에너지 확대 목표는 긍정적이지만 여전히 온실가스 배출량과 에너지 수요 관리가 부족해 실제 진전된 정책은 거의 없다는 이유에서다. 지난 2016년 11월에는 영국의 기후변화 전문 언론 〈클라이밋 홈〉이 연구 기관인 기후행동추적(Climate Action Tracker·CAT)의 분석 결과를 토대로 한국을 사우디아라비아, 호주, 뉴질랜드와 함께 '세계 4대 기후 악당(Climate Villain)'으로 지목했다. 석탄화력발전소 수출에 국책은행이 재정 지원을 하고 있고, 1인당 온실가스 배출량의 증가 속도가 가파르다는 등의 이유였다.

○ 에너지와 교통 수요 줄이는
근본 대책 미흡

정부의 미세먼지 대책에는 낡은 경유차를 줄이고 친환경 차량 보급을 늘리는 정책도 들어 있다. 2005년 말 이전 제작된 경유차를 폐차할 경우 정부와 지방자치단체에서 차량 무게에 따라 165만~770만 원의 보조금을 지급한다. 노후 경유차의 운행 제한 지역도 현재 수도권에서 2020년까지 충청, 동남(부산·울산 등), 광양만권(여수·순천·광양)까지 확대한다. 교통 수요 관리를 위해 '녹색교통진흥지역'을 지정해 노후 경유차 진입을 억제하는 방안도 시행한다.

또 오는 2022년까지 오염 물질을 적게 배출하는 하이브리드차(내연 엔진과 전기 배터리를 함께 쓰는 차), 수소차, 전기차 등 친환경 차량을 총 200만 대 보급하고 전기·수소차 충전소를 총 1만 310기 확충하기로 했다. 친환경 차량에는 보조금을 주고 오염 물질 배출 차량에는 부담금을 물리는 '친환경 차 협력금 제도'도 2019년까지 관계 부처 공동으로 마련하기로 했다.

그러나 전문가들은 이런 대책이 에너지와 교통 수요를 줄이려는 근본적인 대책 면에서 미흡하다고 지적했다. 조경두 인천발전연구원 기후환경연구센터장은 "에너지 정책을 보면 소비 자체를 줄이겠다는 정책 얼개가 상대적으로 부족하다"고 말했다. 그는 민간에 전기차 보급을 늘리는 정책이 도리어 전력 수요를 늘려 대기오염과 온실가스 배출을 악화시킬 가능성은 없는지 면밀히 검토해야 한다고 지적했다.

"북유럽이나 미국 서부 지역처럼 재생에너지 의존도가 높은 지역에서는 전기차를 쓰는 게 맞죠. 그런데 지금 우리나라는 전력 대부분을 석탄과 원자력에 의존하고 있잖아요? 그런 상황에서 전기차를 구입하고 운행할 때 여러 가지 인센티브를 준다면 대중교통 이용하라고 인프라 투자한 것이 일정 부분 도로 아미타불이 되는 거잖아요. 에너지 믹스에서 석탄 비중이 큰 상황이 해결되지 않는다면 전기차는 석탄화력발전소의 지속적인 수요처가 되는 거죠."

그는 또 "국민 세금을 쓰는 기본적인 로직(논리)이 달라져야 한다"며 "도로를 적게 만들어야 자동차도 덜 이용한다"고 주장했다. 세계적인 도시들이 '도로 다이어트'를 하는 것도 그런 이유에서라는 것이다. 이와 더불어 대기오염 문제와 기후변화 대응에 수익자 부담 원칙을 적절히 적용해야 한다고 주장했다. 자동차 제조업체나 석탄화력발전소처럼 대기오염 물질과 온실가스를 많이 배출할수록 수익을 얻는 쪽에서 비용을 더 부담하도록 제도를 설계해야 한다는 것이다. 그는 배출 부과금 징수에 붙은 다양한 유예나 면제 조건을 줄이고, 배출권 거래 가격이 좀 더 현실적으로 상향 조정될 수 있도록 하는 등의 정책 설계가 뒤따라야 실질적인 감축 노력을 이끌어낼 수 있다고 강조했다.

이세걸 서울환경운동연합 사무처장은 "미세먼지를 재난으로 인식했다면 더 강한 대책이 필요하다"며 "대선 기간에는 개인 경유차 퇴출까지 얘기했던 부분이 통째로 빠졌고, 현재 휘발유(리터당 745원)보다 싼 경유의 유류세(리터당 528원)를 올려 에너지의 상대 가격을 조정하는 것에는 의지가 없어 보인다"고 비판했다. 그는 전기차에 필요한 전력의 45퍼센트 이상을 석탄이 공급하는 상황에서는 전체 차량 약 2,200만 대 중 전기차 비중을 높이는 것보다 차량 수를 줄이는 것이 더 근본적인 대책이라고 지적했다.

유럽에선 차츰 석유차 퇴출이 추진되고 있다. 프랑스와 영국은 오는 2040년까지 휘발유와 경유차량 판매를 전면 금지하겠다고 2017년 7월 선언했다. 현재 세계에서 전기차 보급률이 가장 높은 노르웨이는 2025년부터 100퍼센트 전기자동차와 플러그인하이브리드차(하이브리드차와 전기차의 중간 단계)만 판매를 허용하기로 결정했다. 네덜란드 역시 2025년까지 휘발유와 경유차량의 판매를 금지하기로 했다.

유럽의 여러 도시에는 대기오염 물질을 많이 배출하는 차량의 진입을 금지하거나 통행세를 물리는 '저배출 구역(LEZ·Low Emission Zone)'도 늘어나고 있다. 벨기에, 독일, 네덜란드, 스웨덴, 영국, 덴마크, 이탈리아에서 시행 중이다. 이 중 가장 강력한 규제를 시행하고 있는 건 영국이다.

수도 런던의 경우 2008년 처음 저배출 구역 제도가 도입됐으며 지금은 대다수 거리가 LEZ로 지정돼 있다. 24시간 거리 곳곳에서 카메라로 차량을 식별해, 운행 금지 대상 차량을 적발한다. 배출 허용 기준을 충족하지 못하는 차량은 사전에 '1일 통행료'를 미리 납부하거나 도로 사용 후 48시간 안에 내야 한다. 이를 어기고 운행하면 벌금을 내게 되며 차량이 클수록, 그리고 납부가 늦어질수록 금액이 커진다. 예를 들어 3.5톤 이상의 화물차가 14일 이내 벌금을 내면 500파운드(약 72만 원)지만 이 기간을 넘기면 1,000파운드(약 144만 원)를 내야 한다.

찬핵 세력의
거짓말

"일본이 당한 재난, 한국에 닥칠 수도"

후쿠시마, 갈 수 없는 고향

윤연정, 박희영, 나혜인

"마을엔 버려진 소들만 있었어요. 그것 외엔 아무런 소리가 없었고요. 마치 세상이 끝장난 것 같다는 생각이 들었죠. 사람은 사라졌지만, 벚꽃은 계속 예쁘게 피고 있었습니다."

일본 후쿠시마 원전 사고 1년 후인 2012년 봄, 후쿠시마현 후타바군 도미오카마치(읍)에 다녀온 구호단체 무스부(MUSUBU)의 미야모토 히데미 대표는 차분한 목소리로 말했다. 해마다 봄이면 벚꽃이 아름답게 피어 많은 사람들이 찾았던 도미오카마치의 '요노모리(밤의 숲)'는 사고가 난 원전에서 7킬로미터 떨어진 곳에 있다. 7년이 지난 2018년 현재도 이곳엔 사람이 살지 못한다.

⊗ 방사능 오염 속에 핀
요노모리의 벚꽃

미야모토 대표는 도미오카 출신인 어머니와 다른 고향 주민들을 위해 당시 한 사진작가와 함께 요노모리에 다녀왔다. 정부의 출입 허가를 받고 방호복을 입어야 들어갈 수 있는 이 지역은 방사선 수치가 높아 최대 4시간만 체류할 수 있었다. 그는 당시 찍은 사진으로 후쿠시마현과 도쿄 주변 간토 지방 일대를 돌며 이동 전시회를 열었다. 황급히 탈출해 곳곳에 흩어져 살고 있는 후쿠시마 피난민들에게 사진으로나마 고향을 돌려주고 싶었기 때문이다.

"재앙이 일어나기 전에는 쓰나미에 의해서 동네 하나가 다

일본 후쿠시마현 이와키시의 한 가게에 걸린 요노모리의 벚꽃 사진. 미야모토 대표 등이 2012년 찍은 것을 패널로 만들어 원전 피해 지역 출신이 많이 오가는 이곳에 기증했다. © MUSUBU

망가지거나 사라진다는 것은 상상도 못했고요, 고향에 영원히 돌아갈 수 없다는 생각도 못했습니다. 재앙을 겪고서야 상상을 초월하는 일이 일어날 수 있다는 것을 알게 됐어요. 지금은 무슨 일이 일어나도 그렇게 놀랍지 않아요."

지난 2017년 5월 26일 서울시의 청년 지원 기구인 청년허브의 '두근두근 설레임으로 후쿠시마를 잇다' 강연에 나온 미야모토 대표는 격앙된 어조로 설명을 이어갔다. 서울 은평구 통일로의 청년허브 다목적홀에서 열린 강연에는 무스부의 스에나가 사야카 부대표도 함께 나와 일본어 통역을 통해 40여 명의 청중과 대화했다.

일본 도호쿠 지방 후쿠시마현 남쪽 바닷가, 서울의 2배 면적에 인구는 35만 명밖에 되지 않는 이와키시 출신인 이들은 원전 사고 직후 무스부를 만들어 자원봉사자들과 함께 피해 주민을 지원하는 활동을 해왔다. 이와키시는 원전에서 50킬로미터 떨어진 곳이어서 재난의 직접적인 피해는 입지 않았지만 원전 지역 피난민이 많이 들어왔다. 그런데 방사능 오염 등의 우려로 외부에서 물자가 잘 들어오지 않아 시민들이 함께 어려움을 겪었다. 무스부는 트위터 등을 통해 필요 물품을 구해서 혼자 사는 노인 등 취약 계층을 적극 도왔다고 한다.

"아이가 있는 가정에서 엄마는 아이가 걱정되기 때문에 후쿠시마를 떠나고 싶어 한 반면 남편은 직장이 있기 때문에 그러지 못했죠. 재난 이후 개인적인 상황이나 경제적인 이유로 이혼한 가정이 많았습니다."

스에나가 부대표의 회고다. 그는 "우리는 상상도 못했던 사태 속에서 여전히 정답을 모르고, 정답을 찾을 수도 없지만 날마다 고민하고 답을 모색하면서 살고 있다"며 "이런 상상도 못했던 사태는 우리뿐 아니라 누구에게나 있을 수 있고, 여러분에게도 있을 수 있다"고 경고했다.

○ 대형 자연재해와
   인재가 만든 복합 재난

이들이 전한 대로, 후쿠시마 원전 주변 지역은 돌아갈 수 없는 폐허가 됐다. 2011년 3월 11일 도호쿠 지역을 강타한 지진과 쓰나미에 이은 후쿠시마 원전 사고는 당시 총리였던 간 나오토의 표현대로 전례 없는 대형 자연재해와 대비를 제대로 못한 인재가 겹친 복합 재난이었다. 규모 9.0의 강진과 15미터 높이의 쓰나미는 후쿠시마현 일부를 포함한 일본 동북 지역을 초토화하면서 도쿄전력 후쿠시마 제1원전의 전원 상실(스테이션 블랙아웃)을 불렀다. 이는 원자로의 노심용융(멜트다운)과 함께 1~4호기의 연쇄 수소 폭발로 이어졌고, 다량의 방사성 물질이 대기 중으로 방출되는 재앙을 낳았다.

'일본 원전은 안전하다'고 되뇌었던 도쿄전력과 정부는 사고 수습에 무능했고, 정보를 은폐하는 데 급급했다. 예를 들어 원전의 비상전원까지 끊겨 원자로에 냉각수를 공급할 수 없다면 소방차로 바닷물을 끌어다 붓는 조치라도 했어야 하는데, 시미즈 마사타카 사장 등 도쿄전력 수뇌부가 원자로 영구 손상을

2011년 3월 11일	14시 46분	대지진 발생(규모 9.0)
	15시 27분	쓰나미가 원전 덮쳐 외부 전원 공급 차단, 노심용융 발생
	21시 23분	원전 3km 반경 주민 대피령
12일	0시 6분	벤트(배기) 작업 난항
	05시 44분	대피 범위 10km로 확장
	15시 36분	1호기 원자로 건물 수소 폭발
	18시 25분	대피 범위 20km로 확장
13일	02시 42분	3호기 비상용 냉각장치 일시 정지
	04시 50분	3호기 상황 악화
14일	11시 01분	3호기 원자로 수소 폭발
	22시 50분	2호기 벤트, 냉각수 주입 불가
15일	06시	2호기에서 폭발음
	08시 11분	4호기 원자로 건물 파손 확인
	11시	반경 20~30km 이내 주민 '옥내 대피' 지시
	11시 18분	문부과학성, 기자회견서 SPEEDI(긴급시신속방사능영향예측시스템) 정보 공개 요구받음
	23시 05분	후쿠시마 원전 정문 부근서 극도로 높은 방사선량 계측(4,548μSv/h)
23일		원자력안전위원회, SPEEDI 정보 공개
25일		일본 정부, '주민 자체' 대피 지시

일본 정부와 도쿄전력이 '안전 신화'에 사로잡혀 제대로 된 사고 매뉴얼을 마련하지 않은 상태에서 우왕좌왕했던 과정이 드러난다. 출처: 도쿄전력 후쿠시마 원자력발전소 사고 조사위원회(2012)

우려해 결정을 미루는 바람에 돌이킬 수 없는 사태로 이어졌다.

한 부지 안에 있던 6기의 원자로 중 오래된 순서대로 4기가 터졌고, 이 중 4호기는 가동 중단 상태라 노심용융이 없었는데도 연쇄 폭발한 것에 대해 국제원자력기구 등 국제기구와 전문가들은 '낡은 원전의 위험성'과 '다수호기의 동시 사고 가능성'을 보여준 사례로 특히 주목했다. 한국의 경우 설계수명을 다한 원전을 연장해서 가동하고, 부산과 울산 일대의 고리

원전본부에 원전 10기가 밀집 건설되고 있기 때문에 더욱 경고의 의미가 컸다.

후쿠시마 참사는 지금도 '진행 중'이라고 평가된다. 정상적으로 수명을 다한 경우의 폐로도 30~40년이 걸리는데, 후쿠시마 원전의 경우 아직 사고 상황조차 정확하게 파악되지 않은 상태다. 동국대 박종운 교수는 지난 2018년 2월 3일 〈단비뉴스〉와의 전화 인터뷰에서 "후쿠시마 사고로 녹아내린 원자로 안에는 사람이 접근할 수 없는 상태"라며 "로봇을 집어넣어도 고장 나는 경우가 다반사이기 때문에 그 안이 정확히 어떤 상황인지 파악할 수 없어 폐로를 언제까지 할 수 있을지 계획을 잡는 것 자체가 불가능하다"고 말했다.

원전에서 인근 바다로 쏟아져 나오고 있는 방사능 오염수도 여전히 '통제 불능'이다. 〈교도통신〉 등 일본 국내외 보도를 종합하면 후쿠시마 제1원전 1~4호기 원자로 주변에 흐르는 약 1,000톤의 지하수 중 수백 톤이 고농도 오염수와 섞여 매일 바다로 흘러들어가고 있다. 이 때문에 세계 여러 나라가 후쿠시마 근해산 수산물 수입을 금지하고 있지만 일본 정부는 한국의 수입 금지를 문제 삼아 세계무역기구(WTO)에 제소하는 등 적반하장의 태도를 보이고 있다.

후쿠시마 원전 사고는 일본 정부와 도쿄전력의 무능과 무책임, 부도덕성을 적나라하게 드러냈다. 대형 민간 전력 회사인 도쿄전력은 2011년 3월 11일 쓰나미로 인해 원전의 전원이 상실되는 사고가 났을 때 정부에 즉각 정보를 제공하고 사고수습에 나서야 할 의무가 있었다. 그러나 '비용 감축의 귀재'라는 별명을 얻으며 승승장구했던 시미즈 마사타카 사장은 사고 발생 이튿날 지방 출장에서 복귀한 후 한 달 동안 공식 석상에 나타나지 않았다. 해수 주입 등에 대한 결정을 제때 내리지 않고, '노심용융이라는 표현을 쓰지 말라'는 등 사고 은폐에 급급했던 그는 여론의 비난에 시달리다 그해 6월 퇴진했다.

사고 발생 1년 6개월 후인 2012년 9월에는 일본 원자력 시설의 안전 규제를 담당하던 원자력안전위원회와 원자력안전보안원이 폐지됐다. 닛폰TV 등 일본 언론 보도에 따르면 폐지 당시 원자력안전보안원장은 "지금까지 원전 안전 신화에 안주해 온 것을 부정할 수 없으며 그로 인해 규제상의 약점을 극복할 수 없었다"고 말했다. 일본 원안위는 사고 이전 '일본 원전 시설은 안전하기 때문에 현행의 대비책에 특별히 추가적인 대책을 시행할 필요가 없다'고 평가해 사업자들이 안일하게 대처하도록 만들었다는 비판을 받았다.

● 탈원전 정책 폐기,
　재난 지역 해제하는 아베 정권

그런데 무엇보다 심각한 것은 아베 신조 정권의 정책이다. 아베 총리가 이끄는 자민당은 지난 2012년 12월 총선을 통해 재집권한 후 민주당 정권이 세웠던 '2030 원전 제로' 계획을 폐기했다. 그리고 후쿠시마 참사 직후 가동 중단한 원전을 2015년부터 단계적으로 재가동하고 있다. 또 지역사회 재건을 목표로 원전 재난 지역의 피난 지시를 서둘러 해제하고 있다.

아베 정부는 후쿠시마 원전 반경 20킬로미터 이내인 가쓰라오무라에 내린 피난 지시를 2016년 6월 12일 북동쪽 일부만 제외하고 대부분 해제했다. 후쿠시마 원전 사고로 인한 피난 지시 해제는 2014년 4월 다무라시 미야코지 지구, 같은 해 10월 가와우치무라 일부 지역, 2015년 9월 나라하마치에 이어 네 번째다. 일본 정부는 방사성 물질 제거 작업이 완료되고 주민 생활을 위한 환경이 어느 정도 조성되는 등 피난 지시 해제 기준을 충족했다고 설명했다. 그러나 일본 국내외 탈핵 활동가들은 이 조치가 해당 지역 주민들의 생존권을 위협하는 것이라고 비판하고 있다.

지난 2016년 11월 후쿠시마 원전에서 약 28~47킬로미터 떨어진 후쿠시마현 이타테 마을을 집중 조사하고 돌아온 다국적 그린피스 방사선 방호 전문가팀에 따르면, 피난 지시 해제로 귀향할 이타테 주민들이 향후 70년 동안 받게 될 공간 방사선의 누적 피폭량이 39~183밀리시버트(mSv)에 달할 것으로 분석됐다. 이는 자연 방사선과 사고 직후 피폭량, 귀환 후 내부 피폭량 등을 제외한 공간 방사선 피폭량만을 고려한 수치로, 일생 동안 매주 흉부 엑스레이를 찍으며 사는 것과 비슷한 양이라고 그린피스 측은 설명했다. 대부분 국가에서는 자연 방사선(공기, 지표, 음식, 건축물 재료 등 자연 상태에 존재하는 방사성 물질이 내뿜는 방사선) 외의 추가 피폭을 연간 최대 1밀리시버트 이하로 제한해 관리한다. (편집자 주: 그린피스는 귀환 주민의 경우 사고 직후 피폭량이 있는 상태에서 추가 피폭이 계속 누적되기 때문에 문제가 심각하다고 지적한다.)

장다울 그린피스 한국사무소 선임캠페이너는 "일본 정부가 설정한 제염 목표는 시간당 0.23마이크로시버트인데, 한 지역의 평균적인 방사선 수치가 낮아져도 지역 안에서 방사성 물질이 평균 수치의 100배가량 농축돼 있는 '핫 스팟'이 존재한다"며 "이타테 마을에 갔을 때 비닐하우스 옆을 따라서 핫 스팟이 주루룩 측정됐다"고 말했다. 그는 생활 반경 내에 방사성 물질이 고농축돼 피폭당할 가능성이 있는 '핫 스팟'이 있는데도 이에 대한 정보 제공 없이 안전하다며 사람들을 돌아오게 하는 것은 위험하다고 지적했다.

일본 정부가 피난 지시를 해제하게 되면 해당 지역에서 떠나온 주민들이 매달 10만 엔(약 100만 원)씩 받고 있던 주거 지원금도 1년 뒤 끊기게 된다. 장다울 캠페이너는 "새로운 보금자리를 마련할 수 없는 피난민이 경제적인 이유로 돌아갈 수밖에 없는 상황에 내몰리게 된다"며 "이는 용납할 수 없는 심각한 인권 문제"라고 비판했다. 후쿠시마현청에 따르면 원전 사고로 인한 피난민은 사고 발생 1년여 후인 2012년 5월 16만 4,865명을 정점으로 계속 감소하고 있지만, 2017년 10월 현재 5만 4,579명이 여전히 피난 생활을 하고 있는 것으로 알려졌다.

끔찍한 재앙 후에도 여전한 '거짓말'

드러난 위험, 미흡한 대책

나혜인, 윤연정, 박희영

"체르노빌 원전에서 나온 가장 위험한 물질은 세슘도, 플루토늄도 아닌 '거짓말'이었어요. 1986년의 거짓말. 저는 체르노빌 원전 사고를 이렇게 부릅니다."

미국 디스커버리 채널이 2006년 방영한 다큐멘터리 〈체르노빌의 전투〉에서 구소련의 알라 야로신스카야 전 최고 소비에트(입법기구) 위원은 단호하게 말했다. 그는 당국이 은폐했던 600쪽가량의 체르노빌 보고서를 1991년 소련이 무너졌을 때 입수, 1994년 《체르노빌, 감춰진 진실》을 펴낸 사람이다. 프랑스 다큐 감독 토마스 존슨이 사고 20주년을 맞아 제작한 〈체르노빌의 전투〉는 야로신스카야의 책과 미공개 기록 영상, 당시 피해자·사진기자·사고 수습 요원 등과의 광범위한 인터뷰를 토대로 했다.

야로신스카야에 따르면 체르노빌 사고 당시 소련 당국은
방사능 피해가 심각하다는 걸 알면서도 이를 철저히 숨겼다.
사고가 난 1986년 4월 26일로부터 2주 남짓 지난 5월 12일에
작성된 보고서는 이미 1만 198명이 원전 사고로 입원했고 이
중 345명이 '방사성 병변'을 보였다고 기록하고 있다. 하지만
소련 정부는 방사선의 인체 흡수 기준치를 갑자기 5배 올리는
식으로 환자 수를 줄였다. 야로신스카야는 인터뷰에서 "기준치
를 올리자 갑자기 사람들이 기적처럼 나았다(병원을 나가야 했
다)"며 "그건 명백한 범죄였다"고 목소리를 높였다.

구소련 정부가 사건 발생을 이틀 동안 감추다 인정한 것도
자의가 아니라 떠밀려서였다. 사고 지점에서 북서쪽으로 1,200
킬로미터 떨어진 스웨덴의 포스마크 원전 등에서 평소보다
6배 많은 방사성 물질이 검출돼, 북유럽 국가들이 소련 당국에
해명을 요구했기 때문이다. 사고 발생 5년 후인 1991년 4월 22
일 〈동아일보〉 보도에 따르면 그때까지 소련 정부가 대외적으
로 인정한 체르노빌 사고 사망자 수는 원전 직원 2명, 소방대
원 29명 등 31명뿐이었다.

그러나 〈체르노빌의 전투〉에 나온 당사자, 목격자들의 증
언은 완전히 다르다. 화재 진압에 나섰던 소방대원 30여 명이
즉사, 혹은 수개월 내 목숨을 잃었고 헬기에서 원자로에 모래,
붕산가루, 납 등을 투하했던 조종사 중 600여 명이 방사능 피

폭 때문에 숨진 것으로 추정됐다. 녹아내리는 핵물질을 차단하기 위해 원자로 지하에 냉각 장치를 설치하려고 동원했던 광부 1만여 명 중 2,500여 명이 40세가 되기 전 사망한 것으로 전해졌다. 원전에서 고농도의 방사성 쓰레기를 치우는 작업 등에 동원된 예비군 등 '해체 작업자(liquidator)' 50만 명 중 2만 명이 숨지고 20만 명이 장애인이 됐으며 나머지도 심장, 위, 간, 콩팥, 신경계 등에 이상이 생겨 반복적으로 병원 신세를 지고 있다는 증언도 나왔다. 다큐는 "그런데도 이런 희생자들과 원전 피해 이주민 13만여 명에 대한 정부 차원 조사는 전혀 이뤄지지 않았다"고 고발했다.

◉ 환경단체가 추정한
체르노빌 사망자는 수십만 명

세계보건기구는 2006년 발간한 〈체르노빌 사고의 건강 영향과 특별 건강관리 프로그램〉 보고서에서 1986년부터 1995년까지 사고 수습에 투입됐던 인력과 원전 인근 30킬로미터 내 주민 등 직접적 영향을 받은 60만 명 중 4,000명이 숨졌을 것으로 추정했다. 또 직접 영향권은 아니지만 사고 지역에서 가까운 우크라이나, 벨라루스, 러시아 일부 지역의 주민 600만 명 중 5,000여 명도 방사능 피폭으로 이 기간 중 사망했을 것으로 봤다.

반면 그린피스는 2006년 〈체르노빌 재앙: 인간 건강에 미

The Chernobyl Catastrophe
Consequences on Human Health

GREENPEACE 2006

2006년 그린피스가 발간한
〈체르노빌 재앙: 인간
건강에 미치는 영향〉 보고서.
체르노빌 사고 20주년을
맞아 공개된 이 보고서는
사고 지역 주변의 건강
피해에 대한 당시 최신 연구
자료들을 집대성했다.

치는 영향〉이라는 보고서를 통해 1990년부터 2004년까지 우
크라이나, 벨라루스, 러시아 등 주요 피해 3개국에서 약 20만
명이 추가 사망했을 것으로 추정했다. 발간 당시의 최신 연구
자료를 집대성한 이 보고서에 따르면 1994년 이후 우크라이나
에서는 암과 백혈병이 급증했으며, 원전 인근 30킬로미터 이내
에 거주한 임산부 중 절반 이상이 빈혈에 시달리거나 태반 형
성에 실패하는 등 합병증으로 고통받은 것으로 나타났다. 염색
체 변형 등 유전적 결함이 보고된 사례도 우크라이나·벨라루
스는 일반 지역의 3배, 러시아 피폭 지역은 4배가량 많았다. 보
고서는 이 밖에도 체르노빌 사고 이후 피폭 지역에서 심혈관
계, 호흡계, 소화계, 내분비계, 근육, 피부, 생식, 면역, 신경기능

등 인체의 거의 모든 계통에서 질환 발생이 늘어나고 있다고
강조했다.

● 일본 정부는
'모르쇠'로 일관

후쿠시마 원전 사고를 다루는 일본 정부의 태도도 구소련
과 크게 다르지 않다. 사고 후 여러 해가 흐른 지금도 원전에
서 방사능 오염수가 수백 톤씩 바다로 흘러들어가고 있지만,
아베 신조 일본 총리는 2020 도쿄올림픽 유치를 위한 2013년
9월 연설에서 "후쿠시마 원전은 완벽하게 통제되고 있다"고 큰
소리를 쳤다. 아베 정부는 후쿠시마 원전을 운영하는 도쿄전력
에 2017년 12월 원전 재가동 허가를 내줬고, 2020년 도쿄올림
픽 일부 종목을 후쿠시마에서 개최할 것을 검토하고 있다.

후쿠시마현이 2016년 6월 공표한 현민 건강조사 결과를
보면 원전 사고 후 2016년 3월까지 18세 이하 어린이와 청소
년이 갑상선암에 걸렸거나 걸렸을 것으로 의심되는 사례가 모
두 191명이었다. 소아 갑상선암은 100만 명 중 2~3명꼴로 발생
하는 희귀병이다. 조사 대상인 후쿠시마 어린이 및 청소년 약
37만여 명을 100만 명 기준으로 환산하면 환자·의심자 수는
516.2명이나 되는 셈이다. 2012년 국내 환경운동가들이 창간한
〈탈핵신문〉의 오하라 츠나키 편집위원은 이 소식을 전하면서
원전 사고가 지역 주민의 건강에 얼마나 큰 영향을 끼쳤는지

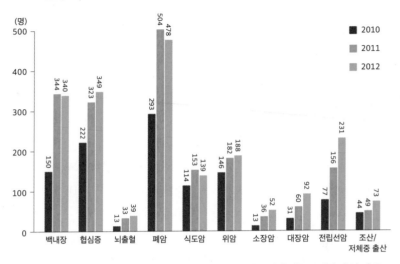

(명)

■ 2010
■ 2011
■ 2012

	백내장	협심증	뇌출혈	폐암	식도암	위암	소장암	대장암	전립선암	조산/저체중 출산
2010	150	222	13	293	114	146	13	31	77	44
2011	344	323	33	504	153	182	36	60	156	49
2012	340	349	39	478	139	188	52	92	231	73

사고가 일어난 2011년을 기점으로 모든 질환 환자 수가 증가 추세를 보였다. 출처: 후쿠시마현립 의과대학

알 수 있다고 지적했다.

그럼에도 일본 정부는 원전의 방사성 물질과 갑상선암 발병 사이의 인과관계를 인정하지 않고 있다. 호시 호쿠토 후쿠시마현 건강조사 검토위원장은 2016년 3월 소아 갑상선암 관련 진상규명을 촉구하는 국제환경역학회(ISEE)의 서한에 "(후쿠시마현에서) 소아 갑상선암 환자가 통계적으로 늘어나고 있는 건 사실이나 원전 사고 이후 배출된 방사선량이나 잠복기 등을 고려하면 방사능의 영향 때문이라고 보기는 어렵다"는 입장을 밝혔다. 호시 위원장은 다만 "방사능 피폭이 갑상선암 발병에 영향을 미쳤을 가능성을 완전히 부정할 순 없다"며 "장기

적인 조사가 필요하다"고 덧붙였다.

후쿠시마 의료계에서 나오는 통계는 원전 사고가 주민 건강에 이미 큰 영향을 주고 있음을 보여준다. 지난 2017년 1월 한국 국회에서 열린 '한일 국제 심포지엄-원전과 건강'에 참가한 후세 사치히코 후쿠시마 공동진료소 원장은 후쿠시마현립 의과대학의 통계를 인용해 암 환자 등의 증가 추이를 설명했다. 원전 사고 직전인 2010년과 비교해 사고 이듬해인 2012년 소장암은 4배(13명→52명), 전립선암(77→231명)과 뇌출혈(13→39명)은 각각 3배, 대장암은 2.97배(31→92명), 백내장은 2.27배(150→340명)로 환자 수가 늘었다.

2014년 독일 과학자 하겐 셔브가 발표한 〈후쿠시마의 영향, 일본에서의 사산과 유아 사망〉 연구에 따르면 사고 원전 인근인 후쿠시마, 이바라키, 미야기, 이와테 등 4개 현의 2012년도 자연 사산율이 원전 사고 전보다 12.9퍼센트 높아졌다. 김익중 동국대 의대 교수는 2017년 11월 22일 〈단비뉴스〉와의 전화 인터뷰에서 "후쿠시마 사고 이후 발생한 암이나 유전병 사례가 이미 다 나와 있는데도 일본 정부는 '모르쇠'로 일관하고 있다"며 "일본이든 한국이든 정부 차원의 대규모 역학 조사를 통해 현재진행형인 방사능 피해를 적극 규명해야 한다"고 말했다.

"가장 안전한 핵 정책은 탈핵이라고 확신합니다. 국토의 절반이 폐허가 되고 국민의 절반이 피난 생활을 하게 만드는 위험은 기술적으로 해결할 수 있는 문제가 아닙니다. 미래의 국제사회와 일본의 에너지 정책은 풍력, 태양력 등과 같은 재생에너지의 사용 확대에 초점을 맞출 것이라고 믿습니다. 원자력이나 화석연료를 더 이상 사용하지 않게 될 것입니다."

2013년 3월 헬렌 칼디코트 재단 주최로 미국 뉴욕에서 열린 '후쿠시마 원자력 사고의 의학적·생태학적 결과' 심포지엄에 비디오 영상으로 등장한 간 나오토 전 일본 총리의 말이다. 후쿠시마 사고 당시 총리였던 그는 일본의 기술력으로 원전을 안전하게 관리할 수 있다고 믿었지만, 사고를 겪은 후 원자력이라는 위험으로부터 국민을 지키기 위해서는 탈원전만이 해답이라는 것을 깨달았다고 고백했다.

그는 같은 해 독일 공영방송 체트데에프(ZDF)의 다큐멘터리 〈후쿠시마의 거짓말〉에도 출연해 원전 사고 배후에 있는 일본의 '원자력 패거리'를 고발했다.

"지난 10~20년간, 원자력의 위험을 알리는 사람들에 대해 온갖 형태의 압력이 굉장히 늘었습니다. 대학의 연구자가 원전에 위험이 따른다고 말하면 출세의 찬스는 절대로 오지 않습니다. 정치가는 온갖 원조를 전력 회사 등으로부터 받고 있습니다. 그러니 그들이 원전의 위험성 따위를 문제 삼는다면 그런 원조는 바로 받을 수 없게 됩니다. 반대로 원전을 추진한다면 많은 종류의 헌금이 들어옵니다. 그것은 문화에 관해서도 마찬가지로, 스포츠나 매스컴도 포함됩니다. 이런 식으로 끈이 밀접하게 빙 둘러쳐져 있어서 원전에 대한 비판이 절대 허용되지 않는 환경이 만들어져버린 것입니다."

그는 "원자력 패거리는 중요한 결정 사안에서 총리까지 배제시킬 정도로 폐쇄적인 집단"이라며 "원전 사고 보도가 있고 1시간 이상 지나서도, 도쿄전력으로부터 무엇이 원인이고 어떤 폭발이 있었던 것인지에 관한 설명을 듣지 못했다"고 회고했다. 나오토 총리의 이런 각성에 힘입어 2012년 9월 당시 일본 집권 민주당은 '2030년 원전 제로'를 명기한 '혁신적 에너지·환경 전략'을 발표했다. 하지만 석 달 뒤 선거에서 아베 신조의 자민당에 정권을 내주면서 이 계획은 물거품이 됐다. 아베 정권은 민주당의 탈핵 선언을 철회하고 2014년 4월 "원자력은 에너지 수급 구조의 안정성에 기여하는 중요한 기저부하 전원"이라는 내용이 들어간 '에너지기본계획'을 발표했다.

● '두부 위의 나라' 일본,
　한국이 따라가선 안 돼

"일본 정부가 원전을 다시 운영하고 싶은 것은 경제적 이유 때문이다. 하지만 나는 일본 사람들이 원전을 거부하는 목소리가 궁극적으로 이길 것이라 생각한다. 원전 기술은 미성숙하고 재생에너지 자원이 그것을 압도할 것이기 때문이다."

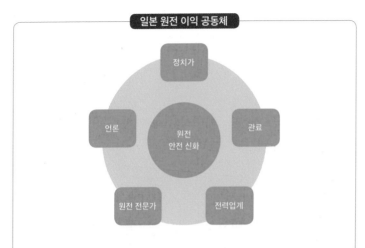

일본의 '원전 안전 신화'를 만들고 유지한 5자 체제. 사토루는 이외 다른 많은 직종의 사람들도 원전 이익 공동체와 무관하지 않다고 지적했다. 적극적으로 가담하지 않았더라도, 원전의 위험성을 알면서 발언하지 않은 정치인과 다른 분야 학자들 역시 모두 같은 공동체에 해당한다고 꼬집었다.

일본의 저명한 천체물리학자이자 《핵을 넘다》의 저자인 이케우치 사토루는 2017년 9월 8일 〈단비뉴스〉와의 이메일 인터뷰에서 아베 정부의 원전 회귀 정책을 비판하며 결국 일본도 탈핵으로 갈 것이라고 전망했다. 그러면서 "(탈핵을 천명한) 문재인 정권의 의지가 절대 흔들리지 않는 것이 제일 중요하다"며 "경제성을 따지는 가치는 오래가지 못하지만 안전성을 중시하는 가치는 길게 갈 것"이라고 강조했다.

그는 저서에서 지진과 지진해일이 빈번한 일본을 '두부 위의 나라'라고 표현했다. 그런데도 일본이 50개가 넘는 원전을 운영한 이유는 '원전 이익 공동체 펜타곤'이 있었기 때문이라

고 비판했다. 정치인, 관료, 전력업계, 언론, 원자력 전문가 등 5
자가 결탁해 원전의 '안전 신화'를 널리 퍼뜨리고 사람들이 이
를 믿도록 만들었다는 것이다.

아베 정권이 원전으로 회귀하려는 의지를 보이고 있지만
원전의 가동 규모와 재생에너지의 성장 속도 면에서 현실적으
로 한국 상황이 더 심각하다는 분석도 있다. 에너지경제연구원
의 2017년 10월 보고서에 따르면 일본에서 현재 가동 중인 원
전은 5기로 후쿠시마 사고 이전의 54기에 비해 미미하다. 그린
피스 장다울 선임활동가는 "정치권과 산업계가 원전을 다시 추
진하는 것은 맞지만 재가동을 둘러싼 소송도 걸려 있어 여전히
불투명한 상태"라며 "최종적으로 돌아갈 수 있는 원전은 10~15
기 사이로 보인다"라고 말했다. 한국은 현재 가동 중인 원전이
24기이며 문재인 정부의 탈핵 로드맵이 그대로 추진돼도 원전
을 다 닫는 데는 앞으로 60여 년이 더 걸린다. 그는 "동시에 일
본이 재생에너지 중심으로 전환되는 속도가 우리와는 비교가
안 될 정도로 빠르다"고 지적했다.

◉ 에너지 전환한다면서
  전기요금은 그대로?

문재인 정부는 2017년 12월 '8차 전력수급기본계획'과
'3020 재생에너지이행계획'을 통해 에너지 구조 전환 청사진
을 밝혔다. 핵심은 환경보호와 안전 제고에 기여할 수 있는 신

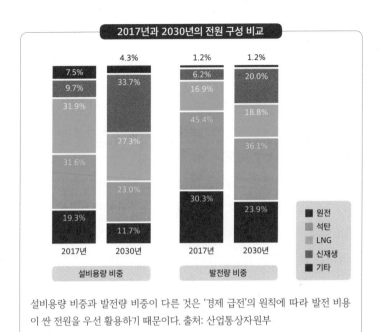

2017년과 2030년의 전원 구성 비교

	설비용량 비중		발전량 비중	
	2017년	2030년	2017년	2030년
기타	7.5%	4.3%	1.2%	1.2%
신재생	9.7%	33.7%	6.2%	20.0%
LNG	31.9%	27.3%	16.9%	18.8%
석탄	31.6%	23.0%	45.4%	36.1%
원전	19.3%	11.7%	30.3%	23.9%

설비용량 비중과 발전량 비중이 다른 것은 '경제 급전'의 원칙에 따라 발전 비용이 싼 전원을 우선 활용하기 때문이다. 출처: 산업통상자원부

재생에너지 비중을 늘리고, 미세먼지와 재난의 우려가 큰 석탄 화력, 원전을 줄이는 것이다. 그러나 발전량을 기준으로 볼 때 2030년에도 석탄의 비중은 36.1퍼센트, 원전은 23.9퍼센트로 두 발전원이 여전히 60퍼센트가량을 차지한다.

국가에너지위원장을 지낸 가천대 에너지IT학과 김창섭 교수는 2018년 1월 12일 〈단비뉴스〉와의 인터뷰에서 발전 비용이 싼 에너지원을 우선하는 경제 급전(낮은 비용을 우선 고려해 전기를 공급하는 것)에서 환경 영향을 중시하는 환경 급전으로 전환하겠다는 의지가 뚜렷하지 않다고 비판했다. 그는 "급전 우선순위를 바꿔야 하는데 (8차 전력수급기본계획에) 급전 순서

와 관련해 시장 제도를 바꾸겠다는 공식적인 이야기가 없다"며
"에너지를 전환하자면서 전기요금 인상은 안 한다고 말하는 것
은 말이 안 된다"고 비판했다.

환경운동연합의 이지언 에너지국장은 2018년 2월 2일 〈단
비뉴스〉와의 전화 인터뷰에서 에너지 전환이 획기적으로 추진
되기 위해서는 소수 관료가 결정권을 갖는 중앙 집중식, 하향
식 계획 대신 지역과 주민이 적극적으로 참여하는 에너지 민주
주의가 실현돼야 한다고 주장했다. 그는 "지방자치단체, 시민,
에너지 전환 관련 기업들이 참여하고 갈등을 조절할 수 있는
구조적이고 법적인 틀을 만드는 것이 중요하다"고 강조했다.

'싼 전기 공급' 매달리다 원전·석탄 중독

왜곡된 구조가 낳은 정책

윤연정, 박희영, 서지연

"논쟁적이지만, 한국의 전기료가 더 올라야 할 것 같습니다. 스웨덴의 경우 전기에 부과되는 세금이 높아서 많은 사람들이 전기난방 대신 히트펌프(지열)로 바꿨어요. 태양광 패널로 전기를 생산하는 가정은 높은 전기료로 이익을 얻고요. (한국처럼) 전기료가 지나치게 낮고, 세금이나 인센티브도 없다면 '내가 왜 굳이 아껴야 하나' 하는 생각을 할 것 같습니다."

● **"부자들에게 왜**
   낮은 전기요금을 내게 하는가"

2017년 12월 7일 서울 서대문구 서울과학종합대학원 핀란드타워에서는 한국과 북유럽 국가의 에너지 협력을 목적으로 '노르딕 재생에너지 연구 컨퍼런스'가 열렸다. 덴마크·핀란드·스웨덴·노르웨이 대사관이 함께 준비한 이 컨퍼런스에서 레나트 스워더 스웨덴 스톡홀름 왕립기술협회 교수는 지속 가능한 에너지 구조로 가기 위해 한국은 전기요금을 인상해야 한다고 제언했다.

이에 대해 헨릭 빈흐레우(Henrik Bindslev) 덴마크 남부대학 공학과장이 "전기료가 비싸면 (기후변화에 악영향을 주는) 연료를 태우게 된다"고 반박하자 윤순진 서울대 환경대학원 교수가 나섰다.

"한국의 전기요금은 매우 문제가 많습니다. 사실 한국의 전기료엔 부가가치세만 포함돼 있어 '전기세'라고 부를 수 없는데, 보통 사람들은 전기요금을 세금으로 생각해요. 정치인들은 표를 잃을까봐 전기요금을 못 올리죠. 전기료가 싸니까 사람들은 절약할 생각을 하지 않고요. 이제는 전기료를 올려서 환경 비용을 내부화(에너지 소비로 인한 환경 피해 비용을 요금에 포함)해야 합니다. 그러면 굳이 '낭비하지 말라'고 하지 않아도 소비자들이 스스로 전기를 아껴 쓸 겁니다."

학자, 기업가, 정부와 에너지 관련 기관 관계자 등 회의장을 꽉 채운 100여 명의 참석자들은 앞다퉈 손을 들고 질문과 반론을 하는 등 적극적으로 논의에 참여했다. 발표와 토론이 8시간 동안 이어졌지만 시간이 부족해 질문을 다 받지 못할 정도였다.

"나는 당연히 보편적으로 사회는 저소득층에게 싼 전기를 제공해야 하는 게 맞다고 생각하지만, 반대로 얘기해서 왜 저소득층을 위해 싸게 공급하는 전기를 부자들까지 써야 하는지 모르겠어요. 이해가 되지 않아요."

스워더 교수는 컨퍼런스 후 〈단비뉴스〉와 가진 인터뷰에서 한국에선 왜 전기요금 인상에 대한 반발이 심한지 궁금하다고 물었다. 그는 "한국에는 엄청 많은 부자가 있지 않느냐"며 "왜 부자들한테도 낮은 전기요금을 내게 하는 건지 궁금하다"고 지적했다.

● 박정희 체제 유지 위해
　　필요했던 값싼 전기

"싸고 안정적으로 에너지를 공급하는 것은 (박정희 정권) 체제 유지에 필요했어요. 그래서 우리나라는 정전을 허용하지 않는 거예요. 다른 나라는 정전이 자주 발생합니다. 우리는 어떤 상황에서도 에너지만은 안정적으로 공급받아왔습니다. 국가와 개인의 묵시적 약속이 아니었을까요? 의도는 어찌 됐든 여기까지 이렇게 왔는데 경제 급전을 이번 정부에서 바꾸겠다고 하는 거거든요. 실제로 바꿀 수 있을까. 굉장히 복잡한 문제인 거죠."

2013년 정부의 2차 에너지기본계획 수립 당시 민관 워킹 그룹 위원장을 지낸 김창섭 가천대 에너지IT학과 교수는 2018년 1월 12일 〈단비뉴스〉와의 인터뷰에서 경제 성장을 위해 전기를 값싸게, 안정적으로 공급하는 것이 박정희 정부 이후 지속된 에너지 정책 기조였다고 설명했다. 그는 '녹색성장' 구호를 내걸었던 이명박 정부도 에너지 가격 인상을 장기 과제로 미뤄 결국 '짝퉁' 구호였음을 입증했다며, 문재인 정부에서도 '전기요금은 올리지 않겠다'는 말이 나오는 데 대해 우려했다.

김창섭 교수는 "에너지 전환이 필요하고, 이를 위해서는 비용이 수반된다고 국민을 설득해야 한다"며 "전기요금 등 에너지 비용을 정상화해놓고 가야 장기적으로 산업계 변화에도 긍정적이므로 정부가 (가격 인상의) 시그널을 정확히 주는 게 좋다"고 강조했다. 현재 한국의 산업용 전기 판매 단가는 107.41키로와트당원(원/kWh)(2015년, 한국전력공사)으로 1차 에너지원인 유류 거래 단가 최고 204.22(원/kWh), 최저 130.23(원/kWh)(2015년, 전력거래소)를 훨씬 밑도는 가격이다.

박정희 정부는 4차 전원 개발 5개년 계획(1977~1981)에서 핵에너지와 석탄화력을 국가 주전원으로 결정하면서 '전원개발촉진법(전촉법)'을 만들었다. 대규모 발전 시설을 지을 때 정부 주무 부처가 거의 아무런 제약을 받지 않고 일방적으로 사업 진행을 할 수 있도록 한 무소불위의 법이었다. 이 법에 따라 서울, 경기 등 수도권 지역 산업 시설에 공급할 전기를 농어촌 지역에 집중적으로 지은 원전과 석탄발전소 등에서 대량 공급하는 구조가 공고해졌다. 이 과정에서 농어민들은 농사지을 땅과 고기 잡을 바다를 뺏기고 환경오염과 건강 피해, 주민 간 갈등에 시달리게 됐다.

에너지기후정책연구소 한재각 부소장은 "지금까지 석탄이나 원자력을 중심으로 대규모 중앙 집중적인 시스템을 구성했던 법과 제도에 여전히 변화가 없다"며, "법·제도 개정이 없는 상태에서 정부가 할 수 있는 측면에서만 변화가 이뤄지고 있어서 어떻게 보면 언제든지 과거의 방식으로 돌아갈 수 있다는 점이 한계"라고 문재인 정부 정책을 비판했다. 환경운동연합 이지언 에너지국장도 "문재인 정부에서 (전원개발촉진법을) 폐지하겠다는 당론이나 정부 차원에서 가닥을 잡았다는 얘기는 들어본 적이 없다"고 말했다.

● 민주화 이후에도
민주적이지 못했던 에너지

한재각 부소장은 "에너지 정책에 대해서는 진보나 보수 정권에 근본적인 차이가 없었다"고 꼬집었다. 김대중, 노무현 등 개혁 정부를 거치면서도 박정희 이후 보수 정부의 원전 확대 정책, 소극적인 에너지 수요 관리 등에 질적인 차이는 없었다는 것이다. 다만 노무현 정부 때는 2006년 에너지기본법 제정을 통해 20년 단위 국가에너지기본계획을 수립하면서 에너지 수요 관리를 반영하고자 하는 노력이 있었다고 한다. 고효율 제품 보급 확대 등 생산자 중심의 에너지 절감 시스템을 구축하려 한 것, 기술 관료 위주의 국가 에너지 위원회에 시민단체 추천 전문가를 참여시킨 것 등이 대표적이다.

그러나 이명박 대통령 집권 후 에너지기본법이 에너지법으로, 국가에너지기본계획은 에너지기본계획으로 위상이 낮아

지면서 에너지 정책은 다시 산업 성장을 뒷받침하는 역할로 회귀했다. 이후 만들어진 국가에너지기본계획 1, 2는 '지속 가능한 에너지 구조'가 아니라 '경제 성장과 값싼 비용'에 대한 논의가 핵심이 됐다. 박근혜 정부는 이명박 시기의 계획을 이행하고 확장하는 수준에 머물렀다.

그러다 미세먼지의 위험성과 지진에 따른 원전 안전 문제가 집중 부각되면서 2017년 3월 전기사업법에 환경·안전 급전 조항이 신설됐다. 전력수급기본계획을 짜고 전력시장 제도를 운용할 때 발전 비용 등 경제성뿐 아니라 환경과 국민 안전에 대한 영향도 종합적으로 검토한다는 내용이 들어간 것이다. 하지만 전문가들은 문재인 정부의 후속 조치가 미흡하다고 비판하고 있다.

"전기사업법을 개정해서 환경 급전의 법적인 토대를 갖췄고, 8차 전력수급계획에도 반영됐거든요. 그런데 아직 구체적인 이행 조치에 대해서는 별로 나온 게 없어요. 전력시장 운영 규칙을 어떻게 바꿀 건지, 원전과 석탄발전에 어떻게 추가적인 사회·환경 비용을 붙일 건지, 구체적으로 (원전과 석탄발전 단가 인상 등에 대한) 시장 신호는 어떻게 줄 건지. 아직 대략적인 말뿐이에요."

이지언 국장은 환경·안전 급전 조항 신설에 따른 제도 개선 방향과 일정이 나오지 않아 발전 사업자의 혼란이 가중되고 있다고 말했다. 환경 전문가들은 또 값싼 에너지원으로 인식되는 원자력발전이나 석탄발전 뒤에 감춰진 비용이 많다는 것을 정부가 국민들에게 적극적으로 알리는 노력이 부족해 아쉽다

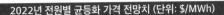

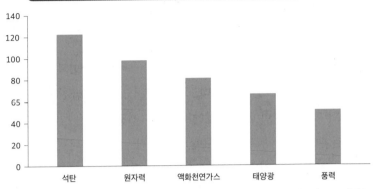

미국 에너지정보청이 균등화 발전 단가 방식으로 산정한 전망치에 따르면 2022년에는 석탄, 원자력, 액화천연가스의 발전 단가가 태양광, 풍력보다 비싼 것으로 나온다. 출처: 미국 에너지정보청

고 지적했다.

　녹색연합의 윤기돈 에너지기후팀 활동가는 "환경 영향뿐 아니라 외부의 비용 요소 등 모든 것을 고려한 게 균등화 발전 단가(LCOE)인데, 이를 기준으로 보면 재생에너지 가격이 곧 원전이나 석탄, 가스보다 낮아진다"고 주장했다. 원전의 경우 건설비와 연료비가 과소 평가됐고 사용후핵연료처리, 폐로, 사고 위험 대비 비용 등이 제대로 반영되지 않아 가격이 싼 것처럼 보일 뿐이라는 것이다. 미국 에너지정보청(EIA)이 균등화 발전 단가 방식으로 산정한 전망치에 따르면 2022년에는 석탄(123$/MWh), 원자력(99$/MWh), 액화천연가스(82$/MWh)의 발전 단가가 태양광(67$/MWh), 풍력(52$/MWh)보다 비싼 것으로 나온다.

● 에너지 구조 전환의 핵심은 '전기요금 정상화'

"원전은 신고리 5·6호기 공론화 과정을 거쳤지만, 석탄발전소는 기존 신규 설비를 그대로 용인했어요. 환경 급전을 통해 석탄발전은 줄이고 액화천연가스를 늘리겠다고 했는데, 석탄발전 설비를 왕창 집어넣은 상태에서 발전은 줄인다? 안 맞는 방향이잖아요. 일단 설비를 그만 짓게 하고, 발전량도 좀 줄인다든지 해도 에너지 전환이 될까 말까인데. 환경 급전에 대해서는 구체적인 후속 조치를 해서 시장에 강력한 시그널을 줘야지 사업자들이 스스로 포기를 하든지 할 텐데요."

이지언 국장은 환경 급전에 대해 지금이라도 정부가 후속 조치를 확실하게 내놔야 한다고 강조했다. 그는 "매년 쌓이는 전력기반기금을 에너지전환기금으로 돌려 재생에너지 관련 사업을 적극적으로 발굴하는 것도 한 방법"이라고 제안했다. 국민들이 납부하는 전기요금의 3.7퍼센트를 떼어내 조성하는 전력기반기금은 지금까지 원전 홍보 등 기존 에너지 산업을 유지 강화하는 데 활용돼왔다.

윤기돈 활동가는 "산업계는 전기요금 감면 혜택을 받으면서 그 비용을 시민들에게 전가하는 한편, 시민의 건강을 위협하는 미세먼지와 온실가스 배출의 주범인 석탄발전으로 이윤을 취하고 있다"고 비판했다. 더불어민주당 박주민 의원이 2016년 발표한 자료를 보면 2012년부터 2014년까지 대기업들이 원가에 미달하는 산업용 전기요금을 납부함으로써 결과적

순위	기업명	2012	2013	2014
	2012~2014년 20대 기업 한전 전기요금 원가 할인액 현황 (단위: 억 원, %)			
1	삼성전자	1,821(2.9%)	1,546(5.9%)	925(1.5%)
2	포스코	1,350(2.2%)	2,211(4.6%)	1,596(18.2%)
3	현대제철	1,688(2.7%)	1,253(4.8%)	1,120(12.7%)
4	삼성디스플레이	1,708(2.8%)	1,373(5.3%)	635(7.2%)
5	SK하이닉스	923(1.5%)	1,016(3.9%)	424(4.8%)
20대 기업 합계		16,100(26%)	12,402(47.6%)	8.689(98.9%)
원가손실액		61,922(100%)	26,054(100%)	8.788(100%)
원가회수율		88.4%	95.1%	98.4%

2012~2014년 삼성전자, 포스코, 현대제철 등 20개 대기업은 한전으로부터 원가에 미달하는 요금으로 할인을 받았다. 그 총액이 3조 7,191억여 원에 달한다. 특히 2014년의 한전 원가 손실액 98.9퍼센트가 20대 기업의 원가 할인액에서 발생했다. 출처: 박주민 의원실

으로 할인받은 전기료가 삼성전자 4,291억 원, 포스코 4,157억 원 등 각각 수천억 원에 이른다.

그래서 전문가들이 요구하는 에너지 구조 전환의 핵심 시그널은 '전기요금 정상화'다. 원가에 못 미치는 심야 전기요금을 대폭 올리는 등 산업용 전기료를 현실화하라는 것이다. 그러나 정부는 8차 전력수급계획에서 "2018년 산업용 전기료를 경부하(심야 전력 등) 요금 중심으로 차등 조정, 수요 관리를 강화해나갈 계획"이라면서도 "2022년까지 에너지 전환에 따른 전기요금 인상 요인은 거의 없다"고 밝혔다.

윤기돈 활동가는 "경유, 등유 등 1차 에너지원보다 2차 에너지원인 전기의 가격이 낮아서 난방, 용광로, 소금 정제 등 가

열 분야에서까지 전기를 많이 쓰고 있다"며 "정부는 원가 이하의 전기요금 체계는 더는 존재하지 않을 것이란 메시지를 시장에 명확히 전달해야 한다"고 주장했다. 실제로 한국의 산업용 전기료가 싸다 보니 전기를 많이 쓰는 외국 기업들이 한국에 공장을 옮겨온 경우도 많다.

도레이첨단소재, 데이진, 미쓰비시화학, 스미토모화학 등 일본 화학기업들은 2011년 후쿠시마 원전 사고로 일본 정부가 '원전 제로'를 선언한 후 전기 소모가 많은 공장을 한국으로 옮겼다. 도레이첨단소재의 경우 2011년 기자회견에서 "전력이 많이 필요한 탄소섬유업계 특성상, 산업용 전기요금이 일본의 절반 수준이고 중국보다도 30~40퍼센트가량 싼 한국이 투자하기에 적합하다"고 밝혔다. 정보통신기술(ICT) 기업인 일본 소프트방크도 2011년 한국 케이티(KT)와 합작해 데이터 저장과 냉방으로 많은 전력을 소모하는 신규 데이터 센터를 경남 김해에 지었다.

◉ "전기료에 환경세를 부과해
　　가격 올리자"

윤순진 교수는 전기 낭비를 막고 지속 가능한 에너지 구조로 전환하기 위해 전기요금에 환경세를 부과하는 방안을 제시했다. 윤순진 교수는 2018년 1월 11일 〈단비뉴스〉와의 인터뷰에서 "전기 소비를 줄이는 것도 결국 전력 요금이 낮은 상태에서는 동기부여가 되지 않는다"며 전기를 많이 쓰는 산업계가 요금을 더 내는 방향으로 가격 체계를 바꿔야 한다고 주장했다. 그는 전기요금에 목적세인 '환경세'를 물려 환경 파괴와 사회 갈등을 유발하는 정도에 맞게 비용을 부담시키자고 제안했다. 그렇게 걷은 세금으로 재생에너지 투자를 늘리고 에너지 효율화를 지원할 수 있다고 덧붙였다.

이런 방식으로 전기료에 높은 세금을 물리는 대표적인 나라가 독일이다. 국제에너지기구의 2017년 세계 에너지 통계에 따르면 독일의 가정용 전기료는 329.71메가와트당달러($/MWh), 산업용 전기료는 143.34메가와트당달러로 매우 높은 편인데, 여기에는 부가가치세, 공공이용세, 전력세 등 세금 외에 신재생에너지부과금, 해상풍력부과금, 열병합부과금 등이 포함되어 있다. 독일은 이렇게 조성한 재원을 재생에너지 투자 및 보조금 지급 등에 써서, 세계에서 가장 빠른 속도로 '탈원전'과 '신재생에너지 100퍼센트 전환'을 향해 나아가고 있다.

● 중앙 집중 전력 체제,
   차별과 갈등의 원인

해안 지역에 대규모 원전을 짓고 장거리 송전망으로 수도권 산업단지 등에 전기를 보내는 현재의 중앙 집중식 전력 체제는 지역 차별과 갈등의 원인이 돼왔다.

"밀양 송전탑 사태는 원전에서 생산한 전기를 수도권으로 보내는 송전탑을 건설하려다 발생한 문제였죠. 과연 문재인 정부에서는 해결될 수 있을까? 문제는 반복되고 있죠. 동해안 지역의 석탄발전소는 강릉과 삼척 등 동해안에서 쓰는 게 아니라 수도권에 전력을 공급하기 위한 거예요. 석탄발전소 자체도 (환경과 지역 주민 건강에) 안 좋지만, 동해안 발전소의 전기를 수도권으로 끌어오기 위해 220여 킬로미터의 장거리 초고압 송전망 계획을 세우게 돼 있는 거예요. 전력 불평등, 환경 불평등이 계속되고 있는 것이죠."

이지언 에너지국장은 정부가 분산형 전원을 확대하겠다고 하지만, 현실에서는 여전히 중앙 집중식 공급 체제가 지속되고 있다고 비판했다.《사회적 경제는 좌우를 넘는다》의 저자인 우석훈 박사는 〈단비뉴스〉와의 인터뷰에서 "에너지 전환을 이루기 위해서는 국가 단위 계획으로 발전량의 총량만 정할 것이 아니라 각 지방에 적합한 지역 에너지 정책이 중앙정부 에너지 정책에 반영되는 구조를 만들어야 한다"고 주장했다. 중앙정부의 '톱다운(하향)' 식과 지자체의 '바텀업(상향)' 식 에너지 계획이 만나야 한다는 것이다.

"지자체 중심으로 사람들의 생활 영역을 파악하고, 에너지를 쓰는 도시와 그렇지 않은 도시를 구분하는 등 세밀한 정책으로 넘어가야 하는데 국가 단위 계획이 너무 커요. 그러다 보니까 결론적으로 총량만 늘리자, 혹시라도 전력량이 모자라면 안 된다 등 공급론자들이 논의를 주도하게 된 거죠. 지역별 목표 같은 것으로 분산시키는 방법을 고민할 필요가 있지 않을까 싶습니다."

후쿠시마 7년, 일부 마을 오염 더 증가

그린피스 특별 보고서

박희영, 강민혜, 안윤석

일본 후쿠시마 원전 사고 7주년을 앞두고 그린피스가 현지 방사성 오염 실태를 조사한 결과 인근 마을의 오염도가 줄지 않았고 일부 지역은 방사성 준위가 전년보다 오히려 높아진 것으로 나타났다. 그린피스는 "원전 인근의 방사성 오염은 이번 세기말 혹은 22세기까지 지속될 정도로 심각하다"며 "일본 정부는 피해 지역 주민을 성급하게 귀환시키는 정책을 중단하라"고 촉구했다.

● 그린피스 전문가팀
  '지속되고 있는 재난' 확인

그린피스가 전 세계에 동시 발표한 〈후쿠시마를 돌아보며:

7년간 지속되고 있는 재난〉 보고서에 따르면 그린피스의 방사선 방호 전문가팀은 2017년 9월과 10월 두 차례 후쿠시마현 나미에와 이타테 지역에서 집중 조사를 벌였다. 조사 결과 두 지역의 방사성 오염 수준은 국제적으로 설정된 일반인 연간 피폭 한계치 1밀리시버트(mSv)보다 최대 100배가량 높은 것으로 나타났다.

후쿠시마 원전에서 서북서 방향으로 20킬로미터 떨어진 나미에 지역 오보리 마을에서는 시간당 11.6마이크로시버트(μSv/h)의 방사선량이 측정됐는데, 이는 연간 피폭량으로 101밀리시버트에 해당한다. 피난 지시가 해제된 나미에 지역 학교 인근 숲에서도 연간 10밀리시버트 피폭량의 방사선이 측정됐다. 이는 피난 지시가 해제돼 오염 지역에 돌아와 살고 있거나 앞으로 살게 될 주민들, 특히 어린이들이 심각한 건강 위험에 직면할 수 있다는 뜻이라고 이 보고서는 지적했다.

주민 피난 지시가 해제된 이타테의 경우도 방사선 준위가 전반적으로 높았고 2016년에 비해 증가한 지점도 관찰됐다. 후쿠시마 원전에서 35킬로미터 떨어진 안자이 토루 씨 집 주변 4,688개 지점을 측정한 결과 전반적인 방사선 준위가 2016년 이후 크게 줄어들지 않았고, 숲과 가까운 몇몇 지점에서는 수치가 이전보다 높아졌다.

그린피스는 오염도가 높은 주변 산비탈 삼림 지역으로부터 방사성 핵종이 이동해 재오염이 발생하는 것으로 의심하고 있다. 장다울 그린피스 선임활동가는 "일본 정부는 민가와 도로에서 20미터 반경까지만 제염 작업을 시행한다"며 "삼림을 제염한다는 것은 산을 다 들어내야 한다는 것이니 불가능하다고 보는 것"이라고 말했다. 그는 산과 숲을 지금처럼 방치할 경우 바람이 불거나 눈, 비가 올 때마다 삼림 지역이 방사성 물질을 방출하는 거대한 저장고의 역할을 하게 될 것이라고 경고했다.

◉ "방사성 오염 여전한 곳
피난 해제는 인권 침해"

이번 조사팀을 이끈 그린피스 벨기에 사무소의 전문가 얀 반데푸트는 "만약 원자력 시설이었다면 엄격한 관리가 필요할 수준의 방사성 오염이 이번에 조사한 모든 지역에서 측정됐다"고 말했다. 그는 "어린아이와 여성을 포함한 주민들이 이렇게 오염된 환경으로 돌아오게 됐는데, 매주 한 차례 흉부 엑스레이를 찍으면서 사는 것과 같다"며 "이는 용납할 수 없는 심각한 인권 침해"라고 주장했다. 그린피스는 또 이 지역에서 앞으로도 제염 작업으로 많은 시간을 보내게 될 노동자들의 건강에 대해 심각한 우려를 표했다.

그런데도 일본 정부는 방사선 피폭 기준치를 상향 조정해 피난구역을 추가로 해제하고 주민들을 원래의 거주지로 돌려보내려는 움직임을 보이고 있다. 2018년 1월 17일 일본 원자력 규제위원회 제59차 회의록에 따르면 일본 정부는 장기 방사성 제염 목표치인 0.23마이크로시버트를 높여야 한다는 인식을

후쿠시마현 이타테 마을에 있는 임시 저장소(TSS)에서 2017년 10월 한 노동자가 제염 작업으로 걷어낸 흙 등 핵폐기물을 하역하고 있다. 그린피스는 오랜 시간 방사선에 노출된 상태에서 일하는 제염 노동자들이 심각한 건강 위험을 겪을 것이라고 우려했다. © 그린피스

보여주고 있다. 토요시 후케다 원자력규제위원장은 회의에서 "현재의 목표치는 대피 주민들의 귀환을 저해할 수 있다"고 발언했다. 그린피스는 일본 정부가 목표치를 1.0마이크로시버트로 올려 주민들의 귀환을 촉진하려 한다고 관측했다.

일본 정부는 2017년 3월 나미에와 이타테 마을의 피난구역 지시를 일부 해제하는 등 빠른 속도로 주민 귀환 정책을 추진하면서 원전 피난민에게 제공했던 지원 조처를 하나씩 거둬들이고 있다. 자발적 피난민(피난지시구역이 아닌 후쿠시마 인근 마을에서 스스로 피난을 떠난 사람들)에게 지급하던 주거지원금을 2017년 3월 끊은 것이 대표적 사례다. 자발적 피난민들은 일본 정부의 공식 피난민 집계에서도 제외됐다.

2017년 8월 28일 자 〈아사히신문〉은 "중앙정부는 2011년

핵 재난 이후 후쿠시마 지역에서 자발적으로 탈출한 사람들을 공식 피난민 명단에서 제외함으로써 그들을 사라지게 했다"며 "2017년 3월 일본 전역에 사는 피난민 수가 2만 9,412명 감소했다"고 보도했다. 그린피스 보고서에 따르면 2019년에는 이타테 및 나미에 주민 수천 명에게 지급하던 주거지원금 또한 중단될 예정이다.

그린피스 일본사무소의 스즈키 카즈에 에너지캠페이너는 보도자료를 통해 "이번 조사 결과 사고 지역으로 돌아가는 피난민들의 건강과 안전에 중대한 위험이 있다는 게 증명됐다"며 "일본 정부는 피난민 강제 귀환을 즉각 멈추고 유엔인권이사회의 권고안을 이행하라"고 촉구했다.

이에 앞서 유엔인권이사회(UNHRC)는 2017년 11월 일본에 대한 인권 상황 정기 검토(UPR, Universal Periodic Review)에서 후쿠시마 후속 조치와 관련해 4개의 권고 사항을 제시했다. 독일, 오스트리아 등 UNHCR의 주요 회원국들은 일본 정부가 후쿠시마 피난민들의 인권을 존중할 것, 여성과 어린아이를 포함한 시민들의 방사선 피폭 위험을 줄일 것, 정부 지원을 받지 못하는 자발적 피난민들을 지원하기 위해 강력한 조처를 할 것 등을 촉구했다. 특히 독일은 일본이 연간 피폭 한계치를 사고 전 1밀리시버트에서 사고 후 20밀리시버트로 올린 것에 대해 '사고 전 기준치로 되돌리라'고 요구했다. 이 권고를 적용하면 일본 정부는 피난 지시 해제를 멈춰야 한다. 일본 정부는 UNHRC의 UPR 제도에 따라 2018년 3월 16일까지 이 권고 사항의 채택 여부를 결정하고 입장을 밝혀야 한다. (편집자 주: 일본 정부는 일단 이 권고를 수용하겠다고 밝혔으나 실제로는 '후쿠시마 재건'을 홍보하며 연간 1밀리시버트가 아닌 20밀리시버트를 기준으로 주택 지원 중단과 점진적 피난 명령 해제 등의 정책을 추진하고 있다. 바스쿠트 툰칵 유엔 위험물질·폐기물 담당 특별조사관은 2018년 10월 25일 미국 뉴욕에서 열린 유엔 총회에서 "일본이 권고 기준을 무시하고 있다"고 유감을 표명했다.)

잇단 참사에도 원전을 더 짓자는 세력

도마에 오른 '핵마피아'

박진홍, 박수지, 남지현

"정부·연구원·규제 기관·학계가 똘똘 뭉쳐 있다. 이런 마피아도 없을 거다."

박종운 동국대 원자력에너지시스템공학과 교수는 2017년 8월 〈경향신문〉과의 인터뷰에서 이런 말을 했다가 원전을 운영하는 한수원의 노동조합에 의해 형사 고소를 당했다.

"현재 한국 정부나 한수원은 원전 한 기를 하루만 가동하면 10억 원의 경제적 이득이 생긴다며 가동을 멈추려고 하지 않는다. …… 굳이 그들을 핵마피아라고 부르는 이유는 바로 그들이 마피아처럼 조직의 이해관계를 깰 수 없기 때문이다."

같은 대학 김익중 교수는 지난 2016년 12월 서울혁신파크 강연에서 이런 발언을 했다가 역시 한수원 노조에 의해 형사 고소를 당했다. 둘 다 '허위 사실 유포에 의한 명예훼손' 혐의였다.

● 탈핵 전문가 줄줄이 고소하는
　한수원 노조

　　한수원 노조는 2017년 8월부터 탈원전을 주장하는 교수와 시민단체 활동가들을 고소하고 있다. 두 교수에 이어 양이원영 환경운동연합 처장, 김영희 탈핵법률가모임 해바라기 대표, 이헌석 에너지정의행동 대표 등 3명에 대해서도 고소하겠다고 으름장을 놓았다.

　　그러나 대구지방검찰청은 2018년 2월 28일 두 교수에게 '혐의 없음'을 통보했다. 김익중 교수는 '한수원 노조'가 아닌 '한수원'이라는 사업자를 가리킨 것이었고, 박종운 교수는 한수원 자체를 언급하지 않아 명예훼손이 성립되지 않음을 인정한 것이다. 환경단체들은 한수원 측이 애당초 사법 처리 대상이 될 수 없는 것을 알면서도 노조를 움직여 형사 고소를 함으로써 탈핵운동가들을 위축시키려 한 게 아닌지 의심하고 있다.

　　지난 2015년 녹색당·에너지기후정책연구소·투명사회를위한정보공개센터·뉴스타파가 함께 쓴 《핵마피아 보고서》에 참여한 이강준 에너지기후정책연구소 기획연구위원은 핵마피아를 "원전으로 이익 보는 자들의 카르텔"로 정의했다. 2018년 1월 29일 〈단비뉴스〉와 만난 그는 "핵을 둘러싸고 형성된 정치·관료·산업·학계·언론 이익 공동체가 어떻게 구성돼 있고, 그들이 이익을 추구하면서 어떤 부정한 요소를 쓰는지 살펴보는 게 핵심"이라고 말했다.

이강준 위원은 돈의 흐름에 주목했다. 핵발전은 정부의 에너지 계획 수립으로 시작하는데, 예산을 누가 가져가는지 추적하면 누가 이익을 보는지 알 수 있다. 미래창조과학부(현 과학기술정보통신부)가 발간한 〈2017 원자력 백서〉에 따르면 핵발전 관련 매출은 매년 증가세를 보였고, 특히 이명박 정부 때 눈에 띄게 커졌다. 2007년까지 2조 5,000억 원대였던 원자력 공급 산업체 연간 매출액은 이명박 정부 첫해인 2008년 3조 7,000억 원대로 뛰었고, 집권 5년 차인 2012년에는 5조 2,000억 원을 넘었다. 한수원과 한전을 제외한 원전 건설·운영, 안전·연구·지원 및 관리를 수행하는 업체의 연매출 총합이 이명박 정부 들어 2배 규모로 늘었다는 뜻이다.

크게 늘어난 매출은 누구 몫이었을까? 원자력 관련 기업들의 협의체인 한국원자력산업회의(KAIF)가 2014년 발간한 〈제19회 원자력 산업 실태 조사〉 보고서에 따르면, 원자력 공급 산업체 중 2013년 연매출이 1,000억 원을 넘은 업체는 모두 12곳이다. 건설업으로 현대건설·삼성물산·GS건설·SK건설, 제조업은 두산중공업·한전원자력연료·효성, 설계업은 한국전력기술, 서비스업으로 한전KPS, 공공 기관인 한국원자력연구원·한국연구재단·한국원자력환경공단 등이었다. 공기업과 공공 기관을 제외하면 모두 대기업이다. 이강준 위원은 "원전 산업은 결국 건설 산업인데, 메이저는 빅 스리라 불리는 삼성물

산·현대건설·두산중공업"이라며 "80년대 이후 정부가 핵발전
소 국산화 정책을 특정 업체 주도로 집중 지원한 결과 사실상
과점 상태가 됐다"고 말했다.

이명박 정부는 원전 건설을 전폭 지원했다. 2008년 1차 에
너지기본계획을 만들면서 2006년 전체 에너지원 중 26퍼센트
를 차지했던 원자력발전 설비 비중을 2030년까지 41퍼센트로
늘리겠다고 선언했다. 같은 해 수립한 4차 전력수급기본계획
에서는 2022년까지 원전 6기(8,400메가와트), 액화천연가스발
전소 1기(1,000메가와트)를 새로 짓겠다고 밝혔다. 2006년 3차
전력수급기본계획에서 2020년까지 원전 2기(2,800메가와트),
LNG 10기(5,800메가와트)를 건설하기로 했던 것과 비교할 때
원전 건설 비중이 뚜렷하게 높아졌다.

"이명박은 핵발전 산업을 가장 잘 아는 사람이에요. 국내
최초의 원전인 고리 1호기 건설에 현대건설이 하도급으로 참
여했을 때 그는 현대건설 이사였고, 1988년 한빛원전 3·4호기
수의계약 비리 의혹이 제기됐을 땐 현대건설 회장 신분으로 국
정감사에 나오기도 했죠."

● "원전의 역사는
　　비리의 역사"

1988년 한국전력 국정감사에서는 원전 11·12호기(현 한빛
원전 3·4호기)와 관련한 권력형 비리 의혹이 제기됐다. 현대건

설은 1987년 4월에 총공사비 3조 3,230억 원 상당의 설비공사를 수의계약으로 따냈다. 단일 공사 기준으로는 국내 최대 규모였다. 더욱이 예상가격의 90퍼센트가 넘는 이례적으로 좋은 값에 공사를 수주한 이면에는 정치자금이 오고 갔지 않았겠냐는 문제 제기가 있었다. 그러나 당시 이명박 현대건설 회장은 의혹을 전면 부인하면서 "17년간의 경험을 통해서 한국의 원자력 기술 자립화가 매우 시급하고 중요한 일이라고 느꼈다"고 말했다. 현대건설 이사와 회장으로 재직하는 동안 원전 건설에 깊이 관여해왔음을 에둘러 표현한 것이다.

"원전 역사는 비리의 역사예요. 박익수 전 국가과학기술자문회 위원장은 고리 1호기 건설 당시부터 웨스팅하우스와 계약한 금액의 5퍼센트가 커미션이었다는 증언을 하기도 했고요. 원전을 건설할 때마다 비자금, 뇌물 문제가 제기돼요. 비리 문제는 어제오늘 일이 아니죠."

이강준 위원은 박익수 전 위원장이 지난 1999년에 낸《한국 원자력 창업 비사》등을 들어 이렇게 설명했다. 이명박 정부는 2009년 12월 아랍에미리트에 한국형 원전을 처음으로 수출하는 쾌거를 거뒀다며 대대적으로 홍보했다. 당시 이 대통령은 "세계는 기후변화에 대비한 가장 현실적인 대안으로 원자력발전을 주목하고 있다"며 "원자력발전 시대가 도래하면서 우리가 진출할 수 있는 기회가 커졌고, 이는 한국 경제 발전에 크게 기여할 것"이라고 강조했다.

이렇게 친원전 정책이 추진되는 동안, 정부와 한수원 인사들이 연루된 비리 사건이 연이어 터졌다. 이 전 대통령을 서울시장 시절부터 보좌해 '실세' '왕차관'이라 불렸던 박영준 전 지식경제부 차관(2010.8.~2011.5 재임)은 김종신 한수원 전 사장에게서 뇌물을 받은 혐의로 2013년 9월 기소됐고, 대법원에서 징역 6개월, 벌금 1,400만 원 형이 확정됐다.

'원전 정책을 수립할 때 한수원 입장을 배려해달라'며 박 전 차관에게 돈을 준 것으로 드러난 김종신 사장은 원전 관련 업체로부터 뇌물을 받았다. 2009년에서 2012년까지 원전 용수 처리 업체인 한국정수공업 등에서 납품계약 편의를 봐주는 조건으로 총 1억 3,000만 원을 받은 사실이 드러났다. 그는 대법원에서 징역 5년, 벌금 2억 1,000만 원, 추징금 1억 7,000만 원의 확정 판결을 받았다.

박영준 전 차관의 기소 내용에는 브로커 오희택 씨가 한국정수공업으로부터 돈을 받아 브로커 이윤영 씨에게 건넨 돈 중에서 일부를 뇌물로 받은 혐의도 포함됐는데, 오 씨와 이 씨는 모두 2007년 대선 당시 이명박 캠프에서 활동했다. 특히 이 전 대통령의 중학교 동문인 오희택 씨는 2013년 초까지 재경포항중고등학교 동창회장을 역임한 이른바 '영포라인'(이명박 전 대통령의 고향인 경북 영일·포항 일대 출신 인사들)으로, 2006년 한나라당 중앙위원회 건설분과 위원장을 지냈다. 이윤영 씨는 한나라당 비례대표로 2006년 제7대 서울시의원을 지낸 뒤 이명박 대통령직 인수위 상임자문위원, 2008년 한나라당 부대변인을 거친 정치인이다.

퇴직한 날 바로
'재취업'하는 원전업계

원자력업계의 '연줄'은 재취업을 통해 견고해진다. 2013년 진보정의당 김제남 의원이 밝힌 자료에 따르면 한수원을 퇴직한 후 재취업한 1·2급 이상 간부 81명 중 80퍼센트 이상이 관련 공기업과 납품업체 등으로 갔다. 현대건설, GS건설, 한전 KPS 등 원전 설계나 건설, 정비업체 등으로 옮겨갔는데, 심지어 70명은 퇴직한 '그날' 곧바로 재취업했다.

이처럼 많은 한수원 퇴직 간부들이 관련 업계에 재취업할 수 있었던 이유는 원청업체가 한수원 하나뿐이기 때문이다. 원전업계는 한수원이 발주한 일감을 약 300개의 납품·용역업체가 나눠 갖는 구조다. 하청업체들은 경쟁 업체보다 유리한 입장에 서기 위해 한수원 퇴직자들을 고용한다.

지난 2012년 국정감사 자료에 따르면 한수원 퇴직자를 영입한 13개 원전 관련 업체가 2010년부터 2012년 9월까지 한수원과 맺은 계약은 모두 1조 6,785억 원 규모였다. 새정치민주연합 문병호 전 의원은 2014년 상반기에만 한수원 퇴직자를 영입한 22개 업체가 한수원에서 4,666억 원의 계약을 따냈다고 밝혔다. 이들은 전체 계약 건수 2,767건 중 2.0퍼센트인 56건을 맡았지만 계약금액은 31.08퍼센트였다. 2011년부터 2014년 상반기까지 한수원 퇴직자를 영입한 업체의 건당 평균 계약금액은 42억 6,000만 원으로 건당 평균 4억 원의 계약을 따낸 다른 업체들의 11배나 됐다.

재취업과 회전문 인사가 이뤄지는 동안 원전 납품업체와 검증업체, 운영업체들의 인력은 뒤섞였다. 부품을 만드는 이와 부품업체를 선정하는 자, 그리고 그 부품을 검증하는 이가 하나가 되는 구조를 만든 것이다. 이헌석 에너지정의행동 대표는 2018년 3월 9일 〈단비뉴스〉와의 전화 인터뷰에서 "부품을 100 퍼센트 주문 생산하고, 수요도 한수원으로 제한돼 있는 핵 산업은 담합하기 굉장히 좋은 구조"라며 "철저한 감시가 필요하다"고 지적했다.

● 학연으로 이어진
　 '그들만의 리그'

'그들만의 리그'는 학계와도 닿아 있다. 2017년 10월 더불어민주당 고용진 의원은 원자력학계의 수백억대 연구용역 비리 의혹을 제기했다. 2013년 3월 산업통상자원부가 공모한 '에너지연구개발(R&D) 중장기 과제' 중 '중대 사고 시 원자로 건물 파손 방지를 위한 여과 배기계통 개발' 총괄 책임 기관에 '(주)미래와 도전'이 선정됐다. 2000년 7월 설립된 원전 안전진단·평가용역 업체인 미래와 도전은 이 사업에 선정되면서 연간 32억 원, 총 128억 원을 정부로부터 지원받았다. 연평균 매출액의 30퍼센트가 넘는 금액이었다.

고용진 의원에 따르면 이 업체의 최대 주주(지분 26퍼센트)인 이병철 대표는 서울대 원자핵공학과 출신이고, 2대 주주는 14퍼센트의 지분을 가진 정창현 서울대 원자핵공학과 명예교수, 3대 주주는 지분 12퍼센트를 가진 정창현 교수의 아들이다. 정창현 교수는 이병철 대표가 1996년 쓴 박사학위 논문의 지도교수다. 이 대표의 박사학위 논문 '감사의 글'에 등장하는 박군철 서울대 원자핵공학과 교수, 김무환 원자력안전위 비상임위원 역시 주식 800주씩을 가지고 있던 것이 2014년 11월 〈뉴스타파〉 보도로 밝혀졌다. 서울대 원자핵공학과 동문인 이들은 2005년에서 2008년 사이 주식을 무상으로 받은 것으로 파악됐다.

더불어민주당 노웅래 의원은 2013년 11월 국회 미래창조과학방송통신위원회에서 "원자력안전기술원이 발주한 원자력연구개발기금 286개 연구용역 중 15퍼센트인 41건을 미래와 도전이라는 특정 업체가 따낸 배경이 무엇이냐"며 수의계약으로 연구용역을 맡긴 이유를 물었다. 당시 한국원자력안전기술원장을 맡고 있던 김무환 위원은 "용역계약이 잘못됐다"고 시인했다. 그는 2016년 9월 원자력안전기술원(KINS) 원장 임기를 마친 뒤 그해 12월 국회 여당(새누리당) 추천으로 원자력안전위 비상임위원에 위촉됐다.

익명을 요구한 원자력학계 관계자는 2018년 3월 9일 〈단비뉴스〉와의 전화 인터뷰에서 "같은 학교 원자핵공학과 출신들이 정부에 들어가 원자력 업무를 담당하고, KINS나 원자력연구원에 가고, 사업체에도 가다 보니 그 사람들끼리 모이는 비공식 정례 모임이 있다"며 "서로 정보 공유를 하면서 연구 과제라든가 하는 일들을 '도와줘라'는 식으로 이야기가 오고 가는 거로 알고 있다"고 밝혔다. 그는 이어 "서로 도와주고 밀어주고 당겨주는 구조가 다른 산업계에도 없지는 않겠지만, 여기는 좀 더 심하다"며 "이런 생태가 사업, 연구, 인사, 정책과 규정을 만드는 일 등 원자력 관련 모든 곳에 영향을 미쳤다고 본다"고 덧붙였다. 이 관계자는 "학계에 영향력이 센 일부 교수들이 제자 회사를 밀어주고 주식을 받는 건 이 좁은 세상에서 교수가 할 짓은 아니라고 본다"고 성토했다.

● 후쿠시마 참사 뒤에도 핵마피아의 그림자

2011년 3월 11일 후쿠시마 제1원전 폭발 사고를 겪은 일본에서도 오래전부터 핵마피아의 존재가 논란이 돼왔다. 일본공산당이 발간하는 일간지 〈신문 아카하타〉가 낸 책 《원전마피아》에 따르면 도쿄전력 등 전기 회사와 주무 부처인 경제산업성, 그리고 원자력학계 등이 이권 카르텔을 형성하고 있다. 도쿄전력이 후쿠시마 원전의 내부 결함과 안전성 문제를 은폐하고 안전성 검사 보고서를 조작했던 것은 이를 눈감아준 관료들이 있었기에 가능했다.

도쿄대에서 방사선 방호학을 전공한 안자이 이쿠로 리츠메이칸대학 명예교수는 《원전마피아》에서 "수많은 학자가 자신들의 권위를 동원해 원전에 신뢰성을 부여해왔던 까닭에 비판자는 늘 억압당해야 했다"고 말했다. 정부의 원자력 정책이 주민 안전을 보장하지 못한다고 비판했던 안자이 교수는 주임 교수를 통해 압력을 행사한 도쿄전력 때문에 1969년부터 1986년까지 17년을 도쿄대에서 승진 없이 조교로 일해야 했다.

후쿠시마 원전 사고 당시 내각을 이끌던 간 나오토 전 일본 총리는 2013년 독일 공영방송 체트데에프의 다큐멘터리 〈후쿠시마의 거짓말〉에 출연해 "원전 사고를 일으킨 방아쇠는 쓰나미였을지 모르지만, (원전마피아 때문에) 당연히 준비했어야 할 대책을 실행하지 않았던 것이 문제였다"고 말했다. 이 다큐에 따르면 후쿠시마 원전을 운영하는 도쿄전력은 원자로에서 결함을 발견한 일본계 미국인 엔지니어에게 '문제가 없다'는 내용으로 보고서를 조작하도록 압력을 가했다. 일자리를 잃을까봐 침묵했던 이 엔지니어가 나중에 일본 경제산업성에 이 사실을 알렸지만, 경제산업성은 오히려 그를 비롯한 내부 고발자 명단을 도쿄전력에 넘겼다. 후쿠시마 지사였던 사토 에이사쿠도 원전을 둘러싼 유착관계를 폭로했다가 모함을 받고 사퇴했다. 핵마피아의 전횡 속에 일본 원전의 사고 가능성은 철저히 은폐됐고, 일본은 2011년 대참사를 맞았다.

그 기사는 돈 받고 쓴 것이었다

친원전 여론 만들기

강민혜, 나혜인, 조은비

2011년 3월 후쿠시마 사고가 나기 전까지 대다수 일본인들은 원전의 안전성을 의심하지 않았다. '원자력 프로파간다'의 영향이 컸다. 일본의 2대 광고대행사인 하쿠호도(株式会社博報堂)에서 18년간 영업 담당으로 일했던 혼마 류는 2017년 국내에 번역된《원전 프로파간다: 안전 신화의 불편한 진실》에서 여론 조작의 실상을 폭로했다.

혼마에 따르면 도쿄전력 등 원전을 운영하는 9개 전력 회사는 1970년대부터 후쿠시마 참사 무렵까지 원자력 홍보를 위해 약 2조 4,000억 엔(약 24조 원)을 쏟아부었다. 전력 회사 등 '원자력마을(원전마피아)'은 대형 광고대행사를 창구로 언론에 광고를 공급했고, 언론은 원자력마을에 제압당해 반원전 보도를 거의 하지 못했다. 일본인들은 이 특수한 구조 속에서 '원전은 안전하고 깨끗한 에너지'라는 선전을 단단히 믿게 됐다는 것이다.

엄청난 홍보비로
'원전 안전 신화' 만든 일본과 한국

원전 폭발 사고 후 후쿠시마는 절망의 땅이 됐다. 한때 마을 입구에 걸렸던 "원자력은 밝은 미래의 에너지"라는 구호는 '사람이 살 수 없는 땅'이 된 현실과 참담한 대조를 이뤘다.

한국의 '원전 프로파간다'도 일본과 비슷한 면이 많다. 한수원 등 원전 관련 기업과 기관들은 광고와 협찬 등을 통해 신문 지면과 방송 전파를 사실상 '구매'해, 보도 내용에 영향을 미쳤다. 〈단비뉴스〉는 2017년 6월과 2018년 3월 정보공개청구

"원자력은 밝은 미래의 에너지." 일본 후쿠시마현 후타바읍 중심가 입구에 설치됐던 간판이다. 표어와 반대로 이 동네는 이제 사람이 살 수 없는 마을이 됐고, 간판은 철거됐다.

2부: 찬핵 세력의 거짓말　　　　　**231**

SBS가 원자력공단 지원으로 만든 다큐멘터리는 생활 방사선량 수치와 비교하는 방식으로 중저준위 방사성 폐기장의 위험성이 낮다는 것을 강조하고 방폐장 건설의 당위성을 옹호했다.

를 통해 한국원자력환경공단(이하 원자력공단)의 문화예술 사업 예산 및 광고비 집행 내역, 한수원의 홍보 예산 집행 내역(2012~2017)을 받았다. 내용을 종합한 결과, 한국 언론 대다수가 이들로부터 광고 외에 협찬 명목으로 돈을 받아왔고 그 거래는 '친원전' 논조의 보도와 프로그램 제작으로 이어졌음을 확인할 수 있었다.

대표적으로 지상파 방송인 SBS의 경우 2012년부터 2014년까지 원자력공단으로부터 총 4억 1,200만 원, 한수원에서는 총 2억 1,000만 원을 받았다. SBS가 2012년 제작한 특선 다큐멘터리 〈갈등, 길을 묻다〉는 원자력공단에서 받은 1억 6,000만 원의 제작비로 스웨덴 현지 취재 등을 거쳐 국내 건설 중인 방사성 폐기물 처리장의 안전성을 부각했다.

SBS는 2014년에도 원자력공단이 지원한 1억 2,000만 원으로 특선 다큐멘터리 〈방폐장 이제는 상생이다〉를 제작했다. 이 다큐는 방사성 폐기물에서 나오는 방사선량을 자연 방사선 수치와 비교하며 방폐장의 안전성을 강조했다. 이는 1991년 일본 정부가 체르노빌 원전 사고 후 높아진 반핵 여론을 가라앉히기 위해 '원자력 대중 수용성 대책'을 만들면서 "방사선이 일상적 존재라는 것을 주지시키라"고 강조한 것과 비슷한 전략으로 볼 수 있다.

● 광고 외에 취재 협찬 등으로 보도에 영향

〈단비뉴스〉가 받은 정보공개청구 자료를 보면 YTN도 2012년 3월과 2013년 9~12월 세 차례에 걸쳐 한수원에서 방송 제작 협찬비 4억 7,200만 원을 받았다. 또 2013년 12월에는 TV조선이 1억 8,000만 원, 연합뉴스TV가 1억 3,000만 원, JTBC가 1억 원, 채널A가 5,000만 원, MBN이 4,000만 원을 같은 명목으로 받았다. 2014년에는 시사교양 제작 명목으로 KBS에 7,500만 원, 한국경제TV에 두 차례 총 5,000만 원, MTN에 1,500만 원이 제공됐고, 채널A에는 특집 다큐멘터리 제작 명목으로 3,000만 원이 지원됐다.

한수원은 또 지난 2012년부터 2017년 6월까지 총 222억 2,500만여 원을 언론사 광고비로 썼다. 이 중 방송 광고가 171

억 6,600여만 원, 인쇄 광고는 50억 5,867만 원이었다. 한수원으로부터 광고를 받은 언론사는 주요 방송, 신문은 물론 지역지, 각종 전문지, 잡지, 인터넷 매체, 심지어 대학 학보사까지 다양했다. 핵폐기물 처리장을 관리하는 한국원자력환경공단 역시 같은 기간 총 27억 860여만 원의 광고비를 집행했다.

탐사 전문 언론 〈뉴스타파〉가 2017년 8월 입수한 자료에 따르면 SBS는 지난 2013년 한국에너지정보문화재단(전 한국원자력문화재단)으로부터도 원자력 및 에너지 정보 제공 목적으로 총 3,000만 원의 취재 지원비를 5회에 걸쳐 받았다. MBC도 2014년 같은 재단으로부터 1억 1,000만 원을 지원받아 그해 12월 11일 방영된 MBC 다큐프라임 〈미래에게 말을 걸다―원자력 세대의 선택은?〉을 제작했다. 이 다큐는 후쿠시마 사고 후 확산되고 있는 방사능 공포는 과도한 것이며, 원전은 경제적이고 안전하기 때문에 정부가 국민을 잘 설득해서 발전시켜야 한다는 논조로 구성됐다.

● 원자력 공공 기관을
'노다지'로 보는 언론

2017년 10월 24일 국회 산업통상중소벤처기업위원회 국정감사장. 홍익표 더불어민주당 의원이 이관섭 당시 한수원 사장을 거세게 몰아붙였다.

"한수원을 비롯한 원자력 관련 기관이 언론 집단에게는 그야말로 '노다지'예요. 금맥이죠. 광고비, 언론 협찬비, 기사 협찬도 해주고 기자들 데리고 가서 외유성(출장) 보내주고, 그러면서 (언론은) '원전이 안전하다, 경제적이다' 이런 얘기를 계속 반복적으로 써줍니다. …… 이런 와중에 소위 우리가 얘기하는 '원전마피아'가 만들어지는 겁니다. 원자력 산업계, 정부 기관, 언론계, 정계, 관계, 다 유착관계가 만들어지는 거예요."

홍익표 의원은 이날 국정감사 질의에서 한수원에게서 돈을 받고 협찬 기사를 써준 언론사로 〈동아일보〉, 〈국민일보〉, 〈매일경제〉, 〈조선일보〉, 〈문화일보〉 등 5개사를 거론했다. 그는 경제학 이론 중 하나인 '포획이론(capture theory)'을 거론하며 감시자가 되어야 할 언론이 감시 대상인 원자력계에 포획돼 입맛에 맞는 기사를 써주고 있다고 개탄했다.

홍익표 의원에 따르면 〈동아일보〉는 2016년 7월 13일 자에 중앙대 정모 교수의 칼럼 〈신고리 안전성 논란, 사고 관리 계획으로 풀어야〉를 실었다. 이 칼럼은 한수원의 '기획 작품'이었다. 정 교수는 한수원의 섭외를 받고 자신의 칼럼이 어느 신문에 실릴지도 모른 채 글을 썼고, 〈동아일보〉는 한수원에서 1,000만 원을 받고 지면을 내줬다는 것이다. 홍익표 의원은 "보통은 신문이 (글쓴이에게) 원고료를 지불하는데, 반대로 한수원이 동아일보에 1,000만 원을 지불했다"며 이관섭 당시 한수원 사장을 힐난했다. 이에 대해 정 교수는 "당시 한수원에 근무하는 지인으로부터 원고 부탁을 받고 평소 생각한 대로 글을 썼을 뿐 칼럼 게재와 관련해 돈이 오간 사실은 몰랐다"며 "〈동아일보〉나 한수원 측으로부터 원고료를 받은 일도 없다"고 말했다.

	2012~2014년 원자력문화재단의 기사 협찬금 1,000만 원 이상 받은 언론사				
언론사명	**내역**		**언론사명**	**내역**	
	기사건수	금액		기사건수	금액
조선일보	8	111,500,000	국민일보	1	22,000,000
문화일보	8	110,000,000	파이낸셜뉴스	6	22,000,000
동아일보	6	76,000,000	헤럴드뉴스	3	22,000,000
에너지경제신문	13	75,400,000	내일신문	2	11,000,000
매일경제	3	45,000,000	국제신문	2	11,000,000
디지털타임스	8	36,300,000	대구매일신문	1	11,000,000
연합매거진(잡지)	4	26,400,000	울산매일신문	1	11,000,000
뉴스1통신	3	23,000,000	전자신문	1	11,000,000
한국경제	2	22,000,000	아시아투데이	2	11,000,000

2014~2017년 한국원자력문화재단(현 한국에너지정보문화재단)에게서 1,000만 원 이상 협찬금을 받은 언론사 명단. 3년 6개월간 총 35개 언론사가 7억 3,460만 원을 받고 123건의 협찬 기사를 썼다. ⓒ 뉴스타파 자료: 한국원자력문화재단

　〈국민일보〉는 지난 2015년 새해 벽두부터 7개월간 기획시리즈 〈원전 우리에게 무엇인가〉를 연재했다. 총 102건의 기사로 구성된 이 시리즈는 당시 원전을 둘러싼 찬반 논쟁을 비교적 객관적으로 실었고, 원전 정책의 문제점도 비판했지만 전반적인 논조는 경제 성장의 동력인 원전 산업을 육성·발전시켜야 한다는 것이었다. 이 시리즈는 국민일보 측이 먼저 한수원 측에 협찬을 제안, 총 29편의 기사에 대해 1억 5,000만 원을 받았다고 홍익표 의원이 밝혔다.

　〈매일경제〉가 2016년 3월부터 총 10회에 걸쳐 연재한 〈원

전과 함께하는 미래 50년〉 시리즈도 마찬가지였다. 〈매일경제〉
는 한수원에 보낸 '원전 기획 시리즈 시행안'에서 "후쿠시마 원
전 사고 5주년 등 부정적 이슈가 제기되는 시기에 이번 기획을
통해 한국 원전의 안전성과 경제성, 산업 기여도, 상생의 문화
등을 종합적이고 체계적으로 소개해 오해를 불식시키는 한편
긍정적인 여론을 조성해 한국 원전이 국가 경제 발전에 기여
할 수 있도록 일조하고자 한다"며 약 1억 원의 협찬 비용을 요
구했다. 홍익표 의원에 따르면 한수원은 〈매일경제〉에 총 9,167
만 원을 지급했다.

　이날 국감장에서는 〈조선일보〉, 〈문화일보〉가 한 건당 각
각 1,500만 원, 1,000만 원씩을 받고 한수원에 홍보성 기사를
써준 사례도 공개됐다. 하지만 2017년 10월 19일 〈오마이뉴스〉
의 〈그 기사가 1억짜리? 한수원의 '속 보이는' 기획 기사 협찬〉
기사에 따르면 이는 일부 사례에 불과하다. 〈오마이뉴스〉 기
사는 〈동아일보〉가 2012년부터 2016년 9월까지 한수원을 옹
호하는 기획 특집 기사를 총 11회 실어 1억 8,945만 원을 챙겼
고 〈조선일보〉도 같은 기간 15회 기획 특집 기사를 쓰고 1억
6,440만 원을 받았다고 지적했다.

　진보언론이라 불리는 〈경향신문〉, 〈한겨레〉 역시 각각
3,600만 원, 2,300만 원의 협찬금을 받은 것으로 드러났다. 현
행 인터넷신문윤리강령 등 각종 언론윤리강령에는 협찬 등을
받아 취재한 경우 이 사실을 보도 시점에 밝히게 돼 있으나 이
들 신문 중 이를 이행한 곳은 거의 없었다.

　2017년 11월 한국원자력문화재단에서 간판을 바꾼 한국

에너지정보문화재단도 그동안 수많은 협찬 기사를 언론에 청탁해왔다. 2017년 9월 〈뉴스타파〉 보도에 따르면 2014년부터 2017년 7월까지 국내 35개 언론사가 당시 원자력문화재단으로부터 총 7억 3,460만 원을 받고 123건의 협찬 기사를 썼다. 이 중 원자력문화재단의 협찬을 받았음을 명시적으로 알 수 있게 쓴 기사는 〈전기신문〉과 〈디지털타임스〉의 보도 두 건밖에 없었다.

◉ 국민들이 내는 전기요금 떼서 원전 홍보비로

원자력문화재단의 출연금은 전액 전력산업기반기금에서 충당한다. 전력산업기반기금은 국민들이 매달 내는 전기요금의 3.7퍼센트를 떼어 조성되며 산업통상자원부 장관이 관리한다. 국민의 호주머니를 털어 원전 홍보에 쓰고 있는 셈이다. 2017년 8월 더불어민주당 권칠승 의원이 공개한 자료에 따르면 2007년부터 2016년까지 10년간 전력산업기반기금에서 원전 홍보비로 나간 돈은 824억 1,200만 원이었다. 반면 원전의 대안으로 꼽히는 신재생에너지 홍보에는 같은 기간 2억 6,700만 원, 원전 홍보비의 300분의 1이 지출됐을 뿐이다.

이재경 이화여대 커뮤니케이션·미디어학부 교수는 2018년 2월 5일 〈단비뉴스〉와의 전화 인터뷰에서 "관련 사항을 자세히 알지 못해 조심스럽지만, 돈을 받은 언론사가 여론을 좌우할 만한 중요한 기사를 독자 입장에서 협찬성 기사인지 판단할 수 없는 일반적 형태로 게재하는 건 명백히 언론윤리를 어긴 것"이라며 "만약 실제로 그런 일이 벌어졌다면 준엄히 비판받아야 한다"고 말했다. 고영철 제주대 언론홍보학과 교수는 2018년 3월 22일 전화 인터뷰에서 "가장 큰 문제는 시민들에게 진실을 알려야 하는 언론의 본질적 역할이 무너졌다는 것"이라며 "원전 문제처럼 중요한 이슈에 대해 언론이 객관성과 공정성을 잃고 대가성 기사를 써댄다면 시민들은 왜곡된 정보를 얻을 수밖에 없다"고 비판했다.

○ 한수원 초청 후 쏟아진 '수명 연장 찬성' 기사들

한수원과 원자력문화재단 등은 기자들의 취재를 직접 지원하기도 한다. 〈뉴스타파〉가 2017년 7월 한수원에서 제공받은 자료에 따르면 2015년과 2016년 한수원은 〈내일신문〉 논설위원,《신동아》편집위원, 산업부 출입기자단 등에 총 6차례 1억 9,814만 원을 들여 국내외 원전 시찰 취재를 지원했다. 교통비(해외의 경우 항공료), 식비, 숙박비, 기념품비 등이 제공된 것으로 알려졌다.

특히 월성원전 1호기 수명 연장 여부를 놓고 사회적으로 논쟁이 뜨겁던 2015년 2월 한수원은 산업부 출입기자단이 캐나다·미국 내 원전 지역을 시찰할 수 있도록 지원했다. 산업부

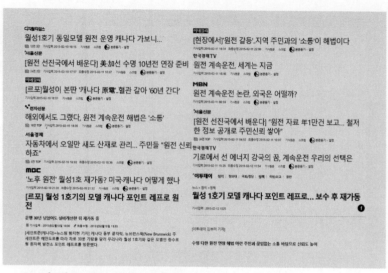

2015년 2월 1~8일 산업부 출입기자단의 해외 원전 시찰 직후 쏟아진 기사들. 대부분 원전의 수명 연장을 긍정적으로 평가하는 내용이었다. 원안위는 2월 27일 월성원전 1호기의 계속 운전 허가를 결정했다.

기자단의 해외 원전 시찰은 2월 1일부터 8일까지였고, 원자력 안전위원회가 월성 1호기의 수명 연장 여부를 결정하는 회의는 2월 12일로 예정돼 있었다. 기자단이 귀국한 직후인 2월 10일과 11일, 각 신문·방송에는 월성 1호기와 기종이 같은 캐나다 '포인트 레프로' 원전의 수명 연장 가동을 긍정적으로 평가하는 기사가 쏟아졌다. 그리고 원안위는 회의를 한 차례 연기한 끝에 2월 27일 월성 1호기의 계속 운전 허가를 결정했다.

돈 풀어 '친원전 이데올로기' 주입

일반인 대상 원자력 홍보

강민혜, 나혜인, 조은비

2017년 5월 4일 오후 1시, 45인승 전세버스 한 대가 경북 경주시 양남면 나아리 월성원자력홍보관 앞에 멈춰 섰다. 경주고등학교 1학년 학생들과 학부모회 회원 등 40여 명이 버스에서 내렸다. 교복을 단정하게 차려입은 학생 30여 명은 학부모들의 인솔 아래 원자력홍보관 정문에서 현수막을 펼치고 기념사진을 찍었다. '어머니와 함께 에너지 투어'라고 적힌 현수막이었다. 이날 행사는 경주고등학교 1학년 학부모회가 주관하고 한국원자력환경공단과 한국수력원자력 월성원자력본부에서 후원했다.

💿 모든 경비 한수원이 부담하는 '원전 투어'

이날 학생들은 오후 내내 원자력홍보관 및 중·저준위 방사성 폐기물 처리장, 월성원자력본부 등을 견학했다. 이날 교통, 식사 등 모든 경비는 한수원 측에서 부담했다. 홍보 시설은 원자력의 역사, 안전성, 원전 기술의 우수성 등을 강조하는 내용으로 채워져 있었다.

이름을 밝히지 않은 한 경주고 교사는 〈단비뉴스〉와의 전화 인터뷰에서 "(당시 견학은) 우리 학교에서 먼저 신청한 건 아니고, (월성)원자력본부에서 견학프로그램 지원 공문이 와서 학부모회가 희망하는 학생들을 모아 이뤄진 것"이라며 "(견학프로그램) 공문은 우리 학교뿐만 아니라 경주 지역 관내 학교가 모두 받은 것으로 알고 있다"고 말했다. 이 교사는 2018년에도 같은 프로그램을 안내하는 공문을 받았으나 신청할 것인지는 아직 결정하지 않았다고 덧붙였다.

지난 2014년 천병태 한국원자력문화재단 당시 이사장은 〈에너지경제〉와의 인터뷰에서 "원전 현장에 살고 있는 주민들부터 만족시켜야 진짜 홍보"라고 말했다. 이런 맥락에서 한수원은 각 원전 지역마다 홍보관을 가동하고 지역 주민과 학생 등을 상대로 견학 프로그램을 지원하고 있다. 〈단비뉴스〉가 2018년 3월 26일 정보공개청구를 통해 받은 2013~2017년 한수원 견학 프로그램 집행 내역에 따르면 한수원은 지난 5년간 본사 및 전국 5개 원전본부(고리, 한울, 한빛, 월성, 새울)에 총

경주고등학교 1학년 학생들이 경북 경주시 양남면 월성원자력홍보관 견학을 하기 위해
버스에서 내리고 있다. © 나혜인

4만 5,297명을 초청해 교통비, 식비, 숙박비 명목으로 총 18억
4,749만 2,000원을 지원했다. 참가자 중 학생은 9,644명, 지역
주민은 9,165명이었다.

프로그램 중에는 견학 외에 주변 관광지를 묶은 여행 코스
가 포함된 것도 있다. 이헌석 에너지정의행동 대표는 2018년
4월 6일 〈단비뉴스〉와의 전화 인터뷰에서 "한수원 등 원자력
공공 기관들은 예전부터 지역 노인 등 주민들을 상대로 선심성
관광 프로그램을 진행해왔다"며 "지역 여론에 영향을 미치겠
다는 의지로 발전소 견학은 짧게 하고 소위 '꽃놀이'를 보내주
는 등의 행태가 지금도 자행되고 있다"고 말했다. 일례로 한국
에너지정보문화재단은 2017년 5월 12일부터 1박 2일 일정으로
월간지 《여성조선》 독자 열 가족을 초대하는 프로그램을 제공
했다. 초청된 가족들은 월성원자력발전소 견학과 함께 첨성대,

경주박물관, 문무대왕릉, 주상절리 등 경주의 역사·자연 명소를 탐방했다.

〈단비뉴스〉가 2017년 6월과 2018년 2월 정보공개청구를 통해 받은 한수원의 2012~2017 홍보 예산 집행 내역에 따르면 한수원은 원전 인근 지역 주민 행사에도 지원비를 썼다. 2016년과 2017년에 각각 4,500만 원, 3억 6,530만 원을 지원한 경주시체육회의 벚꽃마라톤대회가 대표적이다. 한수원은 (사)동리목월기념사업회(소재지 경주)가 제정한 2016년 동리목월문학상 시상식에 1억 4,000만 원, 경주문화원의 2016년 신라문화제에 1,900만 원을 지원하기도 했다.

발전소 주변 지역 지원에 관한 법률에 따른 한수원의 2017 사업자 지원 사업 내역을 보면 고리·월성·새울(신고리)·한빛·한울 등 5개 원자력본부에 총 549억 3,700만 원의 사업비가 집행됐다. 그중 문화진흥사업에 쓰인 금액이 78억 1,500만 원, 사업의 실체를 구체적으로 확인하기 어려운 '기타 사업'에 쓰인 금액이 45억 5,200만 원이다. 월성원자력본부의 2017년 사업자 지원 사업 선정 내역을 보면 지역사회 문화 조성 사업 명목으로 지역 기관 및 단체가 주최하는 각종 체육 문화 행사에 6억 8,488만 원을 지원했다. 월성본부는 2018년에도 같은 명목으로 6억 5,970만 원을 지원했다

한수원은 원전 인근 지역 주민들을 대상으로 우호적인 여론을 만들기 위해 자체 발간지도 꾸준히 내고 있다.《고리동산》,《월성양지》,《한빛뉴스》,《한빛공감》(이상 한수원),《청정누리》(한국원자력환경공단) 등이 대표적인 정기 간행물이다.

2018년 4월 26일 〈단비뉴스〉가 정보공개청구를 통해 받은 '최근 5년간 정기 간행물 내역'에 따르면 한수원은 2013년부터 2017년까지 총 9종의 정기 간행물을 매월 혹은 격월(또는 분기별)로 3000~1만 5,000부씩 찍어 관공서, 마을회관, 도서관, 학교, 카페, 미용실 등에 배포했다. 이를 위해 26억 1,555만 8,000원의 예산이 집행됐다. 방사성 폐기물을 관리하는 한국원자력환경공단 역시 월간(2017년은 격월) 간행물《청정누리》를 발행하는 데 5년간 10억 900만 원을 썼다.

● 도심 건물·대중교통·극장 등에
　　친원전 광고

　　한수원 등 원자력 공공 기관의 전방위적 홍보 활동은 원전 주변 지역에만 그치지 않았다. 〈단비뉴스〉가 정보공개청구를 통해 받은 '한국수력원자력 최근 5년간 옥외 광고 예산 세부 내역'에 따르면 한수원은 서울·대구·광주·부산·울산·전주 등 전국 주요 도심의 건물 옥외 전광판이나 버스터미널·고속철도(KTX)역·지하철 승강장·공항·극장 등에서 기업 이미지 광고를 했다. 버스나 택시 차체에 홍보물을 입히는 래핑(wrapping) 광고, KTX 열차 객실 모니터의 영상 광고도 했다. 한수원이 2013년부터 2017년까지 옥외 광고에 투입한 예산은 총 32억 2,981만 7,000원이며 이 중 13억 7,000여만 원은 한수원 본사가 경북 경주시 양북면으로 이전한 2016년에 집중됐다. 원자

한수원의 다양한 옥외 광고물.
ⓒ 한국수력원자력

력환경공단 역시 지난 5년간 2억 1,900만 원을 들여 경주 지역
도로교통 표지판이나 시외버스 터미널, KTX 신경주역 등에서
방사성 폐기물이 안전하게 관리되고 있다는 내용의 광고를 내
보냈다.

　한수원은 지난 2014년 11월부터 2018년 3월까지 서울 종
로2가 YMCA 빌딩 1층에 에너지 체험 카페 '커피빈 에너지팜
종로 YMCA점'을 운영하기도 했다. 서울 도심 한복판에 아기
자기한 모형 원전 등 에너지 관련 전시물과 게임, 도서 등을 마
련해놓은 이 카페는 한수원과 커피빈코리아가 운영비를 공동
부담했다. 지난 3년 반 동안 일반 시민들이 자연스럽게 원전을
친밀히 느낄 수 있도록 꾸며진 이 카페를 운영하는 데 한수원
측에서 부담한 돈은 총 12억 1,240만 원이다.

○ 탈핵 여론 맞서
'원자력 포퓰리즘 대응 방안' 기획

　지난 2016년 10월 국회 산업통상자원위원회 국정감사에서 이찬열 의원(바른미래당)은 한수원으로부터 제출받은 〈원자력 정책의 포퓰리즘화 가능성과 대응 방안〉 보고서를 공개했다. 이 보고서는 2015년 12월 한수원 홍보실이 예산 7,713만 원을 들여 제주대학교 산학협력단(연구 책임자 고경민 제주대 학술연구 교수)과 함께 만든 것이었다.

　2018년 1월 10일 〈단비뉴스〉가 전달받은 이 보고서는 '원자력 포퓰리즘'을 일으키는 주체로 "시민사회의 반핵·탈핵 세력 및 단체, 원자력에 대해 비판적인 일부 언론, 집권과 재선을 목표로 정치 활동을 벌이는 정당과 정치인"을 꼽았다. 보고서는 이어 "그들의 논리가 사회 포퓰리즘, 언론 포퓰리즘, 정치 포퓰리즘화하는 가능성을 검토하고 대응 방안을 모색하고자 한다"고 연구 목적을 밝혔다. 2011년 후쿠시마 원전 사고 이후 높아진 탈핵 여론을 비합리적인 '원자력 포퓰리즘'으로 규정하는 한수원의 시각이 드러난다.

　이 보고서는 원자력 포퓰리즘이 성공할 수 있는 이유로 '무지한 유권자'를 들었다. "대다수 유권자는 전문성이 결여되어 있기 때문에 복잡한 정책적 사안에 대한 이해력이 떨어지고, 따라서 정책 투표 자체가 현실적으로 불가능하다는 주장도 제기될 수 있다"고 진단했다.

　보고서는 이에 대응하기 위해 "원자력 언론 보도 프레임을 친원전 세력이 주도해나갈 수 있도록 긍정적인 원자력 이슈화가 필요할 것"이라고 지적하고 "이제부터는 국민을 대상으로 방사선과 원자력을 생활 속에서 보고 체험할 수 있는 다양한 사업을 추진할 필요가 있다"고 주장했다. 구체적인 사업 방안으로는 ▲중고등학생 대상 원자력 이슈 관련 토론 대회 개최 ▲대학생 대상 한수원 주관 해외 원전 탐방 프로그램 및 정책 공모전 실시 ▲대학생 온라인 원자력 홍보대사 구성 ▲원자력 발전 백서, 원자력 홍보 브로슈어 등 원자력 관련 자료의 모바일 다운로드 제공 등을 제안했다. 또 "해당 연구 내용을 사내 홍보 및 교육, 한수원 및 원전 산업계 홍보, 대외협력 담당자 교육 등에 활용하고 도출된 대응 방안에 근거해 언론, 정계, 학계 등에서 제기되는 반핵, 탈핵 담론에 적극적으로 대응해나가야 한다"는 의견을 덧붙였다.

● 한수원 직원이 언론사
  '독자 투고'로 여론몰이

2017년 12월에는 한수원 직원들이 지역 언론사 독자 투고란을 이용해 여론몰이를 시도한 사실이 드러났다. 〈미디어오늘〉은 2017년 12월 7일 자 〈"원자력 깨끗하다" 경주 시민은 한수원 직원이었다〉 기사에서 "한국수력원자력의 '언론사 독자 투고 실적 알림'이라는 문건을 정보공개청구 한 결과, 한수원 소속을 밝히지 않고 지역 언론사 독자 투고란에 원자력 찬성

글을 집중적으로 보내고 있는 것을 확인했다"고 보도했다. 한수원 직원이 주소지와 이름만 밝힌 글을 언론사에 보내, 마치 원자력에 찬성하는 일반 시민의 의견인 것처럼 보이게 했다는 것이다.

이헌석 에너지정의행동 대표는 "원자력 산업의 이해 당사자가 자신의 신분을 밝히지 않고 마치 일반 주민의 의견인 듯 언론에 글을 싣는 건 대중 여론을 호도하겠다는 것"이라며 "언론을 통해 조금씩 실상이 드러나고 있지만, 이러한 일들은 지금껏 계속 반복돼왔다"고 말했다. 이헌석 대표는 "경제적 사정이 열악한 지역 언론에 한수원 같은 대형 공공 기관은 영향력이 아주 큰 광고주"라며 "(독자 투고는) 결국 언론이 광고주에게 포섭된 사례"라고 말했다.

● 초등생 알림장,
   고교생 원자력 골든벨 퀴즈도

한수원은 지난 2016년 3월 '원자력 홍보 알림장'을 원전 지역 초등학생에게 무상 배포했다가 학부모들의 항의가 빗발치자 회수한 일도 있다. 경주시의회 정현주(더불어민주당) 의원은 당시 '원자력의 안전성에 대한 홍보물이 알림장을 통해 배포되고 있다'는 제보를 경주 지역 학부모로부터 받았다. 알림장을 배포한 것은 평화운동연합이라는 민간단체였다. 정현주 의원은 〈단비뉴스〉와의 전화 인터뷰에서 "알림장의 자세한 배포 경위와 배포 학교 등을 확인해줄 것을 경주교육지원청과 한수원 홍보전략팀에 요청했으나 답변을 받지 못했다"고 밝혔다. 당시 한수원은 학부모 항의가 거세지자 알림장 배포를 중단하고 이미 배포된 알림장을 회수하는 것으로 사건을 수습했다.

이 사업을 위해 한수원이 평화운동연합에 수천만 원을 지급했던 사실이 나중에 밝혀졌다. 국회 산업통상자원위원회 홍익표(더불어민주당) 의원이 한수원에서 제출받은 '원자력 홍보 알림장 노트 무상 배포 운동 협찬 약정서'에 따르면 평화운동연합은 원자력발전소 주변 214개 학교에 5만 부의 알림장을 배포하는 사업에 3,000만 원을 지원받았다. 평화운동연합은 앞서 언급한 '원자력 포퓰리즘 보고서' 공동 연구자인 장성호(건국대 행정대학원) 교수가 이사장을 맡고 있는 단체로, 지난 2001년 한반도 통일과 평화 교육을 목적으로 설립됐다. 정현주 의원은 "배포처인 평화운동연합은 당시 인쇄에만 관여했던 것으로 알고 있다"고 밝혔다.

'원자력 포퓰리즘 보고서'에는 "유치원생에겐 원자력 효과를 알릴 그림책, 색칠 공부 등 친근한 수단으로 접근할 수 있고, 초등학생을 대상으론 '원전 탐험대' 같은 현장 체험학습을 확대해 효과를 극대화할 수 있다"는 정책 제안이 있다. 2016년 10월 〈한겨레〉는 "원전 알림장은 이를 실행에 옮긴 것이라 볼 수 있다"고 보도했다. 실제로 알림장 내부를 보면 원자력은 친환경적이고 경제적인 에너지로, 우리에게 꼭 필요하다는 내용이 들어 있다.

한수원은 2014년과 2015년에도 평화운동연합에 각각

3,000만 원과 3,500만 원을 지급해 고등학생들을 상대로 원자력 관련 골든벨 퀴즈 행사 등을 열도록 했다. 예를 들어 2015년 11월 16일 서울 구로구 구일중학교에서는 '위기 탈출 세이프티(SAFETY)! 도전 골든벨' 행사가 한수원과 평화운동연합 주최로 열렸다.

학생 대상 원자력 교육은 다양한 기관에서 이뤄지고 있다. 한국원자력연구원은 2015년부터 '원자력 창의력 대회'를 개최하고 있다. '원자력 지식과 정보를 활용한 창의적 사고력 측정'을 내세운 이 대회에는 예선을 거친 충청권 소재 중·고등학교 20개 팀(팀별 학생 2명, 지도교사 1명) 총 60명이 본선에 참가한다. 중등부·고등부 대상 각 1개 팀, 금·은·동상 각 2개 팀, 장려상 각 3개 팀 등 총 20개 팀에게 상장과 부상(대상 60만 원, 금·은·동·장려상 각 50·40·30·20만 원 상당 도서문화상품권)을 수여한다.

○ 교과서에도
친원전 내용 넣도록 요구

한국원자력문화재단은 학생들에게 친원전 인식을 심어주기 위해 교과서 제작에도 개입했다. 문화재단은 해마다 초·중등교과서를 모니터링하는 연구 용역을 준 뒤 선별한 내용을 교육부에 수정 요청했다. 교육부는 사단법인 한국검인정교과서를 통해 각 출판사에 공문을 보냈다.

2015년 발간된 녹색당의 《핵마피아 보고서》에 따르면 문화재단이 2008년부터 2013년까지 6년 동안 교육부에 수정 요청한 내용은 총 1,615건에 이른다. 〈뉴스타파〉가 2008년부터 2012년까지 5년 동안의 교과서 수정 요청 내역을 분석한 결과 전체 1,267건 중 19퍼센트에 해당하는 241건이 실제로 교과서에 반영된 것으로 나타났다.

　　예를 들어 2011년 고등학교 2학년 교학사 화학 교과서에는 '대기오염을 막는 방법으로 풍력발전소 사진 대신 핵발전소 사진을 넣어달라'는 요청이 반영됐다. 원자력발전은 대기오염물질을 전혀 내뿜지 않는다는 것이 이유였다.

　　반영되지는 않았으나 문화재단이 수정을 요청한 사항 중에는 교육부가 2010년 발행한 초등학교 3학년 사회 교과서에 '우리 고장을 대표할 수 있는 자랑거리'로 지평선 축제 대신 고리 핵발전소를 넣어달라는 내용도 있다. 또 2008년 초등학교 5학년 교육부 교과서에 해수욕장 사진을 원전이 보이는 해수욕장 사진으로 교체해달라고 요청한 것도 반영되지 않았다.

● 드라마·예능·퀴즈까지 공략해
　찬핵 여론 조성

　　한수원 등 원자력 공공 기관은 뉴스 보도나 다큐멘터리뿐 아니라 드라마, 예능, 퀴즈 프로그램 제작을 후원·협찬하기도 했다. 시청자들이 원자력에 우호적인 의견을 갖도록 자연스럽게 유도하자는 취지였다. 〈뉴스타파〉의 2014년 보도에 따르면 한국에너지정보문화재단은 2012년 방영된 KBS 주말드라마 〈넝쿨째 굴러온 당신〉에 1억 6,500만 원을 지원했다. 당시 최고 시청률 45퍼센트를 기록할 정도로 인기를 끌었던 이 드라마에는 '방사선은 우리 생활에 유용하다'는 등의 대사가 극의 흐름과 관계없이 여러 차례 등장했다.

2010년에는 한수원이 KBS 퀴즈 프로그램 〈1 대 100〉에 1년간 총 4억 4,31만 원을 지원하는 대가로 자막 광고 72회, 원자력 관련 문제 출제 12회(월 1회씩), 한수원 직원 출연 12회를 요구했다. 실제로 그해 이 프로그램에는 '원자력 에너지가 유일한 대안'이라거나 아랍에미리트·요르단 등 원전 수출 정책의 성과를 강조하는 문제들이 주기적으로 출제됐다. 2010년 4월 6일 방송에서는 '전기의 날(매년 4월 10일) 기념 특집'이라는 명목으로 한수원 직원 92명이 단체로 출연했다. 〈뉴스타파〉 보도에 따르면 2012년에는 원자력환경공단이 역시 같은 프로그램에, 원자력문화재단은 KBS 〈퀴즈 대한민국〉에 각각 3,000만 원씩을 지원했다. 한수원은 2013년 SBS 예능 프로그램 〈런닝맨〉과 방송 계약을 맺고 그해 5월 19일 방송 촬영 장소로 월성원자력홍보관을 등장시키기도 했다.

우지숙 서울대 행정대학원 교수는 2018년 4월 6일 〈단비뉴스〉와의 이메일 인터뷰에서 "한수원 등 에너지 관련 기관의 전방위적 홍보 사업은 단순한 정책 광고의 성격을 넘는 것으로 보인다"며 "이렇게 공공 기관이 공공자금을 이용해 일방적으로 홍보 정책을 밀어붙일 경우 소수 의견이나 정당한 반론이 무시되는 전체주의적 '여론 독점' 현상이 나타날 수 있다"고 지적했다. 우지숙 교수는 "우리나라에서는 정부나 공공 기관에서 사용하기에 적합하지 않은 선전 모델, 즉 사실을 과장하거나 왜곡해서라도 조직의 목표나 정책 기조를 설득하고자 하는 방식이 왕왕 있어왔다"며 "대부분의 선진국은 정파적인 정책에 대한 광고 홍보를 원칙적으로 금지하고 있다"고 설명했다. 이는 여론에 영향을 미치는 사안의 경우 홍보 사업을 실행할 자원과 채널을 갖지 못한 집단이나 기관, 국민들과의 형평성 문제가 심각하게 대두되기 때문이라는 것이다.

우지숙 교수는 "정부 광고 내용에 있어 무제한적 자유를 누리고 있는 우리나라도 선진국처럼 법률적 규제, 정부 내 점검 장치, 의회의 견제 등 제도를 보완해야 한다"고 주장했다. 그는 "그러한 제도가 존재한다면 적어도 지금처럼 정부 기관이나 공공 기관들이 이러한 편파적 정책홍보 사업을 단 한 번의 점검 절차 없이 집행하지는 못할 것"이라며 "이를 위해서는 무엇보다 이러한 홍보 사업들이 문제라는 인식이 사회적으로 공유돼야 한다"고 제언했다.

이헌석 대표 역시 "그간 원자력 홍보 사업에 공공자금들이 아무런 통제 없이 쓰여온 건 핵발전을 늘려나가야 한다는 인식이 밑바탕에 깔려 있었기 때문"이라며 "이제 에너지 전환을 추진하려고 하는 상황에서 친원전 여론 형성에 쓰이는 전력산업기반기금, 발전소주변지역지원금 등을 엄밀하고 투명하게 통제해야 한다"고 지적했다.

◉ 후쿠시마 참사 불구
  '원전 필요' 여론 높은 이유는

　　이처럼 공공자금을 쏟아부어 '친원전 이데올로기'를 주입
해온 결과, 2011년 일본 후쿠시마 원전 사고에도 불구하고 한
국 국민들의 원전 찬성 여론은 여전히 높게 나타나고 있다. 한
국에너지정보문화재단이 1995년 설립 당시부터 정기적으로
실시한 원자력 국민 인식 조사 결과를 보면 2010년까지 '원전

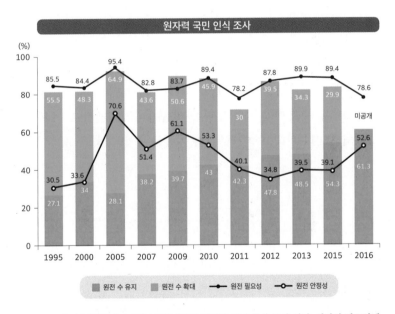

1995년 이후 한국에너지정보문화재단의 원자력 국민 인식 조사 결과. 원전의 필요성에
공감하는 비율은 늘 75퍼센트 이상이었고, 원전 안전성에 대한 긍정 응답 역시 2011년
후쿠시마 사고를 계기로 줄어들다 2016년 반등했다. 2016년 조사 결과에서 문화재단
은 '원전 수 확대'에 답한 응답 비율을 공개하지 않았다. 출처: 한국에너지정보문화재단

의 필요성'을 묻는 질문에 긍정적으로 답한 비율은 줄곧 80퍼센트를 웃돌았다. 2011년 후쿠시마 사고 직후 78.2퍼센트로 다소 줄었지만, 이듬해 다시 87.8퍼센트로 오르더니 2013년에는 89.9퍼센트가 '원전이 필요하다'고 답했다.

'원전의 안전성'을 묻는 질문 역시 후쿠시마 사고 직후인 2012년에는 긍정 응답이 34.8퍼센트까지 떨어졌지만 2016년 52.6퍼센트로 반등했다. 원전을 새로 짓거나 최소한 현상 유지를 해야 한다는 응답도 2011년 72.3퍼센트(신규 증설 30퍼센트, 현상 유지 42.3퍼센트)가 가장 낮은 수치였고, 2012년에는 87.3퍼센트(신규 39.5퍼센트, 유지 47.8퍼센트), 2013년에는 82.8퍼센트(신규 34.3퍼센트, 유지 48.5퍼센트)를 기록했다. 반면 2017년 신고리 5·6호기 건설 재개 여부를 두고 이뤄진 공론 조사에서 4주간의 숙의 과정을 거친 다음 조사한 시민참여단 의견은 원자력발전을 축소해야 한다고 답한 비율이 53.2퍼센트로, 유지(35.5퍼센트)나 확대(9.7퍼센트)보다 높았다.

에너지 대전환은 가능하다

폭염·혹한······ 지금은 '기후 붕괴 시대'

현실이 된 기후변화 재앙

나혜인, 윤종훈

2018년 8월 2일 경기도 수원시 권선구의 한 자동차매매단지 공사 현장. 지하 4층·지상 6층 규모의 대형 자동차 판매 시설이 들어설 이곳은 아직 골조와 바닥 등 기초공사 중이라 그늘 한 점 찾기가 어려웠다. 이날 기상청이 발표한 수원 최고기온은 섭씨 38.1도. 하지만 현장 관리사무소에 비치된 온도계는 오전 11시를 갓 넘긴 시각 이미 40도를 가리켰다. 건설 노동자 150여 명은 숨이 막히고 현기증이 나는 '찜통더위'에 고스란히 노출돼 있었다.

2018년 5월부터 이곳에서 일하고 있다는 신모(배관설비공)씨는 현장관리사무소에서 준비한 식염 포도당 두 알을 입 안에 털어넣으며 "건설 현장에서 30여 년 일했지만, 올해 같은 더위는 정말 처음"이라고 말했다. 뜨거운 햇살을 막아보려 헝겊으로 얼굴을 감쌌지만 땀방울이 헝겊 밖으로 뚝뚝 떨어졌다.

2018년 7월 31일 광주시 서구 농성동 아파트 공사 현장에서 건설 노동자 1명이 열사병으로 숨졌다는 얘길 들었다는 그는 "오늘 같은 이런 더위라면 진짜 생명이 왔다 갔다 할 만하다"고 걱정했다. 이 현장에서도 노동자 3명이 일사병 증세로 쓰러져 치료를 받았다고 한다.

⊙ 온열 질환 사망자
배로 늘어

질병관리본부가 2018년 8월 6일 집계한 '온열 질환 감시 체계 발생 현황'에 따르면 2018년 5월 20일부터 8월 5일까지 발생한 온열 환자(열사병, 탈진, 실신, 경련 등) 수는 3,329명으로 2017년 같은 기간(1,230명)의 3배 가까이 된다. 이 중 사망자는 39명으로 2017년 같은 기간(7명)의 5배가 넘는다. 전체 온열 질환 중 2,444건이 작업장·길가 등 실외에서 발생했고, 환자 비중은 65세 이상이 33퍼센트(1,103명), 50대 20퍼센트(682명) 등 연령대가 높을수록 컸다.

2018년 여름 살인적인 폭염은 한반도에만 찾아온 게 아니다. 8월 4일 스페인·포르투갈 등 남유럽 지역의 기온은 최고 47도까지 치솟았고, 스웨덴·노르웨이 등 평균기온이 낮은 북유럽 지역도 연일 30도 이상의 고온에 시달리고 있다. 북미 지역 역시 7월 미국 캘리포니아주 로스앤젤레스시의 최고기온이 48.9도, 텍사스주는 45.5도까지 올라갔다. 캐나다 동부 퀘벡주

경기도 수원시 권선구의 한 공사 현장에서 일하는 건설 노동자들. 온도계가 섭씨 40도를 가리키고 있다. © 나혜인

에서는 체감온도가 40~45도에 이르러 89명이 목숨을 잃은 것으로 보도됐다. 옆 나라 일본도 7월 23일 도쿄 인근 사이타마현 구마가야에서 사상 최고기온인 41.1도가 관측되는 등 폭염의 공격을 받고 있다. 일본 총무성에 따르면 2018년 5~7월 열사병 증상으로 사망한 사람이 125명이고, 5만 7,534명이 온열질환으로 병원 신세를 졌다.

세계 전역에서 폭염이 맹위를 떨치는 가운데 산불 피해도 잇따르고 있다. 2018년 7월 섭씨 40도가 넘는 불볕더위가 계속된 그리스에서는 아테네 인근에서 시작된 대형 산불로 최소 90여 명이 숨지고 가옥 수백 채가 불탔다. 같은 달 23일(현지 시각) 미국 캘리포니아주 북부에서 발생한 대형 산불 '카 파이어(Carr fire)'는 폭염과 건조한 바람의 영향 등으로 무려 39일 만인 2018년 8월 30일에야 겨우 진압됐다.

◉ 부인할 수 없는
   기후변화의 징후들

이처럼 전 세계를 덮치고 있는 극단적 기상 재난은 부인할 수 없는 기후변화의 징후라고 많은 과학자가 인정하고 있다. 지난 1000년간의 지구 온도 상승 추이를 나타낸 '하키스틱 곡선'으로 유명한 마이클 만 펜실베이니아주립대 대기과학과 교수는 2018년 7월 27일 영국 〈가디언〉과의 인터뷰에서 "우리는 실시간으로 지구온난화가 불러온 충격을 목도하고 있으며, 올여름 전 세계를 덮친 폭염과 산불은 그 완벽한 예"라고 말했다. 그는 "모든 암이 담배 때문인 것은 아니지만, 의사들은 흡연이 암 발병 위험을 현저히 높인다는 사실을 알고 있다"며 "기후변화와 이상 기후의 관계도 이와 마찬가지"라고 설명했다.

기후변화 혹은 지구온난화는 대기 중 온실가스 농도가 증가하면서 지표면에 도달한 태양열이 우주로 잘 빠져나가지 못해 발생한다. 2017년 7월 미국 하와이대학교 카밀로 모라 교수 팀은 과학 학술지 《네이처 기후변화(Nature climate change)》에 기고한 〈치명적 열의 글로벌 위험(Global risk of deadly heat)〉에서 "현재 전 세계 인구 중 30퍼센트가 1년에 최소 20일 이상 죽음에 이를 수 있는 폭염에 노출돼 있다"고 분석했다. 이 논문은 지금처럼 온실가스가 계속 배출될 경우 2100년에는 이 비율이 74퍼센트까지 올라갈 것이라고 예측했다.

한국 같은 중위도 지역에서 겨울 추위가 한층 매서워진 것 역시 기후변화의 징후라고 과학자들은 설명한다. 북극 주위를 감싸면서 극지방의 한기를 가둬두는 구실을 하던 제트기류가 온난화로 힘을 잃은 탓에 북극의 찬 기류가 남하한다는 것이다. 2018년 1월 미국과 캐나다 동부 지역에는 폭설과 강풍을 동반한 이른바 '폭탄 사이클론(bomb cyclone)'이 덮쳐 항공기 수천 편이 결항하고 수십 명이 동상·심장마비 등으로 숨졌다. 초속 40미터 강풍이 불어닥친 미국 북동부 뉴햄프셔주 마운트워싱턴은 최저기온이 영하 38도, 체감기온은 영하 69.4도까지 떨어졌다. 국경을 맞댄 몬트리올·퀘벡 등 캐나다 동부 지역 도시 역시 영하 50도에 달하는 강추위에 시달렸다. 미국 미네소타·사우스다코타·오클라호마주 등 중부내륙 지역 역시 영하 35도 혹한 속에 새해를 맞았고, 휴양지로 유명한 미국 최남단 플로리다주는 30년 만에 눈이 내려 도로가 폐쇄됐다. 수도 워싱턴D.C.와 인접한 뉴욕, 보스턴 등지에는 3월에도 30센티미터 폭설이 내려 관공서와 학교가 문을 닫는 소동이 일었다.

이탈리아·스페인 등 비교적 따뜻한 지대인 남유럽도 2017년 겨울 갑작스러운 폭설로 도로가 통제됐고, 세계에서 가장 더운 지역에 속하는 북아프리카 사하라사막에 사상 처음으로 40센티미터의 눈이 쌓이기도 했다.

반면 북반구가 겨울일 때 여름을 맞는 호주 등 남반구 지역은 폭염과 가뭄을 겪는다. 2018년 초 호주 시드니의 낮 최고

기온은 79년 만에 가장 높은 47도까지 올라갔다. 같은 시기 북반구와 남반구 온도 차가 100도 가까이 벌어지는 극한 기후가 나타나고 있는 것이다.

● 더 강해진 태풍, 기록적인 인명·경제 피해

북극 지방의 제트기류처럼 기상 질서가 교란되면 태풍, 허리케인 등 막대한 피해를 유발하는 열대저기압 역시 더 잦고 심해진다. 2018년 7월 필리핀에서 발생한 제9호 태풍 '손띤'은 14만 명의 이재민을 발생시킨 뒤 베트남까지 강타, 최소 27명의 목숨을 빼앗았다. 중국 역시 제8호 태풍 '마리아', 제10호 태풍 '암필'의 영향으로 40여만 명이 대피하는 소동을 빚었다.

겨울철에 태풍이 발생하는 빈도도 잦아지고 있다. 동남아시아 지역에서 2017년 12월~2018년 2월 발생한 태풍은 모두 4개로, 평년(1.6개) 대비 2배 이상이었다. 2017년 12월 필리핀을 강타한 '뎬빈'은 240명 사망, 100여 명 실종의 인명 피해를 냈다. 필리핀에서 지난 2013년 이후 태풍과 폭풍으로 집을 떠난 사람이 약 1,500만 명에 이른다.

2013년 11월 태풍 '하이옌'이 8,000명 넘는 사상자를 낸 직후 폴란드 바르샤바에서 열린 제19차 기후변화협약 당사국총회(COP19)에서는 예브 사노 그린피스 동남아시아 사무총장이 눈물을 흘리며 국제사회의 각성을 호소했다. 필리핀 정부

대표 자격으로 참석한 그는 단식을 선언하며 "기후변화를 부정하는 사람들은 지금 당장 필리핀을 방문하라"고 절규했다.

동남아에서 태풍이 자주 발생하는 것은 서태평양 부근 해수 온도가 높아지는 라니냐의 영향이 크다. 라니냐는 동태평양 해수 온도가 상승하는 엘니뇨와 순환 관계에 있는데, 지구온난화로 해수 온도가 점점 높아지면서 강한 엘니뇨가 발생하고 물이 순환하며 다시 더 강한 라니냐를 일으키는 악순환이 반복되고 있다. 이렇게 따뜻해진 바다는 태풍과 열대성 폭풍을 더욱 강하게 만들 수 있다.

함유근 전남대 지구환경과학부 교수는 2018년 6월 24일 〈단비뉴스〉와의 전화 인터뷰에서 "아직 태풍 횟수가 과거보다 뚜렷하게 증가했다는 근거는 없지만, 최근 들어 강한 엘니뇨가 발생하는 횟수는 늘어나고 있다"며 "태풍 발생 역학 중에는 해수면 온도가 27~28도 이상 되어야 한다는 기준이 있어 온난화로 해수 온도가 올라가면 그만큼 언제든 태풍이 발생할 수 있는 조건이 충족되는 것"이라고 말했다.

대서양 지역에서 발생하는 열대저기압 허리케인 역시 해수 온도 상승이 그 강도에 영향을 미친다는 평가가 많다. 미국 에너지부 산하 로렌스 버클리 국립연구소는 2017년 8월 텍사스주를 강타한 허리케인 '하비'가 뿌린 비의 양이 지구온난화로 인해 19~38퍼센트 더 증가했다고 분석했다. 하비는 텍사스 지역 연간 강수량을 훌쩍 넘는 1,200밀리미터 이상의 비를 뿌리고 91명의 사망·실종자를 내, 2005년 '카트리나' 이후 미국 역사상 두 번째로 큰 피해를 남긴 허리케인이 됐다. 뒤이어 미국 동남부 플로리다주를 휩쓸고 간 허리케인 '어마'까지 합하면 두 허리케인이 일으킨 경제적 피해는 2,620억 달러(약 283조 원)에 달하는 것으로 집계됐다.

● 가뭄과 홍수가 동시에,
  '강수 양극화' 뚜렷

　　미국 오바마 정부 백악관에서 과학기술정책실장을 지냈던 존 홀드런 하버드대 환경과학·정책학과 교수는 지난 2007년부터 '지구온난화(global warming)'라는 말 대신 '지구 기후 붕괴(global climate disruption)'라는 용어를 써야 한다고 주장하고 있다. 오늘날 기후변화는 과거보다 예측하기 어렵고, 인간이 적응하기 어려운 속도로 일어나고 있다. 조용하고 점진적이며 온화한 느낌을 주는 '온난화'라는 단어로 설명하기에 적절치 않다는 것이다.

　　예를 들어 미국 서남부 캘리포니아주는 2017년부터 2018년 초까지 기록적인 가뭄과 산불, 홍수를 동시에 겪었다. 2018년 주 영토의 44퍼센트가 가뭄 지역으로 분류됐고, 2017년 12월 발생한 산불 '토머스'는 35일간 서울 면적의 1.8배인 1,100제곱킬로미터를 태웠다. 소방관 1만여 명을 투입하고도 한 달 넘게 잡히지 않던 산불은 2018년 1월 초 내린 폭우로 완전히 꺼졌는데, 불행히도 이 폭우로 홍수가 나 수십 명이 사망했다.

　　이처럼 정반대 기상 재해인 가뭄과 홍수가 번갈아 일어나는 현상에 대해 함유근 교수는 "지구 온도가 올라 강수량보다 증발량이 많아지면서 가뭄이 심해지고, 대기 중으로 증발한 수증기는 비가 한 번 올 때 몰아서 내리기 때문"이라며 "건조한 지역은 갈수록 더 건조해지고, 습윤한 지역은 비가 더 많이 오는 '강수 양극화 현상'이 앞으로 더 심해질 수 있다"고 진단했다.

유엔 사막화방지협약(UNCCD)에 따르면 해마다 12만 제곱킬로미터에 달하는 땅이 기후변화로 인한 가뭄과 건조화로 '죽은 땅'이 되고 있다. 이로 인한 경제적 피해는 매년 420억 달러(약 45조 5,000억 원)에 이른다. 서울대 지구환경과학부 허창회 교수팀이 2018년 1월 《네이처 기후변화》에 게재한 〈전 세계 사막화 예측 연구〉에 따르면 인류가 지금처럼 계속 온실가스를 배출할 경우 2050년경 전 세계 지표면 중 24~34퍼센트, 세계 인구 중 18~26퍼센트가 사막화 영향을 받게 된다. 특히 중남미, 남부 유럽, 남아프리카, 호주, 중국 남부 등은 2040년부터 사막화 현상이 심각해질 것으로 전망됐다.

이 연구에 함께 참여한 박창의 중국 남방과학기술대학교 환경과학공학대 연구교수는 〈단비뉴스〉와의 이메일 인터뷰에서 "이러한 피해를 줄이기 위해 2015년 파리기후협정에서는 전 지구 평균온도 증가량을 산업화 이후 2도가 아닌 1.5도 이하로 낮추는 것을 제안했다"고 말했다. 그는 "파리협정의 목표를 달성한다면 지표 건조화로 인한 사막화 정도는 약 3분의 1가량 줄어들 수 있지만, 지금처럼 지구온난화가 계속 진행될 경우 위험성은 크게 증가할 것"이라고 우려했다.

● 물 부족, 식량난이
국가안보 위기 촉발

북아프리카 사하라사막은 이미 매년 약 10킬로미터씩 확장되고 있다. 중국 역시 신장 위구르·네이멍구·티베트 등 내륙 지역 자치구 등이 사막화로 인한 물 부족 및 식량난 등으로 몸살을 앓고 있다. 이들 지역은 한국에 영향을 미치는 황사 발원지이기도 하다. UNCCD는 오는 2025년이면 전 세계 인구 중 18억 명이 절대적 물 부족 상태(absolute water scarcity)를 경험하게 될 것이라고 내다보고 있다.

가뭄·홍수 등 기후변화로 인한 자연재해가 불러오는 식수난·식량난은 국가안보까지 위협할 수 있다. 2011년 이후 1,000만 명 이상의 난민을 발생시킨 시리아 내전은 2006년부터 지속된 극심한 가뭄과 이로 인한 식량난, 여기서 촉발된 시위가 중요한 원인 중 하나였다. 피터 글릭 미국 태평양재단 수석 연구원은 2014년 미국기상학회(AMS) 학술지에 기고한 〈물, 가뭄, 기후변화 그리고 시리아 내전〉에서 이같이 분석하고 "대책을 마련하지 않는다면 이들 지역의 정치적 불안정성은 극도로 높아질 수 있다"고 경고했다.

● 물에 잠겨 사라지는 섬나라

온난화로 북극 빙하가 녹고 바닷물 부피가 커지면서 해수

남태평양 도서 국가 투발루의 수도 푸나푸티. 투발루는 지구온난화로 인한 해수면 상승 영향을 가장 심각하게 받고 있는 나라다. © Flickr

면이 올라가는 문제는 국가 존립, 주민 생존과 직결된다. 평균 해발 고도가 2.2미터에 불과한 남태평양 도서 국가 투발루는 해수면 상승으로 고통받는 대표적인 나라다. 지대가 낮아 폭풍과 해일에 취약한 이 나라는 해수면이 매년 5밀리미터씩 올라가 2060년쯤에는 섬 9개가 모두 물에 잠길 것으로 전망된다. 현재 투발루 주민 중 일부는 주변국인 호주, 뉴질랜드 등에 '기후 난민' 인정을 요구하며 이민을 받아달라고 호소하고 있다. 투발루와 인접한 키리바시·나우루, 낭만적인 신혼여행지로 잘 알려진 인도양의 몰디브 역시 국토 수몰 위험에 직면하고 있다.

기후변화에관한정부간협의체(IPCC) 보고서에 따르면 1901년부터 2010년까지 전 지구 평균 해수면은 약 19센티미터 상승했다. 연평균 1.7밀리미터씩 해수면이 올라간 셈인데, 이 추세는 갈수록 빨라져 지난 20년 동안에만 약 6센티미터(연평균 3.2밀리미터)가 높아졌다. IPCC는 지금처럼 지구온난화가 계속돼 바닷물이 따뜻해지고 북극 빙하가 녹으면 2100년쯤에는 지금보다 최대 1미터까지 해수면이 높아질 수 있다고 경고했다. 이는 바닷가에 위치한 전 세계 모든 도시가 영향을 받을 수 있는 높이다. 마이클 만 교수는 2016년 저서 《누가 왜 기후변화를 부정하는가》에서 "전 세계 인구 중 33퍼센트가 해안선으로부터 100킬로미터 이내에 살고 있고, 이 중 10퍼센트는 해발 9미터 미만 저지대에 산다"며 해수면 상승이 끼칠 위험을 경고했다.

● 인간이 초래한 온난화
　해결책은 화석연료 퇴출

　지구온난화를 일으키는 온실가스는 이산화탄소(CO_2), 메탄(CH_4), 아산화질소(N_2O), 프레온가스 등 여러 가지가 있지만, 이 중 주범은 화석연료를 태울 때 발생하는 이산화탄소라고 할 수 있다. '기후변화를 과연 인간이 촉발한 것인가'를 두고 그동안 논쟁이 있었지만 2014년 유엔 산하 IPCC가 발표한 〈제5차 기후변화 평가 보고서〉는 "기후변화의 주된 원인이 인간이라는 사실은 95퍼센트 확실하다"고 명시해 논란을 사실상 종결시켰다. 이 보고서에 따르면 2010년 기준 전체 온실가스 중 이산화탄소가 차지하는 비율은 76퍼센트이며 이 중 화석연료 연소 및 산업 과정에서 발생하는 비율이 65퍼센트다.

18세기 산업혁명 이전 280피피엠(ppm)이던 대기 중 이산화탄소 농도는 2011년 391피피엠으로 증가했고, 2017년 현재 400피피엠을 넘어섰다. 미국 국립해양대기청(NOAA)에 따르면 같은 기간 지구 평균기온은 1도 상승했다. IPCC는 인류가 지금부터 온실가스를 적극적으로 감축하더라도 이번 세기 중반까지 최소 0.4도 이상의 온도 상승은 불가피할 것이라고 보고 있다. 만일 지금과 같은 수준으로 화석연료를 계속 태우면 30년 뒤에는 북극 얼음이 모두 녹고 이산화탄소 농도는 550피피엠에 이른다. 지구 평균온도는 지금보다 2도 오르고, 2100년쯤에는 최대 4.8도까지 오를 것으로 전망된다. 이렇게 되면 현존하는 동식물 중 40퍼센트가 멸종 위기에 처하게 되고, 농작물 수확량 역시 60퍼센트에서 최대 80퍼센트까지 급감할 수 있다. 2015년 채택된 파리기후협정은 지구 평균기온 상승을 산업화 이전 대비 2도보다 상당히 낮은 수준으로 유지하고, 1.5도 이하로 제한하기 위한 노력을 추구하기로 명시했다.

그린피스 손민우 기후에너지 캠페이너는 2018년 8월 8일 〈단비뉴스〉와의 인터뷰에서 "수천 명의 목숨을 한 번에 앗아간 2013년 태풍 하이엔이나 수천억 달러의 재산 피해를 낸 2017년 허리케인 하비처럼 자연재해는 이제 전쟁에 버금가는 수준의 재앙이 됐다"며 "기후변화 대응은 전쟁을 막는 것만큼, 어쩌면 그보다 더 중요하다"고 말했다. 그는 "기후변화 재앙을 막고 파리협정 목표를 달성하기 위해서는 온실가스 배출의 주요 원인인 화석연료 사용을 멈추는 게 가장 중요하다"고 주장했다. 이어 "기후 과학자들이 얘기하는 것처럼 OECD 국가는 2030년까지, 그 외의 국가들은 적어도 2050년까지 석탄발전을 지구상에서 퇴출하고 가능한 한 빨리 100퍼센트 재생에너지 전환을 이루어야 한다"고 강조했다.

'기후 악당' 한국에 '온난화 징벌' 본격화

국내 기상 재난 실태

나혜인, 윤종훈

"앞으로 날은 더 더워지고 폭풍우는 더 많이 내릴 텐데, 자연의 이치를 우리가 무슨 수로 막겠어?"

2018년 8월 13일 강원도 강릉시 안현동 경포진안상가에서 만난 상인 박정숙(가명) 씨는 일주일 전 기습적으로 쏟아진 폭우 피해에 대해 묻자 짜증 섞인 목소리로 대꾸했다. 2018년 8월 6일 새벽 3시 무렵부터 1시간여 동안 집중적으로 내린 비는 진안상가와 마주 보는 경포호수를 범람시켰고, 이 물벼락은 박 씨가 25년째 운영하고 있는 건어물 판매점을 그대로 덮쳤다.

가게에는 무릎 높이까지 물이 들어차 오징어·젓갈 등 판매 상품과 집기들이 모조리 젖었다. 인근 횟집 역시 침수로 전기가 끊겨 수족관에 있던 물고기가 모두 폐사했다. 박 씨는 "가게 바닥 장판을 다 들어내고 청소를 하느라 지금까지 허리가 아프다"고 말했다. 점포 안은 아직 장판이 군데군데 뜯긴 채 어수선한 모습이었다.

경포호와 왕복 4차선 도로를 사이에 두고 있는 진안상가는 2002년 태풍 '루사', 2003년 '매미' 때도 폭우와 침수 피해를 겪었다. 2018년 8월 6일 이 지역에 내린 시간당 93밀리미터는 루사 때의 100.5밀리미터 이후 두 번째로 많은 강우량이다. 이날 하루 동안 속초에는 최고 286.5밀리미터, 강릉 200밀리미터, 양양 182밀리미터, 고성 177밀리미터, 동해 105.5밀리미터가 내리는 등 강원도 일대에 장대비가 쏟아졌다. 강원도청에 따르면 이날 비로 KTX 강릉역 대합실이 침수되고 정동진 인근 도로가 산사태로 통제되는 등 200여 건의 피해가 발생했다.

폭우가 내린 전날인 5일까지만 해도 강원 영동 지역은 속초 섭씨 38.7도, 강릉 37.7도 등 1968년 이후 최고 수준의 폭염이 맹위를 떨쳤다. 기상청은 6일 영동 지역에 5~50밀리미터의 비가 올 것으로 예측했으나 실제로는 몇 배 많은 폭우가 쏟아졌다. 강원지방기상청 기후서비스과 이승법 기상사무관은 2018년 8월 13일 〈단비뉴스〉와의 전화 인터뷰에서 "예상을 뛰어넘는 폭우는 기후변화의 영향"이라고 설명했다. 그는 "기록적인 이상 고온이 공기를 팽창시키면서 수증기가 많이 들어갈 공간을 줬고, 여기에 동해 북부에서 상대적으로 찬 공기가 들어와 응결 현상을 일으키며 호우가 유발된 것으로 보인다"며 기후변화 탓에 폭우의 강도가 더욱 거세진 경과를 설명했다. 이 사무관은 "지구온난화가 계속되면 이와 같은 극단적 기상 현상이 다시 발생할 가능성이 높다"고 덧붙였다.

⊗ 봄엔 냉해,
여름엔 가뭄에 시달리는 농가

2018년 여름 폭염은 한반도의 온난화 추세를 가장 명확하게 보여주는 현상의 하나로 꼽힌다. 기상청에 따르면 2018년 여름 한반도를 덮친 폭염은 111년 기상 관측 사상 가장 강력한 것이다. 2018년 8월 1일 강원도 홍천의 낮 기온이 41도를 기록, 1907년 근대적 기상 관측이 시작된 후 최고치를 나타냈다. 같은 날 강원도 춘천에서 40.6도, 경북 의성에서 40.4도가 관측돼 역대 2, 3위 기록을 잇달아 갈아치웠다. 의성군은 2018년 8월 14일에도 40.3도의 낮 최고기온을 보였다.

폭염 피해자도 급증했다. 2018년 5월 29일부터 2018년 8월 13일까지 질병관리본부가 파악한 온열 질환자 수는 총 4,010명, 이 가운데 사망자는 48명이다. 2017년 같은 기간과 비교하면 온열 질환자(1,444명)는 약 2.8배, 사망자(6명)는 8배나 된다. 환경부가 2017년 6월 발간한《2017 환경 백서》에 따르면 2036~2040년에는 서울 인구 10만 명당 1.5명이 폭염 때문에 목숨을 잃을 것으로 전망됐다. 이는 2001~2010년(0.7명) 대비 2배 이상 증가한 예측치다. 반면 2018년 1월에는 서울 최저기온이 영하 17.8도까지 떨어지는 등 7년 만의 강추위가 기세를 떨쳤다. 온난화로 기상 질서에 교란 요인이 생기면서 '역대급' 한파와 폭염이 교차하는 극단적 기후가 나타나고 있는 것이다.

최근 한국에는 전통적인 초여름 장마철이 아닌데도 예상 외의 폭우가 내리는 일이 잦아졌다. 2017년 9월 11일 부산·거제·통영 등 경남 지역에 하루 동안 최고 308밀리미터의 폭우가 내려 도시 전체에 물난리가 난 게 대표적인 예다. 기상청은 기후변화 영향으로 기상 상태의 불확실성이 커졌다며 지난 2009년부터 장마 예보를 중단했다.

농가에서는 이상 고온으로 가뭄 피해가 속출하고 있다. 기상청 통계에 따르면 2010년 이후 가뭄일수는 1970년대 10년간 가뭄일수에 비해 약 2배로 늘었다. 윤석원 중앙대학교 농업경제학과 명예교수는 2018년 8월 13일 〈단비뉴스〉와의 전화 인터뷰에서 "최근 농민들은 기후변화로 이중고를 겪고 있다"며 "여름에는 이상 고온으로 과수 등 작물이 데이고 썩는 피해를 보고, 봄철에는 저온 현상으로 냉해를 입는다"고 말했다. 2015년부터 강원도 양양군에서 직접 사과 농사를 짓고 있는 윤석원 교수 역시 올여름 고온과 가뭄으로 과일이 햇볕에 그을리고 썩는 피해를 봤다고 밝혔다.

　농작물 생육도 점점 아열대 지역처럼 변하고 있다. 통계청이 2018년 4월 발표한 '기후변화에 따른 주요 농작물 주산지 이동 현황'에 따르면 사과·복숭아·포도·단감·인삼·감귤 등 주요 농작물 주산지가 지난 45년간(1970~2015년) 남부 지방에서 충북, 강원 등으로 북상했다. 한라산·지리산 등 고산지대에서는 온난화 영향으로 한국 고유종 침엽수인 구상나무가 각각 46퍼센트, 26퍼센트가량 말라죽은 것으로 나타났다. 농촌진흥청 온난화대응농업연구소는 지구온난화가 지속할 경우 21세기 후반에는 강원도 산간을 제외한 남한 대부분 지역이 아열대기후로 변하고, 사과·복숭아·포도·인삼 등의 생산량이 급감할 것으로 예측했다. 반면 따뜻한 지역에서 자라는 감귤, 단감 등의 과수는 재배 가능 지역이 늘어나는 등 일시적으로 온난화의 '혜택'을 보는 농산물도 있을 것으로 분석되고 있다.

　기후변화로 농작물 생육에 변화가 생기면서 농민들이 순조롭게 적응할 수 있도록 지원하라는 요구도 커지고 있다. 이창남 한국정보화농업인연합회 중앙회장은 최근 경남 남해군 남면 다랭이마을 인근 400평 규모 농지에 제주도에서 자라던 야자수 300여 그루를 심어 새로운 소득 작물로 키우려 했으나 규제에 발목이 잡혔다. 문화재청과 남해군이 경사진 산비탈을 계단식으로 개간해 만든 다랑논을 보존해야 한다는 의견을 고수했기 때문이다.

이창남 회장은 2018년 8월 13일 〈단비뉴스〉와의 전화 인터뷰에서 "문화재청은 야자수가 외래종이고, 다랑논의 경관을 해친다는 이유를 들어 식재를 허가할 수 없다고 했지만, 우리나라 과수 중 외래종이 아닌 게 얼마나 되느냐"며 "기후변화는 돌이킬 수 없는 흐름인데, 정부에서 농가 소득 보장을 위해 새로운 소득 작물 보급에 앞장서지는 못할망정 찬물을 끼얹고 있다"고 비판했다. 윤석원 교수 역시 "농작물의 아열대화는 이미 거스를 수 없는 흐름인데 수십 년씩 같은 작물을 키워온 농민 입장에서 스스로 기후변화에 적응하긴 힘들다"며 "국가에서 중장기적으로 아열대 작물을 연구하고 기후변화 상황을 상시 점검해 농민 적응을 도와야 한다"고 말했다.

고온다습한 기후에서 활발히 번식하는 외래 해충이나 잡초가 국내 생태계에 끼치는 피해도 늘어나는 추세다. 2009년 국내에서 처음 관측된 해충 미국선녀벌레는 2018년 이상 고온으로 2017년보다 보름 정도 빨리 나타나 나무와 농작물을 고사시키고 있다. 영·호남은 물론 경기·강원 등 북부 지역에서도 피해 신고가 잇따르고 있다. 농촌진흥청에 따르면 농작물 성장을 해치는 외래 잡초 역시 지난 10년 사이 66퍼센트 증가했고, 이로 인한 농가 피해 면적은 5년 전보다 2배 가까이 늘었다.

기후변화로 생태환경이 변하면서 과거와 다른 전염병도 확산하고 있다. 2013년 5월 처음으로 확진 환자가 보고된 진드기 매개 감염병 '중증열성혈소판감소증후군(SFTS)' 환자 수는 2013년 발생 첫해 36명에서 이듬해 55명, 2016년 165명, 2017

년 272명으로 늘었다. 사망자 수 역시 5년 전부터 16~21명 선을 유지하다 2017년 54명으로 급증했다. '살인진드기'라 불리는 SFTS 매개체 참진드기 전문가인 채준석 서울대 수의대 교수는 2018년 8월 6일 한국과학기술단체총연합회가 주최한 국민생활과학기술포럼에서 "온난화로 우리나라 평균기온이 올라가면서 진드기가 서식할 수 있는 환경이 좋아지고 있다"며 "기후변화로 인한 감염병 매개체는 앞으로 계속 다양해질 것"이라고 말했다.

세계 평균보다
온난화 1.5배 빠른 한국

한국의 온난화 속도는 세계 평균에 비해 빠른 편이다. 기상청에 따르면 1980년부터 30년간 전 세계 평균기온 상승 폭은 0.84도인 데 비해 한국은 1.22도로 1.5배가량이었다. 이는 해수면 상승에도 영향을 미친다. 온난화로 바닷물 온도가 높아지면 그만큼 부피가 팽창하기 때문이다. 2017년 국립해양조사원이 발표한 1989~2016년 해수면 변동 추이에 따르면 한국 연안 해수면은 연평균 2.96밀리미터 상승했다. 특히 제주시 앞바다는 지난 28년간 연평균 6.16밀리미터, 총 17.3센티미터나 해수면이 높아진 것으로 조사됐다. 제주·인천·여수 등 해안 지역은 지금도 여름철마다 바닷물 부피가 팽창하고 조수간만의 차가 커질 때 침수 위험에 노출된다. 실제로 2018년 8월 11일 전남 여수시 국동항 인근 도로에서는 해수면이 올라 바닷물이 흘러드는 일이 발생했다. 폭염과 조수간만 차가 평소보다 커지는 그믐 때가 맞물렸기 때문이다. 기후변화의 영향으로 해수면 상승이 계속되면 바닷가에 생업의 근거가 있거나 집이 있는 사람들의 삶이 직접 위협을 받게 된다.

함유근 전남대 지구환경과학부 교수는 2018년 6월 24일 〈단비뉴스〉와의 전화 인터뷰에서 "우리나라는 태평양 서쪽을 따라 흐르는 구로시오 해류 영향권에 있다"며 "지구온난화의 영향으로 적도에서 북쪽으로 이동하는 구로시오 해류가 점점 더 많은 열을 지닌 채 북상하기 때문에, 우리나라 연안 해수면은 다른 지역보다 더 큰 영향을 받을 수 있다"고 말했다.

높아진 바다 온도는 해양 생물의 서식을 위협하기도 한다. 2018년 여름 폭염으로 경북 포항, 경주, 영덕 등 동해 연안에서는 이상 고온으로 양식장 물고기들이 집단 폐사하는 사례가 이어졌다. 2018년 8월 들어 경북 도내 양식장 26곳에서 폐사한 어패류는 42만 7,000마리로, 이로 인한 재산 피해는 3억 7,000여만 원에 달한다. 2018년 8월 9일부터 경북 영덕에서 전남 고흥 거금도 해역, 충남 보령 원산도에서 전남 영광 안마도 해역에는 고수온 경보가 발령됐다. 고수온 경보는 해당 해역의 수온이 3일 연속 28도를 넘을 때 발령된다.

◐ 온실가스 배출 계속 증가,
에너지 효율화 뒷전

이처럼 온난화가 뚜렷해지고 사회경제적 피해가 커지고 있음에도 한국의 온실가스 배출량은 계속 늘고 있고, 세계적인 기후변화 대응 노력에도 국가 차원의 참여가 소극적이다. 그린피스의 손민우 기후에너지 캠페이너는 2018년 8월 8일 〈단비뉴스〉와의 전화 인터뷰에서 "한국은 세계에서 7번째로 온실가스를 많이 배출하는 국가이며, 2016년에는 영국 기후변화 연구기관인 기후행동추적(CAT)으로부터 '기후 악당'이라는 오명까지 얻은 나라"라며 "세계 11위 경제 규모에 걸맞게 좀 더 책임감을 느끼고 기후변화 대응에 나서야 한다"고 주장했다. 당시 CAT는 사우디아라비아, 호주, 뉴질랜드와 한국을 '세계 4대 기후 악당'으로 지목하면서 석탄 등 화석연료 사용으로 1인당 온실가스 배출량 증가 속도가 가파르다고 비난했다.

환경운동연합 이지언 에너지국장은 2018년 8월 13일 〈단비뉴스〉와의 전화 인터뷰에서 한국이 경제 규모에 비해 온실가스를 많이 배출하는 이유로 '정부의 의지 부족'을 꼽았다. 이지언 국장은 "파리기후협정을 이끌어가고 있는 유럽 선진국에도 에너지 집약 산업은 다 존재한다"며 여전히 산업계의 눈치를 보며 재생에너지 전환과 온실가스 감축 할당에 소극적인 정부의 태도를 비판했다.

그는 "한반도 지표 온도 상승 폭이 이미 지구 평균보다 빠르고, 올여름 폭염에서도 확인했듯 한국이 사계절이 뚜렷한 온

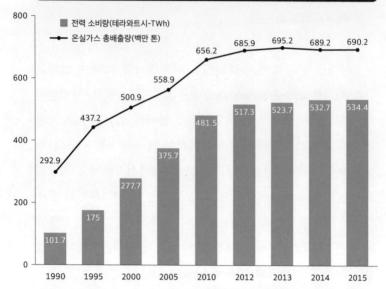

■ 전력 소비량(테라와트시-TWh)
—●— 온실가스 총배출량(백만 톤)

전력 소비량이 늘어나면서 온실가스 배출량도 비슷한 추세로 증가하고 있음을 알 수 있다. 출처: 온실가스종합정보센터, 국제에너지기구

대 기후에 속한다는 건 이제 옛말이 됐다"며 신속한 대책을 촉구했다. 이지언 국장은 이어 "정부는 발전·산업·건물·수송 등 온실가스 감축 대상 전 부문에서 '재생에너지로의 전환'과 '에너지 효율화'라는 2가지 정책 신호를 분명히 줘야 한다"고 주장했다.

'트럼프 암초'에서 파리협정을 구하라

국제사회 기후변화 대응

나혜인, 윤종훈

"기후변화는 경제, 일자리, 범죄, 전쟁이 들어차 있는 걱정의 웅덩이 가장자리에 놓아둘 수 있는 사치스러운 걱정거리가 됐다."

영국의 비영리단체 '기후지원정보네트워크(Climate Outreach and Information Network)'의 공동 창립자인 조지 마셜은 저서 《기후변화의 심리학》에서 지구온난화가 심각한데도 대중의 경각심이 낮은 이유 중 하나로 '지나친 환경 담론화'를 꼽았다. 기후변화 논의가 '지구를 보호하기 위해 인간 행위를 저지하는' 환경 논란으로 비치다 보니, 경제·일자리·범죄·전쟁 등 좀 더 긴급해 보이는 사안에 밀린다는 것이다.

● 기후변화 재난으로 매년 40만 명 사망

마셜에 따르면 기후변화는 일상에서 눈에 잘 띄지 않고, 현재보다는 미래 세대의 문제로 인식되는 경향이 있다. 기상 재난이 닥쳐도 이는 자연적인 현상이며 불가항력이라고 치부하기 쉽다. 하지만 실제로 기후변화는 이미 경제, 건강, 사회권 등 인류의 생존과 인권을 위협하는 문제가 됐다.

지난 2016년 기후취약포럼(CVF·Climate Vulnerable Forum)과 유엔개발계획(UNDP)이 함께 발간한 〈저탄소 모니터 보고서〉에 따르면 현재 수준의 온난화가 지속할 경우 2050년까지 75조 달러(약 8경 4,000조 원)의 경제적 손실이 누적될 전망이다. 폭염·홍수·가뭄 등 자연재해로 생활 터전이 파괴되고 전염병이 증가하며, 흉작으로 식량 가격이 오르는 등의 피해 비용을 추산한 것이다.

CVF는 지난 2009년 덴마크 코펜하겐에서 열린 제15차 기후변화협약 당사국총회(COP15) 때 몰디브, 키리바시, 방글라데시, 필리핀 등 온난화 타격에 직접 노출된 48개국이 만든 국제 조직이다. 이 기구는 2010년부터 매년 기후변화로 인한 온열 질환, 전염병, 식량난, 기상 재난 등으로 전 세계에서 평균 40만 명이 목숨을 잃는다고 추정했다. 또 지금처럼 탄소에너지에 계속 의존하면 이 수치는 2030년 70만 명까지 올라갈 것이라고 전망했다.

CVF 등이 2012년 분석한 세계 각국의 기후 취약성 정도를 보면, 아프리카·남아시아 등 적도 주변의 개발도상국·극빈국들이 가장 심각한 상황임을 알 수 있다. 북한 역시 극심(acute) 단계로 분류됐는데, CVF는 특히 2030년경 북한에서 홍수·태풍·식량난 등의 피해가 커질 것으로 예상했다.

2018년 5월 미국의 과학학술지 《사이언스 어드밴스》에 실린 논문 〈기후 모델은 가난한 나라에서 기온 변동이 증가한다고 예상한다〉에 따르면 산업혁명 이후 온실가스 배출에 주된 책임이 있는 것은 선진국들이지만 우선적인 피해는 적도 주변과 남반구의 개발도상국에 집중되고 있다. 네덜란드, 프랑스, 영국 출신의 기후과학자 3명이 쓴 이 논문은 2014년 IPCC가 발표한 〈제5차 기후변화 평가 보고서〉 자료를 토대로 2100년까지의 지역별 기온 변동폭을 예측해 이런 결과를 보고했다.

❂ 개발도상국에 쏠린 온난화 피해,
　가속화 땐 인류 멸종

IPCC는 전 세계 197개국의 관료와 과학자 대표 등이 모여 기후변화 추이를 과학적으로 분석하고 대응 방안을 모색하는 유엔 산하 국제기구다. 이 기구는 인류가 지금부터 적극적으로 온실가스 감축 노력에 나서도, 2017년 이미 400피피엠을 넘은 대기 중 이산화탄소 농도가 이번 세기 중반까지 지구 평균온도를 최소 섭씨 0.4도 이상 더 올려놓을 것으로 예측했다.

만일 지금처럼 화석연료를 계속 태워 2100년쯤 지구 평균

온도가 최대 4.8도까지 오르면 뉴욕·런던·상하이·시드니 등 해안도시를 중심으로 인간 주거지의 5퍼센트가 물에 잠기고, 약 5,000억 톤의 탄소가 묻힌 시베리아·알래스카 등 영구동토층이 녹아 온난화 속도는 걷잡을 수 없을 것으로 전망됐다. 지난 2014년 《6도의 멸종》을 쓴 영국 환경운동가 마크 라이너스 등 기후 전문가들은 이런 악순환으로 지구 온도가 6도까지 오르면 전체 동식물의 95퍼센트 이상이 멸종할 것이라고 경고하고 있다.

2018년 3월 세계은행이 발간한 〈기후 이주를 위한 준비〉 보고서에 따르면 오는 2050년까지 아프리카·남아시아·라틴아메리카 지역 주민 1억 4,300만 명 이상이 기후변화로 인한 물 부족, 식량난, 해수면 상승, 폭풍 해일 때문에 거주지를 떠나야 할 것으로 전망됐다.

◉ 197개국 탄소 감축 합의 불구
2017년 배출량 증가

2015년 12월 '지구온난화의 역사적 전환점'이라 평가받는 파리기후협정이 채택됐지만 2017년 세계 이산화탄소 배출량은 전년보다 4억 6,000만 톤 늘어 역대 최고치인 325억 톤을 기록했다. 4억 6,000만 톤은 1억 7,000만 대의 자동차가 뿜어내는 이산화탄소량과 같다. 전 세계 탄소 배출량은 2014년부터 2016년까지 보합세, 혹은 약간의 하락세를 보였지만 2017년 다시 반등한 것이다. 국제에너지기구는 석유 등 화석연료 가격이 하락했고 각국의 에너지 효율화 노력이 부족했기 때문이라고 분석했다. 세계 에너지 수요 중 화석연료 비중이 여전히 81퍼센트를 차지할 만큼 재생에너지 성장 속도가 더디다는 점도 지적했다.

영국 에너지 기업 비피(BP)에 따르면 2007년부터 10년간 OECD 국가 중 이산화탄소 배출량 증가율이 가장 큰 나라는 터키(50.5퍼센트)이고, 2위는 한국(24.6퍼센트)이다. 지난 10년 사이 개발도상국을 포함한 전 세계 모든 나라의 평균 이산화탄소 배출 증가율은 11.2퍼센트인데, 한국의 증가율은 평균의 2배 이상이다. 반면 한국보다 경제 규모가 큰 미국, 일본, 독일은 지난 10년간 각각 -15.3퍼센트, -7.1퍼센트, -5.4퍼센트 등으로 탄소 배출 감축에 성공했다. 유럽연합(EU) 회원국 등 탄소 감축에 앞장서는 나라가 많은 OECD의 평균 증가율은 -8.7퍼센트로, 역시 감소세였다.

2020년 만료되는 교토의정서를 대체할 파리기후협정은 지구 평균기온 상승을 산업화 이전 대비 2도보다 낮은 수준으로 유지하되, 가급적 1.5도 이하로 제한할 것을 목표로 한다. 이미 지난 100년간 지구 평균온도가 1도가량 올랐고, 앞으로도 0.5도 상승 가능성이 큰 만큼 이 목표를 달성하려면 전 지구적으로 신속하고도 전면적인 대응을 해야 한다. 기후학자들은 2도 이상의 온난화로 가지 않으려면 대기 중 이산화탄소 농도를 450피피엠 이하로 유지해야 한다고 지적하고 있다.

파리협정은 온실가스 감축 의무를 선진국만 떠안았던

1997년 교토의정서와 달리 개발도상국·극빈국을 포함한 197개 당사국 전체가 참여하고, 유엔에 제출하는 감축 목표를 5년마다 상향 조정해 이행 여부를 검증한다는 점에서 '한층 진일보한 기후협정'으로 평가된다. 2016년 11월에는 전 세계 온실가스 배출량 중 55퍼센트를 차지하는 55개국 이상이 비준 절차를 완료하면서 기후협정 최초로 국제법적 효력을 얻기도 했다.

하지만 IPCC는 파리협정 체결 이후 당사국들의 온실가스 감축 노력이 '1.5도 억제 목표'를 달성하기에는 너무 약하다고 보고 있다. 이 목표를 이루려면 2050년까지 화석연료 소비를 현재의 30퍼센트 수준으로 줄이고, 세계 에너지 공급량의 50퍼센트 이상을 태양광·풍력 등 재생에너지로 충당해야 한다는 게 IPCC의 진단이다.

● 트럼프, 파리협정 탈퇴 선언 등
　'역주행'

이렇게 갈 길이 바쁜데도 미국의 도널드 트럼프 대통령은 2017년 6월 자국의 온실가스 감축 목표치가 지나치게 높다며 파리협정 탈퇴를 선언했다. 미국은 버락 오바마 대통령 시절 '2025년까지 2005년 배출량 대비 26~28퍼센트를 감축한다'는 목표를 제시했다. 트럼프 대통령은 개발도상국의 기후변화 대응을 지원하는 '녹색기후기금'이 불공정하고 자국민에게 경제적 손해를 입힌다는 주장도 내세웠다. 이산화탄소 배출 순위가 중국에 이어 2위인 미국이 파리협정을 이탈하면서, '신기후체제'는 시작도 하기 전에 김이 빠지는 것이 아니냐는 우려의 목소리가 높다.

실제로 트럼프 행정부는 미국이 당초 내기로 했던 30억 달러(약 3조 3,000억 원)의 녹색기후기금 분담금 중 20억 달러(약 2조 2,000억 원)를 내지 않았다. 10억 달러(약 1조 1,000억 원)는 오바마 정부 시절에 낸 것이다. 녹색기후기금은 2013년 12월 출범 후 2020년까지 1,000억 달러(약 112조 원)의 기금을 조성하기로 했으나 '큰손'인 미국의 이탈로 향후 개도국 기후변화 대응 지원에 차질이 있을 것으로 우려되고 있다.

'기후변화는 사실이 아니라 중국의 음모'라고 말하기도 했던 트럼프 대통령은 당선 직후인 2016년 12월 기후변화 회의론자인 스콧 프루이트를 환경보호청장에 지명하는 등 온난화 대응에 역행하는 행보를 보였다. 오클라호마주 법무장관 시절 화석연료업계로부터 꾸준히 정치후원금을 받았던 프루이트는 화력발전소 온실가스 감축 의무화에 반대하는 집단소송을 주도하는 등 오바마 정부의 친환경 정책에 줄곧 대항했다. 환경보호청장에 취임한 뒤에는 오바마 정부의 '청정전력계획'을 폐기하기도 했다.

프루이트는 2018년 7월 6일 부정 청탁 의혹으로 환경보호청장직에서 물러났지만 청장 대행을 맡은 앤드루 휠러 부청장 역시 미국 최대 민간 석탄 회사 '머레이에너지' 로비스트 출신이다. 휠러 대행은 2018년 8월 21일 석탄발전소의 온실가스 감축 규제를 완화하는 '적정 청정에너지법(ACE)'을 발표해 미국의 '환경 역주행'을 이어가고 있다.

⊗ 미국 대신 '지구 구하기' 나선
유럽과 중국

그린피스 손민우 기후에너지 캠페이너는 2018년 6월 18일 〈단비뉴스〉와의 전화 인터뷰에서 "당사국 간 이견이 많았던 교토의정서와 달리 파리협정은 197개 당사국 만장일치로 체결됐다"며 "기후변화에 대응해야 한다는 문제의식이 세계적으로 공감대를 얻은 것"이라고 의미를 부여했다. 미국의 탈퇴에 대해서는 트럼프라는 변수 때문이지 기후변화 대응이라는 대세를 거스를 정도는 아니라고 분석했다. 그는 "세계 최대 이산화탄소 배출국인 중국과 선진국들이 모여 있는 유럽이 함께 미국 대신 기후변화 리더 역할을 하겠다고 나서고 있다"며 "미국에도 트럼프 노선을 따라가지 않고 기후변화 대응을 열심히 하는 지방정부, 기업 등이 많다"고 말했다.

실제로 워싱턴·뉴욕·캘리포니아 등 미국 13개 주는 트럼프 대통령의 파리협정 탈퇴 선언 직후 '미국기후동맹(US Climate Alliance)'을 결성해 주정부 차원에서 탄소 저감 정책을 강화하고 있다. 로스앤젤레스·시카고 등 200여 개 도시 역시 '기후 시장(the Climate Mayors)'이라는 모임을 만들어 파리협정 실현 노력을 지속하고 있다. 마이클 블룸버그 전 뉴욕시장은 2018년 4월 미국 정부가 파리협정 이행을 위해 2018년 내 야 할 분담금 450만 달러(약 50억 원)를 자기 개인 돈으로 내겠다고 밝히기도 했다.

파리협정 목표 달성에 가장 적극적인 유럽연합은 2018년 12월 폴란드 카토비체에서 열릴 제24차 기후변화협약 당사국 총회(COP24) 때 기존 감축 목표인 '2030년까지 1990년 배출량 대비 40퍼센트'를 '45퍼센트'로 강화하는 안을 추진하고 있다. (편집자 주: 카토비체에서는 합의가 이뤄지지 않아 회원국 간 논의가 계속되고 있다.) 유럽연합 회원국들은 당초 2020년까지 1990년 배출량 대비 20퍼센트를 줄이겠다고 했던 목표를 예상보다 빠른 2014년에 이미 달성했다. 또 파리협정 체결 이후에는 프랑스·영국·독일 등 기후변화 대응 선도국을 중심으로 화석연료 퇴출·재생에너지 확대·에너지 효율화 정책을 유럽연합 전체에 더욱 확산해나가고 있다.

중국도 오는 2030년까지 1인당 국민총생산(GDP) 대비 온실가스 배출량을 2005년 대비 60~65퍼센트 줄이겠다는 과감한 계획을 내놓았다. 중국은 특히 미국의 파리협정 탈퇴를 계기로 국제적 리더십을 강화하겠다는 의지를 밝히고, 탈석탄 등 친환경 에너지 전환에 박차를 가하고 있다.

한편 손민우 캠페이너는 "현재 각 나라가 제출한 자발적 온실가스 감축 목표(INDC)만으로는 지구 온도 상승을 1.5도 이내로 억제할 수 없다는 게 유엔환경계획의 분석"이라며 "1.5도 목표를 달성하기 위해 각국이 INDC를 지금보다 상향 조정해야 한다"고 말했다. 그는 파리협정이 국제법적 효력을 얻긴 했지만 여전히 이를 이행하지 않았을 때 부과할 수 있는 페널티가 없다는 점을 한계로 지적하며 국제사회의 추가 합의를 희망했다.

한국의 에너지 전환 속도는?

국내 기후변화 대응

나혜인, 윤종훈

"우리나라가 온실가스 감축 목표를 설정할 때 채택한 배출전망치(BAU) 방식을 선진국들은 사용하지 않습니다. 이 방식은 실질적인 온실가스 감축 노력에 비해 겉으로만 효과가 커 보이는 착시효과를 가져오니까요."

2018년 5월 23일 서울 여의도 국회의원회관 제1소회의실에서 열린 '2030 온실가스 감축 로드맵 수정 보완, 쟁점을 논하다' 토론회에서 박용신 환경정의포럼 운영위원장은 한국 정부의 온실가스 감축 의지 부족을 비판했다. 그는 한국이 지난 2009년부터 국가 온실가스 감축 목표 기준으로 설정한 BAU(business as usual), 즉 '특별한 감축 노력이 없을 때 예상되는 배출량' 방식을 선진국처럼 '절대량' 방식으로 바꿔야 한다고 주장했다. BAU는 장기적 경제성장률, 국제 유가 등 여러 전망치를 바탕으로 산출되는데, 전문가 입장에 따라 이 숫자가

과대 추정돼 결과적으로 탄소 배출 감축량이 실제보다 많은 것
처럼 보이게 했다는 것이다.

◉ "한국 기후변화 대응 매우 불충분"

영국의 기후변화 연구 기관인 기후행동추적(CAT)은 2018
년 4월 "한국의 기후변화 대응은 매우 불충분하다(highly
insufficient)"고 질타했다. 지난 2016년 한국을 사우디아라비
아, 호주, 뉴질랜드와 함께 '세계 4대 기후 악당'으로 지목하기
도 했던 CAT는 '온실가스 감축 목표가 너무 낮고 이행 방법도
소극적'이라는 이유를 들었다. 이 기관은 "파리협정의 '지구 온
도 상승 1.5도 억제' 목표를 달성하기 위해서는 한국 정부가 약
속한 2030년 배출량(5억 3,600만 톤)보다 3억 톤 이상 낮은 2억
400만 톤 이하로 탄소 배출량을 줄여야 한다"고 지적했다.

한국은 2030년 온실가스 배출량을 BAU 대비 37퍼센트
(3억 1,500만 톤) 줄이겠다는 국가별자발적감축목표(INDC)를
지난 2015년 유엔에 제출했다. 하지만 세계 7위인 한국의 온
실가스 배출 규모(2015년)와 GDP 기준 세계 11위의 경제 규모
(2017년)에 비추어 과연 적정한 목표치인지 국내외에서 논란이
일었다. 프랑스, 독일 등 기후 변화 대응 선진국이 모여 있는
유럽연합은 1990년 배출량 대비 40퍼센트를 감축하기로 약속
했고, 최근 이를 45퍼센트로 올리는 합의를 추진하고 있다. 반

면 한국은 2030년까지 특별한 감축 노력이 없을 때 늘어날 배출량을 가정한 뒤 그걸 기준으로 37퍼센트 감축하겠다고 공표한 것이다.

한국의 2030년 (목표) 배출량 5억 3,600만 톤은 1990년 배출량 2억 9,290만 톤보다 83퍼센트 많다. 유럽연합이 1990년 배출량에서 40퍼센트를 줄이겠다고 할 때, 한국은 거꾸로 80퍼센트 이상 늘어난 양을 배출 목표치로 제시한 것이다. 이헌석 에너지정의행동 대표는 2018년 6월 18일 〈단비뉴스〉와의 전화 인터뷰에서 "BAU 대비 37퍼센트 목표치는 우리가 '감축해야 할 양'이 아니라 '감축할 수 있는 양'을 기준으로 설정한 소극적 수치"라며 "에너지 다소비 산업구조를 근본적으로 바꿔 더 적극적인 감축 목표를 설정해야 한다"고 지적했다.

● 문재인 정부에서도
   배출 목표치는 그대로

문재인 정부는 국내외의 비판 여론을 감안, 2016년 수립된 '2030 국가 온실가스 감축 기본 로드맵'을 수정·보완해 2018년 7월 24일 국무회의에서 통과시켰다. 그러나 여기서도 전체 배출량 목표는 바뀌지 않았다. 수정안의 핵심은 2016년 당시 37퍼센트 전체 감축분 중 25.7퍼센트(2억 1,900만 톤)였던 국내 감축분을 32.5퍼센트(2억 7,700만 톤)까지 늘리는 것이다. 국내 기업 등의 감축 노력 대신 손쉽게 해외에서 탄소 배출권 구매 등으로 해결할 수 있게 한 부분을 줄인다는 취지다. 그러나 여전히 4.5퍼센트는 해외 감축분으로 남아 있고, 늘어난 국내 감축분에서 에너지 전환 부문 감축량(5,800만 톤)을 비롯해 산업·건물·수송 등 세부적인 감축 방식은 확정하지 못했다.

그린피스의 손민우 기후에너지 캠페이너는 "'돈을 내면 이산화탄소를 배출해도 된다'는 배출권 거래제는 실질적인 온실가스 감축에 아무런 도움이 되지 않는다"며 "37퍼센트 목표치 전부를 국내 감축분으로 전환하고, 배출권 살 돈으로 국내 기후변화 대응에 투자하는 게 맞다"고 말했다. 하지만 산업계는 37퍼센트 전체를 국내에서 감축하는 것은 경제 성장을 위축시킬 우려가 있다며 반발하고 있다.

한 대기업 계열 연구원의 관계자는 2018년 8월 21일 〈단비뉴스〉와의 전화 인터뷰에서 "이번 온실가스 감축 로드맵 수정안에서 산업계의 감축 할당량은 11.7퍼센트에서 20.5퍼센트로 올랐는데, 실제 (에너지 집약 산업인) 철강 산업은 생산 단가 자체가 높아 수익이 많이 나지 않는 분야"라고 우려했다. 그는 "경쟁국인 중국은 정부 차원에서 기업의 탄소 감축 부담을 줄이기 위해 많은 보조금을 지원하고 있고, 일본 역시 산업계 부담을 최소화하기 위해 노력하고 있는데 우리만 탄소 감축 규제를 강화한다면 국제 경쟁력 약화는 불 보듯 뻔한 일"이라고 말했다. 이 연구자는 "온실가스 감축이라는 큰 방향에 동의하지 않는 건 아니나, 기업은 어쨌든 이익을 고려할 수밖에 없는 집단"이라며 "정부는 산업계와 충분히 협의해 기업 부담을 줄이고 국제 경쟁력을 잃지 않도록 속도 조절에 나서야 한다"고 주장했다.

◐ 유럽은 재생에너지,
한국은 여전히 화석연료

유럽은 지구온난화를 막기 위해 '화석연료 퇴출'에 앞장서고 있다. 영국, 프랑스, 이탈리아, 핀란드, 덴마크 등 유럽 주요국은 캐나다, 멕시코 등 20개국과 손잡고 오는 2030년 무렵까지 석탄발전소를 모두 폐쇄한다는 '탈석탄동맹'을 결성했다. 프랑스는 2021년, 영국과 이탈리아는 2025년까지 석탄발전을 퇴출할 계획이다. 이들 국가는 늦어도 2040년에는 경유·휘발유 등 내연 기관 자동차 판매까지 금지하겠다는 목표를 세우고 있다.

화석연료의 빈자리를 메우기 위한 재생에너지 육성 정책도 가속화하고 있다. 국제에너지기구(IEA) 통계에 따르면 28개 유럽연합 회원국의 1990년 재생에너지 발전 비중은 전체 전력 생산량 대비 12.5퍼센트에 불과했고, 이 중 95퍼센트를 수력이 차지했다. 하지만 2015년에는 전체 발전량 중 30퍼센트가량을 재생에너지원이 담당하게 됐으며, 수력뿐 아니라 풍력·태양광·바이오 등 다양한 에너지원이 전력을 생산하고 있다. 1990년 전체 전력 생산량 중 79.7퍼센트를 차지했던 석탄(40.5퍼센트)·석유(8.6퍼센트) 등 화석연료와 원자력(30.6퍼센트) 비중은 2015년 54퍼센트로 줄었다.

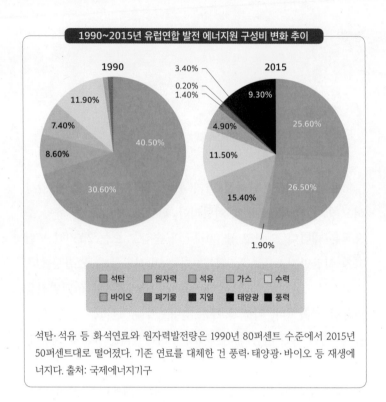

1990~2015년 유럽연합 발전 에너지원 구성비 변화 추이

1990

40.50%
30.60%
8.60%
7.40%
11.90%

2015

3.40%
0.20%
1.40%
9.30%
25.60%
4.90%
11.50%
26.50%
15.40%
1.90%

■ 석탄   ■ 원자력   ■ 석유   □ 가스   □ 수력
□ 바이오   ■ 폐기물   ■ 지열   ■ 태양광   ■ 풍력

석탄·석유 등 화석연료와 원자력발전량은 1990년 80퍼센트 수준에서 2015년 50퍼센트대로 떨어졌다. 기존 연료를 대체한 건 풍력·태양광·바이오 등 재생에너지다. 출처: 국제에너지기구

반면 '탈화석연료, 탈원전'의 친환경 구호를 내걸고 집권한 문재인 정부에서도 한국의 에너지 전환은 속도를 크게 내지 못하고 있다. 오는 2030년까지 재생에너지 발전량 비중을 20퍼센트(2017년 현재 6.2퍼센트)까지 확대하겠다는 '재생에너지 3020' 계획을 발표했지만 구체적인 로드맵은 아직 모호한 상태다. 2017년 발표된 제8차 전력 수급 기본 계획에 따르면 2030년 재생에너지 발전량 비중이 20퍼센트까지 올라가더라도 여전히 석탄발전이 전체 발전량에서 차지하는 비중은 36.1

퍼센트(2017년 현재 45.3퍼센트)로 가장 높다. 석탄발전은 지구 온난화뿐 아니라 미세먼지 때문에도 선진국에서 추방 대상이 되고 있으나 한국에선 오는 2022년까지 7개의 발전소가 더 건설된다.

● '재생에너지'와 '에너지 효율화' 두 바퀴로 가야

전문가들은 한국이 화석연료와 원전에서 벗어나 재생에너지로 전환하는 과제와 함께 '에너지 다소비 구조'를 바꾸는 정책도 서둘러야 한다고 지적한다. 이헌석 대표는 "현재 에너지 정책은 다분히 공급 중심으로 짜이고 있다"며 "석탄·원전 등 위험한 에너지에서 깨끗하고 안전한 재생에너지로 발전원을 바꾸는 것도 중요하지만, 동시에 에너지 수요를 어떻게 줄일 것인지에 대한 고민이 선행돼야 한다"고 말했다. 유럽의 내연 기관 자동차 퇴출 등 세계적 추세에 발맞춰 우리도 석유화학·조선·철강·자동차 등 주요 산업구조 재편과 에너지 효율화 전략을 고민해야 한다는 것이다.

영국의 에너지기업 비피(BP) 통계에 따르면 2016년 한국의 1차 에너지(석탄·석유·천연가스·우라늄 등 천연자원 상태에서 공급되는 에너지) 소비량은 286만 석유환산톤(TOE)으로, OECD 34개 회원국 중 5번째로 높다. 나라별 인구 격차를 제외한 1인당 소비량(5.6TOE) 역시 노르웨이, 캐나다, 미국, 호주에 이은

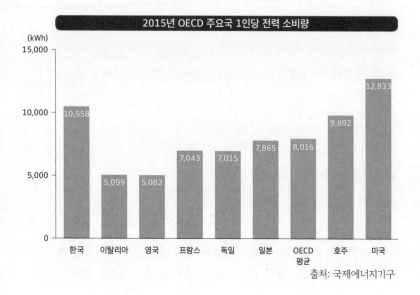

(kWh)

한국	10,558
이탈리아	5,099
영국	5,082
프랑스	7,043
독일	7,015
일본	7,865
OECD 평균	8,016
호주	9,892
미국	12,833

출처: 국제에너지기구

5위다. 2015년 한국의 1인당 전력 소비량은 1만 558킬로와트시(kWh)로 미국(1만 2,833kWh)보다는 낮지만 호주(9,892kWh), 일본(7,865kWh), 프랑스(7,043kWh), 독일(7,015kWh), 이탈리아(5,099kWh), 영국(5,082kWh) 등 주요 선진국보다 높다.

에너지 효율도 OECD 평균보다 떨어진다. OECD 통계에 따르면 2014년 한국의 에너지 원단위(energy intensity)는 0.17로, 34개국 중 30위다. 에너지 원단위는 1차 에너지 소비량을 GDP로 나눈 값으로, GDP 1,000달러를 생산하는 데 필요한 에너지양을 나타내는 지표다. 숫자가 작을수록 에너지를 효율적으로 소비했음을 의미한다. 아일랜드, 스위스(이상 0.07), 영국 (0.08), 덴마크(0.09), 독일(0.10) 등 유럽 선진국을 비롯해 일본 (0.11), 미국(0.15) 등 세계 주요 나라는 한국보다 에너지 원단위가 낮아 에너지를 효율적으로 사용하고 있는 것으로 조사됐다. 같은 GDP를 생산하더라도 한국은 다른 나라보다 1.5~2배 더 많은 에너지를 쓰고 있는 셈이다. OECD 평균 에너지 원단위는 0.13으로 한국보다 30퍼센트가량 낮다.

특히 다른 나라에 비해 한국은 전력 소비량이 산업계에 편중돼 있다. 산업통상자원부 통계에 따르면 2016년 산업용 전력 소비량은 27만 8,828메가와트시로 총 전력 소비량의 56퍼센트를 차지했다. 주택용은 13.7퍼센트에 그친다. 지난 10년간 증가 폭을 살펴봐도 산업계의 전력 소비량은 총 8만 3,892메가와트시 늘어 연평균 4.1퍼센트의 증가율을 보였다. 일반용은 연평균 증가율이 3.1퍼센트, 주택용은 2.3퍼센트였다. OECD 대부분의 국가는 전력 소비량이 산업, 상업, 주거 부문으로 비교적 균등하게 나뉘어 있다.

◉ 값싼 전기요금이 낳은 에너지 비효율 손봐야

국내 전반의 에너지 효율성이 낮은 데에는 값싼 전기요금이 큰 몫을 한다. OECD 평균보다 지나치게 싼 전기요금이 에너지 과소비를 부추기는 것이다. 한국의 전기요금은 주택용, 산업용 모두 OECD 평균보다 낮다. 국제에너지기구의 2016년 통계에 따르면 OECD 평균 주택용 전력 판매 단가는 킬로와트시당 16.2센트(약 181원), 산업용은 10.1센트(약 114원)로, 각

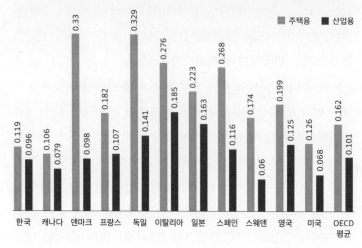

주택용 ■ 산업용

한국 0.119 / 0.096
캐나다 0.106 / 0.079
덴마크 0.33 / 0.098
프랑스 0.182 / 0.107
독일 0.329 / 0.141
이탈리아 0.276 / 0.185
일본 0.223 / 0.163
스페인 0.268 / 0.116
스웨덴 0.174 / 0.06
영국 0.199 / 0.125
미국 0.126 / 0.068
OECD 평균 0.162 / 0.101

출처: 국제에너지기구

각 11.9센트(약 133원), 9.6센트(약 107원)인 한국보다 36퍼센트, 6.5퍼센트 높다.

독일, 영국, 프랑스 등 유럽 선진국들은 모두 OECD 평균 보다 높은 전력 단가를 책정하고 있다. 일본의 경우 주택용은 킬로와트시당 22.3센트(약 250원)로 한국보다 2배 가까이 높고, 산업용도 평균 16.3센트(약 183원)로 70퍼센트 가까이 더 비싸다.

이헌석 대표는 "에너지 전환에는 당연히 비용이 들어간다 는 전제부터 인정해야 한다"며 "정부가 이를 인정하지 않고 무 작정 '재생에너지 20퍼센트 확대'라는 목표치만 제시해서는 아 무것도 진척되지 않을 것"이라고 말했다. 지금처럼 '전기요금이 오른다' '오르지 않을 것이다'는 논쟁에 치우치기보다 에너지 전환에 따라 '당연히' 발생하는 비용을 누가 부담할 것인지 사회적 논의를 이어가야 화석연료·원전 중심의 발전 구조와 에너지 과소비 시스템을 개혁하기 위한 이행 방안을 마련할 수 있다는 것이다. 손민우 캠페이너 역시 "에너지 전환은 발전뿐만 아니라 산업, 교통, 난방, 가정 등 사회 시스템 전체가 변해야 하는 문제"라고 말했다.

이유진 녹색전환연구소 연구원은 2018년 8월 21일 〈단비뉴스〉와의 전화 인터뷰에서 "예를 들어 산업계에는 낮은 전기요금을 정상화하고 에너지 효율화 관련 규제를 강화하는 등 기업이 에너지 전환을 '부담'이 아니라 '의무'로 인식하게 하는 정책이 필요하고, 수송 부문은 국토교통부가 나서서 어떻게 하면 자가용 비중을 줄이고 대중교통으로 유도할 수 있을지 고민해야 한다"고 말했다. 이어 "건물 부문 역시 2025년부터 신축 건물에 대해 제로 에너지 시스템 적용을 의무화하는 정책을 최대한 앞당겨 시행하고, 기존 건물도 단열 개선 등 '그린 리모델링'을 통해 에너지 효율화에 힘써야 한다"고 설명했다. 그는 "이렇게 되면 냉·난방 효율 역시 높아질 것"이라고 덧붙였다.

'화석연료 제로' 밀어붙이는 '주민의 힘'

스웨덴의 경험 (상)

박진홍

유럽 집행위원회는 2017년 6월 2일 독일 에센에서 열린 녹색도시 시상식에서 스웨덴 벡셰를 벨기에 루벤과 함께 '2018 유럽 그린 리프(European Green Leaf)'로 선정했다. 유럽 집행위원회는 매년 자연보호와 녹색성장을 선도해온 도시를 뽑는데, 인구 10만 명 이상 도시에는 '유럽 그린 캐피탈', 인구 2만~10만 명 사이 소도시에는 유럽 그린 리프 상을 준다.

위원회는 "벡셰의 꾸준한 화석연료 퇴출 정책과 바이오매스 활용 등을 높이 평가한다"고 밝혔다. 벡셰는 지난 2007년 유럽 집행위원회가 주최한 '지속 가능 에너지 유럽'의 커뮤니티 부문에서도 상을 받았고, 발트도시연합(UBC)이 주최한 '발틱 시티 어워드(Baltic Cities Award)'에서는 환경 모범 사례(Best Environmental Practice)로 선정되기도 했다.

● 호수 정화 작업으로 시작된
녹색도시 벡셰

 벡셰는 스웨덴 수도 스톡홀름에서 남서쪽으로 약 450킬로미터 떨어진 인구 9만의 작은 도시로, 울창한 숲에 둘러싸여 있다. 벡셰시 홈페이지 자료에 따르면 2015년 기준 벡셰 전체 에너지 공급원 중 64.4퍼센트가 목재와 바이오연료 등 재생에너지다.
 시내 한가운데에는 시 전역에 열과 전기를 공급하는 샌드빅 열병합발전소(Sandviksverket)가 자리 잡고 있다. 1887년 세워진 이 발전소는 1970년대 말까지 석유를 연료로 전기를 생산했지만, 지금은 바이오매스(동·식물 등 생물체의 부산물에서 나

푸른 수풀이 우거진 동네 길에서 자전거를 타는 벡셰 시민들. © 벡셰시 홈페이지

벡셰시 트루멘 호수 일대 모습. 1970년대의 복원 작업 후 호수 가장자리로 조깅 코스가 생겼고, 벡셰 시민들은 호수에서 수영과 일광욕을 즐길 수 있게 됐다. © 벡셰시 홈페이지

오는 에너지)가 주 연료다. 발전소를 운영하는 시영 에너지 회사 VEAB(벡셰에너지)는 우드칩(목재 부산물로 만든 연료)과 벌목 과정에서 나온 나무껍질, 톱밥 등을 많이 쓴다고 홈페이지에서 설명했다.

"도시는 숲으로 둘러싸여 있고, 숲에서 샌드빅 발전소까지의 거리는 100킬로미터 미만입니다. 또 스웨덴에는 나무를 자르면 그만큼 새 나무를 심어야 한다는 법이 있습니다. 이런 지리적, 법적 여건이 우리에게 재생 가능 에너지원이 영원히 지속 가능한 상황을 제공합니다."

벡셰시의 환경 정책을 총괄하는 지속가능발전부 에너지 담당관 얀 요한손은 2018년 7월 5일 〈단비뉴스〉와의 이메일 인터뷰에서 바이오매스를 가장 많이 활용하게 된 이유를 설명했다. 요한손 담당관에 따르면 벡셰 시민들이 지금과 같은 에너지 전환을 생각하게 된 계기는 수십 년 전의 '호수 정화'와 '석유파동'이었다.

샌드빅 발전소 옆에 자리 잡은 75헥타르, 축구장 약 102개 크기의 트루멘 호수는 오랫동안 공업폐수와 생활하수가 쌓이면서 심각하게 오염됐다. 벡셰시는 1970년대 초 호수 퇴적물을 제거하는 등의 복원 작업을 대대적으로 추진했다. 악취와 쓰레기로 가득했던 호수가 사람이 수영을 할 수 있을 만큼 맑아지는 과정을 지켜본 시민들은 환경보호의 가치를 절감하게 됐다.

트루멘 호수가 복원된 것과 비슷한 시기에 제4차 중동전쟁(1973~1974)과 이란혁명(1978~1980)이 두 차례의 충격적인 석유파동을 일으켰다. 중동 산유국들이 석유 수출을 줄이고 가격을 올리자 스웨덴을 포함한 석유 수입국들은 물가 급등을 포함한 홍역을 호되게 치렀다. 벡셰시도 예외가 아니었다.

요한손 담당관은 "1970년대 두 차례 석유파동을 겪으면서 벡셰 시민들은 주변 세계에 의존하고 있는 구조가 에너지 비용을 높일 수 있다는 것을 분명히 이해했다"며 "석유파동은 벡셰 에너지 전환의 방아쇠"라고 표현했다. VEAB는 석유파동 직후인 1980년부터 샌드빅 발전소 연료를 석유에서 바이오매스로 대체하기 시작했다.

"1990년대 초, 우리는 환경 문제에서 미래를 위한 현명한 조치가 무엇인지 알고자 환경 NGO와 협력했습니다. 그들과 함께 프로젝트를 진행하면서 지식을 쌓았죠. 여러 번의 회의 끝에 벡셰 정치인들은 '화석연료 제로'를 만장일치로 결정했습니다."

벡셰 의회가 '석유·석탄 등 화석연료를 전혀 쓰지 않는 도시'를 추구하기로 선언한 것은 선진국의 온실가스 감축 목표치를 규정한 교토의정서(1997)가 나오기 1년 전인 1996년이다. 요한손이 말한 환경 NGO는 '스웨덴 자연보호협회(SSNC)'다. 1909년 설립된 SSNC는 2016년 기준 회원 수가 22만 명에 이르는 스웨덴 최대, 최고령의 환경보호단체다. 벡셰시는 1995년부터 2년간 SSNC와 함께 '환경 지자체 벡셰'라는 프로젝트를 진행했다.

● 시민단체와 지자체가 손잡고
   '환경 도시' 박차

요한손 담당관에 따르면 벡셰와 NGO의 협업이 잘될 수 있었던 조건 중 하나는 '의제 21(Agenda 21)'이다. 의제 21은 1992년 리우 유엔환경개발회의에서 채택된 '리우선언'의 실천 계획으로, 환경 문제를 사회의 여러 주체가 협력해서 해결한다는 원칙을 담았다. 의제 21은 특히 지방정부의 역할을 강조했다. 요한손 담당관은 "1992년 스웨덴 중앙정부가 의제 21에 서명한 후, 몇 년에 걸쳐 지자체 절반 이상이 적극적으로 참여했다"고 설명했다. 스웨덴 지방자치단체연합회 보고서에 따르면 4년 뒤인 1996년에는 벡셰와 같은 기초자치단체(코뮌,

Kommun) 288곳의 참가율이 100퍼센트에 이르렀다.

벡셰는 1995년에 시의 최고 의사 결정 기관인 집행위원회 아래 '의제 21 위원회'를 설치했다. 또 '의제 21 코디네이터'를 고용해 업무 추진을 맡겼다. 코디네이터들은 각 분야 전문가나 SSNC에서 파견한 활동가 등 NGO 출신으로 구성됐다. '환경 지자체 벡셰' 프로젝트의 일환으로 벡셰 시민이 참여하는 환경 정책 세미나가 10여 차례 열렸고 세미나에서 나온 아이디어는 코디네이터들을 통해 정책에 반영됐다. 이런 주민 참여가 바탕이 돼 1999년에는 '시의 모든 부서와 회사는 지속 가능한 발전을 위해 책임을 진다'는 내용을 담은 '의제 21 전략(Agenda 21 Strategy)'이 시의회에서 채택됐다.

일본 환경·에너지 전문가 이이다 데츠나리는 저서 《에너지 민주주의》에서 환경 도시 벡셰의 성공 비결로 중앙정부의 선도적 환경 정책과 함께 '지방자치'를 꼽았다. 스웨덴 중앙정부는 1991년 석유 등에 탄소세를 부과하는 등 각종 환경세를 도입해 '탈화석연료'를 촉진했다. 또 2003년에는 풍력, 바이오매스 등으로 전기를 만드는 생산자에게 인증서를 발급하고, 판매할 수 있도록 하는 내용의 전력인증제를 도입하는 등 재생에너지 장려 정책을 폈다.

강력한 지방분권 국가인 스웨덴에서는 중앙정부가 이런 식으로 환경 정책의 큰 틀을 정하고 실질적 추진은 기초자치단체인 코뮌이 맡는다. 코뮌은 세금징수권을 갖고 있고, 폐기물·상하수도·공공교통 정책을 관장하는 동시에 지역 환경 보전과 시민 건강 유지 책임을 진다. 이이다는 저서에서 "스웨덴의 모든 코뮌은 의제 21을 담당하는 직원과 예산을 갖추고 있다"며 "이런 열성적인 추진 배경에는 높은 자치성을 가진 코뮌의 역사가 있다"고 분석했다.

⊗ 탄소 배출 팍팍 줄여도
경제 쑥쑥 성장

중앙정부와 지자체가 이렇게 탄소 배출 감축에 열을 올리면 경제 성장에 차질이 생기지 않을까? 한국 산업계가 정부의 기후변화 대응 정책에 반대하는 논리가 바로 '기업 비용이 늘어 경제 성장에 불리하다'는 것이다. 하지만 스웨덴과 벡셰시의 경험은 이런 우려에 근거가 없음을 보여준다.

벡셰시 자료에 따르면 1993년에서 2015년까지 스웨덴의 1인당 이산화탄소 배출량이 약 33퍼센트 줄어드는 동안 1인당 GDP는 약 130퍼센트 증가했다. 벡셰시의 경우도 같은 기간 1인당 이산화탄소 배출량이 약 50퍼센트 줄었지만 1인당 GDP는 90퍼센트 가까이 증가했다. 이 기간 중 스웨덴의 연평균 경제성장률은 선진국 중에서도 높은 수준으로 꼽힌다. OECD 자료에 따르면 22년간 스웨덴 연평균 경제성장률은 3.95퍼센트로, OECD 연평균 경제성장률 3.76퍼센트를 상회한다.

벡셰시는 2006년 '환경 프로그램'을 통해 생활, 연료, 교통 등 각 영역에서 달성해야 할 세부적 배출량 감축 목표와 담당 부서를 명시했다. 2030년까지는 화석연료를 퇴출하고, 1인당 이산화탄소 배출량은 2020년까지 1993년 기준 65퍼센트 이하로 줄이기로 했다. 시는 이 목표에 차근차근 다가가고 있다. 요한손 담당관은 벡셰시가 여기서 만족하지 않고 2015년 유엔에서 채택된 '2030 지속 가능 개발 의제'에 맞는 '지속 가능한 벡셰(Sustainable Växjö)' 프로그램을 2019년까지 마련할 계획이라고 밝혔다.

'말뫼의 눈물' 딛고 첨단 친환경 도시로

스웨덴의 경험 (하)

박진홍

    스웨덴의 서남단, 외레순 해협을 사이에 두고 덴마크의 코펜하겐과 마주 보고 있는 항구도시 말뫼는 지난 2007년 유엔 환경계획이 '세계에서 가장 살기 좋은 도시'로 선정한 곳이다. 쾌적한 주거환경, 상대적으로 저렴한 생활비가 매력적이어서 코펜하겐에서 일하는 덴마크 청년들도 이곳에서 출퇴근하려고 몰려온다. 그래서 약 40만 인구의 절반가량이 35세 이하의 젊은이들이다. 재생에너지·정보통신·생명공학 등 첨단 산업단지의 벤처기업인들과 말뫼대학의 연구진, 학생 등이 만들어내는 이 도시의 활기는 절망적 쇠락의 아픔을 딛고 얻은 것이기에 더욱 값있게 보인다.

마지막 비상구

● 현대중공업이 '단돈 1달러'에 산 골리앗 크레인

1980년대까지 조선업의 세계적 강자였던 이곳 기업 '코쿰스'는 경쟁력을 잃고 문을 닫으면서 회사의 상징이던 골리앗 크레인을 한국의 현대중공업에 단돈 1달러에 팔아넘기게 됐다. 해체와 이동 경비를 감당한다는 조건이었다. 2002년 마침내 골리앗 크레인이 해체되고 배에 실려 떠나는 장면은 스웨덴 국영방송이 장송곡과 함께 생중계했다. 일자리를 잃은 조선소 노동자 등 시민들은 눈물을 흘리며 그 광경을 지켜봤다. 그래서 울산 현대중공업에 설치된 골리앗 크레인에 '말뫼의 눈물'이라는 별명이 붙었다.

비통하게 크레인을 떠나보낸 말뫼는 그러나 주저앉지 않았다. 시 당국과 주민이 똘똘 뭉쳐 '첨단 친환경 도시 건설'을 위해 소매를 걷어붙였다. 이미 스웨덴 정부와 지방자치단체들이 야심만만하게 시작한 '화석연료 제로' 프로젝트에 적극적으로 참여한 말뫼는 친환경특별지구 지정과 함께 중앙정부로부터 약 350억 원의 재정 지원을 받았다. 말뫼시와 민간 기업이 협력해서 코쿰스의 크레인이 있던 자리에 친환경 주상복합 건물 '터닝 토루소'를 올리고, 대학 캠퍼스와 벤처단지를 지었다. 해안을 따라 조성한 신규 주택단지는 자연과의 조화, 태양광 등 재생에너지 활용, 사회적 약자를 포용하는 분양 임대 등의 원칙에 따라 친환경적이고 사회통합적인 마을로 건설됐다.

인체의 상반신을 90도로 비튼 모양이라고 해서 터닝 토르

코쿰스 조선소의 대형 크레인이 있던 자리에 들어선 '터닝 토르소'(중앙)와 해안을 따라 조성된 말뫼의 친환경 주택단지. © 제정임

친환경 주택단지에 조성된 해안길을 따라 여름 햇살을 즐기는 말뫼의 주민들. 단지 내 건물들은 모두 태양광·지열·풍력 등 재생에너지를 활용하고 있다. 말뫼시는 이들 주택을 분양 혹은 임대할 때 노인, 청년, 신혼부부, 장애인 가구에 일정 비율 배정을 의무화하고 분양가와 임대료를 낮게 책정하는 방법으로 사회통합적 마을을 조성했다. © 제정임

소(Turning Torso)라는 이름이 붙은 54층짜리 주상복합건물은 인근에 조성된 풍력단지와 건물 벽면의 태양광, 옥상의 빗물, 땅 밑 지열 등을 활용하는 재생에너지 건물로도 유명하다. 말뫼시 홈페이지 등에 따르면 해안가 신규 주택단지인 베스트라함넨 지구도 사용하는 전력의 100퍼센트를 인근 바닷가 풍력단지, 건물 옥상과 벽면의 태양열집열판 등 재생에너지원에서 얻는다. 또 건축자재는 단열재를 사용해 에너지 소비를 최소화했고, 모든 가로등은 태양전지로 작동한다. 생활 쓰레기는 지역난방에 활용하고 음식물 쓰레기는 지하 파이프를 통해 바이오가스 공장으로 보낸다.

코쿰스 조선소가 문을 닫았을 때 2만 8,000여 명이 일자리를 잃으면서 '사람이 떠나는 도시'가 됐던 말뫼였지만 2000년 이후엔 정보기술 등 첨단 산업 분야에서 6만 3,000여 개 일자리가 새로 생기며 '사람이 모여드는 도시'가 됐다. 새로 만들어진 기업만 200여 개에 달한다. 다임러 크라이슬러와 메르세데스 벤츠 등 다국적기업은 북유럽 본사를 스웨덴 수도 스톡홀름에서 말뫼로 이전했다. 지속 가능한 도시 개발을 눈으로 확인하려는 '생태 투어' 관광객이 꾸준히 늘고, 관련 국제회의도 자주 개최되고 있다.

❌ 이제 재생에너지
100퍼센트를 향해

"예전 스웨덴은 난방과 온수에 석유보일러를 사용하는 것이 매우 일반적이었습니다. 석유파동 이후, 우리는 원자력발전소와 수력발전소에서 싼 전기를 얻었습니다. 하지만 환경운동과 더불어 우리는 원자력을 단계적으로 제거하고 바이오매스 기반 에너지로 대체하고자 했고, 이에 대해 점점 더 많은 논쟁을 벌였습니다."

벡셰시의 얀 요한손 에너지 담당관은 2018년 7월 5일 〈단비뉴스〉와의 이메일 인터뷰에서 벡셰와 말뫼 등 세계적 친환경 도시를 탄생시킨 스웨덴의 에너지 전환 과정을 이렇게 설명했다. 스웨덴 에너지청이 2018년 3월 펴낸 〈스웨덴의 에너지-실상과 수치 2018(Energy in Sweden-Facts and Figures 2018)〉 보고서를 보면, 1970년 가장 큰 공급 비중을 차지한 에너지원은 전체 442테라와트시(TWh) 중 76퍼센트를 공급한 석유였다.

그런데 1970년대에 두 차례 석유파동을 겪으면서 스웨덴이 수입한 원유값은 배럴당 평균 12달러(1976년)에서 37달러(1980년)로 3배 이상 뛰었다. 유전이 없어 석유를 100퍼센트 수입에 의존하던 스웨덴으로서는 엄청난 타격이었다. 스웨덴 중앙정부는 석유 수입량을 줄였고, 석유의 빈자리는 1970년대 가동을 시작한 원자력이 메웠다. 1972년에서 1985년까지 석유 공급량이 317테라와트시에서 200테라와트시로 줄어든 반면,

원자력 공급량은 4테라와트시에서 173테라와트시로 늘어났다.

하지만 곧 원자력에 대한 우려가 제기됐다. 이이다 데츠나리의 저서 《에너지 민주주의》에 따르면 스웨덴 정부는 1965년부터 건설해 1972년 상업 운전을 시작한 오스카르샴 원전 1호기를 시작으로 총 24기 규모의 원전 건설 계획을 추진했다. 그러나 1972년 의회에서 당시 산업부 장관이 "현재 국제적으로 인정된 방사성 폐기물 최종 처리 방법은 없다"고 공식 발언하면서 스웨덴 정치인들 사이에 신규 원전 건설을 둘러싼 논쟁이 시작됐다. 고준위 핵폐기물, 즉 사용후핵연료를 안전하게 처리할 방법이 없다는 사실을 주목하게 된 것이다. 그러던 중 1979년 3월 미국에서 스리마일 원전 사고가 발생했고, 원전 이슈는 스웨덴 사회의 주요 쟁점으로 부상했다. 정치권은 결국 1980년 3월 '원전 국민투표'를 실시하기로 합의했다. 원자로 6기가 가동 중이었고, 신규 원자로 6기 건설을 계획하고 있던 때다.

국민투표에는 3가지 선택지가 제시됐다. 온건당이 내놓은 1안은 '신규 원전 6기 계속 추진'(원전 용인)이고 자유당 일부와 사회민주노동당의 2안은 '원전 6기를 건설하되, 대체 에너지 개발 등 조건 충족'(조건부 원전 용인), 자유당 일부·좌파당·기독교민주당의 3안은 '신규 원전 거부, 가동 원전 10년 내 폐쇄'(원전 폐지)였다.

재계와 시민들은 각자 이해관계에 따라 연구 모임을 만들고 캠페인을 벌였다. 1안을 지지하는 재계는 '사실은행(Fact Bank)'을 만들어 원자력 산업을 홍보했고, 노조 중심의 2안 지지파는 '2안을 위한 국민위원회'를 조직해 '원전은 폐쇄한다,

그러나 이성적으로'라는 캠페인을 벌였다. 시민단체 중심의 3안 지지파는 원전 반대 논리를 담은《반대에 투표를!(Rösta Nej!)》이라는 책을 출간했는데, 무려 50만 부가 팔렸다.

⊗ 국민투표로 '질서 있는 탈원전' 결정, 그러나…

투표율 75.7퍼센트를 기록한 국민투표의 결과는 1안이 18.9퍼센트, 2안이 39.1퍼센트, 3안이 38.7퍼센트로 '질서 있는 탈원전파'가 '원전 폐쇄파'를 근소한 표차로 이겼다. 스웨덴 의회는 투표 결과에 따라 1980년 6월 '신규 원전 6기를 계획대로 건설하되, 2010년까지는 12기 원자로를 모두 폐로한다'는 결의를 내놓았다. 그러나 2010년을 훌쩍 넘긴 현재 스웨덴의 원자로 12기 중 가동을 멈춘 곳은 바르셰벡 원전 1호(1999년)와 2호(2005년), 오스카르샴 원전 1호(2017년)와 2호(2016년) 등 4기에 불과하다. 의회 결의 후에도 정치권은 '원전 수명 연장'과 '조기 폐쇄'를 두고 끊임없이 논쟁했고, 그때마다 세부 정책도 바뀌었기 때문이다. 국민투표에서 못 박은 탈원전 시한인 2010년까지 정치권은 합의를 이루지 못했고 결국 2010년 2월 원자력발전법 개정을 통해 '2010년까지 단계적 원전 폐쇄' 조항은 폐기됐다. 그리고 기존 원전 부지에 노후 원자로를 대체하는 신규 원자로 건설을 허용했다.

스웨덴 연구소(Sweden Institute)가 관리하는 정부 공식 홈페이지(http://www.sweden.se)를 보면 "원자력은 스웨덴 정당을 나누는 논쟁거리로 여전히 남아 있다"고 나와 있다. 남은 원자로 8기는 지금도 가동 중이다. 하지만 모든 원전을 단계적으로 폐지한다는 계획과 1980년 시민들이 투표로 결정한 '원자로 12기' 개수 기준만큼은 변함없다는 것이 스웨덴 정부의 입장이다. 요한손 담당관은 2018년 8월 16일 〈단비뉴스〉와의 추가 이메일 인터뷰에서 "현재 정부 정책은 모든 원전을 단계적으로 폐지한다는 것"이라고 말했다. 그는 "스웨덴은 2040년까지 전력 생산의 100퍼센트를 재생에너지로 한다는 데 합의했다"며 "남은 원자로들의 기술적, 경제적 폐로 시점을 각각 계산해보면 2020년까지 생산 능력은 절반으로 줄어들 것으로 본다"고 덧붙였다.

● 재생에너지 성장으로
'2045년 탄소 배출 제로' 선언

원자력에 대한 논쟁은 아직 진행 중이지만, 스웨덴의 재생에너지 생산은 괄목할 만한 성장을 거듭하고 있다. 〈국제에너지기구 전력 정보 2017〉 보고서에 따르면 2015년 기준 스웨덴의 재생에너지는 전체 전력 생산량 161.961테라와트시 중 103.675테라와트시(64퍼센트)를 차지했다. 원자력이 56.348테라와트시(35퍼센트), 석탄이 1.261테라와트시(1퍼센트)로 뒤를 이었다. 재생에너지 중에서는 수력 75.439테라와트시, 풍력

16.268테라와트시, 바이오매스 9.016테라와트시 순으로 전력 생산 비중이 컸다.

가장 상승세가 가파른 전력원은 풍력이다. 주한스웨덴대 사관의 〈스웨덴 풍력에너지 현황 및 전망〉(2013) 보고서에 따르면 2008년 스웨덴 정부는 풍력으로 2020년까지 30테라와트시의 전력을 생산하겠다고 발표했는데, 당시 풍력 생산량은 2테라와트시에 불과했다. 스웨덴 에너지청은 풍력이 환경에 미치는 영향을 연구하는 기술 개발 프로젝트인 '빈드발(Vindval) 프로젝트'에만 3,500만 크로나(약 42억 원)를 지원하는 등 풍력 관련 기술 개발에 적극적으로 재정 지원을 했다. 그결과 풍력 생산량이 2014년 11테라와트시, 2016년에는 15테라와트시를 넘어섰다.

석유를 줄이고 재생에너지 활용에 박차를 가하면서 스웨덴의 이산화탄소 배출량 감축은 세계적인 모범이 되고 있다. 스웨덴은 오는 2045년까지 온실가스 배출을 제로로 만들겠다는 계획을 2018년 2월 발표했다. 지난 2016년 유럽연합이 2030년까지 2005년 배출량의 40퍼센트까지 줄일 것을 스웨덴에 제시한 것에서 한 발 더 나아간 목표다. 2005년 이산화탄소 배출량이 49.09메가톤(Mt)CO_2였던 스웨덴은 이미 10년 만인 2015년 37.07메가톤CO_2로 32.4퍼센트를 줄였다. 목표 달성이 가까워져 오자 계획을 더 높게 잡으면서 세계 각국에 '분발하자'는 메시지를 던진 것이다.

100퍼센트 에너지 자립 마을

<u>독일의 경험 (상)</u>

이자영, 나혜인

독일 동부 브란덴부르크주 트로이엔브리첸시에 있는 펠트하임은 주민 수가 130명 남짓인 농촌이다. 통일 전 동독 지역이었던 이 마을은 수도 베를린에서 자동차로 약 2시간이 걸리는 시골인데도 세계 각지에서 방문객이 꽤 찾아온다. 주민들이 쓰는 모든 전기와 난방을 태양광·풍력·바이오연료 등 재생에너지로 충당하는 '에너지 전환(에네르기벤데) 모범마을'이기 때문이다.

돼지와 양, 옥수수와 밀을 키워 생계를 꾸려온 이 마을에는 현재 55개의 풍력발전기가 힘차게 돌아가고 있다. 여기서 연간 250기가와트시(GWh)의 전기를 만든다. 옛 군용 부지에 조성한 태양광단지에서는 연간 2.75기가와트시의 전력을 생산한다. 또 농가의 돼지 분뇨에서 바이오가스를 추출하고 이것으로 열병합발전기(CHP)를 돌려서 연간 4.15기가와트시의 전기를 얻는다. 1기가와트시는 4인 가족 기준으로 300가구가 1년 동안 쓸 수 있는 전력량으로, 이 마을에서 생산한 전기는 1퍼센트 정도만 주민들이 쓰고 나머지는 판매된다. 마을 사람들은 또 폐목재에서 나온 우드칩을 태우는 바이오매스 시설과 열병합발전소에서 얻은 열에너지로 난방과 온수를 쓴다.

● 쓰고 남는 전기 팔아 농가 소득 보전

주민들이 쓰고 남은 전기는 '에네르기크벨레(Energiequelle)'라는 지역 에너지 회사를 거쳐 독일 내 다른 도시에 판매된다. 지역 에너지 회사는 판매 수익을 마을 주민과 나눈다. 주민들은 풍력·태양광 발전 시설 부지 임대료도 받는다. 이를 통해 주민들이 얻는 수익은 평균적인 독일 가정이 내는 연간 전기요금(2014년 기준 978유로·약 128만 원)의 절반 수준이다.

일부 주민은 지역 에너지 회사에 고용돼 태양광 설비를 점검하는 등의 일을 맡고 있다. 옛 동독 지역은 통일 후 한때 30퍼센트까지 치솟은 실업률로 고통을 받았고 지금도 일자리 사정이 나쁜 편이지만 이 마을은 펠트하임 재생에너지 사업 덕에 실업률 0퍼센트를 자랑하고 있다. 이 사업은 지난 1994년 주민과 지자체·에너지 회사·중앙정부·유럽연합이 자금을 분담해서 시작했다.

2018년 7월 독일 연방경제에너지부(BMWi) 초청으로 펠트

독일 펠트하임 마을의 태양광단지. 과거 군용 부지였던 축구장 약 60개 규모의 초지에
태양광 모듈 1만여 개를 설치했다. 주민들이 방목하는 양떼가 태양광 패널 아래를 오
가며 풀을 뜯고 있다. ⓒ 펠트하임 신에너지포럼

하임을 방문했던 권필석 녹색에너지전략연구소장은 2018년 8
월 10일 〈단비뉴스〉와의 전화 인터뷰에서 "재생에너지로 마을
에서 쓰는 에너지를 모두 충당하고, 이익까지 얻을 수 있으니
주민들의 만족도가 높더라"고 전했다. 그는 "독일의 재생에너
지 전환은 정부의 꾸준한 정책 지원과 지역 주민들의 적극적인
참여로 이미 충분히 성숙한 단계에 이르렀다"고 덧붙였다. 녹
색에너지전략연구소는 2009년 설립된 신재생에너지 전문 비
영리 연구 기관이다.

⊗ 30여 년 꾸준히 추진해온
'에네르기벤데'

독일에는 펠트하임처럼 '에너지 자립'과 '소득 보전', '일자리 창출'에 두루 성공한 마을의 사례가 많다. 이런 마을과 도시들이 모여 독일은 전 세계에서 가장 성공적인 에너지 전환을 이루고 있다. 석탄과 석유를 줄이는 '탈화석연료', 핵발전소를 단계적으로 폐쇄하는 '탈원전'을 동시에 추진하면서 산업 경쟁력도 세계 최강 수준으로 유지하는 나라로서 각국의 부러움을

독일은 신축 건물의 재생에너지 활용 및 에너지 효율화를 의무화하고, 공공 기관이 앞장서서 모범을 보이고 있다. 수도 베를린에 있는 연방의회 의사당은 1999년 재건축을 계기로 지붕의 유리 돔과 거울 기둥을 통해 자연 채광 효과를 극대화하고 태양광 등 재생에너지로 전력 수요의 상당 부분을 충당하고 있다. ⓒ 제정임

사고 있다.

독일은 가동 중인 원자력발전소를 오는 2022년까지 모두 폐쇄하는 탈핵 일정을 지난 2011년 이후 단계적으로 추진하고 있다. 또 2050년까지 생산 전력의 80퍼센트를 재생에너지원에서 얻는다는 목표로 석유와 석탄 등 화석연료 발전을 줄여가는 중이다. (편집자 주: 독일 정부는 오는 2038년까지 모든 석탄화력발전을 중단하겠다고 2019년 7월 발표했다.) 오는 2030년까지 1990년도 탄소 배출량 대비 55퍼센트를 감축하기로 하는 등 기후변화 대응에도 강력한 리더십을 발휘한다. 그러면서도 미국, 중국, 일본에 이은 세계 4위의 경제 대국이자 4차 산업혁명을 주도하는 기술 강국으로서 위상을 더욱 탄탄히 하고 있다. 세계은행 통계에 따르면 탈원전을 확정한 2011년 이후 6년간 독일의 연평균 경제성장률은 1.47퍼센트로, 유럽연합 평균 1.38퍼센트를 웃돌았다.

세계를 선도하고 있는 독일 에너지 전환의 뿌리는 1970년대로 거슬러 올라간다. 독일은 1960년대까지만 해도 전체 전력의 80퍼센트를 석탄과 석유 등 화석연료에서 얻었다. 하지만 1970년대 두 차례의 세계적 석유파동으로 충격을 받은 후 '에너지원 다양화', '에너지 효율화'를 고민하게 됐다. 화석연료의 대안으로 원자력발전이 부상했지만 방사능의 위험성과 핵산업의 비민주적 의사 결정에 불안을 느낀 시민들이 1970년대 중반부터 격렬한 반핵운동에 나섰다. 여기에 1986년 체르노빌 원전 사고가 터지자 '원전 역시 해답이 될 수 없다'는 인식이 사회 저변에 자리를 잡았다. 체르노빌 사고 후 독일에서는 신규 원전 건설이 추진되지 않았다.

1990년대 기후변화의 위협이 세계적 쟁점으로 떠오르면서 독일은 온실가스 감축을 위한 에너지 정책을 구체화하기 시작했다. 주된 방향은 화석연료와 원자력을 규제하고 재생에너지에는 경제적 유인(인센티브)을 제공하는 것이었다. 독일 정부는 1991년 세계 최초로 재생에너지 판매가격을 보장하는 발전차액지원제도(FIT)를 도입했다. 또 화석연료·원자력보다 재생에너지를 우선 이용하도록 하는 규제를 만들었다.

1998년에는 전력시장 자유화로 발전(생산)과 송·배전(공급) 업무를 분리해 민간에 개방했다. 전기를 생산하고 전송, 판매해 공급하는 과정을 특정 회사가 독점하지 않도록 함으로써 전력 도·소매 시장에서 경쟁을 촉진한 것이다. 같은 해 집권한 게르하르트 슈뢰더 총리의 사회민주당(SPD)-녹색당 연정은 1999년 화석연료로 발전한 전기와 휘발유에 환경세를 도입했고, 2000년에는 기념비적인 재생에너지법(EEG)을 제정했다. 이 법은 재생에너지 생산자가 향후 20년간 킬로와트시(kWh)당 고정된 가격을 보장받을 수 있도록 하는 내용으로, 관련 산업 발전에 기폭제가 됐다.

원전의 경우 사민당-녹색당 연정이 '2022년 무렵까지 100 퍼센트 탈원전에 도달한다'는 합의를 이뤘으나 2005년 사민당과 대연정을 통해 집권한 기독민주당(CDU)의 앙겔라 메르켈 총리가 2010년 자민당(FDP)으로 연정 파트너를 바꾼 뒤 이 기조가 흔들렸다. 에너지 공급의 안정성과 탈원전에 따른 재정 부담 등을 이유로 원전 가동 기간을 2036년까지 연장하는 정책을 추진한 것이다. 하지만 이듬해 일본에서 후쿠시마 원전 사고가 터지면서 분위기는 반전됐다. 독일 정부는 정계·학계·산업계·종교계·시민사회 대표로 '안전한 에너지 공급을 위한 윤리위원회'를 구성했고, '끝장토론' 등을 거쳐 '2022년까지 모든 원전 폐쇄'를 확정했다. 2011년 당시 남아 있던 원자로 17기 중 10기가 2017년까지 폐쇄됐다.

● '프로슈머'가 이끄는
에너지 민주주의

독일이 '탈화석연료'와 '탈원전'이라는 2개의 거대한 전환을 성공적으로 추진하게 된 원동력의 하나는 지역 자치와 민주주의 전통에 뿌리를 둔 '분산 협력'이라고 할 수 있다. 화석연료·원자력 등 대규모 발전소를 필요로 하는 에너지원보다 소규모 분산 배치가 쉬운 재생에너지 시설의 특성상 국가 단위로 이루어지던 에너지 생산·공급 시스템이 지역 단위로 원활하게 나누어졌다. 독일 재생에너지기구(AEE)에 따르면 2001년 66개에 불과하던 지역에너지협동조합이 2015년 1000개로 급증했다. 독일의 시장조사 기관 '트렌드리서치'에 따르면 2016년 현재 독일 전체 재생에너지 시설 중 42퍼센트가 지역에너지협동조합·농민·일반 가정 등 시민 소유다. 독일의 4대 메이저 발전회사(E.ON, RWE, Vattenfall, EnBW) 소유 시설은 5.4퍼센트에 불과하며, 지역 군소 회사 등으로 범위를 넓혀도 기업 소유 발전

독일 바덴-뷔르템베르크주의 한적한 산길에 자리 잡은 주택 지붕에 태양광 패널이
설치되어 있다. 독일에서는 전력 소비자인 지역 주민들이 가게나 마을협동조합 단위
로 생산에도 참여하기 때문에 이익 공유와 함께 '에너지 민주주의'가 증진되고 있다.
ⓒ 제정임

소 비중은 15.7퍼센트에 그친다.

　　자기가 사는 곳의 에너지 시설을 소유한 시민들은 에너지
사업의 의사 결정 과정에 직접 참여해 지역 여건에 맞는 시스
템을 능동적으로 설계·통제하고, 판매 이익을 나눈다. 일반 시
민이 생산자이자 소비자인 '에너지 프로슈머(prosumer)'가 되
고, 전기를 소비하는 지역과 생산·전송하는 지역이 분리되지
않는 '에너지 민주주의'가 실현되고 있는 것이다. 이는 대규모
원전이 들어선 바닷가 마을 주민들이 생태환경 파괴와 방사능
오염 등의 피해를 겪고, 도시로 전기를 보내기 위해 산골마을
등에 송전탑을 건설하면서 갈등이 빚어지는 한국의 '에너지 비
민주주의'와 대조된다.

지역에서 쓰는 전력을 자급해 수익을 내는 분산형 시스템은 에너지 전환 정책에 대한 독일 국민들의 광범위한 지지 기반이기도 하다. 2016년 AEE 조사에 따르면 에너지 전환 정책에 대한 독일 시민들의 지지도는 93퍼센트에 달한다. 권필석 소장은 "독일에서 풍력·태양광 등 발전 시설에 대한 주민 수용성이 높은 이유도 재생에너지의 경제적 이익을 (프로슈머인 주민들이) 함께 누리기 때문"이라고 말했다.

● 기후변화에 대응하고, 일자리 창출도

독일 정부는 2016년 기준 전체 발전량 중 33.9퍼센트인 재생에너지 비중을 2020년 35퍼센트, 2030년 50퍼센트를 넘어 2050년에는 80퍼센트까지 확대하겠다는 목표를 제시했다. 2018년 7월 12일 독일에너지·물산업협회(BDEW)가 발표한 통계에 따르면 2018년 상반기 수력발전을 포함한 재생에너지 발전량 비중은 이미 36.3퍼센트까지 늘어나 석탄발전(35.1퍼센트)을 추월했다. 1990년 재생에너지 전체 전력 생산 비중이 3.6퍼센트였음을 고려하면 엄청난 성장세다. 세부 에너지원별로는 풍력 17.6퍼센트, 태양광 7.3퍼센트, 바이오가스 7.1퍼센트 등이었다. 원자력발전 비중은 탈원전 정책이 확정된 2011년 당시 17.6퍼센트에서 7년 만에 11.3퍼센트로 줄었다.

지난 30여 년간 꾸준히 에너지 전환 정책을 펼친 결과, 독

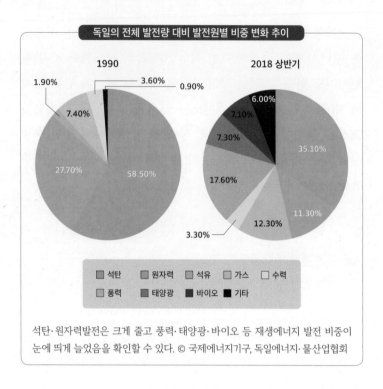

독일의 전체 발전량 대비 발전원별 비중 변화 추이

1990

2018 상반기

1990: 1.90%, 3.60%, 0.90%, 7.40%, 27.70%, 58.50%

2018 상반기: 6.00%, 7.10%, 7.30%, 35.10%, 17.60%, 3.30%, 12.30%, 11.30%

□ 석탄　□ 원자력　□ 석유　□ 가스　□ 수력
□ 풍력　■ 태양광　■ 바이오　■ 기타

석탄·원자력발전은 크게 줄고 풍력·태양광·바이오 등 재생에너지 발전 비중이
눈에 띄게 늘었음을 확인할 수 있다. © 국제에너지기구, 독일에너지·물산업협회

일은 2016년 기준 온실가스 배출량을 1990년 대비 27퍼센트
줄이는 데 성공했다. 향후 감축 목표는 2020년 40퍼센트, 2030
년 55퍼센트, 2050년에는 80퍼센트~95퍼센트다.

　독일 재생에너지 산업은 기후변화 대응에 기여함과 동시
에 일자리 창출에도 성과를 내고 있다. 독일 연방경제에너지부
통계에 따르면 2015년 현재 재생에너지 분야에 고용된 노동자
수는 약 33만 명으로, 2004년 대비 2배 이상이다. 연방경제에
너지부는 2020년까지 에너지 전환 과정에서 매년 1만 8,000개
의 일자리가 새로 생길 것이라고 전망했다.

태양광·풍력으로 가는 유럽 최강 경제

독일의 경험 (중)

이자영, 나혜인

독일 남부 바덴-뷔르템베르크주 서남쪽, '흑림(검은 숲)'이라는 뜻의 슈바르츠발트 삼림지대와 프랑스 국경 쪽 라인강 사이에 인구 22만의 유서 깊은 도시 프라이부르크가 있다. 마르틴 하이데거, 막스 베버 등 저명한 학자들을 배출한 550년 역사의 프라이부르크대학을 포함, 여러 대학이 둥지를 틀고 있어 인구 7명 중 1명이 대학생인 교육도시다. 하지만 세계적으로는 '유럽의 환경수도', '태양의 도시'로 더 유명하다. 환경보호를 최우선 가치의 하나로 여기는 시민의식과 일관성 있는 자치 행정이 오늘날 프라이부르크를 독일에서 가장 살기 좋은 도시의 하나이자 연간 300만 명이 찾아오는 관광도시로 만들었다.

◯ 햇빛발전소로 가득한
'환경수도'

프라이부르크에서 가장 눈에 띄는 경관의 하나는 태양광
패널이 반짝이는 건물들이다. 프라이부르크 중앙역에 연결된
높이 60미터의 '솔라 타워'는 유리창을 제외한 건물 외벽 전체
가 태양광 패널로 덮여 있다. 시내 관공서·일반 주택 등 1,000
여 개 건물이 이처럼 자체 태양광발전기로 전력 수요의 상당
부분을 충당한다. 유럽 최대 태양에너지 연구 기관인 프라운호
퍼 연구소와 1954년 설립된 비영리 연구 기관 국제태양에너지
학회(ISES)도 이곳에 자리를 잡고 세계 태양광 기술 혁신을 이

프라이부르크 중앙역에 있는 19층
건물 솔라 타워. 유리창을 뺀 외벽
전체에 태양광 패널을 설치해 건물
전기 수요의 상당 부분을 자체
생산하고 있다. ⓒ 제정임

끌고 있다.

프라이부르크에서도 가장 유명한 친환경 지구는 생태 주거단지 '보봉' 마을이다. 도심에서 트램(노면전차)으로 10분 거리에 있는 이 마을은 원래 독일 통일 전까지 프랑스군이 주둔하던 군사기지였다. 통일 후인 1992년 프랑스군이 떠나자 프라이부르크시는 독일 연방정부로부터 토지를 매입, 5,000여 지역 주민들이 결성한 '포럼 보봉' 협동조합과 함께 친환경마을 건설을 추진했다.

모든 건물은 에너지를 최소한으로 쓰도록 짓고, 전력과 난방은 태양광과 열병합발전으로 해결하기로 했다. 마을 중심부의 주요 도로 외에는 자동차 진입을 막고 트램과 자전거를 주된 교통수단으로 해 보행자 중심 거리를 만들기로 했다. 그 결과 보봉 마을의 집들은 대부분 단열 개선으로 에너지 사용을 최소화하고 태양광으로 전기를 자체 생산하는 '제로 에너지 주택'으로 지어졌다. 쓰고 남는 전기를 팔아 가구당 연평균 4,000유로(약 500만 원)의 소득을 올리는 '플러스 에너지 주택'도 있다. 프라이부르크 출신의 건축가 롤프 디쉬가 1994년 자기 집으로 지은 '헬리오트로프(Heliotrope)'는 햇빛을 따라 회전하는 원통형 태양광 주택으로, 자체 수요량의 5배나 되는 전기를 판매하는 것으로 알려졌다. 여러 건축상을 받은 이 주택은 보봉 마을의 대표적 명소가 됐다.

⊗ 한국보다 일조량 적은데도
'태양의 도시' 건설

프라이부르크시에 따르면 보봉 주민들의 자가용 보유율은 20퍼센트 남짓에 불과하며 마을 구석구석을 연결해주는 트램과 자전거가 대부분의 교통 수요를 해결한다. 아이들이 차 없는 안전한 환경에서 자유롭게 뛰놀고, 자연스럽게 친환경 생활과 문화를 배울 수 있으니 떠나려는 주민은 거의 없고 이사 오려는 사람들은 많다고 한다. 2016년 프라이부르크시 조사에 따르면 보봉 주민들의 거주 지역 만족도는 90퍼센트에 육박한다. 프라이부르크는 독일에서 인구가 계속 늘어나는 몇 안 되는 도

보봉 마을의 구석구석을 이어주는 트램. 주민들은 승용차가 없어도 트램과 자전거로 아무 불편 없이 다닐 수 있다고 말한다. 오른쪽 보봉 호텔의 외벽처럼 나무와 풀이 어우러진 건물들을 마을 곳곳에서 많이 볼 수 있다. ⓒ 제정임

프라이부르크시 보봉 마을 중심가에 있는 125미터 길이의 주상복합건물 '태양의 배 (The Sun Ship)'. 건축가 롤프 디쉬가 설계한 이 건물은 특수 환기 장치 등으로 에너지 소비를 최소화하고 지붕의 태양광 패널 등에서 전기를 생산하는 세계 최초의 상업용 플러스 에너지 빌딩이다. © 제정임

시 중 하나다.

　프라이부르크가 이렇게 태양광을 활용한 생태도시 건설에 앞장설 수 있었던 것은 독일 내 다른 도시들에 비해 일조량이 풍부하다는 장점이 있기 때문이다. 프라이부르크에는 연간 1,800시간 햇볕이 내리쬐는데, 1제곱미터(m^2)당 1117킬로와트시(kWh)의 전력을 생산할 수 있는 일조량이라고 한다. 놀라운 것은 이것이 평균 1400~1600kWh/m^2 정도 되는 한국의 일조량보다는 적다는 것이다. 국제 환경단체 그린피스의 분석이다. 태양광의 절대량보다 '어떻게' 활용하느냐가 중요하다는 것을 보여준다.

프라이부르크가 유럽의 '환경수도'로 불리게 된 건 태양광 때문만은 아니다. 재생에너지 전환뿐만 아니라 에너지 효율화·절약부터 폐기물 처리, 생태계 보호, 환경 교육에 이르기까지 종합적인 노력이 세계 도시의 모범이 됐기 때문이다. 그 배경에는 1970년대 흑림 지대의 산성비 피해와 도시 인근 비일 지역 원자력발전소 건설 논란이 있다. 인간이 무분별하게 사용한 에너지로 망가지는 자연을 직접 목격하고, 포도농사를 위협하는 원전 건설에 저항하는 경험을 한 프라이부르크 시민들은 에너지를 많이 쓰는 소비 생활 자체를 반성하게 됐다.

여기에 석유파동이 겹치면서 프라이부르크시는 대중교통 확충 등 친환경 정책을 적극적으로 펼치기 시작했다. 독일에서 1970년대부터 자가용을 억제하고 보행자·자전거 중심 도시교통 정책을 설계한 건 프라이부르크가 처음이었다. 체르노빌 원전 사고가 터진 1986년에는 독일의 지방정부 중 처음으로 환경보호과를 설치했고, 시 의회가 연방정부보다 14년이나 빨리 '탈원전'을 만장일치로 결정했다.

이런 노력에 힘입어 1992년 독일환경원조재단으로부터 '연방 환경수도'로 선정된 프라이부르크는 1996년 '에너지 효율화', '에너지 소비절약', '재생에너지 전환'을 세 축으로 하는 '에너지 E-전략'을 수립했다. 태양광을 육성하고, 보행자와 대중교통 우선으로 도로 계획을 추진하며, 신축 주택과 건물의 에너지 소비 기준은 연방정부보다 최소 30퍼센트 더 엄격하게 규제하는 내용이었다. 기존 건물에는 보조금을 줘서 단열 설비를 개선하는 '그린 리모델링'을 이끌었다.

프라이부르크시는 이런 친환경 정책으로 2012년에 이미 이산화탄소 배출량을 1992년 대비 20.7퍼센트 감축했고 2030년까지는 50퍼센트, 2050년에는 이산화탄소 배출량 '제로'인 '기후중립도시'를 만들겠다고 발표했다. 2017년 정책 연구차 프라이부르크를 방문했던 신지예 녹색당 서울시당 공동운영위원장은 2018년 9월 28일 〈단비뉴스〉와의 전화 인터뷰에서 "프라이부르크는 '자동차를 줄이자' '대중교통을 이용하자' 등의 구호 대신 자동차보다 편리한 대중교통 시스템을 설계하고 주택에서도 재생에너지를 사용하는 게 더 합리적이라는 유인을 제공했다"고 진단했다. 신지예 위원장은 "최근 우리나라에서도 에너지 전환·플라스틱 오염 문제 등 환경 이슈가 부상하고 있지만, 개인의 윤리적 선택에만 기대서는 정책이 제대로 구현되기 힘들다"며 효과적인 유인(인센티브) 시스템을 고민해야 한다고 강조했다.

프라이부르크시의 친환경 정책이 성공할 수 있었던 비결 중 또 하나는 녹색당 출신으로서는 처음으로 2002년 독일 도시의 시장이 된 디터 잘로몬이 일관되게 정책을 밀어붙인 것이다. 2018년 7월 시장으로 취임한 마르틴 호른도 무소속이지만 기존의 환경 정책을 지속하고 있다. 프라이부르크에서는 전통적으로 녹색당이 강세이며 현재 시의회도 녹색당이 다수를 차지하고 있다.

"독일 경제는 유럽에서 가장 강합니다, 에너지 전환에도 불구하고!"

에너지 전환 정책 연구 기관인 '아고라 에네르기벤데 (Agora Energiewende)'에서 언론 대응을 맡고 있는 프리츠 포어홀츠 박사는 2018년 8월 11일 〈단비뉴스〉와의 이메일 인터뷰에서 재생에너지로의 전환이 독일 경제에 미치는 영향에 대해 이렇게 답했다. 그는 '에네르기벤데'를 '재생에너지 발전과 에너지 효율화를 통해 저탄소 시스템으로 가기 위한 장기 전략'이라고 정의했다. 또 이를 실현하기 위한 정책 목표로 온실가스 감축, 탈원전, 에너지 안보(안정적이고 합리적인 에너지 공급)와 함께 '산업 경쟁과 성장 보장'이 있다고 설명했다. 에너지 전환과 함께 정책적으로 기술·산업·고용 증진을 유도하면 얼마든지 경제 성장이 가능하다는 것이다. 프라이부르크는 이 주장을 입증하는 가장 직접적인 사례라고 볼 수 있다.

실제로 독일 경제는 30여 년에 걸친 에너지 전환 과정에서 탄탄한 성장세를 지속하고 있다. 독일연방통계청에 따르면 2016년 독일의 GDP는 재생에너지 발전차액지원제도(FIT)가 도입된 1991년에 비해 1.46배, 1인당 GDP는 1.9배로 커졌다. 국제통화기금이 추산한 2018년 독일의 1인당 GDP는 약 5만 달러다. 독일의 경제 규모는 현재 미국, 중국, 일본에 이어 세계 4위이고, 유럽연합 28개국 중에서는 1위로 유럽연합의 명실상부한 구심점 역할을 하고 있다.

◉ 독일 태양광 설비용량이
한국 원전 총량 2배

독일 정부의 일관되고 지속적인 재생에너지 촉진 정책에 힘입어 관련 시장은 날로 팽창하고 있다. 다국적 회계 컨설팅 기업 프라이스워터하우스쿠퍼스(PwC)가 2014년 발표한 〈독일 에너지 전환 투자 현황〉 자료에 따르면 2000년 이후 독일 재생 에너지 산업에 몰린 투자 금액은 총 2,200억 유로(약 290조 원)에 달한다. PwC는 앞으로도 10년간 연평균 100억 유로(약 13조 원)의 자금이 재생에너지 발전 분야 투자에 쓰일 것으로 내다봤다. 투자 확대는 곧 해당 산업의 고용 증가로 이어져, 태양광·풍력 등 재생에너지 분야에서 연간 수만 개의 일자리가 생겨나고 있다.

시장 확대와 함께 재생에너지 설비 비용은 빠르게 하락하고 있다. 독일태양광산업협회(BSW)에 따르면 2006년 1킬로와트피크(kWp·가장 강한 태양빛이 내리쬘 때 얻을 수 있는 전력의 양)당 평균 5,000유로(약 660만 원) 하던 태양광 발전 설비 비용은 2016년 약 1,270유로(약 167만 원)로 10년 만에 75퍼센트 가까이 떨어졌다. 기술 발전으로 생산 단위가 커지면서 비용이 줄어드는 '규모의 경제'가 구현되는 것이다. 이에 따라 2010년 킬로와트시당 5.9유로센트(약 77원) 하던 평균 전력 도매가격은 2016년 3.2유로센트(약 42원)까지 낮아졌다.

대한무역투자진흥공사(KOTRA) 자료에 따르면 2016년 현재 독일에는 약 158만 개의 태양광 설비가 설치돼 있다. 발전 용량은 총 41.2기가와트로, 현재 한국에서 가동 중인 원전 23기 전체 설비용량(21.85기가와트)의 2배 가까운 규모다.

● 태양광·풍력발전 비용
이미 원전보다 낮아져

독일에서 재생에너지의 경제성은 이미 화석연료와 원전을 능가하고 있다. 아고라 에네르기벤데가 산출한 2016년 독일의 육상풍력 균등화발전비용(LCOE)은 킬로와트시당 0.05~0.09 유로, 태양광은 0.06~0.09유로로 원전(0.064~0.13유로), 석탄 (0.066~0.11유로), 가스(0.07~0.12유로)보다 낮다. 균등화발전비 용은 발전 설비의 건설·운영·유지·폐기 비용과 연료비, 대기 오염·사고 위험·온실가스 대응 비용 등 전력 생산 과정에서 발생하는 모든 비용을 고려해 산출한 값으로, 서로 다른 발전 원의 전력 생산 비용을 비교할 수 있는 국제 공인 지표다.

물론 에너지 전환에는 비용도 따른다. 2000년 재생에너지 법(EEG)으로 태양광·풍력 등의 발전 사업자는 20년간 고정된 수익을 보장받게 됐지만, 재생에너지 발전 비용이 낮아지고 발 전량은 늘면서 고정가격과 전력 도매가격 간 차액을 보전하는 EEG 부담금이 계속 늘고 있다. 독일 정부는 고정가격 보장 기

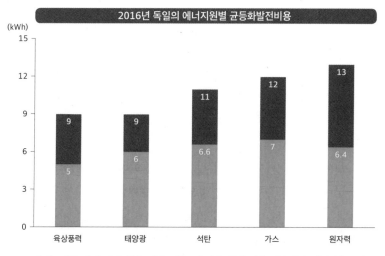

(kWh)

육상풍력 태양광 석탄 가스 원자력

막대그래프 아래 칸은 최소 산출 비용, 위 칸은 최대 산출 비용이다. 최대-최소 비용 간 차이는 산출 과정에서 가정하는 설비 투자 비용, 발전 시설 가동 시간 등의 최대·최 솟값에 따른 것이다. 육상풍력·태양광의 발전 비용이 이미 석탄·가스·원자력보다 낮 아졌다. 출처: 아고라 에네르기벤데

간 20년이 끝나기 시작하는 2020년부터 EEG 부담금이 하락할 것으로 전망한다. 이 부담금이 반영된 독일의 가정용 전기요금 은 현재 유럽에서 가장 비싼 축에 속한다. 세계 94개국 3,000 여 개 에너지 관련 단체가 모인 세계에너지협의회(WEC)의 2015년 통계에 따르면 덴마크(29.4유로센트)에 이은 2위다(28.8 유로센트·2017년 29.2유로센트).

하지만 에너지 효율화로 전력 수요가 줄고 있기 때문에 실 제 가계가 지출하는 전기요금은 다른 선진국에 비해 높지 않 다는 게 포어홀츠 박사의 설명이다. 실제로 2016년 독일 가정 의 전력 소비량은 2010년 대비 9.2퍼센트 감소했다. 독일 가정

이 연간 내는 전기요금은 2014년 기준 978유로(약 128만 원)로, 미국(1,110유로)보다 낮고 일본(971유로), 스페인(912유로)과 비슷한 수준이다. 이들 국가는 모두 독일보다 킬로와트시당 전기요금이 낮지만 소비량은 많다. 특히 미국의 가정용 전기요금은 킬로와트시당 9유로센트(약 118원)로 독일의 30퍼센트 수준이지만, 전력 소비량은 미국이 독일보다 3.7배 많다.

포어홀츠 박사는 "에너지 전환으로 인한 전기요금 상승이 독일 국민의 일상에 끼치는 영향은 그리 크지 않다"며 "일반 가정의 소득이나 지출 규모에서 전기요금이 차지하는 비중이 높지 않기 때문"이라고 말했다. 독일연방통계청에 따르면 2017년 독일 가계가 1년 동안 전력, 가스 등 휘발유를 제외한 에너지에 쓰는 돈은 총지출 대비 4.2퍼센트, 가처분소득 대비 3.7퍼센트 규모다. 총지출의 4.9퍼센트, 가처분소득의 4.3퍼센트를 기록했던 2012년보다 오히려 줄었다.

● '경제적 유인'이
시민 참여 이끌어

포어홀츠 박사는 독일의 '에네르기벤데'가 성공적으로 추진될 수 있었던 것은 시민들의 동참을 이끌어내는 '인센티브'가 잘 설계됐기 때문이라고 강조했다. 그는 "경제적 유인은 재생에너지에 투자하려는 사람들에게 '지구온난화에 맞서 뭔가 해야 한다'는 자각보다 훨씬 중요한 동기가 된다"고 강조했다.

예를 들어 독일은 지자체 건축물 규정에 따라 발전 시설을 설치한 뒤 온라인으로 간단한 등록 절차만 거치면 해당 지역 전력망 사업자에게 FIT가 보장하는 가격을 기준으로 전기를 팔 수 있다. 그래서 프라이부르크 시민을 포함한 독일 국민들은 자신의 집에 설치한 태양광 설비 등으로 소규모 분산형 재생에너지 시장에 쉽게 참여해 경제적 이득을 얻을 수 있다.

반면 한국 전력시장은 대규모 발전 사업자가 생산한 전기를 전력거래소에 도매로 팔면 이후 송전·배전·판매까지 한국전력이 독점하는 구조여서 개인과 마을협동조합이 참여하는데 어려움이 많다. 양이원영 환경운동연합 처장은 "이런 일방적인 독점 판매 구조를 깨고 소규모 발전 사업자에게 전력 생산과 판매를 동시에 허용해야 우리나라 시민사회에서도 재생에너지 전력 거래가 활성화할 수 있다"고 강조했다.

원전 대국 프랑스에 태양광 전기 수출

독일의 경험 (하)

나혜인, 이자영

여름으로 막 접어든 2018년 5월 21일 오후, 독일 전역의 태양광 패널들이 쨍쨍 내리쬐는 햇볕 아래 일제히 반짝이며 기록적인 양의 전기를 만들었다. 전력망 관리 기관인 연방통신청(BNetzA)에 따르면 이날 오후 1시쯤 독일에서는 태양광, 풍력, 바이오매스 등 재생에너지로만 50.3기가와트시의 전기가 생산됐다. 이는 같은 시간대 전기 수요량 49.7기가와트시를 초과하는 양이다. 전체 전기 수요량의 100퍼센트 이상을 재생에너지 발전으로 충당한 것이다.

⊗ **남아도는 전기 인접국에 파는 '순수출국'**

이날 독일에서는 풍력발전으로 시간당 15기가와트시 정도의 전기가 꾸준히 생산되다 햇볕이 강한 오후 시간대에 태양광발전량이 28.2기가와트시까지 치솟았다. 전체 전기 수요량보다 재생에너지 발전량이 많은 시간대는 이날 정오부터 오후 2시경까지 2시간여 동안 지속됐다.

독일에서 특정 시간대 전기 수요량 100퍼센트를 재생에너지로 충당한 것은 2018년 1월 1일이 처음이었다. 당시 새벽 3시부터 6시까지 태양광 없이 풍력, 수력, 바이오매스만으로 전국의 전력 수요를 거뜬히 감당했다. 노동절이던 2018년 5월 1일에도 오후 1시부터 3시까지 태양광발전량이 급증하면서 전체 수요를 넘어서는 재생에너지 전기가 생산됐다.

독일에서는 재생에너지 외에도 석탄, 원자력 등으로 기저부하(일정한 기간 지속적으로 가동) 전기를 생산하기 때문에 남아도는 전기는 유럽통합전력망(ENTSO-E)을 통해 인접 9개국에 수출된다. 5월 21일의 시간당 최대 전력 순수출량은 오후 1시 13.7기가와트시였다(상업 거래량 기준).

독일은 이미 지난 2003년부터 전기 수입량보다 수출량이 많은 '순수출국(net exporter)'이다. 특히 2011년 후쿠시마 참사를 계기로 '탈원전'을 확정한 후에는 재생에너지 발전량이 본격적으로 늘면서 8개의 원전을 멈추고도 순수출 규모가 큰 폭으로 증가하고 있다. 에너지 전환 연구 기관인 아고라 에네르기벤데와 유럽통합전력망 통계를 종합하면 독일의 전력 순수출 규모는 2011년 6테라와트시(TWh)에서 2017년 55.4테라와트시로 6년 만에 거의 10배 가까이 늘었다.

특히 독일은 '원전 대국'이라 불리는 프랑스에도 전기를

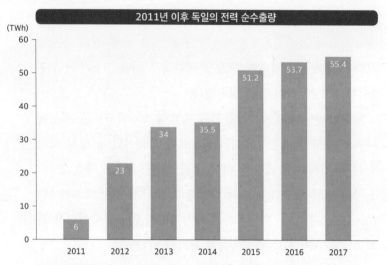

2011년 이후 독일의 전력 순수출량

탈원전을 확정한 후 재생에너지 발전량이 급증하면서 순수출량이 6년간 10배 규모로 증가했다. 출처: 아고라 에네르기벤데, 유럽통합전력망

수출한다. 독일이 프랑스에 수출하기로 계약한 전력량은 2015년 13.7테라와트시에서 2016년 14.4테라와트시, 2017년 17.5테라와트시로 해마다 늘고 있다. 독일 역시 전력 상황에 따라 프랑스에서 전기를 수입하지만, 이는 수출량의 20~30퍼센트 수준에 그쳐, 프랑스에 대해서도 '순수출국' 지위를 유지하고 있다(상업 거래량 기준).

'탈원전'에 반대 논조를 보이는 일부 언론은 재생에너지 전환 때문에 독일의 전기가 모자라 프랑스 등에서 수입하는 것처럼 보도했다. 〈조선일보〉는 2018년 7월 31일 자 파리특파원 리포트를 통해 "유럽연합 통합전력망을 통해 인근 9개국과 송전선을 연결해놓고 있는 독일은 항시 전기를 수출하고 수입하는데, 2016년의 경우 전체 수입량의 32퍼센트가 원전 대국 프랑스에서 왔다"며 "국경 바로 너머의 프랑스 원전에서 전기를 끌어오기 때문에 탈원전이라고 하기에 궁색하다는 주장이 나올 정도"라고 썼다. 〈세계일보〉도 2018년 7월 19일 자 논설위원 칼럼에서 "아직은 원전을 대체할 만한 확실한 에너지원이 없다"며 "탈원전을 선언한 독일, 스위스는 송배전 전력망이 잘 갖춰져 '원전 부국'인 프랑스에서 전력을 싸게 살 수 있다"고 주장했다. 이들 언론은 유럽 인접국들이 전력 수급 상황에 따라 유연하게 거래를 하는 구조에서 독일이 전체 전력 수출입에서도, 프랑스와의 거래에서도 수입보다 수출이 많은 순수출국이라는 사실을 밝히지 않았다.

⊙ 개선되는 무역수지,
   강해지는 에너지 안보

자기 땅에 무한대로 내리쬐는 햇볕과 사시사철 부는 바람을 활용하는 에너지 전환은 독일의 무역수지 개선과 에너지 안보에도 기여하고 있다. 독일은 석유의 98퍼센트, 무연탄과 가스의 90퍼센트, 원자력발전 원료인 우라늄의 100퍼센트를 수입하기 때문에 에너지 수입이 늘 무역 적자의 주원인이었다. 하지만 태양광, 풍력, 바이오매스 등 원료 수입이 필요 없는 재생에너지에 박차를 가하면서 2014년의 경우 전년 대비 80억 유로(약 10조 5,000억 원) 상당의 에너지 수입을 줄였다.

지멘스는 세계에서 재생에너지 사업에 가장 적극적으로 뛰어들고 있는 기업 중 하나다. 2016년에는 스페인 최대 풍력터빈 제조업체 가메사를 인수 합병해 해상풍력 업계에서 세계 1위 자리를 공고히 했다. © 지멘스가메사

　　독일 녹색당의 싱크탱크인 하인리히 뵐 재단의 스테파니 그롤 환경 정책·지속 가능성 부장은 2018년 8월 20일 〈단비뉴스〉와의 이메일 인터뷰에서 "화석연료·우라늄보다 비싸 보이던 재생에너지 가격이 내려가면서 기존 에너지원은 경쟁력을 잃어가고 있다"며 "에너지 수입을 재생에너지로 대체함으로써 독일의 에너지 안보는 더욱 강해질 것"이라고 말했다.

　　독일의 에너지 전환 과정에서도 산업계의 반발은 있었다. 아고라 에네르기벤데의 프리츠 포어홀츠 박사는 2018년 8월 11일 〈단비뉴스〉와의 이메일 인터뷰에서 "철강·알루미늄·시멘트 등 에너지 집약 산업계에서 에너지 전환 정책에 대해 반발하는 목소리가 꾸준히 나왔다"고 말했다. 하지만 독일 정부는

이들의 국제 경쟁력을 보호하기 위해 재생에너지부담금(EEG surcharge)을 면제해주는 등 여러 혜택을 제공하면서 에너지 전환 동참을 설득했다. EEG 부담금은 태양광, 풍력 등 재생에너지 발전 사업자의 수익을 보장하기 위한 보조금 재원을 전기 사용자로부터 걷는 것이다.

그롤 부장은 "산업계는 에너지 효율화에 대한 개선책을 요구받지만 동시에 세금 감면 등 여러 혜택을 얻고 있다"며 "재생에너지 확대로 전력 도매가격이 낮아지면서 생산 비용이 절감되는 이득도 보고 있다"고 말했다. 권필석 녹색에너지전략연구소 부소장은 "독일 기업들도 초기에는 정부의 에너지 전환 정책에 대해 걱정을 많이 했지만, 재생에너지의 경제성이 나아지고 정책적 지원이 계속되자 생각이 바뀌었다고 한다"며 "이제는 독일의 글로벌 전자 기업 지멘스를 비롯해 많은 기업이 재생에너지 시장의 가능성에 주목해 적극적으로 뛰어들고 있다"고 말했다.

● 독일 탈원전 성과 왜곡하는 국내 '찬핵' 전문가들

'탈원전'과 '탈화석연료'를 동시에 추구하며 '재생에너지 강국'으로 도약한 독일은 전 세계의 부러움을 사고 있지만 탈핵 정책을 반대하는 국내 일부 정치인과 전문가들은 이와 동떨어진 주장을 하고 있다. 20대 국회 전반기 산업통상자원중소벤처기업위원회 위원으로 정부의 탈원전 정책을 저지하는 데 앞장서온 최연혜 의원은 2018년 8월《대한민국 블랙아웃》이라는 책을 내고 '독일의 탈핵과 에너지 전환은 재앙'이라고 단언했다.

최연혜 의원은 이 책에서 독일 재생에너지 산업이 막대한 정부 보조금으로 연명해왔으며, 이 비용은 고스란히 전기요금에 반영돼 서민들이 고통을 받고 있다고 주장했다. 그는 정부가 재생에너지 생산자에게 수익을 보장하는 시스템이 과도한 '특혜'이자 '포퓰리즘'이라고 비판했다. 또 큰 비용을 투입해서 태양광이나 풍력발전을 장려해도 햇빛과 바람이 없는 시간대에는 무용지물이며, 원전과 석탄발전소 등 전력 수요를 감당하기 위한 '백업(backup) 전원'이 필요하기 때문에 비효율적이라고 지적했다.

최연혜 의원은 이와 함께 "원전이 배출하는 이산화탄소 배출량이 태양광보다 적다"며 온실가스 감축을 위해서는 원전이 더 친환경적 대안이라는 주장을 폈다. 특히 미국의 친원전 환경운동가 마이클 셸렌버거 등의 주장을 인용해 태양광 패널이 원자력발전소보다 독성 폐기물을 훨씬 많이 발생시킨다고 지적했다. 또한 "지구온난화의 원인을 인류가 배출한 이산화탄소 때문으로 보는 것은 잘못"이라는 '기후변화 회의론자'의 주장을 상세히 소개, 유엔 산하 IPCC에서 전 세계 수천 명의 전문가가 인정한 인과관계도 논란 중인 사안인 것처럼 서술했다.

하지만 국내외 공식 자료나 해당 분야 연구자들의 의견을 종합할 때 이런 주장은 근거가 희박하거나 왜곡되어 있다. 독

독일은 공공건물이 재생에너지 활용에 앞장서고 있다. 사진은 플랫폼 지붕에 대규모 태양광발전기를 설치한 베를린 중앙역. © 제정임

일의 가정용 전기요금의 경우 재생에너지 보조금 때문에 덴마크와 함께 유럽에서 가장 높은 수준이지만, 2016년 독일 재생에너지기구 조사 결과 국민의 93퍼센트가 정부의 에너지 전환 정책을 지지할 만큼 불만을 사지 않고 있다. 독일 재생에너지 시설 중 42퍼센트가 지역 에너지 협동조합·농민·일반 가정 등 시민 소유여서 프로슈머, 즉 생산자이자 소비자인 시민들이 전력 판매 이익을 함께 얻고 있다는 게 그 이유의 하나다. 또 포어홀츠 박사의 설명에 따르면 에너지 효율화로 전력 수요가 줄고 있기 때문에 실제 독일 가계가 지출하는 전기요금은 다른 선진국에 비해 높지 않다. 2016년 독일 가정의 전력 소비량은

에너지 효율화의 결과 2010년 대비 9.2퍼센트 감소했다. 독일 연방통계청에 따르면 2017년 독일 가계가 전력, 가스 등 휘발유를 제외한 에너지에 쓴 돈은 총지출 대비 4.2퍼센트로 2012년의 4.9퍼센트보다 줄었다.

최연혜 의원이 '재생에너지의 불안정성 때문에 독일의 석탄발전 비중이 높고 여전히 유럽 내 온실가스 배출 1위'라고 주장한 데 대해 권필석 소장은 "아직은 재생에너지가 기존 에너지원을 대체해가는 과도기이기 때문"이라고 반박했다. 그는 "에너지저장장치 등 기술이 충분히 개발되기까지 백업전원과 재생에너지가 공존하는 기간은 꽤 있을 것"이라며 "독일, 덴마크 등에서 석탄·원전 등 기존 발전소는 이미 백업 역할로 한정돼 운영되고 있다"고 설명했다. 권 부소장에 따르면 독일은 탄광 노동자 고용 문제 등으로 석탄발전 비중을 쉽게 줄이지 못했지만 1990년 58.5퍼센트에서 2018년 상반기 35.1퍼센트로 이미 절반 수준이 됐고, 같은 기간 온실가스 배출량도 30퍼센트가량 감소했다.

권필석 소장은 폐기물 관련 주장에 대해 "태양광 폐기물과 핵폐기물의 독성을 폐기물의 부피, 즉 크기로 비교한 의도적 왜곡"이라며 "태양광 패널 전체를 독성으로 간주한 뒤 이를 10만 년 이상 방사능 독성을 내뿜는 사용후핵연료보다 300배 강하다고 규정한 셸렌버거의 연구는 전 세계적 놀림감"이라고 일축했다. 그는 특히 "우리나라에서 사용하는 실리콘 태양광 패널은 해로운 중금속인 카드뮴을 쓰지 않는다"며 "주택 지붕에도 쓰는 태양광 패널이 위험하다면 가전제품을 쓰는 것조차 안전하다고 할 수 없다"고 덧붙였다.

권필석 소장은 "세계적으로 재생에너지 시장은 원전과 비교할 수 없을 정도로 커졌는데, 사양 산업인 원전에 다시 투자하자는 주장 역시 이해하기 어렵다"고 지적했다. 2018년 6월에도 독일 현지에서 에너지업계 관계자들을 만났다는 그는 "(에너지 전환에) 가장 마지막까지 저항했던 세력은 결국 전력 회사 등 에너지 이해관계자였는데, 재생에너지의 잠재력을 믿지 않았던 이들도 지금은 에너지 전환에 반대하느라 재생에너지 투자에 소홀했던 게 '가장 큰 실책'이었다고 얘기한다"고 전했다.

◉ 남은 과제는 수송과 난방 분야

한편 독일인들은 에너지 전환의 남은 과제가 수송 및 난방 분야의 혁신이라고 말한다. 전력 분야의 에너지 전환에 비해 자동차 등 수송 부문과 건물 난방 분야의 온실가스 감축 속도가 더디다는 것이다. 독일이 1990년 대비 약 30퍼센트나 온실가스 배출량을 줄였지만 여전히 프랑스의 2배를 기록하고 있는 것도 수송·난방 부문이 발목을 잡고 있어서라고 한다. 포어홀츠 박사는 "앞으로 '에네르기벤데'의 가장 큰 도전 과제는 수송 부문에서의 에너지 전환"이라며 "전력 부문에서 얻은 성과를 전기자동차와 융합하는 게 관건"이라고 말했다.

바닷바람 타고 세계 1등 기업 배출

덴마크의 경험 (상)

박진홍

유럽 대륙에서 북부 독일과 국경을 맞대고 북해 쪽으로 툭 튀어나온 반도와 몇 개의 큰 섬으로 이뤄진 해양국가 덴마크. 이 나라의 수도 코펜하겐에서 약 120킬로미터, 차로 약 1시간 30분을 달려 칼룬버그항에 도착한 뒤 다시 카페리로 1시간 30분을 가면 삼쇠섬이 나온다. 덴마크 사람들이 '기적'이라고 부르는 섬이다.

강화도의 3분의 1 정도 크기인 114제곱킬로미터의 땅에 약 4,000명이 사는 이 작은 섬이 기적으로 불리는 이유는 이곳에서 쓰는 전력의 100퍼센트를 재생에너지원에서 얻기 때문이다. 동시에 섬 바깥에서 전기를 전혀 수입하지 않는 '100퍼센트 자립'을 지난 2006년 세계 최초로 달성했다.

 이 섬의 재생에너지 프로젝트를 관리하는 삼쇠에너지아카데미(Samsø Energy Academy)가 홈페이지에 공개한 자료에 따르면 '기적'은 1997년에 시작됐다. 덴마크 정부의 '재생에너지 자립 프로젝트' 시범 지역으로 선정된 것이 계기였다. 당시 덴마크 정부는 이산화탄소 배출량 감축과 재생에너지 비중 확대 등의 청사진을 담은 '에너지 21' 정책을 마련했다. 이 목표를 구체화하기 위한 시범 지역으로 5개 후보지와 경쟁 끝에 삼쇠가 선정됐다. 목표는 10년 안에 재생에너지만으로 전력 자급자

삼쇠섬 인근 바다에 설치된 해상풍력발전기와 섬 안 들판에서 돌아가는 육상풍력발전기들. © 삼쇠에너지아카데미

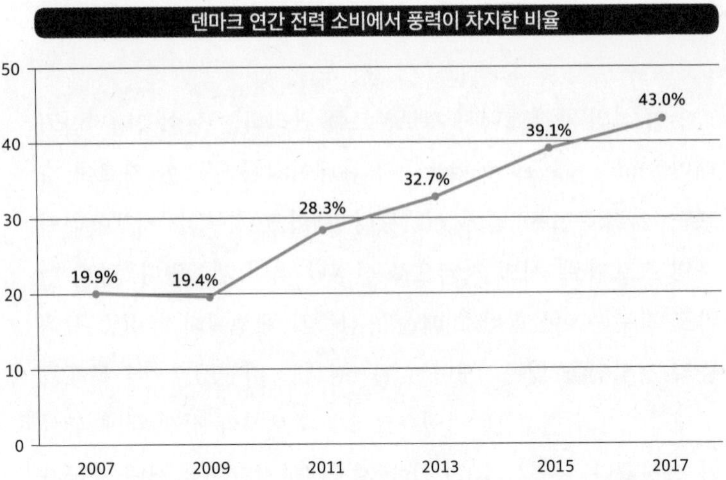
덴마크 연간 전력 소비에서 풍력이 차지한 비율
50
40
30
20
10
0
19.9%
19.4%
28.3%
32.7%
39.1%
43.0%
2007
2009
2011
2013
2015
2017

덴마크 전체 전력 소비 중 풍력으로 생산한 전력 비율이 2007년에는 19.9퍼센트였지만, 2017년에는 43퍼센트로 10년 만에 2배 이상 커졌다. 출처: 덴마크 에너지청

족이 가능한 섬을 만드는 것이었다.

삼쇠는 풍력을 선택했다. 섬 전역과 인근 바다에 하루 종일 부는 바람을 활용하기로 한 것이다. 1997년부터 2000년까지 1메가와트급 육상풍력터빈 11기를 세워 22개 마을에 전기를 공급했다. 2002년에는 2.3메가와트급 해상풍력터빈 10기를 추가로 설치해 전기자동차와 버스, 농업용 트랙터 등에 활용했다. 현재 삼쇠섬의 차량 중 절반가량이 전기차고, 모든 전기는 풍력발전기에서 공급된다.

삼쇠처럼 전력의 100퍼센트까지는 아니어도 풍력 혁명은 덴마크 전역에서 일어났다. 덴마크에너지청이 펴낸 〈에너지 통계 2016〉에 따르면 1980년 단 68기였던 덴마크의 풍력 터빈은

10년 후인 1990년 약 40배인 2,664기로 늘었고 2016년에는 육상과 해상을 모두 합쳐 6,119기가 됐다. 40년도 채 안 되는 기간에 약 90배로 증가한 것이다. 이 터빈들의 발전용량은 5,245메가와트로 덴마크 전체 전력 공급의 37.5퍼센트를 차지한다. 나머지 전력 설비는 열병합발전 34퍼센트, 태양열 5.9퍼센트, 수력 0.06퍼센트, 소규모 발전 등 기타 22.5퍼센트다. 또 실제 전력 소비량에서 풍력발전이 차지하는 비중은 2017년 기준 43퍼센트에 이른다.

◉ 풍차발전 전통 살려
'탈석유' 돌파구로

"덴마크의 풍력은 주로 지역 개척자들에 의해 개발됐습니다. 1970년대 석유파동 이후 덴마크 정부는 석유를 대신할 모든 종류의 대체에너지 자원을 장려했습니다. 이 과정에서 풍력이 발전 가능성이 있다는 것을 알아냈고, 이후 구체적인 풍력 장려 정책이 만들어지기 시작했죠."

에너지 정책 전문가인 클라우스 스구트 덴마크공과대학 에너지경제규제본부장은 2018년 7월 19일 〈단비뉴스〉와의 이메일 인터뷰에서 덴마크의 에너지 전환 과정을 이렇게 설명했다. 바람이 풍부한 덴마크에서는 1891년 학교 교사였던 폴 라쿠르가 최초로 발전용 풍차를 개발한 이후 1950년대 중반까지 날개를 개량하는 등 각 지역에서 실험이 이어졌다. 이런 역사가 있었기 때문에 석유를 대체할 재생에너지 대안으로 풍력이 재빨리 부상했다는 것이다.

스웨덴, 독일 등 유럽의 다른 나라들과 마찬가지로 덴마크도 1970년대에 두 차례 세계적인 석유파동을 겪으면서 에너지 전환을 시작했다. 덴마크 에너지청에 따르면 1972년 덴마크의 총 에너지 소비 중 92퍼센트는 석유였다. 산유국인 덴마크는 2016년을 기준으로 하루에 14만 9,000배럴의 원유를 생산, 98개국 중 38위를 기록하고 있지만 과거처럼 석유에 의존했다면 여전히 많은 양을 수입해야 하는 처지였을 것이다. 스구트 교수에 따르면 덴마크 정부는 1976년 최초의 국가에너지계획을 수립해 앞으로는 석탄과 원자력을 중심으로 갈 것이라고 발표했다. 스구트 교수는 "당시만 해도 재생에너지의 역할은 한정적이었다"고 설명했다.

● 시민들이 이끌어낸
   '원전 대신 재생에너지'

그런데 덴마크 시민들은 정부의 원자력발전 계획에 반발했다. 핵발전의 잠재적 위험에 주목한 시민단체 '원자력정보기구'는 정부 공식 계획에서 원자력을 빼고 재생에너지를 넣은 '대체에너지 시나리오(AE 76)'를 발표해 시민들의 지지를 얻었다. 당시 덴마크는 스웨덴과 달리 건설 중인 원전이 없었다. 스구트 교수는 "우리도 1973년부터 원자력 도입을 검토했고, 국

멀리 풍력발전기가 보이는 덴마크 코펜하겐 앞바다에 관광객을 태운 유람선이 지나가고 있다. © 제정임

립 에너지 연구 기관인 리소연구소에서 관련 연구를 진행했지만 시민들의 거센 저항으로 무산됐다"고 회고했다. 덴마크 의회는 1985년 원전 건설 계획을 공식 폐기하기로 결의했다.

"1988년 수립된 세 번째 에너지 계획(Energi 2000)은 세계 최초로 원자력이 빠진 공식 에너지 계획이었습니다. 2005년까지 이산화탄소 배출량을 20퍼센트 줄이고 풍력발전으로 전기 공급량의 10퍼센트를 달성하는 것을 목표로 정했습니다."

덴마크 정부는 이후 풍력발전 육성에 박차를 가했다. 리소연구소는 베스타스(Vestas Wind Systems) 같은 풍력발전기 제조사와 함께 발전기 개량 연구를 진행했다. 정부는 1990년 재생에너지로 생산한 전기의 판매가격을 보장하는 발전차액지원제도(FIT)를 도입했다. 석유, 석탄 등 다른 에너지에 비해 아직 경제성이 낮은 풍력발전을 파격적인 보조금으로 지원해주는 정책이었다. 스구트 교수는 "풍력은 이런 'FIT 프리미엄' 정책 덕분에 전기 가격 경쟁에서 우위에 설 수 있었다"고 설명했다.

정부 지원으로 풍력발전이 급성장하면서 1898년 동네 대장간으로 시작했던 베스타스는 해당 업계 세계 1위로 도약했다. 베스타스는 한동안 창틀, 주방기구, 냉각기, 크레인 등 다양한 공산품을 만드는 회사였는데 1978년 풍력터빈 실험을 계기로 1980년대 대량생산을 시작, 2007년에는 세계 풍력터빈시장의 28퍼센트를 점유하는 압도적 1위 기업이 됐다. 최근에는 독일, 중국 등의 추격으로 시장점유율이 낮아지고 있으나 세계 1위는 내주지 않고 있다. 베스타스의 2017년 매출액은 99억 5,300만 유로(약 13조 291억 원), 이자 및 세전 이익(EBIT)은 12억 3,000만 유로(약 1조 6,101억 원)였다. 베스타스의 풍력 터빈은 제주 행원 풍력발전소, 군산 새만금 풍력발전소 등 한국에서도 총 165기가 돌고 있다.

● 주민 참여 협동조합이
　　풍력터빈 75퍼센트 소유

덴마크에서 풍력발전이 급성장한 데는 FIT 등 보조금의 힘이 컸지만 협동조합을 통해 주민들이 적극적으로 참여한 것도 중요한 성공 요인으로 꼽힌다. 삼쇠에너지아카데미는 삼쇠섬의 성공 비결을 '지역 소유'로 꼽았다. 삼쇠에너지아카데

미들그룬덴 해상풍력발전소. 시민 9,000여 명이 협동조합을 구성해 절반의 지분을 소유했으며, 코펜하겐 전력 수요의 4퍼센트를 공급하고 있다. © 제정임

미의 홈페이지 자료에 따르면 이 섬의 육상풍력터빈 11개 중 9개, 해상터빈 10개 중 5개가 농부 등 개인과 주민협동조합 소유다. 삼쇠시가 소유한 나머지 터빈에서 나오는 이익도 모두 시 운영비와 재생에너지 투자 비용으로 쓰인다.

2000년대에 들어서면서 풍력협동조합은 전국적인 운동이 됐다. 미국 스탠퍼드대 토니 세바 교수가 쓴 《에너지 혁명 2030》에 따르면 덴마크에서는 2001년 기준 10만 가구, 2005년에는 15만 가구 이상이 풍력협동조합에 가입했다. 이런 협동조합이 덴마크 전체 풍력터빈의 75퍼센트를 운영하고 있는 것으로 알려졌다. 2017년 기준 인구가 560만 명 남짓인 나라에서 매우 높은 참여율이다. 스구트 교수는 "풍력협동조합은 소수 농민들이 함께 모여 작은 풍력 터빈을 건설하던 1970~1980년대에 매우 효과적이었다"며 "시간이 지나면서 과거보다 더 큰 커뮤니티가 만들어지고 있다"고 설명했다.

그는 코펜하겐에서 3.5킬로미터 떨어진 바다에 조성된 미들그룬덴(Middelgrunden) 해상풍력발전소를 대표적인 사례로 소개했다. 스구트 교수에 따르면 2001년 2메가와트급 터빈 20기로 세계 최대 규모의 해상풍력발전 단지가 된 이곳은 코펜하겐시 소유 전력 회사와 '코펜하겐 에너지·환경협회'라는 풍력 협동조합이 각각 절반의 소유권을 가졌다. 협동조합에는 코펜하겐과 인근 지역 주민 8,650명이 참여했다. 이 발전소에서 생산하는 전기는 코펜하겐시 전력 수요의 4퍼센트를 담당한다. 소규모 풍력발전기를 주민이 소유하는 형태로 시작한 풍력협동조합 모델이 대규모 단지에도 적용될 수 있다는 것을 보여준 셈이다.

● 정밀한 예측으로
'공급 안정성 99.9퍼센트'

풍력, 태양광과 같은 재생에너지 확대에 회의적인 사람들은 흔히 '햇볕이 약하거나 바람이 불지 않는 날에는 전력을 생산하지 못할 수도 있는데 어쩔 것이냐'고 묻는다. 그러나 2018년 10월 4일 서울 강남구 코엑스에서 산업통상자원부 주최로 열린 '2018 대한민국 에너지 전환 컨퍼런스'에 발표자로 나선 크리스토퍼 붓짜우 덴마크 에너지청장은 이런 의문을 한마디로 일축했다.

"재생에너지 비중이 높으면 전력 공급이 불안정할 것이라는 우려와 달리 덴마크는 재생에너지 비중이 높음에도 전력 공급이 99.996퍼센트 안정적입니다."

그는 태양광이나 풍력이 날씨 변화에 민감한 만큼, 날씨를 정밀하게 예측해 에너지 수요 공급 관리를 유연하고 정교하게 하고 있다고 밝혔다. 이어 "덴마크의 청정에너지 전환은 외국인 투자 유치, 연구개발(R&D) 분야 인센티브 제공 및 녹색 일자리 창출을 통해 성장을 촉진하고 있다"고 강조했다. 애플이 최근 덴마크의 비보르와 오벤로에 100퍼센트 재생에너지로 가동하는 데이터 센터를 짓기로 하고 약 2조 원을 투자한 배경에는 덴마크 재생에너지의 가격 경쟁력과 안정적인 공급 안보가 있었다고 그는 덧붙였다.

붓짜우 청장은 이와 함께 덴마크가 2018년 6월 '2030년까지 재생에너지로 100퍼센트 전기 생산', '2050년까지 화석연료에서 완전 탈출'이라는 국가적 목표를 설정했으며 이를 완수하기 위해 노력하고 있다고 소개했다.

자전거 타는 '날씬이'와 '튼튼이'의 나라

덴마크의 경험 (하)

박진홍

북유럽의 대표적 복지국가이자 1인당 GDP 세계 9위(2017년)의 부자 나라인 덴마크는 '자전거 천국'으로도 유명하다. 국민 10명 중 9명이 자전거를 갖고 있다. 특히 수도 코펜하겐은 국제사이클연맹(UCI)이 2007년부터 매년 선정하는 '자전거의 도시'에 첫 번째로 뽑혔을 만큼 '두 바퀴의 탈것'이 물결을 이루는 곳이다. 코펜하겐시 통계에 따르면 2016년 코펜하겐과 프레데릭스베르시, 보른홀름섬 등 덴마크 수도권에서 주민들이 통근·통학 운송수단으로 가장 많이 이용하고 있는 것이 자전거(41퍼센트)였다. 버스·기차 등 대중교통은 27퍼센트, 자가용 승용차가 26퍼센트, 도보가 6퍼센트 등으로 뒤를 이었다.

코펜하겐에는 갓돌 등으로 차선과 구분한 자전거 전용도
로가 있고, 교차로에서 최대한 신호에 걸리지 않고 운행할 수
있도록 설계된 자전거 신호등이 있다. 또 교통신호를 최소화해
고속 주행이 가능한 '자전거 고속도로(Cycle Superhighways)'
도 있다. 코펜하겐과 주변 도시를 연결하는 자전거 고속도로는
8개 노선이 있으며, 교차로 등에서 멈췄을 때 한 발을 올리고
기다릴 수 있는 발판과 전용 공기펌프 등 편의 시설도 갖추고
있다.

덴마크 외교부가 관리하는 국가 홈페이지(https://denmark.

덴마크 수도 코펜하겐의
자전거 전용도로를 달리는
시민들. ⓒ 제정임

1982년 덴마크 코펜하겐의 시청 광장에서 자전거 중심 교통 체계 도입을 요구하며 자동차를 부수고 있는 사이클리스트연맹 회원들. © 덴마크 사이클리스트연맹 홈페이지

dk)에 따르면 자전거는 덴마크에 처음 소개된 1880년 이후 대표적인 운송수단이 됐지만 1950년대 후반부터 자동차가 늘면서 퇴조하기 시작했다. 덴마크 정부는 다른 나라들과 마찬가지로 자동차 중심으로 도시 계획을 짰다.

　1970년대 두 차례 몰아닥친 석유파동은 이런 흐름을 바꿨다. 널뛰기하는 국제 원유 가격에 '에너지 안보'가 위협받는 처지에 이르자 수입 에너지에서 벗어나야 한다는 국가적 각성이 일어났다. 전력 생산 분야에서 풍력, 태양광 등 재생에너지를 늘려나가는 노력과 함께 '석유 먹는 하마'인 자동차를 줄이자는 운동이 일어났다. 코펜하겐시는 '차 없는 일요일' 제도를 도입했고, 시민들은 '자동차 없는 도시를 만들자'고 거리에 나와

　　　　　　　마지막 비상구

시위를 벌였다. 1982년에는 시민단체인 덴마크 사이클리스트 연맹(Cyklistforbundet) 회원 수십 명이 코펜하겐 시청 광장에서 자동차를 망치로 부수는 시위를 벌이기도 했다. 석유, 석탄 등 화석연료가 일으키는 기후변화에 대한 경각심이 커지면서 이런 운동은 더욱 힘을 얻었다.

● 자동차엔 높은 세금,
  자전거엔 인프라 확충

정부는 조세와 사회간접자본(SOC) 건설 등 다양한 정책을 통해 이런 흐름이 대세가 되게 만들었다. 우선 자동차에 높은 세금을 매겼다. 1977년에는 자동차등록세(motor vehicle registration tax)를 도입, 차량 가격의 최고 180퍼센트를 세금으로 물렸다. 이 세금은 지금도 최고 150퍼센트의 세율을 유지하고 있다. 또 자동차 연비 구간별로 세금을 매겨 1년에 두 번씩 걷는 승용차 그린세(green tax on passenger cars), 트럭·버스 등 그린세 대상이 아닌 모든 자동차 소유자에게 걷는 자동차 중량세(weight tax on motor vehicles)도 도입했다. 적재 중량 12톤 이상 차량이 도로를 이용할 때 물리는 도로 사용자 부담금(road user charge)도 생겼다.

이렇게 세금을 통해 자동차 보유를 부담스럽게 만드는 대신 자전거에 대해서는 획기적인 장려책을 폈다. 코펜하겐의 경우 2006년부터 10년간 새 자전거도로 46킬로미터와 자전거·보행자 전용 다리 17개를 건설했다. 자동차도로의 폭은 좁히고 자전거도로의 폭은 넓혔다. 자전거주차장과 공용 자전거도 크게 늘렸다. 여기에 쓴 돈만 10억 크로네(약 1,742억 원)다.

이렇게 꾸준한 투자의 결과로 2016년에는 코펜하겐 시내 중심부의 하루 평균 자전거 통행량(26만 5,700대)이 자동차(25만 2,600대)를 앞지르게 됐다. 집계를 시작한 1970년의 통행량이 자전거 10만 대, 자동차 34만 대였던 것에 비해 엄청난 변화다. 코펜하겐시는 여기서 멈추지 않고 자전거를 통근·통학 수단으로 타는 주민 비율을 2025년까지 50퍼센트 이상으로 올린다는 목표를 세웠다. 이를 위해 예산 26억 크로네(약 4,530억 원)를 더 쓰겠다는 계획을 2017년 2월 발표했다.

● 두 바퀴족, 덜 아프고
비만·과체중도 적고

덴마크가 이렇게 자전거 장려 정책에 박차를 가하는 것은 자동차 운행 감소로 온실가스 배출량이 줄고 공기가 맑아지는 등의 환경 개선과 함께 국민 건강 증진 효과가 뚜렷하게 나타나고 있기 때문이다. 덴마크 정부에 따르면 2016년 수도권 주민 180만 명을 대상으로 설문조사한 결과 약 110만 명이 '자전거를 타지 않았을 때와 비교해 1년 중 아픈 날 수가 줄었다'고 응답했다. 이런 조사 결과에는 의학적인 근거가 있다. 영국의 임페리얼 칼리지 런던 공중보건대학 연구팀이 지난 2013년 영

코펜하겐 시내에서
볼 수 있는 자전거
신호등과 다양한
모양의 자전거들.
ⓒ 제정임

국 직장인 2만 명을 대상으로 한 조사를 보면 출퇴근 때 자전거를 타는 사람은 자동차 이용자에 비해 당뇨병 발병률이 절반 정도로 낮았다. 또 비만율은 자전거 이용자가 13퍼센트로 가장 낮았고, 도보는 15퍼센트, 자동차 이용자는 19퍼센트로 상대적으로 높게 나타났다.

한국교통연구원에 따르면 덴마크는 세계 주요국 중 네덜란드에 이어 자전거 수송 분담률이 두 번째로 높은 나라다. OECD의 '2018년 건강 통계'를 보면 네덜란드, 덴마크, 스웨덴 등 자전거 수송 분담률이 높은 나라의 '과체중 또는 비만 인구 비율'은 46~48퍼센트로 자전거를 많이 타지 않는 미국, 영국, 그리스, 캐나다 등의 52~64퍼센트에 비해 상당히 낮다.

북미와 유럽 국가들은 기름진 식생활 등의 요인 때문에 '비만과의 전쟁'을 벌일 만큼 과체중이 사회문제가 되고 있는데, 식습관이 비슷한 국가들 중에서도 자전거를 많이 타는 나라 사람들은 상대적으로 건강하고 날씬하다는 것을 보여준다. 한국은 자전거 수송 분담률이 낮지만 식습관 등 다른 요소의 차이로 과체중·비만 인구 비율도 서구에 비해 매우 낮은(25퍼센트) 특수한 사례에 속한다.

⬤ 전기는 풍력·태양광,
　 난방은 바이오매스로

덴마크는 자전거 중심의 교통·수송 분야 친환경 혁신, 풍

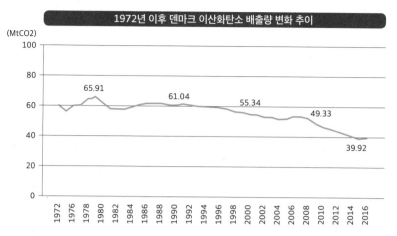

(MtCO2)

65.91

61.04

55.34

49.33

39.92

2016년 배출량은 역대 최대량을 기록했던 1979년에 비해 39.4퍼센트 줄었다. 출처: 덴마크 에너지청

력·태양광 중심의 발전 분야 혁신과 함께 난방 부문의 바이오매스 활용으로 탄소 배출 감축에서 세계적인 모범 국가가 됐다. 국제에너지기구의 〈바이오에너지 국가별 보고서 2016〉에 따르면 2014년을 기준으로 덴마크의 총 1차 에너지 공급량(TPES)의 76퍼센트가 바이오 연료와 폐기물이다.

덴마크가 주로 활용하는 바이오에너지는 밀짚, 목재 펠릿 등 고체 바이오 연료다. 이를 활용해 열병합발전소에서 전기와 난방용 열을 생산한다. 에너지경제연구원이 2016년 발간한 〈덴마크 지역난방 산업의 역할과 과제〉 보고서를 보면 2014년 기준 덴마크 인구의 60퍼센트 이상이 석유나 가스보일러 대신 지역난방으로 난방과 온수를 공급받는데, 여기 쓰이는 연료의 절반이 바이오매스다.

덴마크의 이산화탄소 배출량은 1979년 65.91메가톤(Mt) CO2로 최고치를 기록한 이후 지속적인 하향 곡선을 보였고, 2016년에는 39.92메가톤CO2로 37년 동안 약 39퍼센트가 줄었다. 같은 기간 덴마크 1인당 국민소득은 1만 3,752달러에서 5만 3,579달러로 약 290퍼센트 증가했다. 1인당 소득이 거의 4배가 되는 동안 탄소 배출은 3분의 2 이하로 줄어든 것이다. 탄소 배출 감축 정책이 경제 성장에 전혀 불리하지 않다는 것을 스웨덴, 독일과 함께 덴마크도 증명한 셈이다. 이 같은 성과에 힘입어 덴마크 기후변화위원회는 2011년 2월 수립한 '에너지 전략 2050'에서 오는 2050년까지 화석연료 사용을 '제로'로 만든다는 목표를 밝혔다.

● '수입 의존도 98퍼센트'에서
　 '에너지 완전 자립' 실현

덴마크의 에너지 전환에서 빼놓을 수 없는 소득은 '에너지 안보'를 확보한 것이다. 국제에너지기구와 세계은행 자료에 따르면 덴마크는 석유 소비 비중이 높았던 1970년에 1차 에너지(석유·석탄·풍력 등 가공되지 않은 상태로 공급되는 에너지) 사용량의 98퍼센트를 수입에 의존했다. 그러나 1998년에는 수입량이 마이너스 1.8퍼센트를 기록, 총 에너지 사용량보다 자체 생산량이 많은 에너지 자급자족 국가가 됐다. 에너지 사용량 대비 수입 비율은 2005년 −65퍼센트로 정점을 찍었고, 가장 최근 통계인 2015년에는 1.7퍼센트대를 유지하고 있다. 수입량이 마이너스라는 것은 해당 연도에 국내에서 쓰고 남는 에너지를 수출했다는 뜻이다.

풍력, 태양광, 바이오매스 등 국산 재생에너지 사업이 성장하면서 새로운 일자리도 꾸준히 늘어나고 있다. 덴마크 에너지청이 2018년 4월 펴낸 〈에너지 부문 고용 2016〉 보고서를 보면 2016년 덴마크의 재생에너지 분야 고용자 수는 3만 1,200명으로, 전체 에너지 산업 종사자 7만 3,400명의 43퍼센트를 차지했다. 2년 전인 2014년의 39퍼센트에서 4퍼센트 포인트 늘어난 수치다. 특히 2년간 에너지 분야 종사자 수가 총 1,800명 증가할 동안 재생에너지 분야는 3,300명이 늘었다. 화석연료 등 기존 에너지 산업에서는 일자리가 줄고 있으며, 대신 그보다 많은 수의 일자리가 재생에너지 분야에서 생겨나고 있음을 보여주는 것이다.

태양과 바람의 나라, 어제의 영광이여

스페인의 경험 (상)

장은미

유럽의 남서쪽, 북대서양과 지중해 사이 이베리아반도에 자리한 스페인은 1년에 300일 이상 쨍쨍한 햇볕이 내리쬐는 곳이다. 연평균 기온은 20도, 여름에는 40도를 훌쩍 넘기는 지역도 있다. 건조해서 목초가 잘 자라지 않는 고원지대가 드넓게 펼쳐져 있고 바람도 많이 분다. 정열과 한(恨)의 춤 플라멩코와 함께 스페인이 '태양과 바람의 나라'로 이름난 것은 자연스럽다. 하지만 그 이름이 단순히 이런 기후 조건 때문에 생긴 것만은 아니다.

- 햇볕에너지 소금에 저장,
  밤에도 전기 만들어

　스페인 남부 안달루시아는 '집시들의 춤과 노래'에 뿌리를 둔 플라멩코의 발상지다. 동시에 이곳에는 일찌감치 태양에너지 투자에 나선 스페인의 상징적 시설들이 모여 있다. 안달루시아 지방 그라나다주 그라나다시에서 48킬로미터쯤 떨어진 과딕스 고원의 안다솔 태양열발전소가 그중 하나다.

　축구 경기장 210개만 한 넓이(2제곱킬로미터)에 태양열 패널 60만 개를 갖춘 이 발전소는 지난 2009년 완공 후 약 150메가와트 설비 규모로 전력을 생산하고 있다. 15만 가구의 전기 수요를 감당할 수 있는 양이다. 이곳은 특히 낮에 남아도는 태

스페인 안달루시아 지방 그라나다시 외곽 과딕스 고원에 있는 안다솔 태양열발전소. 낮에 모은 태양열에너지를 소금에 저장하는 회색 건물 2개가 가운데 둥그렇게 보이고 뒤편으로 멀리 풍력발전기들이 돌아가고 있다. ⓒ 제정임

3부: 에너지 대전환은 가능하다　　　　**375**

안다솔 발전소의 태양열 집열 장치. 파란 거울 모양의 패널로 태양열에너지를 모은 뒤 가운데 긴 관을 통과하는 액체에 실어 증기터빈으로 보내 전기를 만든다. © 제정임

양열에너지를 소금(용융염) 저장고에 모아두었다가 햇볕이 없는 밤에도 전기를 만드는 축열식 발전소로 유명하다. 녹는점이 매우 높은 소금의 성질을 이용해 열을 저장했다가 두 소금 저장고의 온도 차이를 활용해 전기를 만든다. 에이시에스 그룹 (ACS Group) 등 스페인·독일 4개 회사가 합작 운영하고 있다.

안다솔 발전소와 뒤편 산지 사이의 빈 땅에는 수십 대의 풍력발전기가 힘차게 돌아가고 있다. 사막처럼 메말라 농사를 지을 수도 없고 산업 시설이 들어서기에도 외진 고원이 태양열과 풍력을 결합한 에너지 생산기지가 된 것이다. 단위 면적당 1,580킬로와트시의 태양광이 내리쬐는 스페인의 기후 조건은 유럽 평균이 1,096킬로와트시인 것을 고려할 때 단연 우월하다.

⊙ 세계 최초 태양열 타워
상용화

안다솔에서 서쪽으로 350여 킬로미터를 달리면 역시 안달루시아에 속하는 세비야주 산루카르 라 마요르시의 태양열 탑(solar tower)을 만날 수 있다. 지난 2007년 아벵고아 사가 건설한 산루카르 발전소의 피에스텐(PS10)과 피에스투엔티(PS20)다. 세계 최초로 상용화한 솔라 타워들이다. 햇빛을 모으는 거대한 타워의 높이는 PS10이 115미터, PS20는 165미터나 된다.

이 2개 타워를 둘러싼 높이 10미터의 반사판 1,900여 개가 낮 시간 내내 햇빛을 모아 일제히 탑 꼭대기로 쏘아준다. 그러면 유리판이 열을 모아 물이나 기름을 끓이고, 이때 발생하는

아벵고아가 스페인 라 마요르시에 건설한 산루카르 발전소의 솔라 타워 PS20. 반사거울이 햇빛을 모아 타워 상단의 유리판에 쏘아주어 전기를 만든다. © Abengoa sola

에너지 기업 악시오나가 스페인의 한 지역에 건설한 풍력단지 모습. 이 회사는 2008년 경북 영양군 석보면 맹동산에 1.5메가와트급 풍력발전기 41대를 세우기도 했다. © Acciona

증기압력으로 터빈을 돌려 전기를 만든다. 집열판 역할을 하는 반사거울은 태양의 움직임을 따라 자동으로 돌아간다.

회사 홈페이지 등의 설명에 따르면 이 발전소는 낮에 모아둔 태양 복사열로 물과 수증기를 압축해 탱크에 저장하고, 밤에는 탱크 밸브를 열어 터빈을 돌려서 전기를 만든다. 두 솔라타워를 포함한 산루카르 발전소의 설비용량은 300메가와트로, 세비야의 18만 가구가 쓸 수 있는 전력을 생산한다. 산루카르 발전소에서 가능성을 인정받은 아벵고아는 미국의 애리조나와 캘리포니아주, 아랍에미리트연합, 멕시코 등에 차례로 진출해 세계적인 명성을 쌓아갔다. 산루카르 등 대형 발전소 건설에 힘입어 스페인의 태양에너지 설비량은 2009년 3,386메가와트로 독일의 9,785메가와트에 이어 세계 2위를 기록했다.

스페인에서는 태양열뿐 아니라 풍력 회사들도 정부의 신재생에너지 지원 정책에 힘입어 쑥쑥 성장했다. 이베르드롤라, 악시오나, 가메사 등이 대표적인 회사다. 2008년 무렵에는 풍력 관련 기업이 600여 개가 될 정도로 급속한 성장세를 보였다.

2009년의 대한무역투자진흥공사 스페인 마드리드 무역관 보고서에 따르면 스페인은 2008년 기준 미국과 독일에 이어 세계 3위의 풍력발전 설비량을 기록했다. 1위 미국은 2만5,170메가와트, 2위 독일은 2만 3,903메가와트, 3위 스페인은 1만 6,133메가와트였다. 이 같은 스페인의 풍력발전 설비량은 원전 16기 설비량과 맞먹는 것이었다. 풍력발전 설비가 가장 많이 들어선 곳은 남부에 있는 카스티야-라만차 자치주로 2009년 누적 설치량이 3415메가와트, 풍력단지 수는 107개였다. 2014년에는 풍력 발전이 전체 전기 생산량의 21퍼센트로 원전(20퍼센트)에 앞서기도 했다.

● 스페인 재생에너지 산업
  줄줄이 하락한 원인은

이렇게 세계 정상에서 경쟁하던 스페인의 태양에너지와 풍력 산업이 요즘은 영 예전 같지 않다. 한국과학기술기획평가원과 국제에너지기구, 세계풍력협회(GWEC) 등에 따르면 2017

년을 기준으로 스페인의 태양광 설비용량은 세계 10위로, 풍력은 5위로 떨어졌다.

스페인의 태양에너지와 풍력 산업을 이끌던 대기업들도 줄줄이 비보를 전하고 있다. 세계 80개국에 직원 2만 4,000여명을 두고 연 71억 5,000만 유로(약 9조 원)의 매출을 올리던 아벵고아는 2015년 11월 유동성 위기를 맞아 스페인 법원에 파산보호를 신청했다. 〈뉴욕타임스〉는 아벵고아가 국제 유가 하락과 정부 인센티브 삭감에 타격을 입었다고 분석했다.

류재원 KOTRA 마드리드 무역관장은 2018년 10월 9일 〈단비뉴스〉와의 이메일 인터뷰에서 "아벵고아는 2017년 3월 구조조정을 완료했고 현재 건전성을 회복 중"이라고 말했다. 아벵고아에서 2018년 5월까지 프로젝트 예산 관리를 맡았던 김원모 씨는 2018년 8월 19일 〈단비뉴스〉와의 전화 인터뷰에서 "큰 회사라 살리려는 정부 의지가 강했지만 법정관리 중에 직원이 1만 2,000여 명으로 줄어드는 등 많은 고통을 겪었다"고 전했다.

한때 풍력발전 분야에서 세계 1, 2위를 다퉜던 악시오나도 지금은 10위권 밖으로 밀려나 있다. 풍력터빈 제조사로 2015년 세계 5위를 기록했던 가메사는 경영난 끝에 2017년 지분 59퍼센트를 독일 지멘스에 넘기고 '지멘스-가메사'로 합병됐다. 스페인의 신재생에너지 산업에 도대체 무슨 일이 있었던 것일까.

경제 위기, 태양세⋯⋯ 긴 터널 지나 새 출발

스페인의 경험 (하)

장은미

이글거리는 태양과 풍성한 바람. 이런 천혜의 조건에 혁신적 기술까지 갖췄던 스페인의 재생에너지 산업을 내리막길로 떠민 것은 2008년 글로벌 금융 위기였다. 미국 투자은행 리먼 브러더스의 파산과 함께 전 세계로 번진 금융 위기는 대서양 건너 스페인에서도 부동산 거품을 터뜨리며 금융과 실물경제를 얼어붙게 만들었다. 위기 극복을 위한 정부의 긴축 정책은 태양열, 풍력 등 재생에너지에 대한 지원을 대대적으로 축소시켰다.

⦿ **2008년 금융 위기,**
  재생에너지 산업 강타

2008년 당시 스페인을 이끌고 있던 사회당(PSOE)의 호세

사회당 사파테로 총리의 재생에너지 육성 정책은 스페인의 태양열·풍력 전성시대를 열었으나 2008년 글로벌 금융 위기로 암초에 부닥쳤다. 사진은 안달루시아 지방 그라나다시 외곽의 안다솔 태양열발전소. © 제정임

루이스 로드리게스 사파테로 총리는 2004년 집권 이후 재생에너지 산업의 전성기를 만든 인물이다. 그는 원자력발전의 단계적 폐지를 공약하고 정권을 잡았으며 대안으로 재생에너지를 집중 육성하는 정책을 추진했다. '지속 가능 발전'을 주창해온 미국 사상가 제러미 리프킨을 경제 자문으로 두기도 했던 그는 스페인을 유럽 재생에너지의 선두주자로 만들겠다는 야심을 갖고 있었다.

사파테로 정부는 평균전력가격(AET)에 가중치를 더하는 방식으로 풍력과 태양광(열)을 지원했는데, 태양에너지의 경우 가중치가 240~575퍼센트나 됐다. 당연히 관련 설비가 급증했다. 스페인의 태양에너지 설비용량은 2003년 27메가와트에서

마지막 비상구

2008년 약 3,000메가와트로 늘었는데 이는 정부가 당초 목표로 했던 '2010년까지 400메가와트 건설'의 8배 가까이 되는 것이다. 정부가 보조금으로 지급해야 할 돈도 그만큼 급격히 늘었다.

금융 위기로 기업이 문을 닫고 실업자가 쏟아지는 와중에서 재생에너지 보조금으로 많은 세금을 쓰기는 어려웠다. 사파테로 정부는 2008년 9월 26일 '왕실 훈령(Royal Decree) 1578'을 통해 태양광(열) 보조금의 한도를 정하고 지원 기간을 대폭 줄였다. 2010년에는 다시 기준 가격을 낮추고 지원받을 수 있는 발전 시간을 제한했다. 또 신재생에너지를 포함한 모든 발전원에 전력망 접속 요금 명목으로 메가와트시당 0.5유로의 세금을 부과했다.

● 중도우파로 정권 교체,
   태양열·풍력 더 찬밥 신세

경제성장률이 마이너스로 추락하고 국민의 원성이 커지자 사회당은 2011년 총선에서 중도우파 국민당(PP)에게 정권을 뺏긴다. 국민당의 마리아노 라호이 총리는 이른바 피그스(PIIGS: 포르투갈, 아일랜드, 이탈리아, 그리스, 스페인)를 강타한 유럽 재정 위기의 혼란 속에서 재생에너지 산업에 더욱 가혹한 정책을 단행한다. 신규 재생에너지 사업에 대해서는 보조금 지원을 하지 않기로 2012년 1월 발표한 것이다.

그해 6월 유럽연합에 1,000억 유로(약 130조 원)의 구제금융을 신청한 후에는 재정 확보를 위해 신재생에너지를 포함한 모든 발전원에 5~7퍼센트의 전력세를 부과했다. 2013년 7월에는 재생에너지의 판매가격을 보장해주던 발전차액지원제(FIT)를 폐지해 태양열·풍력 산업에 결정타를 날렸다. 악시오나, 가메사, 아벵고아 등 세계 정상에서 경쟁하던 스페인의 재생에너지 기업들은 자국 내 경영 환경이 나빠지면서 경쟁력을 잃고 뒷걸음질치기 시작했다. 2008년 13만 6,163명이던 신재생에너지 종사자는 2014년 7만 750명으로 반 토막이 났다. 특히 태양에너지와 풍력 분야의 타격이 컸다.

라호이 정부는 2015년 한발 더 나아가 '태양세(Sun Tax)'를 도입했다. 태양에너지 자가발전에 전력망 사용 비용 분담을 이유로 세금을 매긴 것이다. 이 세금은 기존 자가발전 설비에도 소급 적용됐다. 6개월 이내에 기존 설비에 대한 등록을 하지 않거나 세금을 내지 않으면 최대 600만 유로(약 80억 원)의 벌금을 내도록 했다. 태양에너지를 지원하지 않는 것에서 한발 더 나아가 '페널티'를 물린 셈이다.

태양세는 미국 캘리포니아주 리버사이드카운티에서 2011년 도입돼 법적 분쟁을 일으킨 제도로, 다른 나라에서는 사례를 찾기 어렵다. 대한무역투자진흥공사 스페인 마드리드 류재원 무역관장에 따르면 태양광 발전 사업자들이 반발하고 유럽연합 집행위원회가 '재생에너지원에 세금을 부과하지 말라'고 권고했지만 라호이 정부는 도입을 강행했다.

● 사회당 재집권,
   재생에너지 부활 공약

경제 위기, 보조금 삭감, 태양세 부과로 이어진 긴 터널을 달려온 스페인의 재생에너지 기업들에게 2018년 6월 국민당 라호이의 실각과 사회당 페드로 산체스의 집권은 '광명'과도 같았을 것이다. 스페인 국민당은 불법 정치자금을 받은 전현직 핵심 당원 29명이 법원에서 유죄 판결을 받자 불신임 절차에 몰렸다. 이어진 총선에서 사회당은 제3당인 포데모스와 연정으로 집권했다.

페드로 산체스 총리의 사회당은 오는 2030년까지 전체 발전량의 30퍼센트를 재생에너지원으로 한다는 목표를 35퍼센트로 상향 조정하고 재생에너지 보조금 제도를 되살리겠다고 약속했다. 또 논란이 됐던 태양세를 2018년 10월 폐지했다. 그러나 연정으로 집권한 사회당이 의회에선 여전히 소수 정당이기 때문에 국민당 등의 반대를 뚫고 재생에너지 부흥을 이룰 수 있을지 아직은 단언하기 어려운 분위기다.

2017년 7월까지 산업통상자원부에서 에너지 정책을 총괄했던 우태희 전 산자부 제2차관은 2018년 8월 2일 〈단비뉴스〉와의 전화 인터뷰에서 "선두주자였던 스페인 재생에너지 산업이 추락한 것은 지난 10년간 연립정부가 난립하면서 일관성 없는 정책을 펼친 탓"이라고 지적했다. 그는 "에너지 정책은 긴 안목을 가지고 꾸준히 추진하는 것이 중요하다"고 강조했다.

한국전력거래소 전력거래처 신시장개발팀 이재혁 차장은

2018년 11월 2일 〈단비뉴스〉와의 전화 인터뷰에서 "스페인 재생에너지 산업은 정부 지원 축소 및 폐지로 침체를 맞은 뒤 이를 해소하기 위한 계획들을 수립하는 상황"이라며 "신재생에너지 정책을 장기적으로 수립하는 것이 얼마나 중요한지 일깨워준다"고 말했다.

마지막 비상구

'바람은 모두의 것' 제주 이익 공유 첫발

풍력발전 현황과 과제 (상)

조은비, 박지영, 윤종훈

2018년 5월 10일 오전 제주도 제주시 구좌읍 동복리 마을. 파란 하늘을 부드럽게 수놓은 새털구름 아래 하얀 풍력발전기들이 수평선을 따라 줄지어 서 있다. 화창한 날씨인데도 바람이 세차게 불어 아침에 손질한 취재진의 머리는 사정없이 헝클어지고 말았다. 풍력발전기 날개는 덕분에 힘차게 돌았다. 발전기 소음은 생각만큼 크지 않았다.

옛날엔 초가지붕이 날아갈까봐 짚을 엮어 누름줄을 얹었다는 동네 집들이 지금은 하늘색, 벽돌색 등 깔끔한 지붕을 이고 오순도순 모여 있다. 야트막한 언덕배기에는 111년 동안 해풍에 시달려 한쪽으로 휘었다는 팽나무가 산발한 여인네처럼 바람을 맞고 있었다.

● 마을 단위 풍력발전으로
주민 소득 창출

바람이 많아 살기 힘들었던 제주 마을이 바람 덕에 돈을 벌고 있다. 동복·북촌리의 풍력발전기 중 15기는 지방 공기업인 제주에너지공사가 운영하는 육상풍력단지 소속이고 나머지 1기는 마을 주민 807명이 공동으로 운영한다. '풍력단지가 들어서는 지역에 주민들이 자체 운영하는 발전기를 세워 수익을 낼 수 있게 한다'는 정책에 따른 것이다. 동복리 주민들은 마을에 광역 쓰레기 매립장을 유치하는 대가로 제주시가 지원한 예산 중 48억 원을 투자해 2015년 8월부터 발전기를 가동했다. 동복리사무소 사무장에 따르면 2메가와트 용량의 이 발전기에서 연간 약 4억 원의 순수익이 나온다. 한국전력공사에 전기를 판매하는 대금과 신재생에너지의무할당제(RPS) 적용 대상인 대규모 발전 사업자들에게 신재생에너지공급인증서(REC)를 팔아서 얻는 수입이다.

제주에서도 특히 바람 자원이 풍성한 구좌읍에는 동복리 외에도 '신재생에너지특성화마을'이 세 곳 더 있다. 2013년 3월 국내 최초로 마을 풍력발전기를 가동한 행원리는 연 8,000만 원, 2015년 1월부터 가동한 월정리는 연 1억 원 내외의 수입을 올린다. 2017년 10월 지정된 북촌리는 현재 자연경관심의를 받고 있다. 마을 단위 풍력발전으로 주민 소득을 창출하는 정책은 제주도가 국내 처음으로 도입했다. 제주도청 문용혁 주무관은 "주민 공동체가 안정적인 소득원을 확보하게 돼 건실한 지역사회가 조성되고, 풍력 자원의 공공성을 강화하는 효과가 있다"고 설명했다.

동복리 주민 김진현 씨는 "제주도는 예전부터 돌, 바람, 여자가 많다는 얘기가 있을 만큼 바람이 많이 분다"며 "풍력발전은 환경오염이 적고 자연 그대로의 에너지를 발생시킬 수 있기 때문에 좋다"고 말했다. 일본에 살다 귀국해 북촌리에서 라면 가게를 하는 강창구 씨는 "제주도는 바람이 풍부하기 때문에 풍력이 (태양광보다) 좋다고 생각한다"며 "민가 근처에만 짓지 않는다면 소음 피해도 별로 없을 것"이라고 말했다.

◉ 제주의 바람은
주민 모두의 것

제주도 서귀포시 표선면 가시리에는 제주에너지공사가 운영하는 국산화 풍력발전단지와 에스케이디앤디(SK D&D)가 운영하는 풍력발전단지가 있다. 총 23대의 발전기는 마을 주거지에서 약 4킬로미터 떨어져 있어 소음 피해가 없다. 가시리 협업목장조합은 목장 부지 일부를 발전 사업자에게 빌려주고 연 9~10억 원의 지원금을 받는다. 이 돈으로 학생들에게 장학금을 주는 등 조합원 복지를 제공하고 있다. 일정 기간 마을에 거주한 주민이 가입 대상인데, 현재 조합원은 250여 명이다. 가시리마을회는 전체 555가구에 각각 한 달 2만 원을 전기요금으로, 1만 원을 TV시청료로 지원한다.

제주도 서귀포시 표선면 가시리에 있는 풍력발전단지. 축구장 900개 크기인 약 200만 평(약 66만 제곱미터) 땅에 풍력발전기 23대와 태양광 패널이 설치돼 있다. 이곳에서 연간 약 9만 6,000킬로와트시, 2만 6,000여 가구가 쓸 수 있는 전기를 생산한다.
© 박지영

오창홍 가시리 협업목장조합장은 "'요람에서 무덤까지'를 목표로 조합원들에게 복지를 하고 있다"고 말했다. 주민 김은두 씨는 "전기료와 TV시청료를 지원해주고 (지원금으로) 노인회관이나 공연장 같은 마을 시설들이 새로 생기니 좋다"고 자랑했다. 목장 부지에 풍력·태양광 시설이 들어섰지만 소와 말 수백 마리씩을 방목하는 데는 지장이 없다고 조합 측은 밝혔다.

동복리, 가시리 등 지역 주민들이 이렇게 풍력발전으로 수입을 올릴 수 있는 것은 바람을 공공 자원으로 인식하는 '공풍화(共風化)' 개념이 제주특별자치도특별법(제주특별법)에 반영됐기 때문이다. 제주의 개발과 보존 원칙을 담은 이 법에서 제주도는 풍력 사업 도입 단계부터 사업 주체가 개발 이익을 주민과 공유하도록 의무화했다. 이런 법제화 배경에는 환경운동이 있었다. 제주환경운동연합 등이 이끈 '풍력 자원 공유화 운동'은 '제주의 바람은 주민 모두의 것이니 풍력발전으로 얻는 수익도 주민과 나눠야 한다'고 주장해왔다.

그 결과 김태환 도지사 시절인 2006년 제정된 제주특별법이 2011년 개정되면서 '풍력 자원을 제주도의 공공 자원으로 관리한다'는 조항이 명시됐다. 제주가 2006년 제주특별자치도로 전환하면서 에너지 정책에 대한 자율권을 갖게 된 것도 제도 정비에 도움이 됐다. 제주도는 풍력발전을 추진하면서 환경영향평가 등을 통해 주민 피해와 환경 파괴를 최소화하는 데 역점을 두었다. 예를 들어 자연경관심의는 풍력단지가 제주의 자연유산인 오름(한라산을 따라 형성된 368개의 소형 화산체)에서 얼마나 떨어져 있는지, 높이에 따라 경관이 침해되진 않는지 등을 심사한다.

제주도는 2017년부터 대규모 발전 사업자가 이익의 일부를 내놓는 '풍력 자원 공유화기금'도 조성했다. 기부금은 당기순이익의 17.5퍼센트 수준인데, 제주도의 10개 풍력 지구 중 7개 지구 사업자들이 약정을 체결해 기부금을 내고 있다. 제주에너지공사, SK D&D, 탐라해상풍력, 김녕풍력발전, 한국중부발전 등이 주요 사업자다. 제주도청 정창보 주무관은 2018년 11월 5일 〈단비뉴스〉와의 전화 인터뷰에서 "공유화기금은 재생에너지 개발과 보급, 취약계층 에너지 지원, 재생에너지 교육 사업 등에 쓰인다"고 설명했다.

　제주도가 풍력과 태양광 등 재생에너지 개발에 박차를 가하게 된 데는 중대한 계기가 있다. 지난 2006년 4월 1일, 제주도 전체가 무려 2시간 30분 동안 블랙아웃(동시 정전)돼 큰 혼란을 빚었던 일이다. 전남 진도와 해남에서 제주로 전력을 보내는 해저 초고압직류송전망(HVDC)이 지나가던 배에 손상돼 전기가 끊긴 것이다. 제주도 자체 전기 생산량은 턱없이 부족했기 때문에 대규모 정전을 막을 수 없었고 감귤 하우스 농사 등에 큰 손실을 입었다.

　이 사건은 '육지에 의존하는 전기 수급 체계에 근본적인 문제가 있다'는 각성에 힘을 실었다. 1970년대부터 제주의 바람을 전기 생산에 활용하자는 논의와 연구가 있었기 때문에 풍력에너지를 중심으로 에너지 자립을 이루자는 합의가 어렵지 않게 도출됐다.

　제주도청에 따르면 2018년 2월 현재 제주도는 20개 단지에서 풍력발전기 117기를 가동, 약 266메가와트의 설비용량을 확보했다. 현재 추진 중인 남원읍 수망리 등 9개소 풍력단지가 완공되면 149기, 약 638메가와트의 설비용량을 갖추게 된다. 전력거래소에 따르면 2017년 현재 풍력과 태양광 등 신재생에너지 전력은 제주도 전체 사용량 중 13.2퍼센트로 지난 2011년의 5퍼센트에서 8.2퍼센트포인트 늘었다. 전력 생산 설비 규모를 볼 때 아직은 기력(중유)이 35만 킬로와트로 1위지만, 풍

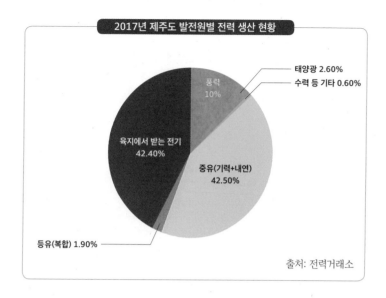

2017년 제주도 발전원별 전력 생산 현황

태양광 2.60%
수력 등 기타 0.60%
풍력 10%
육지에서 받는 전기 42.40%
중유(기력+내연) 42.50%
등유(복합) 1.90%

출처: 전력거래소

력 설비용량이 26만 9,000킬로와트 2위, 태양광 12만 킬로와트 3위로 재생에너지가 바짝 추격하고 있다.

제주도는 에너지 자립도를 높이고 기후변화에 대응하자는 취지에서 2012년 우근민 제주도지사 시절 '탄소 없는 섬 제주 2030' 계획을 공표했다. 2030년까지 풍력·태양광·연료전지·지열 등 신재생에너지만으로 도내의 전기 수요를 100퍼센트 충당하겠다는 것이다. 제주도 안내책자《탄소 없는 섬 제주》에 따르면 제주는 이렇게 에너지 구조를 전환하는 동시에 모든 자동차를 전기차로 대체한다는 계획도 세우고 있다. 또 풍력발전기와 전기차 충전기를 연계하는 에너지저장장치를 상용화하고 스마트그리드(지능형 전력망)를 확충해 명실상부한 '에너지 자립섬'을 이룰 것이라고 밝혔다.

제주시 한경면 신창풍차해안도로에서 본 풍력발전기들. 한국남부발전의 풍력발전기 8대와 제주에너지공사의 풍력발전기 2대가 힘차게 돌아가고 있다. ⓒ 조은비

　　제주도 풍력 공유화 운동을 이끈 주역 중 하나인 김동주 제주에너지공사 에너지개발연구센터 선임연구원은 〈단비뉴스〉와의 인터뷰에서 "제주도처럼 우리나라 전체도 풍력, 태양광 등으로 에너지 자립과 에너지 전환을 하루빨리 이뤄야 한다"고 주장했다.《바람은 우리 모두의 것이다》를 쓴 그는 "태풍으로 유류와 가스 공급이 끊기면 택시가 멈춰야 할 만큼 제주는 고립된 에너지 섬"이라며 "같은 의미에서 우리나라 전체도 위로 (북한에) 막혀 있고 아래로 바다에 막힌 에너지 섬"이라고 지적했다. 그는 "바람이 전국에서 가장 좋은 제주가 풍력발전에 집중한 것처럼 우리나라 전체도 가까이에서 자체적인 에너지를 개발하는 일이 아주 중요하다"고 덧붙였다.

　　김동주 박사는 제주도의 풍력발전과 관련 "궁극적인 에너지 '대'전환을 위해서는 시민 참여형으로 소규모 재생에너지 설비를 확대해야 한다"며 "동복리의 마을 풍력발전소는 제도적으로 기존 풍력단지 인근 마을에만 허가를 내준 사례이기 때문에 에너지 자립 모델의 보편적이고 완전한 모델로 확대할 수는 없다"고 평가했다. 그는 "현재 제주도는 일반 마을들도 풍력발전에 참여할 수 있도록 관련 제도 개선을 논의 중인 것으로 알고 있다"며 "그렇게 되면 제주도민 전체가 참여하는 주민 참여형 풍력발전으로 확장될 수 있다"고 전망했다.

김동주 박사는 그 과정에서 자금 조달은 프로젝트 파이낸싱(PF) 등 다양한 금융기법을 활용할 수 있다고 말했다. 대기업 풍력발전 사업자들도 대규모 단지를 지을 때 금융권으로부터 PF를 받는 것처럼 마을 풍력발전소도 금융권에서 발전기 운영 수익을 담보로 장기 대출을 받을 수 있다는 것이다. 그는 "막대한 재원을 한 번에 조달하기 어려운 시민들이 자발적으로 참여할 '경제적 유인'을 제도적으로 지원해야만 시민 주도형 재생에너지 발전이 자유롭게 확산할 수 있다"고 덧붙였다.

무시당한 주민의 분노가 '결사반대'로

풍력발전 현황과 과제 (중)

박지영, 윤종훈, 조은비

'주민 무시한 악덕 업체 지금 당장 철수하라.'

'우리는 풍력단지 중단할 때까지 결사 항전한다.'

'자연환경 훼손하는 풍력단지 중단하라.'

구름 한 점 없이 맑은 하늘에 봄 햇살이 눈부셨던 2018년 4월 28일 오전, 경북 영덕군 달산면의 무지개쉼터. 실개천 옆 공터에 아늑한 나무 그늘이 있어 평소 마을잔치가 열리곤 하던 공간이지만 이날은 분위기가 사뭇 달랐다. 햇빛 가리개 모자 위에 '풍력 반대' 빨간 띠를 두른 남녀 주민 70여 명이 서릿발 같은 구호가 적힌 손팻말을 들고 삼삼오오 모여들었다. 대부분 검게 그을린 얼굴에 굵은 주름이 진 60~70대 어르신들이었다.

● '개인 회사 돈벌이에 희생양 된다' 항의 집회

"아침밥 마이 묵고 왔능교? 풍력은 절대 들어오면 안 되지요? 그지요?"

'영덕풍력발전 1·2단지 반대 공동대책위원회' 김명환 공동위원장이 마이크를 잡고 첫 발언에 나섰다. 그는 "풍력발전단지가 들어오면 공사 과정에서 산사태와 환경 훼손이 일어나고, 건설이 완료되면 저주파와 소음으로 여러 가지 건강 문제가 발생할 것"이라며 "풍력발전을 막는 데 총력을 다하자"고 목소리를 높였다. 김명환 위원장이 "개인 회사 돈벌이에 희생양이 될 순 없다" "사업자는 피해 주민 무시하지 마라" 등 구호를 선창하자 주민들은 손팻말을 흔들고 손뼉을 치며 호응했다. 일부 주민은 꽹과리와 북을 울리기도 했다.

이어 발언에 나선 김태경 대책위 사무국장은 "발전 시설을 세우려면 지역 주민의 이해를 구해야 하는데 추진 회사가 사업 설명회를 하고 주민동의서를 받는 과정에서 풍력의 장점만 부각하고 단점은 전혀 설명해주지 않았다"고 성토했다. 주최 측 발언이 끝나자 참가 주민들은 손팻말을 들고 인근 도로를 10여 분간 행진한 뒤 쉼터로 돌아와 점심 식사를 함께했다. 파전과 수육, 잔치국수, 막걸리 등이 나온 식탁 한편에서 일부 주민은 트로트를 부르고 어깨춤을 추기도 했다.

주민 임연희(영덕군 남정면) 씨는 〈단비뉴스〉와의 인터뷰에서 "영덕은 자연이 좋은 청정지역인데 풍력 회사가 갑자기 들

경북 영덕군 달산면 무지개쉼터에서 풍력발전단지 반대 집회를 열고 있는 지역 주민들. '사업자가 주민을 무시했다'고 성토했다. © 박지영

경북 영덕군 주민들이 '풍력단지 중단할 때까지 결사 항전' 등의 구호가 적힌 손팻말을 들고 마을 도로를 행진하고 있다. © 박지영

마지막 비상구

어와서는 환경 훼손하는 풍력 사업을 한다고 해서 반대한다"고 말했다. 양봉업을 한다는 임 씨는 "풍력발전을 하는 다른 지역에 가보니 산을 그냥 깎아서 농산물 피해가 크다고 하더라"며 "영덕에서는 양봉농사를 많이 하는데 풍력발전 때문에 피해를 볼까 걱정"이라고 덧붙였다.

같은 마을 주민 김종예 씨는 "풍력발전이 우리나라 여러 군데 들어선 것으로 아는데 (사업자들이) 시골 주민들에게 제대로 된 보상을 해줘야 하는 것 아니냐"며 "돈 백만 원 툭 던져주고 사업해보겠다고 하는 건 말이 안 된다"고 목소리를 높였다.

◎ 영덕·거제·울산·의령 등 곳곳에서 사업 제동

경북 영덕에서 풍력발전단지를 추진 중인 사업자는 GS E&R와 일출에너지다. 이들은 영덕 제1·2풍력발전단지에 총 53기, 180메가와트 규모의 발전기를 세울 예정이다. 2018년 1월부터 사업비 4,700억 원을 들여 추진 중인 이 사업은 2021년 완공이 목표다.

하지만 주민들은 풍력 시설이 산지에 들어설 경우 산사태가 일어나고 생태계가 파괴될 우려가 있다고 주장한다. 주민들은 특히 발전 사업자가 풍력발전의 장단점을 정직하게 설명하지 않고 일방적으로 주민동의서를 받고 있다며 반발하고 있다. 사업동의서에 서명하면 가구당 100만 원씩 주겠다는 미끼로 주민들을 회유하고 있다는 것이다.

사업자들은 환경 파괴 등의 주장을 부인하고 있다. 익명을 요구한 일출에너지 풍력사업개발팀 관계자는 "환경영향평가를 진행한 지 7개월 정도 됐는데, 풍력발전단지가 들어서도 저주파, 소음 발생 등의 피해는 전혀 없을 것"이라고 말했다. 그는 논란이 된 주민동의서와 관련 "각 개인에게 돈을 주는 게 아니라 (찬성) 도장을 먼저 찍은 마을에 가구가 많든 적든 1년에 약 700만 원을 마을발전기금 형식으로 입금하고 20년 계약을 시행할 예정"이라고 말했다.

풍력 사업을 추진하는 과정에서 주민과 갈등을 빚는 곳은 영덕 외에도 많다. ㈜거제풍력은 경남 거제시 옥녀봉 일대에 2메가와트급 풍력발전기 18기를 설치하려다 주민 반발로 2014년 7월 중단했는데, 2018년 재추진하면서 다시 논란을 빚고 있다. 울산 북구 강동 앞바다에 SK건설이 3메가와트급 해상풍력발전기 32기를 건설하는 사업에 대해서도 주민들이 반발하고 있다. 경남테크노파크 조선해양에너지센터가 경남 의령군 산성산에 20메가와트급 규모의 풍력발전기 6기를 설치하는 사업도 주민 반대로 2018년 8월 중단됐다. 경북 영덕 주민들은 2018년 10월 18일 상경, 서울 여의도 국회 앞과 서울 강남구 논현로 GS E&R 본사 앞 등에서 시위를 벌이기도 했다.

❂ '청정에너지' 풍력 증가,
주민 갈등이 걸림돌

한국풍력에너지학회의 〈2018 국내외 풍력발전 산업 및 기술 개발 현황〉 보고서에 따르면 지금까지 국내에는 총 67개 육상풍력발전단지가 들어섰고 총 481기의 발전기가 설치됐다. 강원도가 117기로 가장 많고 제주도에 104기, 경상북도 95기 등의 순서다. 이 중 '지역의 바람은 주민 모두의 것'이라는 '풍력 자원 공유' 정신에 따라 주민과 전기 생산 이익을 공유하는 제주도는 다른 지역과 달리 발전 시설을 순조롭게 확장하고 있다. 2016년 기준 국내 풍력발전의 누적 설비용량은 1,035메가와트로 2015년 852메가와트에서 약 21퍼센트 증가했다.

한국에너지공단 신재생에너지센터의 '2017년 신재생에너지 보급 통계'에 따르면 2017년 전체 전력 생산량 57만 7,683기가와트시 중 풍력발전량은 2,169기가와트시로 아직 0.37퍼센트에 불과하다. 그러나 2016년 전체 발전량 중 신재생에너지 비중이 7.24퍼센트, 신재생에너지 중 풍력 비중이 4.1퍼센트였던 것에서 2017년 전체 발전량 중 신재생에너지 비중이 8.07퍼센트, 신재생에너지 중 풍력 비중은 4.7퍼센트로 늘어 증가세에 있음을 확인할 수 있다. 문재인 정부 출범 후 '2030년까지 전기 생산량의 20퍼센트를 신재생에너지로 충당한다'는 목표가 제시되면서 태양광과 함께 풍력발전 투자가 본격화한 덕이라고 볼 수 있다.

제주대학교 대학원 풍력공학부 김범석 교수는 "풍력발전

은 바람을 이용해 전기에너지를 생산하므로 발전 중 또는 발전
후에 오염 물질을 배출하지 않고 폐기물도 남기지 않는다"고
말했다. 그는 지역 주민들이 우려하고 있는 소음에 대해 "풍력
발전기에서 발생하는 소음에 대응하기 위해 블레이드(날개)의
최대 회전 속도를 제한하고 소음 저감 장치를 부착하는 등 기
술적용으로 소음 레벨을 대폭 줄이고 있다"고 설명했다.

홍성의 탐라해상풍력발전 대표이사는 2018년 11월 8일
〈단비뉴스〉와의 이메일 인터뷰에서 "풍력발전은 천연자원인
바람을 활용해 전력을 생산하는 방식으로 '에너지 안보' 차원
에서 최상의 에너지원"이라고 역설했다. 그는 "국내 풍력시장
이 아직 초보 단계라 (풍력 생산단가가 이미 화석연료나 원전보다
낮아진 선진국에 비해) 경제성은 떨어지지만 기술 발전 가능성
은 무한하다"며 "에너지 안보나 미래 청정에너지원으로서의 가
치를 고려한 접근 방법이 요구된다"고 말했다.

◉ 제주의 '풍력 자원 공유 원칙'이 해법

전문가들은 풍력이 한국사회에서 경쟁력 있는 재생에너지
원으로 자리 잡기 위해서는 풍력발전소 입지와 관련한 주민 갈
등을 해소하는 방안이 시급히 마련돼야 한다고 지적한다. 무엇
보다 제주도가 선보인 '풍력 자원 공유의 원칙', 혹은 '공풍화
(共風化) 정신에 따라 지역의 바람으로 얻은 이익을 지역 주민
과 나누는 구조를 확립할 필요가 있다고 제언한다.

에너지기후정책연구소 이정필 연구부소장은 "제주도의 풍력 제도는 풍력 자원의 공공적 관리 기반을 구축하고 개발 이익의 공유를 제도화한 소중한 경험"이라며 이것이 전국적인 모범이 될 필요가 있다고 지적했다. 녹색에너지연구원 송승헌 기업육성실장은 "신재생에너지 사업이 문제가 되는 이유는 업체에서 신재생에너지 발전소를 동네에 지어놓고 수익을 지역이 아닌 외부로 유출하는 경향이 있기 때문"이라며 "이 문제를 해결하려면 주민들이 (발전소 건설 운영에) 참여하고 자원에 대한 수익을 주민에게 환원하는 사이클을 만들어야 한다"고 말했다.

녹색연합 임성희 연구원은 2018년 11월 1일 〈단비뉴스〉와의 전화 인터뷰에서 실질적인 환경영향평가의 필요성을 강조했다. 그는 "산업통상자원부가 풍력발전 인허가를 낸 다음 환경영향평가를 실시하고 주민 동의를 얻는 현재의 사업 절차는 형식적인 의견 수렴에 불과하다"며 "풍력발전 사업 허가를 내기 전에 환경영향평가를 먼저 해야 한다"고 주장했다.

임성희 연구원은 "공청회나 설명회는 형식적인 절차로만 진행되고, 주민들은 나중에 공사가 시작될 무렵에나 '풍력발전 시설이 우리 마을에 들어서느냐'며 반대하는 게 현실"이라고 꼬집었다. 그는 "발전 사업 허가 전에 환경영향평가 등을 먼저 거쳐서 주민들에게 이를 충분히 알리고 의견을 수렴하는 절차를 밟아야 주민들의 반대로 풍력발전이 무산되거나 갈등으로 비화하는 일이 없을 것"이라고 덧붙였다.

해상풍력, '제2조선업' 도약 가능할까

풍력발전 현황과 과제 (하)

윤종훈, 박지영, 조은비

　　지난 2010년 이명박 대통령 직속 녹색성장위원회는 "태양광을 제2의 반도체 산업으로, 풍력을 제2의 조선 산업으로 육성하자"고 제안했다. 태양광 패널은 반도체의 한 종류인 다이오드(역전류 방지 기능 전자판)로 구성되기 때문에 한국의 반도체 기술 경쟁력을 활용할 여지가 있다. 또 풍력은 블레이드(날개)·감속기·발전기·타워 등 주요 부품이 조선·해양 기자재와 상당 부분 일치한다. 이런 점을 활용하면 태양광과 풍력을 각각 제2의 반도체 산업, 제2의 조선업으로 키울 수 있다는 주장이었다.

전문가들은 특히 풍력과 조선·해양 기술의 관련성이 크다고 말한다. 한국조선해양기자재연구원 황태규 에너지환경센터장은 2018년 11월 19일 〈단비뉴스〉와의 전화 인터뷰에서 "풍력발전과 선박에 쓰이는 발전기, 유리섬유강화플라스틱(FRP) 같은 소재, 각종 기어류 등은 크기만 다를 뿐 연관성이 있다"고 말했다. 그는 "아직 우리나라 풍력 산업이 세계적 추세에 밀리지만 우리가 강점을 갖고 있는 조선 기술을 최대한 활용하면 단기간에 극복할 수 있지 않을까 생각한다"고 덧붙였다.

한국선급 이상래 책임연구원도 같은 날 〈단비뉴스〉와의 전화 인터뷰에서 "해상풍력의 하부 구조물에 쓰이는 바지(Barge)나 스파(Spar), 리그(Rig), 터빈의 샤프트(Shaft) 등은 기존 조선업에서 쓰이는 기술과 100퍼센트 동일하다"고 말했다.

당시 정부는 이런 인식을 기반으로 2019년까지 해상풍력 발전기 개발과 대규모 해상풍력단지 조성에 약 9조 2,000억 원을 투자한다는 계획을 세웠다. 산업통상자원부(당시 지식경제부)의 2010년 보도자료를 보면 2019년까지 서남해안에 2,500 메가와트 규모의 해상풍력단지를 단계적으로 개발하기로 했다. 현재 세계 3대 해상풍력 강국이 덴마크, 영국, 네덜란드인데 한국이 2020년에는 이 중 하나를 제치겠다는 야심만만한 구상도 포함됐다.

구체적인 로드맵을 보면 2011년부터 2013년까지 전북 부안군과 전남 영광군 해상에 100메가와트 규모 국산 해상풍력 발전기 실증단지를 건설하기로 했다. 이어 2014년부터 2016년까지 900메가와트급 시범단지를 추가하고, 2017년부터 2019년까지 1,500메가와트(5메가와트급 300기) 해상풍력발전단지를 건설해서 총 규모 2,500메가와트 규모의 발전단지를 조성한다는 것이었다.

● **2018년 현재 상업용은**
  탐라풍력단지 하나

하지만 이 계획은 예정대로 추진되지 못했다. 2019년 말 총 2,500메가와트의 해상풍력단지가 완공되는 대신 전북 부안의 위도 실증단지에 3메가와트 풍력발전기 20기가 겨우 추가될 전망이다. 당초 부안, 고창, 영광 앞바다에 3~7메가와트급 풍력발전기 500기를 세우려던 계획은 찬반 논란 등에 휘말려 지연됐다. 한국풍력산업협회 〈국내 풍력발전기 설치 현황〉 2018년도 자료에 따르면 현재 국내 해상풍력발전은 총 4개 단지에 13기의 풍력터빈이 설치된 게 고작이다.

이 중 제주도 월정리 해상에 한국에너지기술연구원과 두산중공업이 각각 2메가와트와 3메가와트 1기씩을 2011년에 연구용으로 설치한 것이 포함돼 있다. 2017년 1월 한국전력 전력연구원이 전북 군산 앞바다에 설치한 3메가와트급 1기도 연구용이다. 상업용으로는 두산중공업이 건설을 맡은 탐라해상풍

2017년 11월부터 가동되고 있는 탐라해상풍력발전단지. 3메가와트급 발전기 10기로 연간 2만 4,000가구가 쓸 수 있는 전기를 생산하고 있다. © 한국남동발전

력발전단지가 3메가와트급 발전기 10기를 2017년 11월부터 유일하게 가동하고 있다.

　　대규모로 추진되던 서남해 해상풍력 사업이 지연된 것은

지역 주민들과의 어업권 피해 보상 등 민원 문제와 정부와 지방자치단체 간 발전기 설치 인허가 갈등이 겹쳤기 때문이다. 사업 추진이 늦어지면서 당초 관심을 가졌던 기업들이 참여를 포기하기도 했다. 이 사업은 지난 2016년 3월 산자부 산하 전원개발사업추진위원회가 실시 계획을 승인하면서 재개됐다.

우선 1단계로 2017년 5월 60메가와트 실증단지를 전북 부안군 위도에서 전남 영광군 안마도 사이에 약 5,000억 원을 들여 건설하는 사업이 시작됐다. 2019년 12월 완공 예정이다. 2단계 시범단지(400메가와트)는 2018년부터 2024년까지, 3단계 확산단지(2,000메가와트)는 2021년 이후 사업이 진행될 예정이다. 사업 주체는 한국전력 및 발전 6개사가 출자해 2012년 설립한 한국해상풍력이다.

⊙ 삼면에서 부는 바닷바람, 정책 의지가 자원화 관건

제주에너지공사 에너지개발연구센터 김동주 선임연구원은 해상풍력이 육상풍력보다 장점이 많지만 현재로선 극복해야 할 과제도 많다고 지적했다. 장점은 우선 땅이 아니기 때문에 토지 이해관계자가 없고, 입지 면적의 한계에 부닥치지 않는다는 점이다. 특히 해상에는 육지보다 바람이 훨씬 강하고 풍부하기 때문에 발전 조건이 유리하다.

다만 거친 풍랑이 이는 바다에 발전기를 세우고 돌리는 것이 쉽지 않고, 아직은 해상풍력이 육상풍력에 비해 경제성이 떨어지며, 바다 생물 보호 문제도 있다고 김동주 박사는 지적했다. 그는 "정부가 계획입지 제도를 통해 이런 문제를 보완하고, 해상풍력 육성을 위해 일관된 정책을 펴야 한다"고 덧붙였다.

산자부에 따르면 해상풍력발전소가 들어서기에 적합한 후보지는 수심 30미터 이내(제주도는 50미터 이내), 변전소로부터의 거리가 30킬로미터 이내인 지역이다. 경제성을 확보하기 위해 지상 100미터 높이에서 연평균풍속이 7.1초당 미터(m/s)인 지역이 바람직하다. 군사작전지역과 같은 제한구역, 환경보전구역, 항로나 어장은 제외된다. 국내 해상풍력발전단지 유망후보지들은 서해와 남해, 제주 해상에 주로 자리하고 있다(전북 군산, 전남 영광·완도·신안, 충남 태안, 경북 포항, 경남 사천, 제주 서귀포·제주시, 부산 기장·영도, 인천 옹진, 울산 북구 등 전국 18개의 후보지가 있다). 그런데 제주 등에서 최근 해상풍력단지 사업이 잇달아 무산될 만큼 실질적인 추진은 쉽지 않다.

제주대 대학원 허종철(풍력공학부) 교수는 "환경영향평가, 해역 이용 협의, 공유수면 점유 및 사용 허가, 어업 피해 조사 등 풍력발전지구 지정 과정에서 검토해야 할 사항과 개발 사업 시행 승인 과정에서 인허가 사항이 중첩돼 지구 지정이 어려운 실정"이라고 설명했다.

육근형 한국해양수산개발원 부연구위원도 2018년 11월 6일 〈단비뉴스〉와의 이메일 인터뷰에서 "기존 어민과의 갈등, 돌고래 등 보호종 출현 문제, 공공 자원으로서의 배분 문제, 해안 경관 문제가 발생하고 있다"고 밝혔다. 그는 "정부 계획처럼 해상에서 풍력발전을 확대하려면 기술적인 문제를 고려하면서 바다를 이용하는 여러 이해관계자와의 협의 과정이 필요하다"고 말했다. 지역 주민들은 해상풍력발전단지 건설 및 운영 과정에서 생태계가 파괴되고 어업에 피해를 줄 수 있다는 우려도 하고 있다.

◉ 풍력 구조물이 인공어초 역할, 어획량 증가 효과도

그러나 제주대 대학원 김범석(풍력공학부) 교수는 "우리나라는 수심 50미터 정도의 연약층을 타깃으로 하는 재킷(jacket) 방식의 하부 구조물을 적용하기 때문에 공사 소음이 해양 생태계에 미치는 영향은 거의 없다"고 지적했다. 그는 풍력발전기 때문에 어획량이 준다는 주장에 대해서도 "2001년부터 2006년까지 5년간 덴마크의 호른스 레브와 니스테드 지역에서 해양 환경영향평가를 실시한 결과 부정적 영향이 없는 것으로 나타났다"고 설명했다. 김범석 교수는 특히 "덴마크 조사 결과 해상에 설치된 구조물이 인공어초의 역할을 해 오히려 어획량이 증가한다는 결론이 도출됐다"고 덧붙였다.

경제성을 따져보면 한국의 경우 풍력이 아직 다른 에너지원에 비해 떨어지는 게 사실이다. 육상풍력에 비해 해상풍력은 설치 비용이 더 들기 때문에 경제성이 더 낮다. 블룸버그뉴에너지파이낸스(BNEF)에 따르면 2018년 한국의 에너지원별 균

등화 발전 비용(LCOE: 금융 등 직간접 비용을 모두 감안한 단가)
은 메가와트시당 풍력 99~155달러, 태양광 106~151달러, 액
화천연가스 복합 89~96달러, 석탄 58~66달러 등으로 나타났
다. 2018년 2월 에너지경제연구원이 한국전력거래소에 제출
한 〈발전원별 균등화 발전원가 산정에 관한 연구〉 최종 보고서
에 따르면 2017년 기준 한국의 원전 LCOE는 메가와트시당 약
54.5~60.9달러(현재 환율 기준)다. 그러나 2018년 현재 전 세계
평균 LCOE는 메가와트시당 원전 99.1달러, 태양광 66.8달러,
육상풍력 52.2달러로 풍력, 태양광이 원전보다 저렴한 것으로
분석됐다.

　또 미국 에너지정보청에서 2022년의 발전원별 균등화 발
전 비용을 전망한 자료를 보면 메가와트시당 풍력 52.2달러,
가스 복합 56.5달러, 태양광 66.8달러, 원자력 99.1달러, 석탄
140달러 순으로 풍력이 가장 경제적인 것으로 나온다. 전문가
들은 정부가 풍력 연구개발을 지원하고 신재생에너지공급인증
서 거래에서 가중치를 합리적으로 산정하는 등 정책 의지를 보
여준다면 해상풍력의 경제성도 빠르게 개선될 수 있을 것으로
전망했다.

　한국풍력에너지학회 〈국내외 풍력발전 산업 및 기술 개발
현황〉 2018년 기술 보고서는 "해상풍력 산업에 정부가 R&D 투
자를 확대해 풍력의 기술 습득 학습률이 태양광과 같은 10퍼센
트대로 증가한다면 향후 10년 내 경제성 확보가 가능할 것"이
라고 전망했다. 학습률이 10퍼센트라는 것은 누적 설비용량이
2배가 될 때 가격은 10퍼센트 하락한다는 것을 의미한다.

❂ '바람 안 불 땐 어쩌나'
에너지저장장치로 해결

　재생에너지에 비판적인 사람들은 바람이 잘 불지 않을 땐 풍력발전기가 전기를 만들 수 없으므로 공급의 안정성이 떨어진다는 점을 지적한다. 그러나 풍력업계에서는 에너지저장장치로 이 문제를 충분히 극복할 수 있다고 반박한다. 김범석 교수는 "아직은 에너지저장장치를 추가 설비할 때 초기 투자 비용이 상승한다는 단점이 있지만 기술 개발과 양산 체제를 구축하면 가격이 지속적으로 하락할 것"이라고 말했다.

　풍력이나 태양광 등 재생에너지원으로 만든 전기를 전지(배터리)에 저장하는 장치 생산은 미국의 전기차 회사인 테슬라와 종합 제조업체 제너럴일렉트릭(GE)이 앞서가고 있다. 한국의 삼성SDI도 2017년 2월 캘리포니아 지역 전력 공급망 구축 프로젝트에 참여하는 등 역량을 키워가고 있다.

　한국풍력산업협회에 따르면 2017년 12월 기준으로 육상과 해상을 포함해 한국 전체에 설치된 풍력발전기는 총 573기이며 설비용량은 약 1,140메가와트다. 이 중 덴마크의 풍력터빈 제조사 베스타스가 점유율 1위(35퍼센트)를 차지했다. 이어 한국 업체인 두산중공업이 2위(13퍼센트), 유니슨이 3위(11퍼센트)였다. 이외에 효성중공업, 한진산업 등이 풍력 설비 제조 경험이 있다. 과거에는 현대중공업, 대우조선해양, 삼성중공업 등도 풍력터빈 시장에 도전했으나 조선업 불황 등의 업계 여건과 불확실한 수익성을 이유로 시장에서 철수했다.

2017년 국내 기업 중 풍력발전 시장점유율 1위였던 두산중공업 커뮤니케이션팀 이성민 과장은 2018년 11월 21일 〈단비뉴스〉와의 전화 인터뷰에서 "국내 풍력 산업은 아직 걸음마 단계"라며 "두산중공업도 해상풍력을 중심으로 국내 실적을 쌓고 해외 시장 진출을 추진하고 있지만, 회사 매출 중 풍력발전이 차지하는 비중은 아직 화력·원자력 등 기존 에너지에 비하면 미미한 수준"이라고 말했다.

2018년 말 신규 풍력터빈 점유율 1위를 기록할 것이 예상되는 유니슨의 언론 담당 권수진 과장은 2018년 11월 21일 〈단비뉴스〉와의 전화 인터뷰에서 "국내 풍력 산업은 해외 업체에 비해 아직 트랙 레코드(실적)가 부족하고 가격 경쟁력도 약하다"며 "정부가 '재생에너지 3020 정책'을 발표했지만 기업 입장에서는 여전히 불확실성이 많다"고 말했다.

그는 "민원 문제, 입지 규제, 산업부와 지자체 간 불협화음 등 아직 산적한 현안이 있다"며 "과거 삼성중공업, 현대중공업, 대우조선해양 등 굵직한 조선 기업들이 풍력 사업을 추진하다가 철수한 것도 같은 이유 아니겠느냐"고 꼬집었다. 그는 "장기적 관점에서, 앞으로 정권이 바뀌어도 에너지 전환 정책이 일관되게 추진돼야 국내 풍력 산업이 커지고 국제 경쟁력을 갖출 수 있을 것"이라고 강조했다.

시민 주도 햇빛발전소, '원전 대체' 시동

태양광 현황과 과제 (상)

박지영, 이자영, 박희영, 윤연정

경기도 안산시 상록구 용신로의 상록수체육관은 가을과 겨울에 프로배구 경기가 열리고 평소에는 안산 주민들의 생활 체육센터로 쓰이는 공간이다. 파란 유리벽이 깔끔한 이 체육관은 동시에 안산시민햇빛발전협동조합의 '3호 발전소'이기도 하다. 약 370평(1,225m²) 넓이 옥상에 태양광 패널 600여 개가 줄지어 서 있다. 설비용량 200킬로와트가량인 이 햇빛발전소는 2017년 12월 가동을 시작했다.

● 공공건물 옥상과 유휴 부지에
　협동조합 발전소

안산시민햇빛발전협동조합은 안산시와 손잡고 2013년

안산시민햇빛발전협동조합의 3호 발전소가 있는 상록수체육관. 유휴 공간인 옥상에 335와트 태양광 패널 596장을 설치해 전기를 만들고 있다. ⓒ 박지영

5월 안산중앙도서관 옥상에 처음으로 태양광발전소를 만들었다. 이후 청소년수련관, 체육관, 생활폐기물중계처리시설 등 안산 시내 공공건물 옥상과 배수지 등 유휴 부지에 태양광 패널을 설치했다. 2018년 11월까지 모두 13개 햇빛발전소를 만들었고, 6개 신설을 추진 중이다.

지난 2013년 1월 출범한 안산햇빛조합은 안산환경재단, 안산환경운동연합, 금속노동조합 SJM 지회 등 14개 시민단체와 노동조합 등이 참여하고 있다. 설립 당시 조합원은 20명에 불과했지만 4년여 만에 780여 명으로 늘었다. 가동 중인 13기 햇빛발전소의 설비용량은 1,707킬로와트에 이른다.

햇빛발전소 건립 비용은 조합원들이 십시일반 출자금을 모아 충당했다. 창립 당시 출자금은 510만 원이었는데 2017년 약 10억 원으로 늘었다. 조합원들은 10만 원에서 200만 원까지 출자금을 내고 발전 수익을 공유한다. 연 4퍼센트의 이자를 지급하는 시민펀드에 가입해 이익을 얻는 사람도 있다. 시민펀드는 16억 원 정도 조성됐다. 2017년 안산햇빛조합이 태양광발전과 재생에너지 관련 지역사회 공헌사업으로 올린 수익은 약 2억 8,000만 원이다.

◉ 깨끗하고 경제적인 발전원, 에너지 자립에도 최적

이창수 안산햇빛조합 이사장은 2018년 11월 23일 〈단비뉴스〉와의 전화 인터뷰에서 "기후변화에 대응하고 재생에너지로 전환하려면 국민들의 동의가 있어야 하는데, 협동조합을 통해 시민들이 직접 경제적 이익을 얻을 수 있게 하는 것은 재생에너지 수용성을 높이는 좋은 방법"이라고 말했다. 전국 30여 개 햇빛발전조합이 모인 전국시민발전협동조합연합회의 회장이기도 한 그는 "협동조합이 발전사업 외에 발전소 건설과 유지·관리 사업까지 한다면 지역의 일자리 창출에도 기여할 수 있을 것"이라고 덧붙였다. 그는 이 땅에 공짜로 내리쬐는 햇빛이 가장 유망한 에너지원이라고 강조했다.

"태양광은 이산화탄소를 거의 배출하지 않는 깨끗한 에너지여서 기후변화를 막을 수 있습니다. 기술이 발전하고 있어서 (생산단가가 계속 떨어지기 때문에) 원전이나 화력발전보다 더 경제적이고 효율적인 에너지가 되고 있습니다. 또 (각 지역에서 생산하고 소비하는) 분산형 전원이기 때문에 송배전을 대폭 줄이고, 지역 에너지 자립을 할 수 있습니다. 우리나라가 만약 태양광과 풍력을 통해 에너지 자립을 한다면 에너지 수입 금액도 어마어마하게 줄일 수 있을 거예요. (기술 발전으로) 아파트 베란다 유리에서도 전기를 생산할 수 있고, 고층빌딩 외벽에도 태양광 모듈을 붙일 수 있으니 앞으로 대도시도 충분히 에너지 자급을 할 수 있습니다."

에너지기후정책연구소에 따르면 2017년 말 기준으로 한국에는 안산햇빛조합과 같은 태양광에너지협동조합이 92개 있다. 한재각 에너지기후정책연구소장은 "안산시민햇빛발전협동조합은 민간 협동조합 중 가장 큰데, 앞으로 협동조합에 기반을 둔 중규모의 발전 사업자도 나올 수 있을 것으로 기대한다"고 말했다. 그는 "대규모 발전 사업은 대기업만 하는 것이라는 생각을 넘어서 협동조합도 할 수 있다는 가능성을 보여준다"고 덧붙였다.

● '원전 하나 줄이기' 앞장선
   성대골 사람들

경기도에 안산햇빛조합이 있다면 서울엔 성대골 에너지

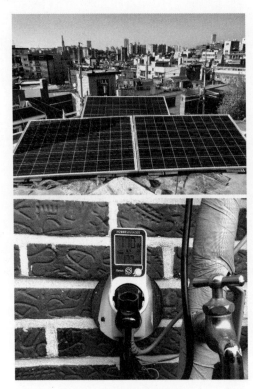

성대골 주민 강필순 씨
집 옥상에 설치된 태양광
패널과 전기 생산량
등을 알 수 있는 계기판.
태양광 패널은 빗물로
자연 세척이 되기 때문에
관리가 특별히 어렵지
않다고 한다. ⓒ 박지영

마을이 있다. 서울 동작구 상도3·4동을 아우르는 성대골마을
은 기후변화를 걱정하던 주민들이 뜻을 모아 지난 2009년 발
족한 에너지 공동체다. 성대골은 일본 후쿠시마 원전 사고가
일어난 이듬해인 2012년 서울시가 '원전 하나 줄이기 사업'을
시작하면서 에너지 자립 시범마을로 선정됐다. 처음엔 각 가정
이 절전 성과를 겨루는 작은 운동으로 시작했는데, 시간이 가
면서 태양광 등 재생에너지 생산과 공동체 차원의 에너지 전환
캠페인, 지역 학교와 연계한 에너지 교육 등 다양한 사업으로

확대했다.

성대골마을엔 태양광 패널을 설치한 지붕 혹은 옥상이 눈에 많이 띈다. 주민 강필순 씨는 12평 넓이 옥상에 250와트 태양광 패널 3개를 설치했다. 2015년 4월 태양광 전기를 생산하기 시작한 후 한 달에 1만 원 정도 전기요금이 줄었다는 강 씨는 "태양이 떠 있을 때 그 전기로 반찬도 하고 보릿물도 끓인다"며 "관리하는 데도 불편이 없다"고 말했다.

각종 절전 상품 등을 팔며 에너지 마을의 본부 역할을 하는 '에너지 슈퍼마켙'도 태양광발전기로 전기를 만들어 쓴다. 에너지의 영문 첫 글자 'E'와 비슷하게 생긴 티읕(ㅌ)을 넣어 '켓' 대신 '켙'을 쓴다는 이 가게 앞에는 태양광 전기로 휴대전화를 충전할 수 있는 '솔라트리'가 있다.

● 생활 속에 스며드는
　에너지 교육

성대골마을 사람들이 직접 제작한 에너지카 '해로'는 1톤 트럭을 개조한 카페인데, 태양광 전기로 음료와 솜사탕 등을 만들어 팔고 자전거로 전기 생산하기 등 체험 기회도 제공한다. 해로의 양쪽 날개에 달린 태양광 패널은 냉장고 5대 정도를 돌릴 수 있는 전기를 만든다. 견학 온 학생들은 태양광 전기로 가동하는 선풍기, 라디오, 보온병 등을 구경하고 자전거를 돌려 솜사탕을 만드는 등 전기 생산 체험도 해본다.

성대골마을 길거리 곳곳에서 볼 수 있는 태양광 에너지등. 낮에 빛을 받아 저장했다가 밤에 자동으로 켜지게 돼 있다. 이 에너지등 덕분에 인도와 차도의 구분이 모호했던 성대골 거리가 더 안전해졌다고 한다. © 박지영

태양광 전기로 휴대전화를 충전할 수 있는 서울 성대골마을의 솔라트리. 누구나 무료로 사용할 수 있다. © 이자영

"석유와 같은 자원은 한정적이니 결국엔 고갈되는데, 저런 신재생에너지를 이용하는 건 좋은 것 같아요."

중학생 윤예찬 군은 "주변에 이런 태양광 시설들이 있다는 게 신기하고 재미있다"고 말했다. 동급생인 조서연 양은 "수업을 통해 우리가 쉽게 쓰는 에너지가 (기후변화 등의) 재앙을 불러올 수 있다는 걸 깨달았고 전기를 조금 더 소중하고 신중하게 써야겠다는 생각이 들었다"고 말했다.

서울시에 따르면 성대골마을과 같은 에너지 자립 마을이 2018년 현재 서울에 100곳이 있다. 또 대기 전력을 차단하고 엘이디(LED) 전등으로 조명을 교체하는 등 절전에 앞장서는 '착한 가게'가 200여 곳 지정돼 있다.

서울시는 에너지 절약과 재생에너지 생산을 장려하는 '원전 하나 줄이기' 운동에 2012년 4월부터 2017년 말까지 시민 약 387만 명이 참여했고 원전 2.35기 생산량에 해당하는 470만 석유환산톤(TOE)의 에너지가 절감됐다고 밝혔다. 서울시의 태양광발전 시설은 이 사업이 시행되기 전인 2003년부터 2011년까지 누적용량이 약 24메가와트에 불과했으나 2017년 말에는 약 145메가와트로 약 6배가 됐다.

● 이미 원전 7기 규모 태양광 설비,
  2030년엔 36기 규모로

한국에너지공단 신재생에너지센터에 따르면 한국 전체 태

양광발전 설비용량은 2016년 3,716메가와트에서 2018년 9월 기준 7,244메가와트로 2년이 채 안 되는 기간에 약 2배가 됐다. 7,244메가와트는 약 7.2기가와트로, 원전 7기에 해당하는 설비 규모다. 정부는 태양광발전 설비를 오는 2030년까지 3만 6,500 메가와트(36.5기가와트)로 확대할 계획이다. 이는 대략 원전 36

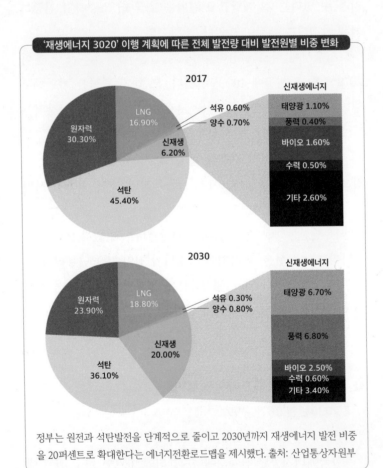

'재생에너지 3020' 이행 계획에 따른 전체 발전량 대비 발전원별 비중 변화

2017

원자력 30.30%
LNG 16.90%
석유 0.60%
양수 0.70%
신재생 6.20%
석탄 45.40%

신재생에너지
태양광 1.10%
풍력 0.40%
바이오 1.60%
수력 0.50%
기타 2.60%

2030

원자력 23.90%
LNG 18.80%
석유 0.30%
양수 0.80%
신재생 20.00%
석탄 36.10%

신재생에너지
태양광 6.70%
풍력 6.80%
바이오 2.50%
수력 0.60%
기타 3.40%

정부는 원전과 석탄발전을 단계적으로 줄이고 2030년까지 재생에너지 발전 비중을 20퍼센트로 확대한다는 에너지전환로드맵을 제시했다. 출처: 산업통상자원부

기에 해당하는 설비 규모다.

문재인 정부는 오는 2030년까지 재생에너지로 생산하는 전기 비중을 20퍼센트로 올리겠다는 내용의 '재생에너지 3020 정책'을 발표했다. 이 계획에 따르면 태양광 풍력 등 재생에너지 발전 비중은 2017년 6.2퍼센트에서 2030년 20퍼센트로 높아지고 이 중 태양광 비중은 1.10퍼센트에서 6.70퍼센트까지 커진다.

이에 앞서 이명박, 박근혜 정부에서는 '녹색성장' 등의 친환경 구호를 내세우고 재생에너지 육성을 공언했으나 실제론 원전 증설과 4대강 사업 등에 집중하느라 태양광 풍력 등의 투자를 외면했다. 이 때문에 한국은 최근까지도 OECD 회원국 중 재생에너지 투자가 가장 뒤처지는 나라로 꼽혔다. 환경운동연합 등 시민단체들은 이명박 정부 당시 발전차액보상제(FIT) 폐지 등 일관성 없는 정책이 태양광 투자 기업에 타격을 입히고 기술 발전을 지체시켰다고 비판했다.

친원전 세력이 퍼뜨린 '가짜 뉴스'

태양광 현황과 과제 (중)

박지영, 이자영

서울과 경기도 등 도시 지역에서 시민 주도 햇빛발전소가 착실히 늘고 있는 것과 달리 농촌에서는 산지 등에 대규모 태양광발전 시설이 들어서면서 환경 훼손 논란과 주민 반발이 이어지고 있다. 또 재생에너지에 반대하는 측에서 중금속 오염 등 태양광 유해성에 대한 허위 과장 정보까지 퍼뜨리면서 막연한 반감도 번지고 있어 태양광 확대에 걸림돌이 되고 있다.

● **나무 베고 산 깎는
발전단지**

충남 공주시 이인면 목동리 주민들로 구성된 '남월마을 태양광발전 시설 반대 대책위원회'는 2018년 9월 21일부터 열흘

간 공주시청 앞에서 '발전 사업 허가 반대'를 외치며 시위를 벌였다. 태양광 설비 공사가 추진되고 있는 목동리 무수산 일대약 8,400평(2만 7,717제곱미터) 부지가 산사태 위험 1~2등급인급경사여서 재난 위험이 크다는 이유였다. 환경부의 '육상태양광발전 사업 환경성 평가 협의 지침'에 따르면 산사태 위험1~2등급은 발전소 건설을 피해야 한다. 하지만 공주시청은 개인사업자 7명이 신청한 발전 사업 중 자진 취소하거나 보전관리지역에 포함된 것을 제외한 4건에 대해 2018년 10월 허가를내주었다.

산림청에 따르면 2017년 산지에 태양광발전 시설을 설치한 사례는 2,384건으로 2016년(917건)의 2.6배나 됐다. 태양광 시설이 들어선 산지 면적은 2017년 말 기준 1,435헥타르로,1년 만에 900헥타르 이상 늘었다. 한 해 동안 축구장 약 1250면 규모의 태양광 시설이 산지에 들어선 것이다.

2018년도 8월 현재 태양광 설비가 2,799건 설치돼 이미2017년 연간 수준(2,384건)을 넘어섰다. 태양광발전 시설에 관심이 적었던 2012년만 해도 설치 건수는 모두 32건(22헥타르)에 불과했다. 이렇게 산지 태양광발전소 건설이 늘면서 전북정읍시 신태인읍 백산리 노량산마을에서 '외지인이 땅 투기 목적으로 발전소를 세운다'며 주민들이 반발하는 등 전국 곳곳에서 갈등이 빚어지고 있다.

◉ 수상태양광 효율성 높지만
'경관 해친다' 반대

한국수자원공사 등이 의욕적으로 추진하고 있는 수상태양광 사업도 주민 반발에 부닥치고 있다. 지난 2016년 2월 수자원공사가 충남 보령시 보령댐에 2메가와트 규모 수상태양광발전소를 준공한 이후 경기도 안산시 시화호에 102.5메가와트 발전소 건설이 추진되는 등 전국에서 수상태양광 사업이 활발하게 벌어지고 있다. 저수지나 호수, 유수지 등 유휴 수면에 설치하는 수상태양광은 육상태양광보다 전기 생산 효율이 높고, 녹조 발생이 주는 등 환경 개선 효과도 있는 것으로 알려졌다. 지역 주민들은 그러나 수상태양광이 댐과 저수지 등의 경관을 해치고 태양광 패널 중금속이 수질을 오염시키며, 전자파 피해도 초래한다고 반발하고 있다.

한화종합화학 등이 충남 당진시 석문면 삼화리 석문호(120만 제곱미터)에 100메가와트 규모로 건설 예정인 수상태양광발전소가 대표적이다. 이 발전소는 2020년 가동을 목표로 하고 있으나 충남 당진 주민들이 수변 경관 악화 등을 이유로 반대하고 있다. 충북 옥천, 충남 서산, 전북 부안 등에서도 주민들이 현수막을 내거는 등 수상태양광발전소 건설에 반대 목소리를 내고 있다.

전국의 저수지 등을 관할하는 농어촌공사는 이와 관련, 국립전파연구원 측정 결과를 토대로 "수상태양광발전소 발생 전자파는 0.07밀리가우스(mG)로, 노트북(0.72밀리가우스) 등 생활 전자제품의 10분의 1 수준"이라고 반박했다. 또 국내 태양광 모듈은 카드뮴 등 유해 중금속을 사용하지 않고 있으며, 소량의 납 성분도 수도법 기준에 적합한 수준이라고 해명했다. 한국환경정책평가연구원도 수상태양광 주변 환경 분석 결과를 토대로 "생활환경 기준 항목에서 일반 지역과 차이가 없고, 오염 평가 결과도 기준보다 낮다"며 "수상태양광 설치에 따른 환경 영향은 없다"고 밝혔다.

○ 서울대공원 태양광
'중금속 위험' 반발로 중단

이런 해명에도 불구하고 태양광 패널의 중금속 등 유해성 논란은 잦아들지 않고 있다. 서울에너지공사가 2018년 1월 경기도 과천 서울대공원 주차장에 태양광발전소를 건설하겠다고 발표했으나 태양광 패널의 유해성을 문제 삼은 과천 주민들의 반발로 추진되지 못하고 있다.

경기도 과천시 막계동 서울대공원 주차장 부지 16만 제곱미터 중 9만 제곱미터에 태양광 패널을 설치해 10메가와트 규모 발전 설비를 갖추면 2019년부터 연간 3,410가구가 쓸 수 있는 전기를 생산할 수 있다. 서울에너지공사는 사업 설명을 통해 "주차장에 태양광 패널을 설치하면 비와 눈을 피할 수 있고 그늘도 생겨 차량 이용자의 편의가 증진되며, 친환경에너지 생산으로 기후변화에 대응할 수 있다"고 밝혔다. 서울대공원은

경기도 용인시 용인휴게소 주차장에 태양광 패널로 설치한 지붕. 노상 주차장에 설치한 태양광 패널은 유휴 공간을 이용한 전력 생산이라는 경제성 외에 비와 눈을 막고 그늘을 만들어 운전자 편의를 높이는 효과도 있으나 과천에서는 주민 반대로 사업 계획이 중단됐다. ⓒ 박지영

서울시 소유인데, 공사는 태양광 전기의 초과 수익을 과천시에 기부할 계획이라고 밝히기도 했다. 그러나 과천시의회와 주민들이 '경관을 해친다' '중금속과 전자파 피해가 우려된다'고 강력히 반대해 공사를 진행하지 못하고 있다.

　하지만 국립전파연구원과 세종시 행복청이 세종시의 자전거도로 태양광 시설 전자파를 측정한 결과는 전자파 인체 보호 기준(전기장 87V/m, 자기장 62.5mG)의 1,000분의 1 수준으로 '무해하다'는 것이었다. TV, 선풍기 등 가전제품보다 전자파가 약하다는 결론이었다. 태양광 모듈(집광판)을 세척할 때 세척제와 모듈 속의 중금속 성분이 수질과 토양 오염을 일으킨다는 주장도 있으나 한국에너지기술평가원은 "빗물과 지하수, 수돗

태양광 패널로 인한 중금속 오염, 전자파 피해 가능성을 제기하는 주장들이 있으나 정부 기관의 연구 조사 결과는 '가전제품보다 안전하다'는 것이다. 사진은 서울 동작구 상도동 성대골마을의 구립 성대어린이집에 설치된 태양광 패널. ⓒ 박지영

물로 세척하기 때문에 오염 위험이 없다"고 해명했다. 특히 태양광 패널에 중금속 카드뮴이 들어 있다는 주장에 대해서는 당국과 전문가들 모두 '우리나라에서 사용하는 실리콘 태양광 패널은 해로운 중금속인 카드뮴을 쓰지 않는다'고 입을 모은다.

이상훈 한국에너지공단 신재생에너지센터 소장은 2018년 11월 23일 〈단비뉴스〉와의 전화 인터뷰에서 "실리콘계 태양광 패널은 독일, 일본 등 선진국에서 50~60년 전 태양광을 처음 도입할 때부터 꾸준히 쓰였던 것"이라며 "교회, 학교, 주택 지붕 등 사람이 생활하는 공간에서 사용돼왔지만 유해물질 관련 문제가 발생한 적이 없다"고 강조했다.

● 태양광 패널은
정말 유해한가

이헌석 에너지정의행동 대표는 2018년 12월 1일 〈단비뉴스〉와의 전화 인터뷰에서 공신력 있는 정부 기관의 해명에도 불구하고 태양광의 유해성에 대한 허위 정보가 퍼지는 것은 친원전 세력이 의도적으로 유포하기 때문이라고 주장했다. 그는 "국내 태양광들은 대부분 실리콘 계열이고, 카드뮴을 이용한 태양광은 국내에서는 생산과 유통이 안 되고 있다고 정부에서도 수차례 밝혔다"며 "그런데도 자유한국당 국회의원과 친원전 홍보단체에서 이런 얘기를 하고 언론들이 계속 받아쓰면서 확대되고 있다"고 말했다.

이헌석 대표는 "이것은 단순히 잘못된 정보가 유통되고 있는 것이 아니라, 핵발전을 옹호하기 위한 논리로 '태양광이 문제다' '재생에너지는 하면 안 된다'는 논리를 확산시키는 것"이라고 덧붙였다. 친원전 세력이 사실상 '가짜 뉴스'를 유포하고 있다는 뜻이다. 그는 "국내 친원전 인사와 언론들이 '환경 진보(Environmental Progress)'라는 미국 단체의 주장을 인용해 태양광 패널의 유해성을 강조했는데, 이 단체는 핵발전 옹호 활동을 하고 있으며 인용된 글도 학술논문이 아닌 블로그 글이었다"고 지적했다. 이 대표는 "태양광 패널의 유해성은 전 세계적으로 논쟁이 되고 있지 않다"고 강조했다.

이헌석 대표는 다만 태양광 패널의 수명이 다해 폐기할 때 태양전지 등을 처리해야 하는 문제는 있기 때문에 세탁기, 냉장고, TV 등의 경우처럼 생산자가 책임지고 처리하는 제도를 시행할 필요가 있다고 덧붙였다.

◉ '이익 공유' 모델 만들고
농촌 태양광도 늘려야

양이원영 환경운동연합 사무처장도 2018년 12월 1일 〈단비뉴스〉와의 전화 인터뷰에서 "부지와 공사 과정의 문제를 이유로 태양광이나 풍력이 친환경이지 않다는 프레임을 만드는 것은 잘못"이라며 "그건 원전과 석탄 세력들이 자신의 기득권을 내주기 싫어서 재생에너지를 공격하는 것"이라고 주장했다. 그는 "1헥타르의 소나무 숲과 태양광발전을 비교하면 태양광발전의 온실가스 감축 효과가 29배로 더 크다"며 "초지와 같은 생태 4등급 임야에는 적극적으로 태양광을 확대해야 한다"고 강조했다.

양이원영 처장은 "태양광발전은 지붕에도, 밭에도, 논에도 할 수 있고 농사를 지으면서 태양광발전을 같이할 수 있다"며 "이런 여러 가지 형태들이 제시되고 관련 규제, 예산 지원과 행정상의 지원이 있어야 한다"고 말했다. 그는 특히 "(임야 등에) 태양광발전소를 건설할 때 지역 주민이 지분 투자를 하거나 땅을 임대하는 등의 방법으로 참여해 이익을 공유하는 모델을 만들어야 한다"고 덧붙였다.

거리에, 옥상에 태양광이 반짝반짝

태양광 현황과 과제 (하)

박지영, 이자영

세종시에서 대전시 유성구 쪽으로 가는 8차선 도로 중앙에는 3.9미터 폭의 자전거길이 있다. 도로 한복판에 자전거길이 있는 것도 특이하지만 약 8.8킬로미터 구간 중 4.6킬로미터에 지붕처럼 태양광 패널이 줄지어 선 것은 더 이채롭다. 바닥에서 3미터 높이에 50~100센티미터 간격으로 설치된 총 7,502개의 패널은 설비용량 1.9메가와트의 햇빛발전소를 이룬다. 이 발전소는 연평균 2,200메가와트시의 전기를 '연료비(햇빛) 무료'에 '무공해'로 만들어 세종시내 가로등과 전광판 등에 보내고 있다.

⊙ 자전거길·기차역에 햇빛발전소

세종시의 태양광 자전거도로처럼 전력의 주 소비처인 도시 안팎의 유휴 공간에 햇빛발전소를 만드는 새로운 발상이 국내외에서 속속 퍼져나가고 있다. 태양광 확대의 가장 큰 걸림돌로 지적돼온 부지 문제를 창의적으로 해소하는 흐름이다.

영국 철도청은 증기기관 시대인 1886년 건설된 런던의 블랙프라이어스 철도역을 '솔라 브리지(태양광 다리)'로 만들었다. 테임즈강의 빅토리아 브리지 위에 있는 열차 플랫폼 지붕에 4,400개의 태양광 모듈을 설치했다. 이 솔라 브리지는 2012년 런던 하계올림픽을 앞두고 봄에 완공됐다. 설비용량 1.1메가와트인 이 햇빛발전소에서 연 90만 킬로와트시의 전기를 만들어 역에서 쓰는 전력의 절반을 충당한다. 당시 영국 정부는 '국민들에게 재생에너지 활용의 생생한 교육 사례가 될 것'이라고 기대했는데, 이제는 외국 관광객들도 찾아가는 명물이 됐다.

⊙ 길바닥을 패널로 덮는 태양광 도로

네덜란드 수도 암스테르담시의 크롬메 지역에서는 길바닥에 패널을 설치한 '세계 최초의 태양광 자전거도로'가 2014년 11월 개통됐다. 노르트홀란트주 정부와 네덜란드융합연구

대전~세종 간 8차선 도로 중앙에 설치된 태양광 자전거길. 한여름 뙤약볕에 그늘을 만들고 비와 눈도 막아주는 태양광 패널들이 설비용량 1.9메가와트의 햇빛발전소를 이루고 있다. © 행정중심복합도시건설청, LG전자

소(TNO) 등이 건설한 이 태양광 도로는 2.5미터×3.5미터 크기 콘크리트 모듈에 태양광 전지를 장착해 70미터 길이 바닥에 줄지어 깔고, 그 위에 1센티미터 두께의 강화유리를 얹었다. 여기서 연간 9,800킬로와트시의 전력을 생산해 가로등과 신호등에 공급한다.

프랑스의 태양에너지국립연구소(INES)는 콜라스 그룹(Colas Group)과 함께 2016년 12월 노르망디의 오른 지역에 세계 최초의 태양광 자동차도로인 '와트웨이'를 개통했다. 500만 유로(약 65억 원)를 들여 길이 1킬로미터, 2,800제곱미터 면적에 태양광 패널을 깔았다. 생산 목표량은 지역 주민 5,000명이 사용할 수 있는 연간 280메가와트시의 전력이다.

최근 들어 태양광 도로에 가장 적극적으로 투자하고 있

영국 런던 블랙프라이어스역의 외부 야경(위)과 플랫폼 내부 모습(아래). '솔라 브리지'의 태양광 패널에서 생산하는 전기로 역의 전력 소비량 절반을 충당한다. ⓒ 제정임

이탈리아 이세라 지역의 브레너 고속도로에 약 1킬로미터 길이의 태양광 방음벽이 설치돼 있다. © autobrennero

는 나라는 중국이다. 2017년 12월 중국 산둥성 지난시의 순환 고속도로 남단에 1,120미터 구간의 태양광 도로가 설치됐다. 5,875제곱미터(약 1,777평) 규모의 태양광 패널이 연간 100만 킬로와트시 전력을 생산한다. 약 800가구에 전기를 공급할 수 있는 양이다. 태양광 도로에서 생산된 전기는 도로에 쌓인 눈을 녹이는 데 쓰이거나 감시카메라, 터널 조명 등의 전력으로 사용한다. 중국은 2022년까지 동부 저장성의 항저우와 샤오싱, 닝보를 잇는 161킬로미터 구간에 6차선 태양광 고속도로를 설치할 계획이다. 이 태양광 도로는 주행 중인 전기자동차에 전력을 공급하고 자율주행을 지원하는 기능도 갖출 것이라고 〈항주일보〉 등 현지 언론이 전하고 있다.

고속도로 방음벽을 햇빛발전소로 만드는 시도도 이어지고 있다. 이탈리아의 밀라노시와 베니스시 중간에 있는 이세라시는 브레너 고속도로의 방음벽 1,067미터 구간에 태양광 패널을 설치했다. 높이 5.6미터인 이 방음벽 햇빛발전소의 전체 면적은 약 5,036제곱미터다. 총 3,944개 태양광 모듈이 연간 68만 9,000킬로와트시의 전력을 생산한다. 태양광 방음벽은 1989년 스위스 쿠어 지역 고속도로에 세계 최초로 설치된 후 독일, 프랑스, 오스트리아, 네덜란드 등 유럽 각국에 속속 들어서고 있다.

◉ 사옥, 공장, 매장을 거대한 햇빛발전소로

세계 정상급 기업들은 사옥과 공장, 매장 등을 태양광 생산 기지로 만들고 있다. 미국의 정보기술(IT) 기업 애플은 2017년 미국 캘리포니아주 쿠퍼티노시에 완공한 사옥 '애플파크'의 지붕 약 21만 평(약 69만 제곱미터)을 태양광 패널로 덮어 17메가와트 설비용량의 햇빛발전소로 만들었다. 1만 3,000여 명이 일하는 이 건물의 전력 공급은 햇빛발전소가 약 80퍼센트를 담당하고 나머지도 바이오가스, 연료전지 등 신재생에너지(4메가와트)로 충당한다.

애플 홈페이지에 따르면 이 건물은 환기장치 등을 특수하게 설계해 1년 중 9개월은 냉난방이 필요 없다. 사원들은 거대한 숲을 둘러싼 반지 모양의 원형 건물에서 자전거를 주 이동수단으로 삼는 등 친환경 활동을 실천하고 있다.

미국 최대 소매 유통업체인 월마트와 대형 할인 매장 타겟, 스웨덴 가구업체 이케아 등은 국내외 매장의 옥상에 태양광발전소를 조성, 매장의 전력 수요를 충당하는 것으로 유명하다. 태양에너지산업협회(SEIA)의 2018년 통계를 보면 전 세계에서 자체 태양광발전량이 가장 많은 기업은 타겟으로 2017년 기준 204메가와트를 국내외 매장 옥상 등에서 생산하고 있다. 2위는 월마트로 미국 내외의 371개 매장에서 약 149메가와트를 발전한다. 이케아는 71개 매장에서 약 45메가와트를 생산, 매장 전력 수요의 90퍼센트 이상을 공급하며 가정용 태양광 패널과 각종 절전 제품도 판매하고 있다.

구글, 애플, GM, 이케아 등 154개 초대형 글로벌 기업들은 사업 활동에 필요한 에너지 전량을 오는 2020년까지 태양광, 풍력 등으로 충당하자는 내용의 '재생에너지 100퍼센트 운동(RE100)'을 이끌고 있다. 이 운동은 다국적 비영리단체인 기후그룹(The Climate Group) 주도로 지난 2014년 시작했다.

● **삼성 등 국내 기업도**
   재생에너지 활용 '기지개'

한국의 삼성전자도 그린피스 등 국제 환경단체의 압력과

권유를 받아들여 2018년 6월 "미국·유럽·중국 등 해외 사업장에서 2020년까지 재생에너지를 100퍼센트 사용하겠다"고 발표했다. 수원, 화성 등 국내 사업장에도 옥상과 주차장 등에 6만 3,000제곱미터의 유휴 부지를 활용해 태양광발전 시설을 설치하겠다고 공언했다. 삼성은 그러나 〈2018 지속 가능 보고서〉에서 "국내에서는 재생에너지 발전 여건이 열악해 2020년까지 100퍼센트 재생에너지 사용을 약속하기가 어렵다"고 밝혔다. 중국, 미국 등 세계 70여 개 나라가 재생에너지 전기를 골라 구매할 수 있는 제도를 갖추고 있지만, 한국에는 그런 제도가 없기 때문이라는 것이다.

삼성전자와 SK하이닉스 등 12개 기업은 이와 관련, 국회 신재생에너지포럼과 환경운동연합 등 6개 시민사회단체와 함께 2018년 11월 22일 '재생에너지 선택권 이니셔티브'를 출범시켰다. 이 모임은 태양광·풍력 등 재생에너지 전기를 석탄·원전 등 다른 발전원과 구분해서 구매할 수 있게 하는 입법을 촉구하고 있다.

그린피스 이진선 기후에너지 캠페이너는 2018년 11월 23일 〈단비뉴스〉와의 전화 인터뷰에서 "현재 한국 전력시장은 송전·판매를 한국전력이 독점하고 있어 전기의 에너지원을 구분할 수 없다"며 "재생에너지 생산 전력을 구분해서, 발전 사업자와 전력 사용자가 직접 계약을 맺을 수 있도록 해달라는 게 이들의 요구"라고 설명했다.

● 국내 건물 옥상만 모두 활용해도
원전 필요 없어

이헌석 에너지정의행동 대표는 2018년 11월 22일 〈단비뉴스〉와의 전화 인터뷰에서 "태양광 시설을 확대하려면 (환경 파괴 논란이 있는 농촌보다) 대도시 건물의 옥상과 도로, 주차장 등 유휴 부지를 1차적으로 검토하는 것이 맞다"고 말했다. 그는 "지방자치단체나 공기업 등이 이런 부지를 찾기 위해 더 강하게 노력해야 한다"고 주문했다. 이헌석 대표는 이어 "건물 옥상 등 유휴 부지에 태양광 시설을 설치하면 신재생에너지공급인증서 가중치를 더 주는 등 유인 장치가 이미 있지만 정부나 민간 사업자 모두 넓은 땅에 대규모로 재생에너지 사업을 하는 게 '쉽고 편하기' 때문에 도시 유휴 부지를 찾으려는 노력이 소홀하다"고 꼬집었다.

한국에너지공단 신재생에너지센터 이상훈 소장은 2018년 11월 23일 〈단비뉴스〉와의 전화 인터뷰에서 이런 지적을 수긍하면서 "정부도 산업단지를 중심으로 지붕형 태양광 설비 확대에 초점을 맞추고 있다"고 말했다. 예를 들어 에너지공단, 산업단지공단, 한국수력원자력 등이 참여한 '산업단지 협동조합형 태양광 사업'은 경남 김해 골든루트산업단지와 나전농공단지, 광주광역시 평동산업단지 등의 25개 입주 기업 지붕에 2019년 상반기까지 7메가와트 규모 발전 설비를 확충하기로 했다. 이 소장은 "주택과 건물 지붕의 경우 지난 7월부터 시행한 한국형 발전차액지원제도(FIT) 등을 통해 시민들의 자발적 참여를 유도하고 있다"고 덧붙였다.

산업통상자원부는 2018년 7월 공장 지붕과 주차장 등 유휴 부지에 오는 2022년까지 3.2기가와트의 태양광발전 시설을 설치하겠다고 밝혔다. 산자부에 따르면 국내 공장, 아파트, 사무용 빌딩, 창고 등 활용 가능한 건물의 옥상에 모두 태양광 패널을 설치하면 원전 44기 규모에 해당하는 44기가와트의 설비 용량을 확보할 수 있다. 물론 태양광발전은 해가 떠 있을 때만 가능하므로 전력 생산량은 같은 설비용량의 원전보다 적다.

이상훈 소장은 최근 정부가 새만금 지역에 조성하기로 한 2.8기가와트 규모의 태양광단지도 유휴 부지 활용의 일환이라고 설명했다. '새만금 재생에너지 클러스터'는 새만금방조제 안쪽 일대(38.29제곱킬로미터)에 오는 2022년까지 태양광(2.8기가와트)과 풍력·연료전지(0.2기가와트) 발전 시설을 세우고, 새만금방조제 바깥에는 2026년까지 해상풍력(1.0기가와트)단지를 건설하는 것이다. 이는 새만금 전체 면적(409제곱킬로미터)의 9.36퍼센트이며, 아직 매립되지 않은 공간에 수상태양광 등을 설치하는 것이어서 기존의 관광레저 및 상업시설 계획에 영향을 주지 않는다고 산자부는 설명했다.

◉ **전력 송배전망 개선 등**
체계적 대응 필요

한편 전문가들은 적극적인 유휴 부지 활용과 함께 전력 시

스템 손질이 시급하다고 지적했다. 이헌석 대표는 "태양광을
확충하려면 송배전망 구축 등 전력 시스템을 재생에너지 시대
에 맞게 개혁해야 한다"고 말했다. 국회 산업통상자원중소벤처
기업위원회 김규환(자유한국당) 의원은 2018년 10월 한전 국정
감사에서 "현재 2.4기가와트에 달하는 태양광 설비가 한전의
인프라 미비로 송전 계통에 연결되지 못하고 있다"며 대책을
촉구했다.

　이유진 녹색전환연구소 연구원도 2018년 12월 7일 〈단비
뉴스〉와의 전화 인터뷰에서 "실제로 전북 부안, 고창에 갔더니
이미 발전 설비가 되어 있지만 계통 연결이 안 돼 대기 중인 용
량이 엄청 많은 상태였다"고 말했다. 그는 "한전이 최근 신재생
에너지 발전 사업에 진출하면서 계통 문제 해결에 미온적인 것
은 이율배반적"이라며 "변전소 설치 등 송배전망과 전력 계통
연결 문제에 좀 더 적극적인 대책을 내야 한다"고 역설했다.

　한전 배전연계부 곽필목 차장은 이와 관련, 2018년 12월
7일 〈단비뉴스〉와의 전화 인터뷰에서 "현재 태양광발전 설비
용량이 엄청나게 빠른 속도로 증가하고 있지만 한전의 송배전
용량에 제한이 있기 때문에 전력 계통 접속이 쉽지 않다"고 말
했다. 송배전 선로를 추가하고, 변압기와 변전소 등을 증설해
계통 접속을 원활하게 하려 노력 중이지만 빠르게 늘어나는 태
양광발전 설비를 따라잡기가 어렵다는 것이다.

　이상훈 소장은 그러나 "독일 등 에너지 전환 선진국에서도
송배전망 문제가 있지만 우리처럼 이렇게 계통 접속이 지연되
지는 않는다"며 "송배전망 구축에 비용이 많이 들면 정부가 나

서서 보전해주는 등 한전이 전향적인 해결책을 마련하도록 유인하고 압박해야 한다"고 말했다.

홍익대 전영환(전자전기공학부) 교수는 2018년 12월 9일 〈단비뉴스〉와의 전화 인터뷰에서 향후 원전과 석탄발전소 가동 정지 계획을 고려해 송배전 계획을 종합적으로 짜야 한다고 주문했다. 그는 "재생에너지는 단위 용량이 적고 환경에 미치는 요인이 작기 때문에, 건물 등에 소용량으로 분산해 설치하는 게 전력 계통 측면에서 가장 바람직하다"고 말했다. 전영환 교수는 이어 "우리나라는 이미 국토 면적당 송전망이 세계 최고 수준이므로 풍력·태양광 건설을 소비 지역 중심으로 제한하고, 앞으로 운용 정지하는 원자력이나 석탄발전소 인근에 (재생에너지 시설을) 설치해 송전망 건설을 최소화하는 전략이 필요하다"고 덧붙였다.

플라스틱 대신 친환경 제품 각광

재활용 현황과 과제 (상)

장은미, 홍석희

2018년 12월 13일 오후 경기도 안양시 범계역 부근의 스타벅스 범계로데오점. 1, 2층 100석 규모 매장이 젊은 회사원과 대학생 등으로 거의 꽉 찬 가운데, 유리컵에 담긴 음료를 하얀 빨대로 마시는 사람들이 군데군데 눈에 띄었다. 2018년 11월 26일부터 국내 스타벅스 매장 1,230여 곳에서 초록색 플라스틱 빨대를 밀어내고 등장한 종이 빨대다. 예전엔 용기 반환대에 플라스틱 빨대와 막대(스틱)가 한 다발씩 꽂혀 있었지만 이젠 사라졌고, 손님이 요청하면 개별 포장된 종이 빨대를 하나씩 나눠주고 있다.

● 스타벅스에서 연간 사용한 빨대,
  '지구 한 바퀴' 분량

　찬 음료를 마시던 회사원 박진우(경기도 안양시) 씨는 "처음엔 종이가 닿는 느낌이 이상했지만 계속 먹다 보니 플라스틱과 큰 차이가 없다"며 "플라스틱으로 인한 환경오염이 심각하니, 다른 카페도 종이 빨대로 바꾸면 좋을 것 같다"고 말했다.

　국내 커피전문점 매출 1위인 스타벅스가 2017년 국내 매장에서 사용한 플라스틱 빨대는 약 1억 8,000만 개로, 21센티미터 길이를 이어붙이면 약 3만 7,800킬로미터가 된다. 지구한 바퀴(약 4만 킬로미터) 길이와 거의 맞먹는다. 하지만 이젠 자연 분해되는 종이를 원료로 써서, '썩지 않는 환경 골칫덩이' 플라스틱 쓰레기를 그만큼 줄이게 됐다. 스타벅스는 또 얼음이 들어가는 음료를 빨대 없이 마실 수 있는 컵 뚜껑을 도입했고, 음료를 젓는 플라스틱 막대도 나무 재질로 바꿨다.

　스타벅스 코리아 사회공헌팀 하지은 파트너는 2018년 12월 13일 〈단비뉴스〉와의 전화 인터뷰에서 "지난 7월 '그리너(Greener) 스타벅스 코리아' 캠페인을 시작한 후 개인 용기 음료 할인, 종이 대신 전자영수증 발급, 비닐 대신 친환경 포장재 도입, 커피 찌꺼기 퇴비 활용 등 친환경 노력을 강화하고 있다"고 말했다. 해마다 10월 말부터 내놓던 크리스마스용 붉은 종이컵도 2018년부터는 재활용이 가능한 흰색 종이컵에 빨간 컵 홀더를 끼우는 방식으로 바꿨다고 밝혔다.

　석유화학 제품인 플라스틱, 비닐 등을 줄임으로써 기후변화 원인인 탄소 배출을 최소화하자는 취지로 친환경 대체 상품을 개발·사용하는 움직임이 본격화하고 있다. '쌀 빨대'를 개발한 중소기업 연지곤지의 김광필 대표는 요즘 가장 바쁜 사람 중 하나다. 2018년 11월 10일 '서울 카페쇼'가 한창인 서울 삼성동 코엑스에서 〈단비뉴스〉와 만난 그는 "해외에서 해조류로 컵을 만드는 것을 보고 '그럼 빨대도 필요하지 않을까' 하는 생각에 제품 개발을 시작했고 약 1년 8개월 만에 완성했다"고 말했다. 그는 "현재 한 달 3억 5,000개 정도의 쌀 빨대를 만들어 호텔과 카페 등에 납품하고 있는데 내년 초까지 월 10억 개 이상 생산이 목표"라고 소개했다.

　김광필 대표에 따르면 플라스틱 빨대가 개당 5~15원인데 종이 빨대는 대략 3~5배, 쌀 빨대는 10배가량인 50원이다. 하지만 가격이 비싸도 친환경 식품 소재를 쓰겠다는 구매처가 급증하고 있다고 한다. 쌀 빨대는 쌀 70퍼센트와 태국산 타피오카(식용 녹말) 30퍼센트를 섞어 만든다. 밀봉 상태에서 보관하면 유통기한이 1년 정도지만 습기에 약하고 갈라지는 문제가 있어 1년 내내 고른 온도와 습도를 유지하는 베트남에 공장을 두고 있다. 쌀 빨대의 장점은 약 2시간에서 10시간이면 자연 분해가 된다는 점이다. 식품위생관리체제인 해썹(HACCP) 인증도 받았다. 김광필 대표는 "앞으로 빨대 생산량을 늘리면서 컵, 숟가락, 포크 등으로 제품군을 확장할 계획"이라고 덧붙였다.

(주)하이그린도 옥수수 전분에서 추출한 피엘에이(PLA)를 주원료로 빨대와 숟가락 등을 만들어 오설록 카페, 닥터로빈 등에 납품하고 있다. PLA는 1년 정도면 자연 분해가 된다. 김범래 대표는 "얼마 전 플라스틱 빨대를 잔뜩 삼키고 고통당하던 거북이 모습이 환경에 대한 사람들의 인식 변화를 도운 것 같다"며 "기업들도 소비자의 인식 변화를 바탕으로 친환경 활동에 앞장서야 한다"고 말했다.

● 한국 연간 1인당
플라스틱 사용량 세계 1위

"지난 60년간 플라스틱 사용량은 20배 증가했고 대한민국의 연간 1인당 플라스틱 사용량은 세계 1위입니다. 플라스틱은 우리의 생활을 지배하고 있습니다."

2018년 9월 14일 서울 여의도 국회의원회관에서 열린 '미세플라스틱 관리 및 제도 개선 방안' 토론회에서 자원순환사회연대 김미화 이사장은 이렇게 지적했다. 유럽플라스틱제조자협회 보고서에 따르면 2015년 기준 한국의 1인당 연간 플라스틱 소비량은 132.7킬로그램으로, 미국(93.8킬로그램), 프랑스(65.9킬로그램), 일본(65.8킬로그램), 중국(57.9킬로그램) 등 주요 국가보다 월등히 높다.

이렇게 쓰고 버린 플라스틱을 수거해 중국으로 '수출'했던 국내 재활용업체들은 중국이 2018년 들어 24종의 고체 폐기물 수입을 중단하자 2018년 4월 '수거 거부'를 선언했다. 그래서 일어난 것이 '재활용 쓰레기 대란'이다. 이 사건은 일회용품 등을 '쉽게 쓰고 버리는' 우리 현실에 대한 반성을 불렀다. 환경부 추정에 따르면 2015년 기준 국내 연간 1회용 컵 사용량은 257억 개로 하루 약 7,000만 개 수준이다. 비닐봉지는 연간 약 216억 개다.

● 자원순환 기본계획,
   모두를 살리는 친환경 제품으로

환경부와 산업통상자원부, 국토교통부 등 10개 부처는 2018년 9월 '제1차 자원순환 기본계획'을 발표하며 '패러다임의 전환'을 선언했다. 2016년 기준 GDP 10억 원당 95.5톤인 폐기물 발생량을 2027년까지 76.4톤으로 20퍼센트 줄이겠다고 밝혔다. 또 현재 70퍼센트 수준인 실질 재활용률을 82퍼센트까지 높이기로 했다. 환경부 자원순환정책과 전완 행정사무관은 2018년 12월 10일 〈단비뉴스〉와의 전화 인터뷰에서 "이 계획은 자원의 효율적 이용, 폐기물의 발생 억제 및 순환 이용 촉진에 대한 10년 단위(2018~2027)의 국가 전략"이라고 설명했다.

이 계획에서 가장 강조하는 것 중 하나는 생산 단계에서 폐기물 자체를 원천적으로 줄이고 재활용이 될 수 있는 제품을 만들자는 것이다. 재활용이 어려운 포장재에 분담금을 더 물리고, 재정적·기술적 지원을 통해 자원순환형 소재나 디자인 개발을 지원하는 정책이 포함됐다.

이런 정책에 많은 기업들이 적극 호응하고 있다. 롯데칠성 관계자는 2018년 10월 25일 〈단비뉴스〉와의 전화 인터뷰에서 "올해 안에 (유색 용기인) 마운틴듀, 트로피카나 용기를 무색으로 전환한다"고 말했다. 코카콜라와 애경은 2019년까지 무색 제품으로 전환 완료할 예정이라고 밝혔다. 다만 자외선에 변질 우려가 있는 제품들은 안전을 위해 충분한 테스트를 거친 후 무색 페트병으로 변경할 예정이라고 각 업체들은 밝히고 있다.

친환경 제품 제조업체들은 정부 정책에 특히 반색하고 있다. 친환경 종이컵 생산업체 리페이퍼 손은혜 마케팅 팀장은 2018년 10월 25일 〈단비뉴스〉와의 이메일 인터뷰에서 "분리수거 대란 이전에는 친환경 제품에 대한 인식이 낮아 시장 진입이 쉽지 않았는데 최근에는 많은 식음료업체 및 포장재업체에서 문의를 받고 있다"고 말했다.

반면 일회용 플라스틱 및 비닐 제조업계는 빠른 속도로 전환되는 정책에 당혹감을 보이고 있다. 플라스틱포장용기협회 나근대 전무는 2018년 12월 2일 〈단비뉴스〉와의 인터뷰에서 "현재 플라스틱에 대한 시장 수요가 20~30퍼센트 정도 줄어 재고가 쌓이고, 영세한 플라스틱 생산업체들은 인력을 줄일 수밖에 없게 됐다"며 위기감을 토로했다. 이에 대해 환경부 전완 사무관은 "기존 업계에서는 어려움도 있을 것"이라며 "다만 10년의 장기적 방향을 제시한 것이므로 업체들이 잘 협조해주시길 부탁드린다"고 말했다.

자원순환사회경제연구소 홍수열 소장은 "기존 업체에 대비할 시간을 주지 않으면 관련 산업이 큰 충격을 받을 수 있다"며 "대부분의 일회용품 제조업체는 중소기업이라 기술력이 낮기 때문에 정부 지원이 필요하다"고 지적했다. 그는 "기업들 스스로도 친환경 제품 개발을 위해 적극적으로 기술력을 확보해야 한다"며 "친환경 스타트업과 협력하는 방안도 있다"고 덧붙였다.

일회용품, 어떻게 줄일 수 있을까

재활용 현황과 과제 (중)

홍석희, 장은미

2018년 12월 14일 경기도 의왕시 오전동의 파리바게뜨 의왕오전점. 하루 평균 150여 명이 찾아오는 중소 규모 가맹점이다. 오후 8시부터 9시까지 1시간가량 관찰한 결과, 고객 20여 명 중 한 명도 일회용 비닐봉투를 쓰지 않고 가방에 상품을 넣거나 손에 들고 갔다. 그중 3명은 개당 100원에 파는 재생종이 봉투를 사용했다.

● 초기엔 '봉지 왜 안 주나'
　 욕하는 고객도

프랜차이즈 빵집 파리바게뜨에서 비닐봉투가 거의 사라진 것은 2018년 10월 1일부터 전 매장에서 벌이고 있는 일회용품 줄이기 캠페인 덕분이다. 고객들에게 장바구니 사용을 권장하고 필요한 경우 재생종이 봉투를 판매한다. 공짜로 주던 일회용 비닐봉투는 병에 든 잼 등 무거운 제품을 살 때에 한해 50원에 판매하고 있다.

시행 초기에는 고객들의 반발도 있었다. 계산대 앞쪽에 봉투 유상 판매 안내문을 붙여놨지만 어떤 사람은 막무가내였다. 점주 임성은 씨는 "욕하거나 상품을 집어던지는 고객도 있었다"고 말했다. 임 씨는 "환경오염에 관한 기사나 보도자료를 직접 보여주며 설명하기도 했다"며 "지금은 고객들도 익숙해져서 장바구니 등에 직접 들고 가는 경우가 대부분"이라고 덧붙였다. 임 씨는 "10년째 매장을 운영하고 있는데, 이런 작은 가게에서도 일회용품이 그렇게 많이 나오는 게 큰 문제라고 생각했다"며 "돈을 벌고 안 벌고를 떠나 환경오염이 너무 심각하기 때문에 정부가 지금보다 더욱 강력하게 친환경 정책을 펴야 한다"고 주장했다.

이 매장을 일주일에 3회 정도 이용한다는 주부 이지연 씨는 "처음에는 갑자기 봉툿값을 받는다고 하니 불만스러웠지만, 지금은 자연스럽게 장바구니를 챙긴다"며 "환경오염 해결에도 도움이 된다니까 계속 이어졌으면 좋겠다"고 말했다.

● 슈퍼마켓 비닐봉지
아예 사용 금지

파리바게뜨는 환경부가 관련 업계와의 협약을 통해 일회용품 사용을 줄이기로 한 정책에 따라 2018년 7월 자율협약을 맺었다. 2018년 말까지 비닐봉투 소비량을 90퍼센트 줄이는 내용이다. 제과점 뚜레쥬르도 2019년 1월까지 비닐봉투 사용량을 80퍼센트 줄이는 내용의 자율협약을 맺었다. 이마트 등 대형마트 2,000여 곳과 슈퍼마켓 1만 1,000여 곳은 그동안 비닐봉투를 유상 제공해왔으나 2018년 11월부터는 아예 비닐봉지 사용 자체가 금지됐다.

민관 협력기구인 한국기후환경네트워크의 〈온실가스 1인 1톤 줄이기 실천 수칙 자료집〉(2016년)에 따르면 석유화학 제품인 비닐봉투는 생산에서 폐기까지 1장당 47.5그램의 온실가스를 배출한다. 국내 주요 제과업체들은 연간 비닐봉투 2억 3,000만 장을 쓴 것으로 추산되고 있는데, 이를 줄이면 30년생 소나무 165만 그루를 심는 효과(온실가스 1만 925톤 감축)를 기대할 수 있다.

환경부는 2018년 5월 스타벅스, 엔젤리너스, 파스쿠찌 등 16개 커피전문점과 맥도날드, 버거킹, 롯데리아 등 5개 패스트푸드점과도 자발적 협약을 체결했다. 업체들은 일회용품 사용을 줄이고 페트(PET)와 폴리스티렌(PS)이 섞여 재활용이 어려운 플라스틱 용기의 재질을 단일화할 것, 유색 종이컵을 단색으로 바꿔 재활용률을 높일 것 등을 약속했다.

● **"처음엔 어색했는데,
   익숙해지니 적응"**

이런 노력은 눈에 띄는 성과를 거두고 있다. 자원순환사회연대가 2018년 8월 21일부터 이틀간 수도권 지역 커피전문점과 패스트푸드점 1,052개 매장을 모니터링한 결과 매장에서 사용된 1만 2,847개 컵 중 머그잔 등 다회용컵이 81.4퍼센트였다. 특히 634개(60.1퍼센트) 매장에서는 다회용컵만 모두 사용됐다. 이에 앞서 6~7월 조사 때는 226개 매장 중 66개 매장만이 100퍼센트 다회용컵을 사용해 29.2퍼센트에 그쳤다. 일회용 컵 수거업체의 수거량도 6월 대비 63퍼센트로 감소했다.

소비자들의 반응은 아직 엇갈린다. 김근원 씨는 "카페에서 커피를 마시다 나오는 경우도 많은데 주문과 함께 마시고 갈지 결정을 해야 하니 난감할 때도 있다"며 "그동안 쉽게 일회용잔을 썼는데 카페에서 잘 안 주니 불편함이 있다"고 했다. 이성민 씨는 "처음에는 어색했는데 익숙해지니 크게 상관없는 것 같다"며 "다만 중국 발 쓰레기 대란 이후로 급하게 진행되는 느낌이어서 기업이나 직원들은 좀 힘들겠다는 생각도 든다"고 말했다.

환경부에 따르면 2015년 기준 일회용 컵 사용량은 260억 개다. 일회용 컵 1개를 만들고 폐기하는 데 11그램의 이산화탄소가 배출된다. 연간 사용량을 계산해보면 25만 7,400톤의 이산화탄소가 나오는 셈이다. 이를 줄이면 30년생 소나무 5,380만 그루를 심는 효과를 거둘 수 있다.

한국은 종이컵과 비닐, 페트병 등 일회용품 사용량이 세계 최고 수준인 반면, 재활용률은 매우 낮다. 한국포장재재활용사업공제조합(KPRC) 조사에 따르면 한국에서 출고된 페트병 가운데 재활용이 용이한 1등급 판정을 받은 것은 연간 1.5퍼센트에 불과했다. 또 국내 종이컵 재활용률은 10퍼센트, 플라스틱은 34퍼센트 수준이다. 재활용이 어려운 이유는 단일 재질이 아니기 때문이다. 반면 금속 캔, 유리병 등은 재활용이 비교적 쉽기 때문에, 전체 분리수거 재활용 비율은 70퍼센트대를 유지하고 있다.

KPRC 연구소 기술개발팀 권오준 대리는 2018년 11월 12일 〈단비뉴스〉와의 인터뷰에서 "2, 3등급 포장재의 경우 복합 재질이라 재질별로 분류하는 등 추가 공정을 거치는데 그러면 추가 비용이 든다"고 설명했다. 그는 "금속 캔이나 유리병은 80~90퍼센트 정도가 애초에 1등급인데 페트병은 1등급 비율이 현저히 낮아 현재 여러 업체와 협력을 통해 1등급 비율을 늘리기 위해 노력 중"이라고 말했다.

국내 5대 편의점 업체는 이와 관련, 각사 로고가 새겨진 아이스컵 대신 민무늬 아이스컵을 도입하고 있다. 2018년 6월 세븐일레븐이, 8월엔 업계 1위인 CU가 아이스컵 도안을 바꿨다. 이어 10월에는 GS25, 미니스탑, 이마트24도 동참하겠다고 밝혔다. 이렇게 되면 연간 4만 개의 편의점 아이스컵이 재활용될 수 있다.

● 순환자원 회수 로봇
'네프론' 실험

일회용품을 수거하고 재활용하는 과정에는 인공지능 로봇 등 기술이 접목되고 있다. 2015년 설립된 직원 13명의 벤처기업 수퍼빈은 '네프론'이라는 인공지능 자원순환 로봇을 개발해 서울과 과천, 구미 등 전국 36곳에서 가동하고 있다. (편집자주: 2019년 8월 현재 전국 57대.) 기존 재활용 용기 회수 장치는 모양이 찌그러지거나 바코드가 훼손되면 기계가 인식을 하지 못한다는 문제가 있었다. 반면 인공지능과 사물인터넷(IoT) 기술을 활용한 네프론은 3D 물체 인식을 통해 재활용 용기를 감지, 분류하고 가격 환산과 적립도 척척 해낸다고 업체는 설명했다.

수퍼빈 도현탁 매니저는 2018년 12월 10일 〈단비뉴스〉와의 전화 인터뷰에서 "우리가 기기 설치에서부터 관리, 수거까지 총괄하고 있어 강점이 있다"며 "앞으로 전국 확장을 통해 규모의 경제를 키워나갈 계획"이라고 말했다. 네프론에서 수거된 캔, 페트병 등은 수도권에 2곳, 지방 2곳에 있는 수거업체에서 처리한다.

서울 광진구 어린이대공원 '숲박스'에 2017년 11월 설치된 네프론 기계는 자원순환에 대한 인식을 높이는 교육도구로 활용되고 있다. 이곳에서 네프론을 관리하는 수퍼빈 손서연 씨는 "대공원에 축제가 참 많은데 말 그대로 쓰레기가 넘쳐난다"며 "재활용이 더 즐겁고 일상적으로 이뤄졌으면 좋겠다"고 말했

서울어린이대공원에 설치된 수퍼빈의 숲박스. 오른쪽 끝에 한 주민이 인공지능 자원 순환 회수 로봇인 네프론을 이용하고 있다. 캔이나 페트병을 구멍에 넣으면 기계가 자동으로 인식해 포인트를 적립한다. 사용자가 휴대전화 번호를 입력하고 네프론 회사인 수퍼빈 홈페이지에 가입해 계좌번호를 남기면 송금해준다. © 장은미

다. 네프론을 자주 이용하러 온다는 주민 박승순 씨는 "동네마다 있으면 재활용을 독려하는 데 도움이 될 텐데 주변에 많이 없는 게 아쉽다"고 말했다.

네프론 외에 공익법인 한국순환자원유통지원센터가 2015년 말부터 전국 대형마트 등 108곳에 무인회수기를 설치해 운영하고 있지만 기기 점검과 운영비 등 부담으로 확대에 어려움을 겪고 있는 것으로 알려졌다.

민간 연구소인 자원순환사회경제연구소 홍수열 소장은 2018년 11월 5일 〈단비뉴스〉와의 이메일 인터뷰에서 환경부의 재활용 정책에 대해 "다양한 이해관계자들의 의견을 반영해 일관성 있게 마련된 만큼 전반적으로 긍정적"이라고 평가했다,

그는 그러나 "과거에 보여주기식 대책을 급조해서 무조건 높은 목표치를 제시하고 실제 집행을 하지 않는 악습도 많았던 만큼 언론이나 시민단체, 학계 등에서 환경부 정책에 집요하게 관심을 기울여야 한다"고 강조했다.

마지막 비상구

안 쓰고 덜 써야 '플라스틱 역습' 막는다

재활용 현황과 과제 (하)

홍석희, 장은미

콧구멍에 플라스틱 빨대를 낀 채 피 흘리는 코스타리카의 바다거북. 태국과 말레이시아 접경 바다에서 구조된 둥근 머리 돌고래 배 속의 80여 개 비닐봉지. 그리고 한국을 포함한 21개국 39개 브랜드 천일염 중 36개 제품에서 발견된 미세 플라스틱. 인간이 함부로 버린 쓰레기가 바다를 오염시키고 해양 생물을 해치고, 마침내 식탁에 올라 건강을 위협하고 있음을 보여주는 뉴스의 장면들이다. '플라스틱의 역습'이 현실화하고 있는 것이다.

❌ 마구 버린 일회용품, 밥상 위 소금까지 오염

미국 캘리포니아주립대와 조지아주립대 공동연구팀이 지난 2017년 국제학술지《사이언스 어드밴시스》에 발표한 논문에 따르면 1950~2015년 66년 동안 전 세계에서 생산된 플라스틱 83억 톤 가운데 63억 톤이 쓰레기로 버려졌다. 폐기된 63억 톤 중 재활용된 것은 9퍼센트에 불과했고 나머지는 중국, 필리핀 등 저개발 지역으로 실려가 산과 강, 바다 등에 버려졌다.

중국은 2016년 기준 전 세계 재활용 쓰레기의 절반에 해당하는 730만 톤을 수입해 가공 처리했다. 이 과정에서 쓰레기 처리 지역의 환경오염이 심각한 것으로 드러나자 중국 환경보호부는 2018년 폐플라스틱, 폐금속 등 고체 폐기물 24종의 수입을 금지했다. 2018년 4월 한국에서 '쓰레기 대란'이 일어났던 것도 이 정책의 여파다.

유럽연합은 중국의 폐기물 수입 금지 이전부터 꾸준히 자원순환 정책을 추진했다. 지난 2015년 'EU 순환경제 패키지'를 통해 2030년까지 폐기물의 생산·소비·관리 방식을 전면 개혁하는 청사진을 제시했다. 오는 2025년부터 재활용이 가능한 폐기물과 플라스틱의 매립을 전면 금지하고, 2030년까지 포장재 폐기물을 80퍼센트 감축하는 방안 등이 포함됐다.

● 영국 소매점 '공짜 비닐봉투' 전면 금지

특히 영국은 지난 2015년부터 250명 이상을 고용한 대형 유통업체들이 일회용 비닐봉지를 고객에게 무상 제공하지 못하도록 조치했다. 비닐봉지가 필요한 고객은 5페니(약 70원)에 사도록 했다. 영국 환경부에 따르면 이 조치 전인 2014년에 일회용 비닐봉지가 76억 개 생산·소비된 데 비해, 2017년 4월부터 1년 동안은 10억 개로 86퍼센트나 줄었다. 영국 정부는 이런 성과에 힘입어 2018년 8월 일회용 비닐봉지 유상 판매를 전체 소매점으로 확대하고 가격도 10페니로 인상하는 계획을 발표했다.

1인당 플라스틱 쓰레기 배출량이 2016년 기준 한국(98.2킬로그램)에 이어 2위(97.7킬로그램)인 미국은 지방정부와 기업들이 자원순환 대책에 앞장서고 있다. 캘리포니아는 2018년 8월 미국 주 가운데 처음으로 2019년부터 식당에서 플라스틱 빨대 사용을 금지하는 법안을 통과시켰다. 특히 캘리포니아주 로스앤젤레스카운티의 말리부시는 2018년 6월부터 플라스틱으로 만든 빨대와 포크, 칼, 숟가락의 사용을 전면 금지하고 있다.

미국에 본사를 둔 커피체인점 스타벅스는 오는 2020년까지 전 세계 모든 점포에서 플라스틱 빨대를 제거하겠다고 2018년 7월 발표했다. 엔터테인먼트 기업인 월트디즈니 또한 2019년 중반까지 디즈니랜드 등 회사가 소유하고 운영하는 모든 장소에서 플라스틱 빨대를 폐기하겠다고 발표했다. 세계적

금융 회사인 골드만삭스도 사내에서 플라스틱 빨대 및 뚜껑, 종이컵을 전부 제거할 것이라고 2018년 10월 공표했다. 선진 국뿐 아니라 인도, 케냐 등 제3세계 국가들도 일회용품 규제에 적극 동참하고 있다.

● 장바구니 사용 등
생활 속 실천 필요

한국도 일회용 컵 규제 등 일부 영역에서는 모범 사례에 들어간다. 자원순환사회경제연구소 홍수열 소장은 "과대 포장 기준이나 일회용품에 대한 사용 규제는 전 세계에서 우리나라의 규제 강도가 오히려 센 편이지만 일회용품 제조업체 숫자가 많고 대부분 영세한 업체라 규제가 어렵다"고 말했다. 그는 "지금 단계에서는 일회용품 사용에 대한 대안 모델과 문화가 풀뿌리에서 만들어져야 한다"고 지적했다.

자원순환사회연대 김태희 정책국장은 2018년 12월 10일 〈단비뉴스〉와의 전화 인터뷰에서 커피전문점 일회용품 퇴출 자율협약으로 테이크아웃 잔이 몇 개월 만에 크게 줄어든 것을 들어 "소비자와 업계가 정부 정책에 적극 동참하면 일회용품 사용을 줄일 수 있다"고 말했다. 그는 "쓰레기가 많이 나오는 것은 (소비자들이) 편리함을 추구하기 때문인데, 조금 불편하더라도 자기 컵과 장바구니 등을 써서 쓰레기를 안 만드는 게 최선"이라고 덧붙였다.

자원순환사회연대는 '생활 속 실천'으로 일회용 나무젓가락 쓰지 않기, 커피전문점에서 일회용 컵 대신 머그컵에 주문하기, 일회용 비닐봉투 대신 장바구니 쓰기, 포장이 간소한 제품 사기 등을 제안했다. 또 쓰레기 분리수거를 철저히 하는 것도 좋은 실천이라고 강조했다.

● '일회용품 제로 가게'도 속속 등장

　　이런 취지에서 일회용품을 쓰지 않는 가게도 속속 등장하고 있다. 서울 성수동 한적한 골목길에 있는 카페 겸 식품점 '더 피커'에는 비닐봉지 등 일회용품이 없다. 콩, 현미 등 곡물과 견과류, 과일 등 20여 가지 식재료 판매품을 손님들이 가져온 통에 담아준다. 통을 준비하지 못한 고객은 매장에서 생분해 성분인 피엘에이 용기를 구입할 수 있다.

　　박상근 씨는 "이 가게에 7~8번 정도 왔는데 오트 바나나와 블랙 오트밀을 자주 먹는다"며 "텀블러를 들고 다니는 일이 귀찮기는 하지만 미세 플라스틱 뉴스 등을 접한 터라 가능한 한 갖고 다니려 한다"고 말했다.

　　서울 연희동의 한 아파트단지 맞은편에 있는 카페 '보틀 팩토리'도 남다른 곳이다. 포장 디자인 회사에서 일하다 카페를 차렸다는 정다운 씨는 플라스틱, 종이컵, 빨대 등 일회용품을 전혀 쓰지 않는다. 개인 용기를 준비하지 못한 테이크아웃 고객에게는 가게 텀블러를 무료로 빌려준다. 향후엔 보증금 도입도 고려 중이다. 카페에 온 손님들이 개인 용기를 씻을 수 있도록 개수대도 마련해두었다.

정 씨는 "작년에 쓰레기 수거 차량을 따라 쓰레기장에 가본 적이 있는데, 넘쳐나는 쓰레기를 보고 많이 놀랐다"며 "우리는 너무 쉽게 쓰레기를 만드는 문화 속에 있다"고 걱정했다. 그는 "페트병 덜 쓰기부터 배달이나 배송 등 넘쳐나는 포장재에 대해 좀 더 심각성을 인식했으면 한다"고 덧붙였다.

● 개인뿐 아니라
공동체가 함께 실천해야

그린피스 유지연 시민참여 캠페이너는 2018년 12월 12일 〈단비뉴스〉와의 전화 인터뷰에서 "개인뿐 아니라 공동체가 함께 실천할 수 있는 의지가 필요하다"고 강조했다. 그는 "카페에서 플라스틱컵 대신 머그컵을 쓰겠다는 분명한 의사를 보여주는 것 등 개인적 실천도 중요하고 사회적으로는 일회용품 쓰레기를 만드는 소비문화를 지양해야 한다"고 역설했다.

그린피스는 이런 취지에서 미국의 대규모 할인판매 기간인 '블랙 프라이데이'와 크리스마스 기간의 과도한 소비에 대응하는 '메이크 섬싱 위크(Make Something Week)' 행사를 2018년 12월 2일부터 10일까지 홍콩, 런던, 마드리드 등 여러 도시에서 벌였다. 각국 그린피스가 주관한 이 행사에서는 고장 난

제품 수리나 업사이클링(다른 용도로 재활용), 공유, DIY(직접 만들기), 재사용 등의 교육이 진행됐다. 그린피스 서울사무소도 2018년 12월 8일 '불(不)편의점'이란 이름의 행사를 서울 양평동 제이빌딩에서 열었다.

유지연 캠페이너는 "지금의 자본주의 시스템은 사람들에게 불필요한 소비를 하게 만들고, 그 낭비가 결국 쓰레기 생산으로 이어진다"며 "기업의 마케팅에 의해 불필요한 소비를 하는 대신 지속 가능한 소비를 하자는 취지에서 캠페인을 하고 있다"고 말했다. 그는 "시민들이 물건을 살 때는 꼭 필요한 것인지 신중하게 생각하고, 오래 쓸 수 있는 물건을 선택하면 좋겠다"고 덧붙였다.

'열' 샐 틈 없는 태양광 공동주택 '실험 중'

제로 에너지 건축, 현황과 과제 (상)

윤종훈, 임지윤

고층 아파트들이 빼곡한 서울 노원구 하계동에 2017년 12월 야트막한 공동주택단지가 새로 들어섰다. 하얀 건물 외벽과 옥상에 파란 태양광 패널이 설치되고, 세대마다 밖으로 돌출한 투명 발코니가 있어 단박 눈에 띈다. 7층짜리 공동주택 3동(106세대), 연립주택 1동(9세대), 단독주택 2동(2세대), 합벽주택 2동(4세대)으로 구성된 이 단지는 한국 최초의 '에너지 제로 공동주택'인 노원 이지하우스(EZ House)다.

🔘 국내 1호
에너지 제로 주택단지

이 단지는 지난 2013년 9월 노원구와 서울시, 명지대 산

서울 노원구 하계동에 들어선 국내 최초의 에너지 제로 공동주택 '노원 이지하우스'. 빈 틈없는 단열로 에너지 소모를 최소화하고, 건물 외벽 등에 설치한 태양광 패널과 지하 지열 시설에서 전기를 생산하고 냉난방을 공급한다. © 임지윤

학협력단이 컨소시엄을 이뤄 국토교통부와 국토교통과학기술 진흥원의 발주를 받아 건설했다. 기후변화 대응 정책의 하나로 장차 국내에 에너지 손실을 최소화하면서(패시브) 태양광 등 재생에너지로 전기를 생산하는(액티브) 제로 에너지 건축을 의무화하기에 앞서 실증단지를 만들자는 취지였다.

컨소시엄은 39제곱미터(12평), 49제곱미터(15평), 59제곱미터(18평) 크기에 2~3개의 방을 갖춘 121가구를 건설해 공공 임대주택으로 공급했다. 건물의 정면과 측면 벽, 옥상 등에 설치한 1,284개 태양광 패널에서 연간 40만 7,000킬로와트시의 전기를 생산하고, 지하에 있는 지열 설비에서도 냉난방, 온수

공급 등으로 연간 36만 7,000킬로와트시 전력량에 해당하는 에너지를 만든다.

이 공동주택의 난방·온수·냉방·조명·환기 등 5대 에너지 소비량이 연간 약 33만 킬로와트시인데, 이론적으로는 그 2배가 넘는 에너지를 자체 생산할 수 있다는 얘기다. 그러나 단지 설계와 건설에 참여한 명지대 제로에너지건축센터 이응신 교수는 "태양광 전기를 지열 히트펌프 가동 등에 쓰기 때문에 실제 전력 생산량은 수요량에 근접하는 정도"라고 설명했다.

● '독일 패시브하우스 인증' 6가지 기준 충족

태양광·지열로 에너지를 자체 생산할 수 있다는 장점과 함께 에너지 제로 하우스를 가치 있게 만드는 것은 빈틈없는 단열이다. 환경부와 서울시에 따르면 세계적으로 주택을 포함한 건물과 건축 부문은 지구 최종 에너지 소비량의 36퍼센트를 차지한다. 서울의 경우는 건물 부문이 전체 에너지 소비의 56퍼센트, 전력 소비에선 83퍼센트나 차지하는 것으로 나타났다. 기후변화 대응을 위해서는 건물 부문에서 에너지 낭비를 최소화하는 일이 시급함을 알 수 있다.

노원 에너지 제로 주택은 2018년 9월 에너지 절약 건축물 분야에서 세계적 권위를 가진 독일패시브하우스(PHI) 연구소의 인증을 받았다. 독일 패시브하우스의 깐깐한 설계 기준

6가지를 충족한 것이다. 건물 외벽 단열, 높은 수준의 공기 차단(고기밀), 자연 채광의 극대화, 여름 냉방을 위한 외부 블라인드, 발코니 등 시설물의 열기 누출 차단, 3중 유리 시스템 창호 및 열 회수형 환기장치 적용 등이 그 기준이다.

노원 에너지 제로 주택은 홍보관인 노원이지센터와 체험주택을 운영하면서 이 같은 주택 단열 시스템과 재생에너지의 원리를 널리 알리고 있다. 1박 2일 동안 최대 8명이 이용할 수 있는 체험주택은 1층에 주방, 거실, 화장실이 있고 2층에 침실, 화장실이 있는 구조다. 노원이지센터에서는 에너지 제로 주택의 설계 노하우와 건축 자재, 일반 아파트·주택과의 차이, 에너지 절감 방법 등을 배울 수 있다.

● 3중 유리와 외벽재 등
　빈틈없는 단열

2018년 10월 10일 노원이지센터를 찾은 〈단비뉴스〉 취재팀은 다양한 전시물을 통해 일반 주택과 에너지 제로 주택의 차이를 이해할 수 있었다. 우선 일반 건축물은 유리 창호의 틈과 모서리에 우레탄 폼을 쏘고 습기 방지를 위해 실리콘을 바르지만 에너지 제로 주택은 독일산 기밀 테이프로 안팎의 공기를 더욱 촘촘하게 차단한다. 열이 밖으로 빠져나가거나 틈새 바람이 집 안으로 들어오는 것, 실리콘이 떨어지거나 곰팡이가 생기는 문제를 걱정할 필요가 없다. 유리도 얇은 금속 산화물

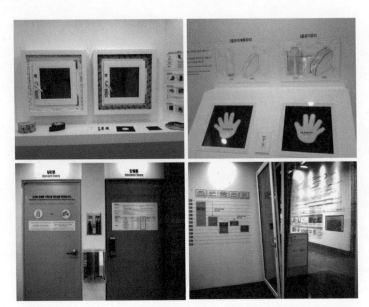

노원 이지하우스 옆에는 건축 자재와 기술 노하우 등을 보여주는 노원이지센터가 있다. 창호와 단열재 등 건축 자재를 일반 주택과 비교해 전시, 설명하고 있다. © 윤종훈, 임지윤

을 코팅한 로이(Low-E) 3중 유리를 사용해 단열 성능을 크게 높였다.

벽면의 경우 일반 건축물은 공사 편의를 위해 콘크리트 외벽이 바깥쪽에 있고 단열재가 안에 있는 내단열로 지어진다. 여름에는 콘크리트 외벽이 데워져 냉방 에너지 소비량이 많고 겨울에는 콘크리트가 차가워져 고온다습한 안쪽과의 차이로 결로(물방울), 곰팡이 등의 문제가 생길 수 있다. 패시브하우스는 콘크리트벽 바깥에 단열재를 입혀 이런 문제를 해결했다.

마지막 비상구

◯ 별도 냉난방 장치 없이
   여름 26, 겨울 20도 유지

단열 효과를 극대화한 에너지 제로 주택은 가스히터, 에어컨 등 일반적 냉난방 장치 없이 여름 26도, 겨울 20도를 유지하도록 설계됐다. 냉난방과 온수는 지하 160미터 지점에 천공을 하고 지열히트펌프 130개를 설치해 공급한다. 땅 밑 깊은 곳은 계절과 관계없이 15도 정도의 온도가 유지되는데, 지상과의 온도 차를 이용해 여름엔 냉방을, 겨울엔 난방을 제공하는 원리다.

준공 후 1년간 노원 이지하우스 에너지 현황을 모니터링한 이응신 교수는 2018년 12월 14일 〈단비뉴스〉와의 인터뷰에서 "아직까지 입주민들이 패시브하우스에서 에너지 절약을 하며 실내를 쾌적하게 만들 수 있는 행동에 익숙하지 않아 (에너지 절약이) 생각만큼은 안 됐다"고 털어놓았다. 그는 "그래도 타 건물에 비해 (에너지 사용량을) 절반 정도로 줄인 점에 만족하고 에너지 절약을 어떻게 하면 좋을지 고민하는 과정"이라고 말했다. 이응신 교수는 "실증단지에서 나오는 데이터를 보고 다음에는 더 완벽하게 제로 에너지 건물을 짓는 것이 목표"라고 덧붙였다.

노원이지센터를 운영하는 노원환경재단의 원영준 팀장은 "우리나라의 기후 환경과 문화 등을 고려해 한국형 패시브하우스를 만드는 것이 앞으로의 과제"라고 말했다. 2018년 여름의 폭염이나 겨울의 강추위처럼 기온변화가 급격할 때는 기존 패시브하우스 시설만으로 쾌적한 온도를 유지하기가 쉽지 않다. 또 공기 난방을 하는 서구와 달리 온돌을 써온 한국에서는 바닥 난방에 대한 수요가 있다. 이런 부분이 향후 에너지 제로 주택 설계에 반영될 필요가 있다는 것이다.

입주민들의 반응은 긍정적이다. 김기정 씨는 "지난여름에 에어컨을 따로 설치하지 않고 중앙에서 공급되는 지열 냉방과 선풍기 하나만 틀고 지냈다"고 말했다. 그는 "에너지를 절약하면서도 쾌적하게 살 수 있는 집이 에너지 제로 주택"이라며 "(에너지 제로 공공임대주택은) 최저임금 제도처럼 주거 복지와 에너지 복지를 위해 세상에 꼭 필요하다고 생각한다"고 덧붙였다.

○ 2020년 공공, 2025년 민간 건축물 에너지 제로 의무화

정부는 기후변화에 대응하기 위해 앞으로 에너지 제로 건축을 의무화할 계획이다. 국토교통부는 우선 2017년 1월부터 '제로 에너지 건축물 인증제'를 도입해 모범적인 건물에 각종 혜택을 주고 있다. 녹색건축물 조성지원법 제2조는 '건축물에 필요한 에너지 부하를 최소화하고, 신재생에너지를 활용해 에너지 소요량을 최소화하는 녹색건축물'을 '제로 에너지 빌딩'으로 규정하고 있다.

제로 에너지 건축물로 인증을 받으려면 '건축물 에너지 효율등급 1++ 이상' '건물에너지관리시스템(BEMS) 설치' '에너지 자립률(에너지 소비량 대비 신재생에너지 생산량) 20퍼센트 이상'을 충족해야 한다. 에너지 자립률에 따라 1~5등급을 부여하는데, 등급이 높으면 신재생에너지 설치 보조금 등 각종 정부 지원을 우선적으로 받을 수 있다.

국토부는 인증제에 이어 오는 2020년부터 공공 건축물에 대해, 2025년부터 민간 건축물에 대해 제로 에너지 빌딩을 의무화하기로 했다. 한국에너지공단에 따르면 2018년 11월 기준으로 제로 에너지 빌딩 인증을 받은 건축물은 노원 이지하우스 외에 아산중앙도서관 등 총 34곳인데 대부분 가장 낮은 단계인 5등급이다.

세계는 지금 '에너지 제로'로 나아간다

제로 에너지 건축, 현황과 과제 (중)

임지윤, 윤종훈

'첨단 단열 공법 등으로 에너지 낭비를 최소화한 건축물'을 가리키는 '패시브하우스'는 1988년 스웨덴 룬드대학의 보 아담손 교수와 독일 주거환경연구원 볼프강 파이스트 박사가 만든 개념이다. 그들은 독일 헤센주의 지원을 받아 1990년 다름슈타트에 바닥 면적 156제곱미터의 3층짜리 주거용 패시브하우스를 세계 최초로 지었다. 이 건물에 4가구가 입주했다. 특수한 단열 설비 때문에 당시 건축비는 일반 건물에 비해 40퍼센트 정도 더 들었다고 한다.

● 독일 다름슈타트에서 세계 최초 패시브하우스

파이스트 박사는 이어 1996년 독일 패시브하우스 연구소

보 아담손과 볼프강 파이스트 박사가 1990년 독일의 다름슈타트에 지은 세계 최초의
패시브하우스. 3층으로 된 이 건물에 4가구가 입주했다. © Passive House Plus

(Passivhaus-Institut)를 설립, 에너지 효율화 건물의 기준을 만
들었다. 이 기준은 유럽을 넘어 전 세계에서 활용되고 있다.

지난 2015년 프랑스 파리에서 195개국이 '파리기후변화협
약'을 체결한 후 각국은 2020년 이후 적용될 '신기후체제'를 위
해 법과 제도를 손질하고 있다. 건축물 부문에서는 패시브하우
스와 액티브하우스(태양광 등 재생에너지를 활용하는 건물), 이 둘
을 결합한 제로 에너지 하우스(단열과 재생에너지 활용으로 화석
연료 소비를 없앤 건물)를 확대하는 방향이다. 그런데 일부 유럽
국가들은 파리기후협약 훨씬 이전부터 이미 건축물 에너지 효
율화에 앞장서왔다.

세계 최초로 패시브하우스를 건설한 독일이 가장 선구적
이다. 독일 정부는 건물 부문이 전체 에너지 사용량의 40퍼센

트를 차지한다는 점을 중시, 일찌감치 패시브하우스 보급 확대 정책을 폈다. 2001년부터 에너지 효율화를 위해 건물을 개보수할 경우 비용의 20~50퍼센트를 세액 공제하거나 보조금을 주는 등 다양한 세제·금융 지원을 하고 있다.

독일 프랑크푸르트시는 첨단 단열 공법을 적용한 건물만 건축 허가를 내주는 '패시브하우스 기준법'을 지난 2007년 대규모 공공건물부터 시행했다. 2009년에는 주택을 포함한 모든 건축물로 확대했다. '친환경 도시'로 유명한 독일 남부 프라이부르크시는 1996년 이후 여러 차례 입법을 통해 신규 주택의 에너지 소비량이 평균 독일 주택보다 대폭 낮아지게 하는 내용으로 에너지 효율화 건축을 의무화했다. 독일 패시브하우스 연구소에 따르면 최근 독일 내 패시브하우스는 기존 건축비의 10퍼센트 정도 추가 비용으로 건축되며, 에너지 소비의 90퍼센트 이상을 줄일 수 있는 것으로 나타났다.

◎ 영국의 친환경 '텔레토비 마을'
베드제드

영국에서는 환경 의식이 각별한 공익 재단과 민간 기업이 패시브하우스 건설에 앞장섰다. 런던 남쪽 서튼 자치구에 지난 2002년 들어선 '베드제드(BedZED)'가 대표적이다. 베드제드는 '베딩턴 지구 화석연료 제로 개발(Beddington Zero-fossil Energy Development)'의 줄임말로, 영국 최초 친환경 주택단지

영국 최초의 친환경 주택단지
베드제드. 색색의 닭벼슬
모양 환풍구들이 열 손실을
최소화하면서 자연 통풍을
해주고, 지붕과 창문에
설치된 태양광 전지판에서
전기를 생산한다. 각 집의
베란다 정원은 이웃집과
구름다리로 연결돼 유대감이
각별한 공동체를 만들고
있다. ⓒ 제정임

일반 제품보다 약간 작은
변기와 세면기를 설치한
베드제드 주택의 화장실.
빗물을 모아 재처리한 뒤
변기 물로 쓴다. ⓒ 제정임

의 이름이 됐다.

　서민을 위한 주택 공급에 앞장서온 공익재단 피바디 트러스트와 사회적기업 바이오 리저널 디벨로프먼트 그룹, 친환경 건축사무소인 빌 던스터는 베딩턴의 오수 처리장 부지를 싸게 사들여 연립주택 3동을 지었다. 정남향으로 조성된 이 단지는 우선 닭벼슬처럼 생긴 색색의 환풍구들이 지붕 위에서 바람개비처럼 돌아가는 모습으로 눈길을 끈다.

　이 환풍구는 열 손실을 최소화하면서 건물 내부에 신선한 공기를 순환시키는 기능을 한다. 겨울에는 찬 공기를 어느 정도 데워서 집 안에 공급하는 효과가 있다고 한다. 영국 사람들은 지붕에 색색의 환풍구가 있는 이 단지가 어린이 프로그램에 나오는 '텔레토비'가 사는 곳 같다며 '텔레토비 마을'이란 별명을 붙여주었다.

베드제드는 주택의 외벽을 두껍게 하는 등 단열을 철저히 하고, 자연 채광을 최대한 활용하며 베란다와 지붕에 식물을 키워 냉난방과 공기 정화 효과를 극대화했다. 창문은 모두 3중 유리를 썼고 전등은 절전형 제품으로 설치했다. 화장실 변기와 세면대를 일반 제품보다 작게 해 물 낭비를 최소화한 것도 이채롭다. 변기용 물은 빗물을 받아 재처리해서 쓴다고 한다.

베드제드는 이렇게 에너지 소비를 최소화하면서 동시에 태양광 전기를 생산해 쓰고 있다. 건물 지붕과 창문에 태양광 전지판을 설치해 주택에서 쓰는 전기의 상당 부분을 충당한다. 베드제드 주택은 난방 수요가 일반 주택의 10분의 1, 전력 사용량은 절반, 도시가스 사용량은 20퍼센트, 상수도 사용량은 30~50퍼센트가량이라고 관리사무소 측이 밝혔다.

독일, 영국을 포함한 유럽연합은 오는 2020년부터 모든 신축 건물의 제로 에너지 건설을 의무화하기로 했다. 따라서 베드제드 등 선구적 주거단지의 실험은 유럽 전역으로 빠르게 확산할 전망이다.

● 미국 '파리협약 탈퇴'에도
　에너지 효율화는 진행 중

도널드 트럼프 대통령의 '파리기후협약 탈퇴 선언'으로 전

미국 메릴랜드주 베데스다시에 지난 2011년 건설된 제로 에너지 주택. 단열 설비로 에너지 소비를 최소화하고 태양광으로 전기를 생산하며 태양열로 온수를 공급한다. 또 지열 설비로 주택의 냉난방을 해결한다. © solaripedia

세계의 공적이 된 미국도 건축물 등의 에너지 효율화에는 차근차근 앞으로 나아가고 있다. 미국 정부는 오는 2020년부터 신축 주택의 제로 에너지 빌딩 건설을 의무화하기로 했다. 또 2030년까지 공공건물의 제로 에너지 건설을 의무화한다.

태양광 등 재생에너지 확대에 앞장서고 있는 미국의 지방정부들은 액티브하우스를 의무화하는 조치를 취하고 있다. 미국 캘리포니아주 에너지위원회는 오는 2020년부터 신축 주택에 태양광 설치를 의무화하는 '2019년 건물 에너지 효율 기준'을 만장일치로 채택했다.

이웃 국가 일본은 어떨까. 일본은 지난 2009년 가나가와현 가마쿠라시에 미와 모리씨의 설계로 일본 최초의 패시브하우스를 지었다. 1, 2층 합쳐 약 24평인 이 목조 주택은 일본에서 잘 쓰지 않던 단열재와 건물 밀폐 등으로 열 손실을 최소화

2009년 가나가와현 가마쿠라시에 목조 2층으로 지어진 일본 최초의 패시브하우스. 당시 일본 내에서는 '기후 조건에 맞지 않다'며 회의적인 시각이 있었으나 국제적으로는 높은 평가를 받았다. © inhabitat.com

했는데, 2010년 독일 패시브하우스 협회 인증에 이어 국제 패시브하우스 디자인상을 받기도 했다.

2011년 3월 일어난 후쿠시마 원전 사고는 '탈원전'과 '에너지 효율화'에 대한 각성을 일으키면서 일본의 제로 에너지하우스 산업에 전기를 마련했다. 2018년 1월 기준 '제로 에너지 하우스 빌더'로 등록된 업체가 6,303개나 될 정도다. 2016년 실적으로 약 3만 5,000채가 제로 에너지 하우스 관련 주택으로 공급됐다는 집계가 있다. 물론 이 실적 중 국제적으로 공인되는 패시브하우스 등의 기준에 부합하는 건물은 아직 소수다.

일본 정부는 지난 2014년 발표한 '에너지 기본 계획'에서 오는 2020년까지 신축 주택의 '표준'을 제로 에너지 하우스로, 2030년에는 신축 주택의 '평균'을 제로 에너지 하우스로 실현하겠다고 목표를 제시했다. 이는 2020년까지 신축 주택의 과반수를, 2030년까지는 대부분을 제로 에너지 하우스로 건설한다는 뜻이라고 국토교통부는 설명했다. 대한무역투자진흥공사에 따르면 일본 정부는 이를 위해 2017년 기준 주택 1채당 75만 엔(약 733만 원)의 보조금을 지원해 고성능 단열재, 주택용 축전기 등의 보급을 촉진하고 있다.

여의도 51층짜리 태양광발전소 '열일'

제로 에너지 건축, 현황과 과제 (하)

윤종훈, 임지윤

국회의사당이 있는 서울 여의도 한복판에 대규모 태양광 발전소가 있다는 것을 아는 사람은 많지 않을 것이다. 여의도역에서 여의도공원 쪽으로 가다 보면 왼편에 나타나는 지하 6층, 지상 51층의 전국경제인연합회(FKI) 건물이 '알고 보면' 발전소다.

멀리서 보면 그냥 유리로 된 고층 건물인데, 가까이 가서 보면 외벽의 생김새가 범상치 않다. 매끈한 일자형이 아니라 지그재그다. 하늘을 향해 30도로 기울어진 면마다 '건물 일체형 태양광 설비(BIPV)'가 내장돼 있다. 최대한 햇빛을 많이 받을 수 있도록 설계된 이 태양광 외벽에서 '연료비 공짜'인 태양광 전기가 자동으로 생산된다.

여의도에 있는
51층짜리 태양광발전소

전경련에 따르면 폭염이 기승을 부렸던 2018년 7월 1일에서 31일까지 외벽과 옥상 등의 태양광발전 설비에서 만든 전기는 하루 평균 1,893.54킬로와트시였다. 이는 2017년 같은 기간의 하루 평균 1,318킬로와트시보다 약 43퍼센트 많은 양이다. 더울수록 냉방 전기료를 걱정해야 하는 일반 건물과 사정이 반대였다.

지난 2013년 말 준공된 이 건물에 설치된 태양광 패널 면적은 5,500제곱미터다. 728킬로와트 태양광 모듈 3,500여 개가 생산하는 전기는 바로 사용 가능하고, 건물 전체 전기 사용

'51층짜리 태양광발전소'인 전경련회관. 지그재그로 생긴 건물 외벽과 옥상에 태양광 패널을 설치해 전기를 자동으로 생산한다. ⓒ 쌍용건설, 에스에너지

량의 4~7퍼센트를 충당한다. 조명 전력으로만 따지면 전체의 70퍼센트가량을 자체 조달하는 셈이다. 이는 270여 가구가 연중 쓸 수 있는 전기와 맞먹는다. 나무 8만 7,000그루를 심은 것과 같은 탄소 배출 감축 효과가 있다.

이 건물은 또 세면기에서 쓴 물을 정화해 화장실 세정 용수로 쓰고, 150미터 깊이의 지열을 냉난방에 활용하는 등 다양한 자원 절약과 에너지 효율화 장치를 가동하고 있다. 연면적약 17만 제곱미터(5만 1,028평)에 4,000여억 원의 공사비를 들인 전경련회관은 국토교통부의 친환경 최우수등급 인증을 받았고 한국건설기술연구원에서도 에너지 효율 1등급 인증을 받았다.

◐ 에너지 효율화 건물
   전국에 속속 등장

기후변화 대응과 비용 절감을 위해 에너지 소비를 최소화하고 재생에너지를 활용하는 건물들이 전국에 속속 들어서고 있다. 지난 2017년 6월 인천시 남구 학익동 736 일대에 들어선 인천 업사이클 에코센터도 그중 하나다. 사업비 50억 원을 들여 지은 지상 3층 건물은 냉방, 난방, 급탕, 조명, 환기에 쓰이는 모든 에너지를 태양광과 지열, 소형 풍력 등 자체 생산한 재생에너지로 충당한다. 그래서 온실가스를 거의 배출하지 않는 '제로 에너지형 건물'로 꼽힌다.

온실가스를 거의 배출하지 않는 제로 에너지형 건물인 인천 업사이클 에코센터. 건물 일체형 태양광발전 시설과 생태 놀이터의 추적식 태양광발전 시설 등 다양한 재생에너지 설비와 에너지 절감 장치를 갖췄다. ⓒ 윤종훈, 인천 업사이클 에코센터

이 건물은 또 고성능 단열재와 폐열 회수 장치를 사용해 열 에너지 손실을 줄였다. 자연 채광을 최대한 활용해 조명에 필요한 전구와 전기 사용도 줄였다. 수명이 긴 발광다이오드(LED) 조명을 활용하고, 실내에 녹지를 조성해 냉난방 효율을 높이기도 했다. 한국에너지공단은 2018년 11월 기준 제로 에너지 빌딩 인증을 받은 건축물이 전국에 총 34곳이라고 밝혔다. 전경련 건물은 제로 에너지 빌딩 인증 목록에는 포함되지 않았다.

● 기업이 나서면
엄청난 변화 가능

정부는 공공 부문이 모범을 보이면서 기업이 적극적으로 참여하면 에너지 효율화에 큰 도약을 이룰 수 있다고 보고 다양한 정책을 마련하고 있다. 산업통상자원부는 2018년 12월 18일 '2019년 업무 보고'를 통해 "수요 관리가 에너지 정책의 핵심이 될 수 있도록 국가 에너지 효율 혁신 전략을 마련하겠다"고 밝혔다. 개별 제품 단위의 에너지 효율 향상을 넘어 제로 에너지 건물, 스마트 에너지 산업단지, 스마트 에너지 시티 등 시스템 단위의 에너지 소비 구조 혁신을 추진하겠다는 내용이다. 산자부는 오는 2020년 공공 부문(연면적 3,000제곱미터 이상)을 시작으로 2025년 민간 부문(5,000제곱미터 이상), 2030년 모든 건축물에 제로 에너지 건축물 인증을 의무화하는 정책도 추진하고 있다.

국토교통부는 녹색건축물조성지원법 등에 따라 건축주가 초기 사업비 부담 없이 건축물의 에너지 성능 개선을 추진할 수 있도록 공사비 금융 이자 등을 지원한다. 비주거 건물 1동당 50억 원, 공동주택 1세대당 2,000만 원, 단독주택 1호당 5,000만 원이 지원 한도다.

지방자치단체도 나섰다. 서울시는 지하철 중심의 대중교통 체계를 더욱 편리하게 보완하고, 공유차 주차장 설치 등을 통해 자동차 공유를 촉진하기로 했다. 서울시는 가정과 학교, 기업들에게 에너지 절약 인센티브를 주는 에코마일리지 제도와 건물 에너지 효율화, 에너지 자립마을 등 다양한 시민 참여 사업도 펼치고 있다.

◯ 전력 판매 구조 개편, 전기요금 현실화 필요

제로 에너지 빌딩 확대 등 에너지 효율화 촉진을 위해 시급히 보완되어야 할 부분도 있다. 노원환경재단 원영준 팀장은 건물에서 쓰고 남은 재생에너지 전기를 원활하게 판매할 수 있도록 한국전력의 독점 완화 등 전력 판매 구조 개편이 필요하다고 지적했다.

계명대 김해동(지구환경학과) 교수는 한국 전기 사용량의 50퍼센트 가까이 차지하는 산업 부문이 분발해야 한다고 강조했다. 그는 "우리나라 산업용 전기요금이 싸기 때문에 기업들이 에스코(에너지 절약 컨설팅)를 통해 효율을 높이려는 노력을 잘 하지 않는다"며 "가정용 전기처럼 산업용도 누진제를 적용하거나 가격을 올려서 소비 효율화를 압박해야 한다"고 주장했다. 한국전력 등에 따르면 산업용 전력은 경부하 시간대(밤 11시~오전 9시)에 원가 이하로 판매되는 등 가정용에 비해 훨씬 싼 요금이 적용되고 있다.

김해동 교수는 산업용과 상업용 전기요금은 발전소에서 멀수록 비싼 요금을 물리는 '거리 병산제'와 사용량이 몰리는 일정 시간대에 가중치를 적용하는 '피크 요금제'를 도입할 필요도 있다고 말했다. 예를 들어 부산에서 생산된 전기를 수도권에서 쓰는 경우 송전 과정에서 손실되는 부분을 감안해 더 비싼 요금을 물려야 한다는 것이다. 그는 또 "주상복합 등 유리 외벽으로 된 고층 건물들은 '그린하우스 효과' 때문에 일반 건물의 몇 배나 되는 전기를 쓴다"며 대책이 필요하다고 지적했다.

재생에너지 문제 등에 목소리를 내고 있는 김현권 더불어민주당 의원은 "에너지 소비를 효율화하면 많은 신산업이 나올 수 있다"고 강조했다. 주택 설비의 효율 개선, 그린주택 분야 등에서 수요가 창출되고 기업의 기술력 향상이 일어날 수 있다는 것이다. 그는 "지금 대한민국은 값싼 전기에 기반을 둔 산업들이 많은데 지속 가능하지 않다"며 "전기요금을 현실화해서 에너지 효율화에 나서도록 해야 한다"고 주장했다. 김 의원은 "에너지 효율화가 곧 경쟁력인 시대가 온다"고 덧붙였다.

환경운동연합 배여진 활동가는 "호텔, 상가 등 대형 건물의 에너지 효율 관리가 필요하다"고 지적했다. 그는 "우수 사업장 인증 제도가 있지만 신청을 통해 적용하기 때문에 참여도가 낮다"며 "에너지 다소비 업체는 의무적으로 참여하도록 제도를 만드는 것도 필요하다"고 말했다.

○ 개인과 가정,
생활 속 작은 실천도 중요

각 가정과 개인의 생활 속 실천도 중요하다. 대구환경운동연합은 2018년 11월 12일 대구시 동성로 야외 무대에서 일상 생활 속 에너지 효율화를 촉구하는 '월화수목금토일 착한 에너지' 캠페인을 벌였다. '내복이나 목도리 등 방한 용품으로 체감 온도 올리기' '가정용 보일러 청소' 등 실천 방안을 제안했다.

한국에너지공단 홈페이지를 보면 "내복이나 카디건, 목도리 등은 체감온도를 3도 정도 올리고 난방 에너지의 20퍼센트를 줄이는 효과가 있다"고 설명한다. 에너지공단은 또 "보일러 연통과 내부를 정기적으로 청소하면 10퍼센트의 연료비를 절감할 수 있다"고 소개했다.

환경운동연합은 보일러를 고를 때 KS(한국공업규격) 표시가 있고 '에너지 소비 효율 등급'이 1등급인 제품을 고르는 것도 좋은 방법이라고 조언했다. 가정용 가스보일러는 전체 도시가스 사용량의 50~60퍼센트를 차지하는 대표적 에너지 다소비 기기인데, 1등급 제품은 3등급보다 12퍼센트가량 에너지 비용을 아낄 수 있다.

서울 성대골 에너지 자립 마을 김소영 대표는 〈단비뉴스〉와의 인터뷰에서 "지금까지는 에너지를 필요한 만큼 쓰고 대가를 지불하면 된다고 생각했지만 (기후변화의 위협이 심각한 지금은) 필요한 만큼 다 쓸 수 있는 시대가 아니다"고 말했다. 그는 "에너지가 새는 곳은 어디인가, 환경 개선은 어느 정도까지 할수 있는가 등을 따져서 전력 소비량을 줄이는 계획을 각 가정이 마련해야 한다"고 역설했다.

원전 소풍 갔던 기자
'안전 신화' 벗기다

나혜인, 임지윤

'아이들 미래 위해 원전 말고 안전!'이란 제목의 첫 기사로
2017년 9월 21일 시작된 〈단비뉴스〉 환경시리즈 〈에너지
대전환, 내일을 위한 선택〉이 2019년 1월 8일 46편을 끝으로
마무리됐다. 연재 기간만 1년 4개월, 사전 취재를 포함하면 1년
11개월 가까운 대장정이었다. 취재에 참여한 기자 18명 중
나혜인·박진홍·박지영·윤종훈·이자영·장은미·홍석희 등 7명이
2019년 1월 2일 충북 제천시 세명대 저널리즘스쿨대학원 단비서재에
모여 시리즈의 성과를 결산했다.

'안전한 미래' 위해 700일 탐사보도 대장정

나혜인(이하 혜인): 시리즈를 마무리한 소감부터 들어보자. 기획 단계부터
참여한 박진홍 기자는 특히 남다른 기분일 것 같다.

박진홍(이하 진홍): 기사는 2017년 9월부터 나갔지만, 전체적인 기획은 그해 3월부터 했으니까 거의 2년 동안 이 시리즈에 매달린 셈이다. 시리즈 초반 쟁점이 됐던 신고리원전 5·6호기 건설 중단과 핵마피아 문제, 재생에너지 스웨덴·덴마크 사례 등을 맡아 취재했다. 개인적으로 원전을 포함한 에너지 문제에 관심을 갖게 된 건 '세계 최대 원전 밀집 지역'인 부산 출신이기 때문이다. 나는 어려서부터 '원자력발전소는 안전하다'고 교육받아왔다. 소풍도 고리원전으로 가고 그랬으니까. 그런데 2011년 일본 후쿠시마 원전 사고가 터지면서 '당연히 안전하겠지' 했던 원전이 '과연 안전한지' 의문을 갖게 됐다. 동네 친구 중에는 여전히 원전이 안전하다고 생각하는 사람들이 많은데, 한번 제대로 검증해보고 싶었다. 돌아보면 애초에 기획했던 것들을 기사에 다 담을 수 있어서 감회가 새롭다.

'올해의 좋은 보도상', '데이터저널리즘어워드' 수상

윤종훈(이하 종훈): 먼저 '에너지 대전환' 시리즈로 2018년 연말 뜻 깊은 상을 두 개나 받아서 기쁘다. 민주언론시민연합 선정 '2018년 올해의 좋은 보도상'과 한국데이터저널리즘센터의 '데이터저널리즘어워드 영데이터저널리스트상'을 받았다. 나는 2018년 봄 세명대 저널리즘스쿨에 들어와 〈단비뉴스〉 기자가 되면서 기후변화 취재(22~25편)를 맡았고 이후 풍력발전, 에너지 효율화 등에 대해 기사를 썼다.

사람들의 눈에 잘 보이지 않는 기후변화, 에너지 효율화 등 이슈를 어떻게 하면 독자에게 설득력 있게 전달할 수 있을까 고민하는 과정이 어려웠다. 대장정이 끝나서 홀가분하다. 많이 배웠다. 동료와 함께했기에 거대한 이슈를 포괄적으로 다뤄볼 수 있었다.

〈단비뉴스〉 환경부는 2018년 연말 민주언론시민연합의 '올해의 좋은 보도상', 한국 데이터저널리즘센터의 '데이터저널리즘어워드' 등 권위 있는 언론상 두 개를 받았다. © 민주언론시민연합, 임지윤

장은미(이하 은미): 무엇보다 취재 과정에서 여러 경로로 도움을 주신 시민과 전문가들에게 감사드리고 싶다. 스페인의 에너지 전환 사례와 자원 재활용 부분을 취재하면서 개인 생활 측면에서도 생각을 많이 하게 됐다. 특히 에너지 절약에 대해 많이 배웠다. 이제 커피숍에 갈

때도 텀블러를 꼭 가지고 다닌다.

혜인: 아까 피자 배달 와서 콜라를 같이 먹는데 종이컵을 안 쓰더라.

일동: 오~.

박지영(이하 지영): 국내 풍력과 태양광 에너지 개발 현장을 취재했는데, 무엇보다 저널리즘스쿨 수업 때 배웠던 취재의 기본을 현장에서 적용해볼 수 있어 좋았다. 어려운 주제로 기사 쓰느라 낑낑거리며 힘든 시간도 많았지만, 지금 와서 돌이켜보면 더 다양한 현장을 담지 못한 게 아쉽기도 하다.

방대한 전문 자료에 한숨, '애증' 엇갈린 취재 과정

이자영(이하 자영): 나에게 '에너지 대전환' 시리즈는 '애증'이었다. 저널리즘스쿨에 들어오기 전까지 취재 경험이 전혀 없었기 때문에 기사를 쓰는 게 너무 힘들었다. 독일 에너지 전환 사례와 국내 태양광 현황 등을 취재했는데, 방대한 국내외 전문 자료를 분석할 때는 머리가 지끈지끈했다. 혼자 푸념한 적도 많았다. 하지만 지금은 후련하고, 내가 썼던 기사들을 보면 자랑스럽다.

홍석희(이하 석희): 2018년 가을 저널리즘스쿨에 입학했기 때문에 가장 늦게 취재팀에 합류했다. 선배들이 앞서 전국 방방곡곡을 누비며 쓴 기사들을 보면서 얼마나 힘들었을까, 내가 했다면 잘할 수 있었을까 생각했다. 장은미 기자와 자원 재활용 부분을 취재했는데, 전문적인 내용을 기사로 쓸 때는 먼저 기자 자신이 사안에 대해 정확히 이해해야 한다는 걸 배웠다. 기자가 모르면 취재원이 잘못된 정보를 말해도 걸러내지 못하겠구나 하는 걸 깨달았다. 시리즈 초반부터 참여했다면 더 많은 걸 배울 수 있었을 텐데, 그런 부분에서 아쉽기도 하다.

은미: 나 역시 에너지 관련 전공자가 아니어서 사안을 이해하기 위해 많이 공부해야 했다. 간단한 수치와 데이터 하나 쓸 때도 무슨 의미인지, 어떤 맥락인지 세세하게 확인해야 했다. 해외 사례의 경우 참고할 만한 기성 언론 기사도 드물었다. 스페인 에너지 정책에 관해 거의 모든 국내 논문을 봤다고 해도 과언이 아닌데, 논문을 쓴 전문가들도 그 당시 얘기만 알지 최신 상황은 모른다고 했다. 최신 상황을 업데이트하기 위해 외신 기사를 교차 확인했다. 현지에 가기 어렵고 취재원도 부족한 상황에서 작은 단서 하나라도 찾기 위해 발을 동동 굴렀던 게 기억에 남는다. '맨땅에 헤딩'이 이런 거구나 생각했다.

에너지 전환 무관심한 기성 언론, 참고할 기사도 부족

혜인: 장은미 기자 말대로 우리 언론은 아직 에너지 문제에 관심이 적은 것 같다. 요즘은 그래도 지상파 방송이나 중앙 일간지에서 간혹 관련 기획보도를 내놓고 있지만, 우리 시리즈 초기에만 해도 정말 참고할 만한 보도를 찾기 어려웠다. 2017년 신고리 5·6호기 공론화 때도 탈원전 논쟁만 부각할 뿐 에너지 전환에 대해 깊이 파고드는 기사는 보기 힘들었다.

진홍: 나 역시 스웨덴, 덴마크 등 해외 사례를 취재할 때 어려움을 많이 겪었다. 스웨덴의 경우 국내 자료는 1990년대에 나온 것들밖에 없었다. 무작정 벡셰시 언론 담당관에게 영어로 메일을 보냈는데, 한 달 동안 휴가 중이라고 했다. 여름휴가를 한 달 동안 갈 수 있는 근무 환경이 부러우면서도 당황스러웠다. 다행히 대체 근무자를 소개받아

취재를 이어갈 수 있었다. 그분이 26편 〈'화석연료 제로' 밀어붙이는 '주민의 힘'〉 기사에 도움을 준 얀 요한손이다.

접촉하는 과정은 힘들었지만, 요한손은 우리 정부 공무원이나 한국수력원자력(한수원) 관계자들보다 훨씬 빠르고 구체적으로 답변을 해줬다. 특히 "궁금한 게 또 있으면 언제든 물어보라"는 말이 너무 고마웠다. 나중에 돈 벌어서 스웨덴 벡셰와 삼쇠섬을 꼭 가보리라 다짐했다. 요한손 씨, 꼭 한번 뵙고 싶다.

취재원 거절과 홀대, 호통에 눈물 쏟기도

혜인: 학생 기자로서 취재원에게 홀대, 거절, 항의를 받은 일도 많다. 10편 〈"내 손으로 원전 짓고 암 환자 됐소"〉 등 건강 피해 기사를 위해 원전 주변 갑상선암 환자들을 취재할 때다. 한번은 추가 인터뷰가 필요해 전화를 하니까 다짜고짜 취재원이 소리를 지르더라. "너희가 그거 알아서 뭐 하려고 그러느냐" "언론이 기사 써서 뭐가 바뀌느냐" 하면서. 알고 보니 갑상선암은 심한 우울감을 동반하는 병인 데다가, 마침 그때 그분이 신장 투석 치료까지 받고 있었다. 심정은 이해가 가지만 질문할 틈도 안 주고 계속 소리를 지르는데 정말 눈물이 앞을 가렸다. 감정이 북받쳤지만 우리가 이 문제를 지금 왜 알려야 하는지 차분히 설득했다. 한참 사과하니 불쌍해 보였는지 툴툴대며 인터뷰에 응해주시더라.

진홍: '언론 취재 응해봐야 바뀌는 거 없다' 하는 소리는 나도 많이 들었다. 마을 경로당에서 한 할머니가 "한수원은 떡이라도 주고 경로당도 지어주는데 너희한테 얘기해봤자 바뀌는 거 없다"며 "밥이 나오냐 떡이 나오냐"고 소리를 지른 적이 있다. 이제는 졸업한 서지연 기자가 지지 않고 "그럼 다음에는 치킨 사올게요"라고 말해 한바탕 웃었던 기억이 난다.

혜인: 언론에 대한 불신은 어느 지역이든 있었던 것 같다. 갑상선암, 지진,
미세먼지, 기후재난이 발생하는 지역 주민들은 공포를 느끼면서도 "뭘
해도 안 바뀐다"며 체념하고 있었다.

진홍: 기사 때문에 한수원 직원이 학교까지 찾아온 일도 있지 않나.

혜인: 사실 그때는 좀 허탈했다. 한수원 홍보팀 직원은 2017년 건강 피해
취재할 때 만난 적이 있다. 갑상선암 공동소송 관련 한수원의 입장을
듣고자 접촉했고, 담당자가 답변을 주겠다고 해 아침 10시인가 차를
달려 경주 한수원 본사로 갔다. 막상 갔더니 "재판 중인 사안이라 답할
수 없다"는 답변을 내놓더라. 너무 화가 나서 "그 말을 하려고 경주까지
불렀느냐"고 따졌더니 그게 공식 입장이라며 '배 째라' 식으로 나오더라.
그러다 2018년 한수원과 언론 간 유착을 고발한 20편 〈그 기사는 돈
받고 쓴 것이었다〉 기사가 나가니까 홍보팀 직원이 한달음에 학교까지
찾아왔다. 유·불리를 따져 이중적 태도를 보이는 모습을 보면서
쓴웃음을 지었던 기억이 난다.

찬핵 의원 주장 '팩트 체크'에 공개 반박문 공방도

자영: 30편 〈원전 대국 프랑스에 태양광 전기 수출〉 기사가
〈단비뉴스〉와 함께 〈오마이뉴스〉를 통해 나간 뒤에는 자유한국당
최연혜 의원이 공개 반박문을 내기도 했다.

혜인: 최 의원의 저서 《대한민국 블랙아웃》에 잘못된 주장이 많아 팩트
체크한 내용을 기사에 넣었는데, 최 의원이 '좌파 언론의 탈원전 국민
호도 즉각 중단하라'는 제목으로 A4 3장 분량 반박문을 냈다. 우리
기사가 총 9가지 부분에서 잘못됐다고 주장했는데, 저서 내용을 우리가

다소 확대 해석한 부분 하나만 정정했고 나머지는 사실 관계에 문제가 없어서 놔뒀다.

석회: 나는 오히려 학생 기자라서 '환대'받은 일이 있다. 재활용 기사 준비하며 한국플라스틱포장용기협회 전무이사를 인터뷰했는데, 이 단체는 사실 친환경 정책으로 피해를 볼 수도 있는 일회용품 제조업체 모임이다. 학생 기자라고 하니 인터뷰하기 전에 우리나라 재활용업계에 구조적 문제가 많다며 일대일로 '과외'를 해주더라. 기성 언론에 대한 피해의식이 있어 보였다. 예전에 〈조선일보〉와 인터뷰를 한 적이 있는데 의도와 전혀 다른 방향으로 기사가 나가서 답답했다고 한다. '무조건 내 입장대로 써달라는 게 아니라 진정성 있게 취재해줬으면 좋겠다'고 부탁하는 모습이 인상적이었다. 그는 "업계에 30년 넘게 있었는데 공무원이 자꾸 바뀐다"며 "전문성 있는 사람을 배치해 정책을 일관성 있게 추진해야 한다"고 주장했다.

일상을 이미 위협하는 기후변화

혜인: 정파성을 떠나 에너지 정책을 장기적으로 일관되게 추진해야 한다는 건 찬핵이든 탈핵이든 모든 에너지 전문가들이 입을 모아 강조하는 부분이기도 하다. 취재 과정에서 홀대를 받기도 했지만, 사실 우리 시리즈의 취지에 공감한 수많은 전문가가 있었기에 무사히 취재를 마칠 수 있었다. 학생 기자들이 전문 지식이 부족해 답답할 법도 한데, 친절하고 자세하게 알려준 취재원들에게 감사드린다. 그들은 세상에 이 문제를 널리 알려야겠다는 사명감을 갖고 있었다. 이제 취재하면서 느꼈던 '기후변화와 원전 사고의 위협'은 어느 정도였는지 얘기해보자.

종훈: 현장을 취재하면서 기후변화가 더 이상 먼 나라 얘기가 아니라는

사실을 절실히 깨달았다. 2018년 여름 유독 심했던 폭염으로 예년보다 사망자가 늘어나고, 이상 기후로 농어민들이 직접적인 피해를 보는 현실을 목격하면서 '어느덧 기후변화가 우리 일상을 좌우하는 문제가 됐구나' 생각했다.

혜인: 나 역시 현장에서 화석연료·원전의 피해가 현재진행형이라는 사실을 확인할 수 있었다. 원전 인근 마을에서 방사능에 노출된 주민들, 지진의 공포에 떠는 사람들, 석탄발전소 옆에서 석탄재를 맞고 사는 사람들, 미세먼지 영향으로 폐렴에 걸린 사람들의 목소리를 들었다. 도시 사람들이 아무 죄책감 없이 쓰는 전기가 누군가의 희생을 바탕으로 생산되고 있다는 문제의식을 느끼게 됐다.

진홍: 우리가 시리즈 초반부터 '탈핵'이라는, 어떻게 보면 거대한 담론을 다뤘지만 사실 현장의 목소리는 기성 언론에서 보던 것과 많이 달랐다. 나 같은 경우 첫 취재를 부산 고리원전 인근 신리마을에서 했는데, 참 기구한 역사를 가진 곳이다. 이곳 주민들은 모두 고리원전 1호기가 들어설 때 이주해온 사람들이다. 시간이 흘러 또 그 자리에 신고리 5·6호기가 들어서자 다시 이주를 요구하고 있다. 주민 중에는 탈핵운동가와 함께 원전 반대 운동을 벌이다 찬핵으로 돌아선 사람도 있다.

사실 "누가 원전 옆에 살고 싶냐"고 말하는 건 찬핵, 반핵 주민 모두가 마찬가지다. 주민 인터뷰 중 이 말이 기억에 남는다. "원전 8기 있으나 10기 있으나 무슨 차이냐. 더 지어도 되니 우리 살 터전이나 마련해주고, 보상이나 해달라." 수십 년간 원전을 (머리에) 이고 살며 정부가 뭐라도 해줄 거라 바랐는데, 아무것도 없었다는 거다. 2018년 신고리 5·6호기 공론화 때 언론에 관련 기사가 쏟아졌지만, 이런 얘기는 찾아볼 수 없었다. 사람이 쓰는 에너지인데, 에너지 기사에는 사람이 없었다. 적어도 우리 기사에는 사람이 있었다고 자부한다. 그게 기존 언론과 우리 기사의 차별점이지 않았나 싶다.

은미: '원전 8기나 10기나 무슨 차이냐.' 이 말은 나도 마음에 꽂히더라. (후쿠시마 사고로 다수 원전이 몰려 있을 때 더 위험하다는 게 입증된 상황에서) 그 말이 그렇게 쉽게 나오다니, 그만큼 정부나 언론에서 주민 목소리를 제대로 듣지 않았다는 생각이 들었다. 정부는 주민에게 의견을 묻는다거나 객관적인 위험을 제대로 알려주지 않고 보상금으로 회유하며 무조건 안전하다는 말만 반복했다. 친원전 세력에 포획된 언론도 문제를 제대로 지적하지 않았다. 원전 지척에 사는 주민조차 제대로 위험을 감지하지 못하고, 발전소와 무관한 도시 사람들은 이들의 목소리에 관심도 없는 상황이다. 에너지 문제는 단순히 정책 이슈를 넘어 언론을 포함한 우리 사회 소통 부족 문제가 함축적으로 녹아 있는 것 같다.

'에너지 민주주의' 결핍이 지역 소외와 갈등 불러

혜인: 우리 사회가 전기를 생산·소비하는 과정에서 일방적, 수직적으로 특정 지역의 희생을 강요해온 '에너지 비민주주의'는 우리 시리즈에서 중요하게 다뤘던 화두였다.

진홍: 신리마을뿐만 아니라 원전 인근 여러 마을을 다녀봤지만, 공통적으로 마을이 크지 않다. 고작 200명 남짓 사는 작은 마을이다. 그 작은 공동체가 다 찬핵, 반핵으로 갈라져 있었다. 신리마을에 도착해서 처음 봤던 광경이 대낮에 주민들이 가게에서 숟가락 던지며 싸우는 장면이었다. 수십 년째 같이 살아온 사람들이 원전 수용하고 보상을 받느냐 마느냐를 두고 언쟁을 벌이고 있었다. 누가 이렇게 만들었나. 에너지 정책이 정말 주민들 목소리를 반영하고 민주적으로

추진되고 있나. 한번쯤 생각해봐야 한다.

지영: 원전뿐 아니라, 재생에너지 시설도 마찬가지다. 재생에너지가 아무리 안전하다 해도, 마을 주민에게 새 발전 시설은 일상생활에 영향을 끼치는 문제다. 자연을 훼손하는 예도 분명 있다. 그런데도 외지에서 온 발전 사업자는 그저 주민에게 돈 몇 푼 쥐여주면 된다고 생각한다. 36편 〈무시당한 주민의 분노가 '결사반대'로〉에서 다룬 경북 영덕군 사례도 마찬가지였다. 수십 년 동안 같은 마을에서 산 사람들을 외부에서 들어온 발전회사가 두 동강 냈다. 주민들은 원수지간이 됐다. 정부에서 주민 의견 수렴, 갈등 관리, 이익 공유 체계 등을 제대로 마련하지 않으면 재생에너지도 원전 주변 마을과 마찬가지 결과가 날 수 있다.

은미: 17편 〈'싼 전기' 공급 매달리다 원전·석탄 중독〉 기사에도 나오듯, 도시 지역에 공급할 전기를 농어촌 지역에서 생산하는 구조는 박정희 정부 때 만든 전원개발촉진법이 씨앗이다. 대규모 발전 시설을 지을 때 정부 주무 부처가 거의 아무런 제약을 받지 않고 일방적으로 사업 진행을 할 수 있도록 한 '무소불위'의 법이다. 현재 시스템 아래서는 도농 간, 지역 간, 주민 간 갈등이 필연적이다. 태양광, 풍력 등 재생에너지도 마찬가지일 것이다.

진홍: 김민주·박수지 기자가 졸업 전에 취재했던 핵폐기물 처리장 문제도 그렇다. 경주시에 중·저준위 방폐장을 설치할 때도 주민들에게 안전성에 대한 정보를 자세히 제공하지 않고 인센티브(보상) 얘기만 강조했다. 주민 동의를 얻었다고 하지만 민주적 과정이 아니라 절차를 밟은 척만 한 것이다. 결국 경주 방폐장 부지는 부적합 토지였음이 밝혀졌고, 지금 지하 암반에서는 지하수가 새어나오고 있다. 주민들은 속았다며 분통을 터뜨리고 있다. 앞으로 우리 사회는 고준위 핵폐기물 처리 문제도 논의해야 하는데, 이런 식으로는 안 된다.

돈 받고 원전 옹호한 언론
각성해야

나혜인, 임지윤

나혜인(이하 혜인): '에너지 대전환' 시리즈는 지난 2017년 9월 21일
'아이들 미래 위해 원전 말고 안전!' 기사를 시작으로 1부(1~14편)에서
국민 건강과 안전을 위협하는 화석연료와 원자력발전의 실상을
고발했다. 이어 2부(15~21편)에서는 우리나라 에너지 구조가
원전·석탄에 과도하게 의존하게 된 배경과 문제점을 분석했다.
3부(22~46편)에서는 현재 기후변화 상황이 얼마나 심각한지
조명하고, 지속 가능한 에너지 구조로 전환하기 위한 대안을
모색했다. 이 가운데 정관계·학계·언론과 원자력계의 유착을 다룬
2부 '핵마피아' 기사는 민주언론시민연합의 언론상 심사 등에서 특히
호평을 받았다. 이 부분을 담당했던 박진홍 기자 얘기를 들어보자.

'핵마피아' 사실 검증, 정보공개청구 '밀당' 등 고행

박진홍(이하 진홍): 광범위한 '원자력 카르텔'에 접근하는 게 쉽지 않았다.

언론에서 관련 기사를 찾아보니 수백 건인데, 전체적인 그림은 또 잘
그려지지 않았다. 그러다 2018년 1월 박수지, 나혜인 기자와 함께
이강준 에너지기후정책연구소 연구위원을 인터뷰했는데, 그때 윤곽이
잡혔다. 한 30분간 사무실 칠판을 보며 원자력계의 깊은 내막에 대해
'강의'를 들었던 기억이 난다.

하지만 그 내용만 가지고 기사를 쓸 순 없었다. 사실 관계를 '더블
체크(둘 이상의 취재원에게 확인)'하는 데만 한 달 걸렸던 것 같다.
민감한 주제인 만큼 근거가 확실해야 했다. 숫자 하나라도 틀리면
기사 신뢰도에 문제가 생기니까. 주장을 뒷받침하는 근거는 수백 쪽에
달하는 원자력 백서 등 공신력 있는 전문 자료만 쓰려고 노력했다. 많이
힘들었다. 방대한 내용 중 검증 가능한 부분을 기사 한 편에 다 담으려
하다 보니 깊이는 부족했던 것 같아 아쉽다. 더 파헤쳐볼 수 있겠다
싶은 부분도 있었지만, 능력 밖이라는 생각에 움츠러들기도 했다.
2018년 연말 민언련에서 핵마피아 기사가 좋은 평가를 받았는데,
개인적으로는 아쉬움이 남았다.

혜인: 원자력계의 언론 홍보 실태를 다룬 20~21편은 장기간의
정보공개청구로 축적해놓은 자료가 많았다. 〈뉴스타파〉 남태제
피디가 공유해준 자료도 큰 도움이 됐다. 한국수력원자력 등 관련
공기업, 공공 기관과 실랑이도 많이 했다. 한 달씩 걸려 기껏 정보공개
자료를 받았더니 정작 중요한 언론사 이름이 다 가려져 있기도 했다.
그러면 또 이름까지 공개하라고 몇 달간 싸우고, 지루한 '밀당'을 했다.
지금은 졸업한 강민혜 기자가 결국 온전한 자료를 받아냈을 때 얼마나
기뻤는지 모른다.

취재하면서 한수원이 생각했던 것보다 더 촘촘하게 언론과 지역사회를
관리해왔다는 사실에 놀랐다. (광고 협찬비 등을 주고 원전 옹호 기사를
쓰게 한) 언론사는 물론이고 대학 학보사에까지 돈을 보냈다. 지역
행사와 경로당을 후원하고 아이들 원전 견학도 시켰다. 연간 수백억의

공공자금이 원자력을 일방적으로 홍보하는 데 쓰이고 있었다. 친원전 세력의 영향력이 얼마나 큰지 확인할 수 있었다.

재활용·에너지 효율화 과제도 촘촘하게 취재

혜인: '위험하고 더러운 에너지'에서 '안전하고 깨끗한 에너지'로 전환할 수 있는 대안을 모색한 3부에서 강조했던 것 중 하나는 태양광·풍력 등 재생에너지 투자와 함께 에너지 분권·효율화·자원 재활용에도 심혈을 기울여야 한다는 점이었다.

이자영(이하 자영): 독일의 에너지 전환과 국내 태양광 실태를 취재하면서 느낀 점은 재생에너지 이익 공유제(지역 주민이 개발이익을 공유하는 것)나 에너지협동조합(주민이 재생에너지 조합원으로 참여) 같은 시스템이 국내에서도 충분히 가능하다는 것이다. 협동조합의 경우 서울 성대골, 안산 협동조합 등 좋은 사례가 이미 많고 이익 공유제를 실천하고 있는 지역도 있다. 성공적으로 에너지 전환을 이루어가고 있는 선진국 사례를 의지를 갖고 벤치마킹하면 우리 사회의 에너지 대전환도 충분히 가능하다.

박지영(이하 지영): 풍력도 마찬가지다. 지리적 여건도 있겠지만, 제주도에서 특히 풍력발전이 활성화할 수 있었던 배경에는 특별자치도로서 주민 불만을 중재하고 지역 실정에 맞는 이익 공유 시스템을 유연하게 구축할 수 있는 행정적 이점이 있다. (에너지 생산과 분배 과정에서 지방자치단체와 주민의 결정권을 확대하는) 에너지 분권을 위해 지자체의 적극적인 노력이 필요하다는 것을 느꼈다.

홍석희(이하 석희): 재활용 취재를 하면서 시민들이 얼마나 이 사안에 문제의식을 느끼고 있을까, 솔직히 의문이 들었다. 그런데 막상 현장에서 확인해보니 생각보다 시민들의 의지는 강했다. 기사 나가기 전날 갑자기 보완 취재 지시가 떨어져서 무작정 집 근처 파리바게뜨 빵집을 찾아갔는데, 사장님이 기다렸다는 듯 열변을 토했다. "이 작은 가게에서도 이렇게 일회용 쓰레기가 많이 나오는데 큰 가게는 어떻겠느냐. 이게 얼마나 큰 사회적 문제인가." 재활용 문제는 정부에서 구체적인 정책을 다듬어 내놓으면 생각보다 빨리 해결될 수 있겠다는 생각이 들었다.

윤종훈(이하 종훈): 건축물과 생산 시설, 교통수단 등의 에너지 효율화 역시 재생에너지 확대 못지않게 중요한 과제다. 서울은 전체 에너지 소비량 중 56퍼센트, 전력 소비량의 83퍼센트가 건물 부문에서 사용되고 있다. 세계적으로도 주택을 포함한 건물과 건축 부문이 최종 에너지 소비량의 36퍼센트를 차지한다. (단열 시설과 재생에너지 발전으로 화석연료를 전혀 사용할 필요가 없는) '제로 에너지 빌딩'을 의무화하는 등 건물 부문에서 에너지 낭비를 최소화하는 노력이 좀 더 빨리 확대되어야 한다.

뜨거운 반응 속 '댓글부대' '가짜 뉴스'도 출몰

혜인: '에너지 대전환' 시리즈는 〈단비뉴스〉와 함께 〈오마이뉴스〉, 다음, 네이버 등 제휴 매체를 통해 널리 보도됐다. 댓글이 수백 건씩 달린 기사도 많았는데, 특별히 기억에 남는 독자 반응이 있다면.

자영: "조중동(조선, 동아, 중앙)에서 안 다루는 이슈를 보도해줘서 고맙다"는 댓글이 인상적이었다. 해외 사례를 다룬 기사에서 "더 많은 환경 도시를 소개해달라"는 요청도 반가웠다.

혜인: 20편에 나간 〈그 기사는 돈 받고 쓴 것이었다〉를 보고 "대안 언론이 필요한 이유를 보여주는 기사"라며 "신문을 더 비판적으로 읽어야겠다"고 한 댓글이 기억에 남는다. 독일 사례를 다룬 기사 등에는 "공부를 엄청 하면서 기사를 쓰는 게 느껴진다" "앉아서 세상을 볼 수 있게 해줘서 감사하다" "수많은 통계 자료와 인터뷰 코멘트는 두 기자가 이 기사에 얼마나 많은 공을 들였는지 보여준다" 등의 칭찬이 쏟아져 고생한 보람을 느꼈다.

종훈: 제주도 풍력 이익 공유제와 패시브주택을 다룬 기사에서 "해볼 만한 아이디어다" "이렇게 청정에너지 국가 만들어보자" 등 공감하는 댓글을 보고 힘이 났다.

지영: 태양광 기사에는 "탈원전이 가능하다는 것을 보여주는 해외 사례를 자세히 알려줘 고맙다" "이런 기사가 많았으면 좋겠다"는 댓글이 눈에 띄었다.

석희: 재활용 기사에서는 '일회용품을 줄여야 한다' 등의 문제의식에 공감하면서 장바구니 들고 다니기 등 '나도 이렇게 실천하고 있다'고 소개하는 댓글이 많아 뿌듯했다.

은미: 미국 뉴저지에 사는 독자가 "좋은 글 올려줘서 감사하다"고 글을 올리는 등 해외에서도 반응이 있어 반가웠다. "후속 기사 기대하겠다"는 댓글은 우리를 더 분발하게 만들었다.

자영: 반면 (탈원전에 반대하는 사람들이) "정부에 아부하는 기사" "정부 정책을 무조건 옹호하는 기사"라는 공격적 댓글을 달기도 했다.

지영: 태양광, 풍력 기사는 아무래도 요즘 '핫'한 이슈여서 반응이 더

뜨거웠다. '태양광 패널이 중금속 오염을 일으킨다'는 주장은 가짜 뉴스라고 검증하는 기사도 내보냈지만 막무가내로 이런 주장을 되풀이하는 댓글이 달렸다. 기사를 읽어보지도 않고 무작정 비난하는 글도 많았고, 솔직히 '댓글부대' 느낌이 나는 것도 있었다.

종훈: 독일의 성공적인 에너지 전환 사례를 다룬 기사에도 "태양광 패널이 전자파를 많이 발생시켜 건강에 좋지 않다" 등 허위 정보가 많이 달렸다. 전문 기관 분석에 따르면 태양광 패널의 전자파는 집에서 흔히 쓰는 가전제품보다 약하다.

자영: 태양광 패널의 중금속과 전자파 논란은 우리뿐 아니라 다른 언론에서도 팩트 체크 기사가 많이 나왔는데 (탈원전 반대 진영에서) 가짜 뉴스가 계속 나오니 오해를 풀기가 쉽지 않다. 사람들도 헷갈리는 것 같다.

기성 언론 무관심·무책임이 에너지 전환 장애물

진흥: 언론이 그만큼 관심이 없는 것이다. 관심이 없으니 검증 없이 가짜 뉴스를 그대로 실어 나르는 것 아닌가. 사실 정부가 바뀔 때마다 에너지 정책이 오락가락하는 것도 언론이 중심을 잡으면 일어나지 않을 일이다. 탈원전을 두고 아직 논쟁 중인 스웨덴도 1980년 국민투표로 정한 '신규 원전 금지' 원칙은 40여 년이 지난 지금까지 흔들지 않는다. 논쟁이라고 해봐야 기존 원전을 보수해서 더 쓸 거냐 말 거냐, 원전 세금 줄일 것이냐 늘릴 것이냐 정도의 문제다.

에너지 정책이 흔들리지 않기 위해서는 시민들에게 정확한 정보가 충분히 제공돼야 한다. 사회적으로 합의한 결과는 수십 년이 지나고 정권이 바뀌어도 흔들리지 않아야 한다. 2017년 신고리 5·6호기

공론화를 두고 환경단체에서도 반대하는 목소리가 있었지만
개인적으로는 짧은 기간이었어도 공론화 과정이 의미 있었다고 본다.
우리나라 시민들이 그때만큼 에너지에 대한 고급 정보를 얻은 적이
있었나. 앞으로도 그런 과정이 계속 필요하다고 생각한다.

혜인: 우리가 해외 사례를 소개한 기사에는 '한국 실정과는 맞지
않는다'는 반응이 꽤 있었다. 기성 언론에서도 흔히 나오는 주장이다.

자영: 29편 〈태양광·풍력으로 가는 유럽 최강 경제〉에서도 다뤘지만,
독일에서 '태양의 도시'라고 불리는 프라이부르크는 우리보다 연평균
일조량이 적다. 처음 태양광을 취재할 때 나 자신도 '적도 부근 등 더운
지역이 태양광발전에 유리하고 우리나라는 어렵지 않을까' 생각했는데
실상은 달랐다. 태양광 모듈은 섭씨 25도에서 효율이 가장 높다고
한다. 건물 지붕, 도로, 방음벽 등 유휴 부지를 활용하면 (산허리나
농지 등 환경 파괴 없이) 얼마든지 이용할 수 있는 게 태양에너지다.
우리나라는 충분히 잠재력이 있다.

진홍: 대안을 모색하는 3부에서 우리가 하고 싶었던 얘기는 '여기 모범
사례가 있으니 우리도 무조건 그대로 하자'는 게 아니었다. 여러 선택지
중 무엇이 우리 실정에 맞는지 고민해보자는 것이다. 우리 실정에 안
맞으니 하지 말자는 얘기는 '미세먼지가 중국 탓이니 아무것도 하지
말고 손 놓고 있자'는 것과 같다. 산을 깎아 태양광 시설을 설치하는
것은 지양해야 하지만, 이런저런 부작용이 있다고 해서 재생에너지를
아예 하지 말자는 억지는 부리지 말아야 한다.

지영: 상황이 안 되거나 여건이 안 돼서 못한다는 건 핑계라고 생각한다.
태양광 전기를 생산하는데, 송배전망이 제대로 구축되지 않아 남는
전기를 팔지 못하는 문제가 있다. 전문가들은 하나같이 "방법은 찾으면

있다, 장기적으로 계획을 세워서 하면 된다"고 말한다. 그런데 한전은 빨리 움직이지 않는다. 에너지 전환을 취재하면서, 밀고 나가면 되는데 여건을 탓하며 망설이는 정책이 많다는 느낌을 받았다. 로드맵을 만들고, 지금 당장 할 수 있는 것부터 실행하면 된다.

산업용 전기료 현실화 등 과감한 조치 앞당겨야

혜인: 사실 지금 정부가 에너지 전환을 추진한다는 목표를 갖고 있지만, 세부적인 정책 면에서 목표를 달성하기에는 충분하지 않다고 전문가들은 지적한다. 발전 부문만 봐도 문재인 대통령 임기 내에 석탄발전소와 원전이 모두 늘어난다. 에너지 전환을 위해 꼭 필요한 조치를 지적한다면?

은미: 경제협력개발기구(OECD) 평균에 비해 우리나라의 전기요금이 낮다. 특히 산업용 전기는 원가 아래로 판매하기도 한다. 우리보다 1인당 전력 소비량이 적은 독일, 스웨덴 등 유럽 선진국은 전기요금에 각종 세금이나 전력 계통 비용을 포함해 비싸게 받는다. 우리도 산업용 전기료를 올려서 기업들이 전기를 아껴 쓰고 생산 시설 에너지 효율화를 서두르게 해야 한다. 그간 원전 등 기존 에너지 사업을 지원하는 데 쓰였던 전력산업기반기금도 재생에너지 산업 육성에 써야 한다고 본다.

자영: 현재 우리나라가 재생에너지를 확대하는 데 있어 가장 큰 벽은 주민 수용성 문제인 것 같다. 독일 편에서 포어홀츠 박사가 제언한 것처럼 시민들의 동참을 이끌어내는 경제적 유인책을 제대로 설계하는 것이 중요하다. 일반 시민이 자유롭게 재생에너지로 생산한 전기를 사고팔 수 있는 시스템과 이익 공유 체계를 갖추면 태양광, 풍력 등이 훨씬

빨리 확산할 것이다.

종훈: 에너지 공급 측면에서 재생에너지 확대도 중요하지만 에너지
절약·효율화 등 수요 관리에도 힘써야 한다. 수요 관리만 잘해도
충분히 온실가스 감축 등 효과를 볼 수 있다. 발전뿐만 아니라
산업·수송·건물 부문에서도 온실가스 감축 로드맵을 구체화해야 한다.

지영: 재활용 정책은 시민들의 아이디어를 적극 수렴하는 것도 좋을 것
같다. 숙모가 그린피스 회원인데, 의외로 생활 속에서 발견할 수 있는
톡톡 튀는 아이디어가 많다고 한다. 택배 상자 포장용 테이프를 종이
테이프로 바꾸는 등, 일상 속 아이디어를 정책에 반영하는 노력이
필요하다.

원전 무조건 옹호하던 친구 생각 바뀌어 '보람'

지영: '에너지 대전환' 시리즈는 이메일 뉴스레터도 보내고 있다. 구독
신청한 독자들과 언론계 등 각계 전문가에게 발송하는데, 2018년 연말
언론상 두 개를 받고 나서 언론 쪽 뉴스레터 수신율이 부쩍 높아졌다.
앞으로 기성 언론이 이 문제에 더 많은 관심을 가져주면 좋겠다.

진홍: 시리즈 시작하기 전에 친한 고등학교 친구에게 기획 의도를 설명한
적이 있다. 공대 출신인 친구는 "기술은 죄가 없다" "기술은 발전한다"
"기술의 힘을 믿는다"며 원전을 옹호했다. 그런데 우리 시리즈 중
핵폐기물 처리 대책이 없다는 기사를 보고 나서 생각이 좀 바뀌었다고
한다. 좋아하는 야구팀, 정당 하나 바꾸는 게 얼마나 어렵나. 우리
시리즈를 보고 생각이 조금은 바뀌었다고 하는 친구 얘기를 듣고 '내가
좋은 기사를 썼구나' 생각했다.

은미: 우리 시리즈가 단순히 '원전은 위험하고 재생에너지는 좋다' 정도에서 그쳤다면 그리 좋은 평가를 받지 못했을 것 같다. 취재하면서 항상 에너지에 관한 여러 지역의 목소리, 맥락, 장점과 한계를 함께 다루려고 노력했다. 문제를 지적하는 것에 그치기보다 대안을 찾았고, 그 대안은 또 보완할 점이 없는지 고민했다. 우리 기사를 보고 열 명 중 한 명이라도 기후변화와 화석연료·원전의 위험에 대해 생각하고, 일회용품 줄여야겠다는 생각을 한다면 보람이 있겠다.

수저가 날아다니는 곳에서 인터뷰를
단비뉴스 〈에너지 대전환, 내일을 위한 선택〉 취재기

박진홍

내 고향은 부산이다. 초등학생 때 나는 가방에 한국수력원자력 로고가
박힌 연습장과 자를 넣고 다녔다. 부산 기장군에 있는 고리원전에 소풍
갔다가 얻은 것들이었다. 원자력은 깨끗한 에너지, 원전은 초등학생이
소풍을 가도 될 정도로 안전한 곳. 나와 내 친구들은 그렇게 교육받았다.
2011년 3월 11일, 후쿠시마 원전이 마지막으로 평온했던 그 아침까지
나는 원전이 안전하다는 말을 의심치 않았다.

안전하고 지속 가능한 에너지 구조를 만들려면?

〈단비뉴스〉 환경부 동료들은 2017년 3월, 저마다 다른 문제의식을
갖고 모였다. 나처럼 원전 안전성에 대한 의구심을 제대로 파헤쳐보고
싶은 사람도 있었고, 미세먼지나 기후변화를 더 알아보고 싶다는 동료도
있었다. 한 달 논의 끝에 우리는 하나의 물음과 마주했다.
"이런 위험을 피해 안전하고 지속 가능한 에너지 구조를 만들려면 어떻게

해야 할까?"

탈원전·탈석탄과 재생에너지 전환을 둘러싼 논란을 규명하고 에너지
정책의 대안을 모색한 〈에너지 대전환, 내일을 위한 선택〉 시리즈는 이
질문에서 시작됐다.

〈단비뉴스〉는 세명대 저널리즘스쿨대학원이 운영하는 비영리 대안
매체다. 즉 우리 취재팀 전원은 기자·PD 지망생이었다. 아마추어들이 겁
없이 어렵고 방대한 주제의 탐사보도에 뛰어든 만큼, 실수하지 않으려면
더 치열하게 노력해야 했다. 낮에는 기사 작성법·취재 윤리 등 수업을
듣고, 밤에는 지금까지 나온 기사들과 논문·보고서를 읽으며 취재를
준비했다.

우리는 수업에서 배운 저널리즘 원칙에 따라 몇 가지 기준을 세웠다.
현장으로 가자. 외국을 빼곤 직접 달려가 발로 뛰며 확인하자. 실명
보도를 원칙으로 하자. 익명 처리가 불가피한 경우를 빼고 모든 취재원의
이름·나이·경력 등을 최대한 드러내 독자의 이해를 돕고 기사의 신뢰성을
확보하자. 데이터로 뒷받침하자. 통계나 기록 등 근거로 쓸 수 있는
자료는 시간이 걸리더라도 모두 긁어모아 분석하자. 멀티미디어로 가자.
전문적 내용이 많아 어렵고 지루할 수 있으니 글은 최대한 친절하게 쓰고
사진, 영상, 인포그래픽과 인터랙티브 기법을 활용하자. 사전 취재 기간을
포함한 1년 11개월의 대장정 동안 취재팀은 이 기준을 철저히 지키려
노력했다.

가려진, 그러나 무시할 수 없는 외침

시리즈는 총 3부로 구성했다. 1부(1~14편)에서는 국민 건강과 안전을
위협하는 화석연료와 원전의 실상을 현장 중심으로 짚었다. 우리는
취재팀을 나눠 원전이 있는 경주·부산·울산으로, 석탄화력발전소가
밀집한 당진·보령으로 달려갔다. 나는 당시 신고리 5·6호기 건설 재개

여부로 공방 중이던 부산과 울산을 맡았다.

원전 인근 마을에서 들은 주민들 목소리는 사전 취재 때 수집한 기사에는 없는 내용이었다. 원전 때문에 3번이나 이주한 마을 이장, 고기잡이나 과수원 등 생계수단을 모두 잃고 자식들이 주는 용돈으로 생활하는 할머니, 신고리 1·4호기를 지을 때는 원전 반대 운동을 했지만 5·6호기 때는 '그냥 짓고 우리 이주시켜달라'고 입장을 바꾼 주민협의회장. 이들이 원하는 건 단지 '예전처럼 평범하게 삶을 꾸려가는 것'이었다. 건설 찬반 주민 모두 입을 모았다.

"원전 옆에 살고 싶은 사람이 어데 있노?"

거대 담론에 가려진, 그러나 무시해선 안 되는 외침이었다.

마을 사람 인터뷰 중 한 주민이 건설 '찬성'을 주장하면, 옆에 있던 다른 주민이 '반대'라며 언성을 높이는 경우가 종종 있었다. 한 식당에서는 수저가 날아다니기도 했다. 취재하면서 '조용하던 마을 공동체가 원전 때문에 갈라져 갈등을 빚는 이 상황 자체가 비극'이라는 생각을 했다. 사람이 쓰는 에너지인데, 왜 그동안 에너지 기사나 정책 수립 과정에는 사람이 없었을까? 우리는 원전 찬반 논리인 '전기요금 폭등'이나 '다수호기 안전성' 등을 본격적으로 검증하기에 앞서 각 지역 주민들의 사연을 생생하게 담았다.

진실을 좇는 자와 숨기려는 자의 '밀당'

2부(15~21편)에서는 우리나라 에너지 구조가 원전·석탄에 과도하게 의존하게 된 배경과 그로 인한 문제점을 분석했다. 특히 정관계·학계·언론과 원자력계의 유착을 3편(19~21편)에 걸쳐 다룬 '핵 마피아' 기사는 첫 접근부터 쉽지 않았다. 과거 관련 기사를 쓴 적 있는 〈뉴스타파〉 남태제 PD, 수년째 이 문제를 추적해온 이강준 에너지기후정책연구소 연구위원 등 전문가를 찾아가 강의를 듣다시피하며 윤곽을 그렸다.

하지만 들은 것만으로 기사를 쓸 수는 없었다. 비판해야 할 대상이 뚜렷한 만큼 근거가 더욱 확실해야 했다. 숫자 하나라도 틀린다면 전체 기사의 신뢰도가 무너질 수 있었다. 원자력 백서, 법원 판결, 국회 속기록 등 공신력 있는 전문 자료를 샅샅이 찾아 연결하는 작업에만 꼬박 한 달이 걸렸다.

원자력계 언론 홍보 실태를 맡은 팀은 정보공개청구의 늪에 빠졌다. 한수원 등 관련 공기업과 공공 기관은 홍보비 집행 내역 정보공개청구를 넣으면 온갖 핑계를 대며 답변을 미뤘다. 한참 걸려 받은 자료는 정작 핵심인 언론사 이름이 다 가려져 있기도 했다. 정보공개청구를 담당한 나혜인, 강민혜 기자는 온전한 자료를 받아내기 위해 한수원 등과 몇 달간 속 터지는 '밀당'을 해야 했다.

원전 관계 기관과 기업 취재는 특히 어려웠다. 우리는 업계에 인맥이 있는 것도 아니고, 취재 경험이 많아 노련하게 답변을 끌어낼 수 있는 '프로'도 아니었다. "모른다", "답변하기 어렵다"는 답을 가장 많이 들었다. "곧 연락 주겠다"는 약속은 지켜지지 않는 경우가 더 많았다.

그러나 포기하지 않았다. 자료를 받아내기 위해, '비판 기사엔 반드시 반론도 싣는다'는 원칙을 지키기 위해 거듭 연락했다. 궁금하면 물었고, 피하면 매달렸다. 아마추어인 우리가 가진 것은 '될 때까지 해보자'는 끈기와 오기뿐이었다.

자료를 분석하면서 한수원이 생각했던 것보다 훨씬 촘촘하게 언론과 지역 사회를 관리해왔다는 사실에 놀랐다. 광고 협찬비와 원전 옹호 기사로 얽힌 언론사는 물론이고, 대학 학보사에까지 홍보비가 들어갔다. 자료에 표시된 예산 집행 내역이 사실인지 언론사들이 내보낸 다큐멘터리, 칼럼 등과 일일이 대조해 기사에 담았다. 어렵게 받아낸 데이터는 온라인 기사 하단에 링크를 붙여 누구나 원본을 내려받아 볼 수 있게 했다.

해외 취재원을 통한 대안 모색

마지막 3부(24~48편)에서는 기후변화의 실상이 얼마나 심각한지
조명하고, 지속 가능한 에너지 구조로 전환하기 위한 대안을 모색했다.
강릉·수원 등지로 달려가 폭염과 태풍 등 기후변화의 징후를 생생하게
포착했고, 제주·영덕·안산 등에서는 재생에너지의 성장 가능성을
확인하는 것과 함께 주민의 불만에도 귀를 기울였다.

문제는 해외 취재였다. 독일·덴마크·스페인 등 우리보다 재생에너지
전환을 먼저 시도해 좋은 결과를 냈거나 시행착오를 겪은 나라들의
경험은 '대안 모색'을 위해 꼭 필요한 부분이었다. 여건상 해외에 직접
가서 취재할 순 없었다. 각종 보고서 등 자료와 데이터로 이해하는 것도
한계가 있었다. 해외 사례를 다룬 국내 자료는 대부분 오래전 이야기를
담고 있어 갑갑했다.

우리는 온라인 취재를 시도했다. 내 경우 유럽에서 녹색성장 모범 사례로
꼽히는 스웨덴 벡셰시 홈페이지를 이 잡듯 뒤지다 'Pressansvarig'
메뉴를 발견했다. 번역기를 돌려보니 '언론 담당관'이라는 뜻이었다.
이메일을 보내 취재 요청을 했다. 그렇게 해서 시 환경 정책을 총괄하는
간부인 얀 요한손 씨를 알게 됐다.

어렵게 '높으신 분'과 연결됐다는 생각에 모든 질문을 쏟아냈다. 질문을
한글로 쓰고, 영어로 번역한 내용을 미국서 살다 온 동료에게 표현이
어색하지 않은지 검수까지 받고 보냈다. 이틀 후 답장이 왔다. 답변의
디테일과 분량에 한 번, '더 궁금하면 언제든 질문하라'는 관대함에 또
한 번 놀랐다. 첫 이메일 인터뷰가 성공하자, 다른 나라를 담당하는
동료들도 취재원을 찾아 메일을 뿌렸다. 일면식도 없는 한국 기자가
다짜고짜 보낸 질문을 그냥 무시해버릴 수도 있을 텐데, 그들은 하나같이
성의 있는 답변을 보내왔다. 각 나라의 에너지 담당 공무원, 대학교수 등
전문가가 전해주는 최신 동향을 기사에 생생히 담을 수 있었다.

가깝고 작은 곳에서 시작되는 변화

취재팀 좌담을 포함한 전체 기사 48편, 연재 기간 1년 4개월. 사전 취재 기간을 포함해 거의 2년 가까운 시간을 달려오면서 팀원들은 수없이 지치고 좌절했다. 전문용어가 빼곡한 자료와 씨름하다 괴성을 지르기도 하고, PDF 자료를 일일이 복사 붙여넣기 하면서 욕설을 내뱉기도 했다. 대학원생으로서 학업과 취재를 병행하는 생활이 힘들어 중간에 포기할까 고민한 팀원들도 있었다.

그럼에도 버티고 서로 다독이며 시리즈를 끝낼 수 있었던 건 시작할 때 모두가 공유한 물음을 잊지 않은 덕분이다. '우리의 생명과 안전을 위협하는 기후변화, 미세먼지, 방사능 재난 등 위험을 피해 안전하고 지속 가능한 에너지 구조를 만들려면 어떻게 해야 할까' 하는 그 물음. 에너지 대전환은 여러모로 부족한 언론인 지망생들이 이 질문에 답을 찾기 위해 치열하게 뛴 2년의 결과물이다.

이 시리즈는 지난해 연말 '2018 민주언론시민연합 올해의 좋은 보도상' 대안 미디어 부문 수상작에 선정됐고, '제1회 한국데이터저널리즘어워드' 올해의 영데이터저널리스트상도 받았다. 기사 댓글과 SNS 공유 등으로 응원해준 독자들과 환경단체, 학계, 언론계 종사자들의 지지와 칭찬도 큰 힘이 됐다. 기획과 취재 보도의 전 과정에서 '철저한 사실 확인'을 강조하며 거듭 보완 지시를 내려 우리를 힘들게 했지만, 정확한 조언과 따뜻한 격려로 이끌어준 제정임 교수님이 계셨기에 여기까지 올 수 있었다.

시리즈 시작 전, 가까운 고향 친구에게 기획 의도를 설명한 적이 있다. 학창 시절 나와 함께 고리원전에서 받은 학용품으로 공부했고, 공대를 졸업한 그는 "기술은 죄가 없다", "기술의 힘을 믿는다"며 원전을 옹호했다.

그런데 우리 시리즈 중 '핵폐기물 처리 대책이 없다'는 기사를 보고 생각이 아주 조금 바뀌었다고 한다. "정말 괜찮을까?" 하는 물음이 생긴 수준이지만, 내겐 그 어떤 수상보다 기쁜 소식이었다. 이런 작은 물음들이 모여 큰 변화로 이어지리라 믿기 때문이다.

에너지 대전환 시리즈는 책 출간을 준비 중이다. 인간의 삶을 돕기 위한 에너지가 인간의 생존을 위협하는 일을 막으려면 어떤 변화가 필요한지, 우리 사회 구성원들이 토론하고 합의를 모색하는 데 도움이 된다면 정말 기쁘겠다. (《신문과방송》 2019년 4월호)

'지속 가능한 미래'
함께 고민할 수 있기를

나혜인

우리 사회가 생명과 안전을 위협하는 기후변화, 미세먼지, 그리고 방사능
재난의 위험을 피해 '안전하고 지속 가능한 에너지 구조'를 만들려면
어떻게 해야 할까. 단비뉴스 환경시리즈 〈에너지 대전환, 내일을
위한 선택〉은 이 질문에서 시작됐습니다. 지구온난화와 원전 사고는
과학적이고 현실적인 위협인데도 상당수 기성 언론은 원전·화석연료
산업을 대변하며 사실을 왜곡했습니다. 환경단체 등이 '재생에너지로
가자'는 운동을 오랫동안 벌여왔지만 산업·정치·언론 등이 결탁한 이른바
'핵마피아'의 공세를 뚫고 국민 다수의 공감과 동참을 이끌어내는 일은
멀어 보였습니다. 2010년 창간 이후 '기성 언론이 소홀히 다루는 중대
사회 현안'에 집중해온 〈단비뉴스〉는 이 문제에 각별한 사명감을 가질
수밖에 없었습니다.
세명대 저널리즘스쿨대학원 학생이자 〈단비뉴스〉 환경부 기자인
취재팀원들은 지도를 맡은 제정임 교수와 함께 '어떻게 접근할 것인가'를
고민했습니다. 하나의 사실을 놓고 전문가들조차 상반된 의견을
내놓는 이 논쟁적 사안을 가장 진실에 가깝게 보도하려면 어떻게 해야

할까. 전문용어로 가득한, 어렵고도 심각한 이야기를 쉽고 흥미롭게 들려주려면 어떻게 해야 할까.

취재팀의 첫 번째 결론은 '현장'이었습니다. 철저히 발로 뛰는 취재를 통해 '사실 그대로'를 '구체적으로 생생하게' 전하는 것입니다. 두 번째는 '실명'입니다. 모든 정보의 출처와 인터뷰 인물의 신원을 투명하게 드러내, 의문의 여지가 없는 기사를 쓰는 것입니다. 그래서 내부 고발자 등 익명 처리가 불가피한 경우를 빼고 모든 취재원의 이름, 나이, 직함, 경력 등을 최대한 밝혀 독자가 신뢰성을 판단할 수 있도록 했습니다. 세 번째는 '데이터'입니다. 문서화한 기록이나 통계 수치 등 근거가 될 수 있는 원 자료를 최대한 수집·분석해 보여주는 것입니다. 이를 위해 정보공개청구를 활용하고, 국내외 기관에서 다양한 통계 자료를 찾아냈습니다. 마지막으로 '멀티미디어'입니다. 호흡이 긴 기사지만 끝까지 흥미를 잃지 않고 집중할 수 있도록 사진 슬라이드, 동영상, 인포그래픽, 움직이는 구글 지도, 음성파일 등 시청각 요소를 최대한 가미했습니다.

2017년 3월부터 6개월간의 사전 취재 기간, 그리고 9월 연재가 시작된 후 40여 편이 보도된 2018년 12월 현재까지, 취재팀은 정말 부지런히 발품을 팔았습니다. 경주, 부산, 울산 등 동·남해안 원전 지역과 충남 당진, 보령 등 석탄발전소 현장을 정밀 취재했고, 강릉, 수원 등지에서 폭염과 태풍 등 기후변화의 징후를 생생하게 포착했습니다. 제주, 영덕, 안산 등에서는 재생에너지의 성장 가능성을 확인하는 것과 함께 주민의 불만에도 귀를 기울였습니다. 현장 취재가 어려웠던 독일, 덴마크, 스웨덴, 스페인 등 선진국의 에너지 전환에 대해서는 주한 대사관 관계자와 현지 전문가를 전화, 이메일 등으로 접촉해 묻고 또 물었습니다.

처음에는 취재팀조차 '기후변화와 탈원전에 대해 과연 어떤 얘기를 새롭게 할 수 있을까' 하는 의문을 가졌습니다. 그런 생각은 첫 현장에서 깨졌습니다. 원전 앞바다에서 수십 년 물질을 하다 갑상선암에 걸린 할머니들은 "여기 사는 게 죄"라고 탄식했습니다. 원전을 코앞에 둔 마을에서 지진이 일어나고, 다섯 살 손주와 고등학생 딸 몸에서 방사성물질인 삼중수소가 검출되는 걸 본 할머니와 엄마는 공포와 무력감에 몸서리를 쳤습니다. 미세먼지 영향으로 폐렴에 걸린 아들을 둔 엄마, 석탄발전소 먼지에 병든 농작물과 해산물을 거둔 농어민은 정부의 무대책을 원망하며 입술을 떨었습니다. 기성 언론에서 볼 수 없고, 들을 수 없었던 절절한 사연들을 만났습니다. '실컷 취재해간 뒤 엉뚱한 얘기만 쓰더라'며 언론을 불신하는 사람이 많아, 접근하는 데 애를 먹었던 일도 잊히지 않습니다.

원전 유관 기관과 기업에 대한 취재는 특히 어려웠습니다. "모른다", "답변하기 어렵다"를 가장 많이 들었고, "곧 연락 주겠다"는 약속은 지켜지지 않았습니다. 정보공개청구는 온갖 핑계를 대며 답을 미루다 알맹이 없는 자료를 주기 일쑤였습니다. 하지만 포기하지 않았습니다. 자료를 받아내기 위해, '비판 기사엔 반론도 싣는다'는 원칙을 지키기 위해, 거듭 연락했습니다. 보도 후에는 원전 기업과 '찬핵' 국회의원 등에게 항의도 받았습니다. 반론 기회를 주되 흔들리지 않았습니다.

과학기술 용어가 빼곡한 자료와 며칠씩 씨름할 땐 '전기공학을 전공했다면 얼마나 좋았을까' 하는 실없는 생각도 했습니다. 배워가며 취재하는 입장이다 보니, 미진한 내용을 확인하고 보강하는 과정에서 시간이 늘어지기 일쑤였습니다. 대학원생으로서 수업과 입사 준비 등을 병행하며 1년 넘게 취재에 매달리는 일이 힘겨워, 중간에 포기할까 고민한 팀원들도 있었습니다. 그 모든 장애물을 넘어 여기까지 올 수 있었던 힘은 '우리가 꼭 해야만 하는 일'이란 사명감과 매 기사에 쏟아진 독자들의 응원이었습니다.

시장 지배력이 큰 언론사들이 자본의 입맛에 맞춰 에너지 전환의 진실을 왜곡하는 상황은 여전히 계속되고 있습니다. 저희 수상을 계기로 더 많은 언론이 이 문제에 바르고 강한 목소리를 내주고, 더 많은 시민들이 함께 지속 가능한 미래를 고민해주신다면 더할 수 없이 기쁘겠습니다.

강민혜 단비뉴스 기자 (세명대 저널리즘스쿨대학원 9기, 폴리뉴스 기자)

김민주 단비뉴스 기자 (세명대 저널리즘스쿨대학원 9기)

나혜인 단비뉴스 기자 (세명대 저널리즘스쿨대학원 10기, YTN 기자)

남지현 단비뉴스 기자 (세명대 저널리즘스쿨대학원 10기, 조선일보 기자)

박수지 단비뉴스 기자 (세명대 저널리즘스쿨대학원 10기, 전 CMB광주방송 기자)

박지영 단비뉴스 기자 (세명대 저널리즘스쿨대학원 11기)

박진홍 단비뉴스 기자 (세명대 저널리즘스쿨대학원 10기, 부산CBS 기자)

박희영 단비뉴스 기자 (세명대 저널리즘스쿨대학원 9기, 농민신문 기자)

서지연 단비뉴스 기자 (세명대 저널리즘스쿨대학원 9기)

안윤석 단비뉴스 PD (세명대 저널리즘스쿨대학원 10기, 목포MBC PD)

이자영 단비뉴스 기자 (세명대 저널리즘스쿨대학원 11기)

임지윤 단비뉴스 기자 (세명대 저널리즘스쿨대학원 11기)

윤연정 단비뉴스 기자 (세명대 저널리즘스쿨대학원 9기, 서울신문 기자)

장은미 단비뉴스 기자 (세명대 저널리즘스쿨대학원 11기)

장현석 단비뉴스 기자 (세명대 저널리즘스쿨대학원 10기, 뉴스핌 기자)

조은비 단비뉴스 기자 (세명대 저널리즘스쿨대학원 10기, 한국금융신문 기자)

윤종훈 단비뉴스 기자 (세명대 저널리즘스쿨대학원 11기)

홍석희 단비뉴스 기자 (세명대 저널리즘스쿨대학원 11기)

마지막 비상구
기후 위기 시대의 에너지 대전환

초판 1쇄 펴낸날 2019년 12월 31일

엮은이	제정임
펴낸이	박재영
편집	이정신 임세현
마케팅	김민수
디자인	당나귀점프
제작	제이오

펴낸곳	도서출판 오월의봄
주소	경기도 파주시 회동길 363-15 201호
등록	제406-2010-000111호
전화	070-7704-2131
팩스	0505-300-0518

이메일	maybook05@naver.com
트위터	@oohbom
블로그	blog.naver.com/maybook05
페이스북	facebook.com/maybook05
인스타그램	instagram.com/maybooks_05

ISBN	979-11-90422-06-2 03300

이 도서의 국립중앙도서관 출판시도서목록(CIP)은 e-CIP홈페이지(http://nl.go.kr/ecip)와
국가자료공동목록시스템(http://www.nl.go.kr/kolisnet)에서 이용하실 수 있습니다.
(CIP 제어번호 : CIP2019051251)

• 책값은 뒤표지에 있습니다. 잘못된 책은 바꾸어 드립니다.